权威·前沿·原创

皮书系列为
"十二五""十三五"国家重点图书出版规划项目

文化蓝皮书

BLUE BOOK OF CHINA'S CULTURE

中国文化产业供需协调检测报告（2018）

ANNUAL EVALUATION REPORT ON THE COORDINATED SUPPLY-DEMAND OF CHINA'S CULTURAL INDUSTRY (2018)

主　编／王亚南
联合主编／张晓明　祁述裕　向　勇
副主编／刘　婷　方　彧　赵　娟

社会科学文献出版社
SOCIAL SCIENCES ACADEMIC PRESS (CHINA)

图书在版编目(CIP)数据

中国文化产业供需协调检测报告.2018/王亚南主编.——北京：社会科学文献出版社，2018.3
（文化蓝皮书）
ISBN 978-7-5201-2258-0

Ⅰ.①中… Ⅱ.①王… Ⅲ.①文化产业-供需平衡-协调发展-研究报告-中国-2018　Ⅳ.①G124

中国版本图书馆CIP数据核字（2018）第029235号

文化蓝皮书
中国文化产业供需协调检测报告（2018）

主　　编 /	王亚南
联合主编 /	张晓明　祁述裕　向　勇
副 主 编 /	刘　婷　方　彧　赵　娟
出 版 人 /	谢寿光
项目统筹 /	邓泳红　吴　敏
责任编辑 /	张　超　王蓓遥
出　　版 /	社会科学文献出版社·皮书出版分社（010）59367127 地址：北京市北三环中路甲29号院华龙大厦　邮编：100029 网址：www.ssap.com.cn
发　　行 /	市场营销中心（010）59367081　59367018
印　　装 /	北京季蜂印刷有限公司
规　　格 /	开　本：787mm×1092mm　1/16 印　张：21.75　字　数：309千字
版　　次 /	2018年3月第1版　2018年3月第1次印刷
书　　号 /	ISBN 978-7-5201-2258-0
定　　价 /	99.00元

皮书序列号 / PSN B-2013-323-8/10

本书如有印装质量问题，请与读者服务中心（010-59367028）联系

▲ 版权所有 翻印必究

本项研究获得以下机构及其项目支持

中共云南省委宣传部云南省哲学社会科学创新工程

云南省社会科学院中国人文发展研究与评价重点实验室

发布机制	中国人文发展研究与评价实验室
合作单位	云南省社会科学院文化发展研究中心
	中国社会科学院文化研究中心
	国家行政学院社会和文化教研部
	北京大学文化产业研究院
	社会科学文献出版社
	光明日报文化产业研究中心
联盟单位	上海交通大学国家文化产业创新与发展研究基地
	武汉大学国家文化创新研究中心
	中国传媒大学文化产业研究院
顾问	王伟光　周文彰　赵金
首席科学家	王亚南　张晓明　祁述裕　向勇
学术委员会	（以姓氏笔画为序）

王亚南　王国华　毛少莹　尹　鸿　邓泳红
包霄林　边明社　朱　岚　向　勇　刘　巍
刘玉珠　齐勇锋　祁述裕　花　建　李　涛
李向民　李康化　杨　林　杨正权　何祖坤
宋建武　张晓明　张瑞才　陈少峰　范　周
金元浦　周庆山　孟　建　胡惠林　殷国俊
高书生　崔成泉　章建刚　傅才武　童　怀
谢寿光　蒯大申　熊澄宇

主　　　　编　王亚南

联 合 主 编　张晓明　祁述裕　向　勇

副 　主　 编　刘　婷　方　彧　赵　娟

编　　　　委　（以姓氏笔画为序）

邓云斐（执行）　冯　瑞　曲晓燕　吴　敏
汪　洋（执行）　沈宗涛（执行）　张　超
纳文汇　袁春生（执行）　郭　娜（执行）
董　棣　惠　鸣　温　源　谢青松　意　娜
窦志萍

撰　　　　著

总　报　告　王亚南　刘　婷　方　彧　赵　娟

技 术 报 告　王亚南　方　彧　刘　婷　魏海燕

检测排行报告　王亚南　赵　娟　魏海燕　代　丽

子　报　告　（以文序排列）

王成熙　袁春生　范　刚　汪　洋　张德兵
郭　娜　王　玉　蒋坤洋　宁发金　杨媛媛
邓云斐　木文娟　沈宗涛　刘　兵　徐何珊
杜　娟　李　月　范玉金　黄海涛　范　华
秦瑞婧　蒋昂妤

主要编撰者简介

王亚南 云南省社会科学院研究员,文化发展研究中心主任,中国人文发展研究与评价实验室首席科学家,云南省中青年社会科学工作者协会会长。主要学术方向为民俗学、民族学及文化理论、文化战略和文化产业研究,主要学术贡献有:①1985年首次界定"口承文化"概念,随后完成系统研究,提出口承文化传统为人类社会的文明渊薮,成文史并非文明史起点;②1988年解析人生仪礼中"亲长身份晋升仪式",指出中国传统"政亲合一"社会结构体制和"天赋亲权"社会权力观念;③1996年开始从事文化战略和文化产业研究,提出"高文化含量"的"人文经济"论述,概括出中心城市以外文化产业发展的"云南模式";④1999年提出"现代中华民族是56个国内民族平等组成的国民共同体"和"中国是国内多民族的统一国家"论点,完成国家社会科学基金项目"中华统一国民共同体论";⑤2006年来致力于人文发展量化分析检测评价体系研创,相继主持撰著《中国文化消费需求景气评价报告》(2011年)、《中国文化产业供需协调检测报告》(2013年)、《中国公共文化投入增长测评报告》(2015年)、《中国人民生活发展指数检测报告》(2016年)。

刘　婷 云南省社会科学院研究员,博士,文化发展研究中心秘书长,云南省中青年学术带头人后备人才,《云南文化发展蓝皮书》副主编,云南省中青年社会科学工作者协会秘书长。主要学术方向为文化人类学,代表作《民俗休闲文化论》,独立承担国家社会科学基金一般项目"韧性理论视角下的哈尼族异地搬迁与社区重构研究"、西部项目"云南少数民族民俗文化保护的新思路"。全程参与研创"中国人文发展量化分析检测评价系列",

合作发表《面向协调增长的中国文化消费需求——"十五"以来分析与"十二五"测算》《中国文化产业未来十年发展空间——以扩大文化消费需求与共享为目标》《各省域文化产业未来十年增长空间——基于需求与共享的测算排行》等论文和研究报告,参与组织撰著"中国人文发展量化分析检测评价系列"年度报告,负责人员组织和撰稿统筹。

方　彧　中国老龄科学研究中心副研究员,中国社会科学院博士。主要学术方向为口头传统、老龄文化和文化产业研究。全程参与研创"中国人文发展量化分析检测评价系列",合作发表《中国文化产业新十年路向——基于文化需求和共享的考量》《中国文化产业发展空间:4万亿消费需求透析》《深化文化体制改革机制创新的若干现实问题透析》等论文和研究报告,参与组织撰著"中国人文发展量化分析检测评价系列"年度报告,负责文稿统改及英译审校。

赵　娟　云南省社会科学院文化发展研究中心副研究员,《云南文化发展蓝皮书》副主编、云南省中青年社会科学工作者协会秘书处主任。主要学术方向为古典文学、民族文化和文化产业研究,合著出版《经典阅读与现代生活》。全程参与研创"中国人文发展量化分析检测评价系列",合作发表《以国家统计标准分析各地文化产业发展成效》《中国文化产业未来十年发展空间——以扩大文化消费需求与共享为目标》《各省域文化产业未来十年增长空间——基于需求与共享的测算排行》等论文和研究报告,参与组织撰著"中国人文发展量化分析检测评价系列"年度报告,负责文稿统改。

摘 要

本书基于1996~2016年增长，以扩大人民群众文教消费需求和促进城乡、区域共享为目标，检测了2016年全国城乡文教消费需求总量应有空间：供需协调性测算29234.43亿元，消除负相关测算38604.41亿元，最佳比例值测算43858.04亿元，最小城乡比测算43883.72亿元，弥合城乡比测算59039.14亿元，城乡无差距测算89097.44亿元，地区无差距测算115870.72亿元，而实际总量仅为27013.59亿元。

文教消费需求增长不力导致文化生产供给增长不足，中国文化产业的发展空间必须从增强"内生动力"中拓展出来，文化产业成为支柱性产业本身并不是目的。

在以上分析的基础上，以消解发展不平衡不充分为标的，测算2020年全国文教消费总量增长空间：历年均增值目标41264.23亿元，供需协调性目标56126.22亿元，消除负相关目标63927.69亿元，最佳比例值目标69718.94亿元，最小城乡比目标69309.60亿元，弥合城乡比目标92660.36亿元，城乡无差距目标141633.74亿元，地区无差距目标184016.89亿元。

按照1996~2016年增长，检测至2020年各省域文教消费增长目标的距离排行：历年均增值测算前5位为青海、贵州、甘肃、宁夏、河南；消除负相关测算前5位为贵州、河北、青海、河南、辽宁；最佳比例值测算前5位为黑龙江、辽宁、山西、河北、河南；最小城乡比测算前5位为黑龙江、山西、河北、辽宁、河南；弥合城乡比测算前5位为黑龙江、辽宁、山西、河北、河南；城乡无差距测算前5位为黑龙江、辽宁、甘肃、山西、吉林；供需协调性测算前5位为甘肃、山西、辽宁、湖南、云南。

目 录

Ⅰ 总报告

B.1 中国文化产业供需协调增长目标
  ——1996~2016年的分析与至2020年测算
    ……………… 王亚南　刘　婷　方　彧　赵　娟 / 001
  一　全国城乡文化教育消费需求及其相关背景态势 ………… / 006
  二　全国城乡民生基础系数的增长协调性检测 ……………… / 013
  三　全国城乡民生消费系数的增长协调性检测 ……………… / 016
  四　全国城乡文化需求系数的增长协调性检测 ……………… / 020
  五　文化教育消费增长空间及文化产业发展目标测算 ……… / 025

Ⅱ 技术报告与综合分析

B.2 中国文化产业供需协调检测体系技术报告
  ——兼全国及各地至2016年增长差距检测
    ……………… 王亚南　方　彧　刘　婷　魏海燕 / 032

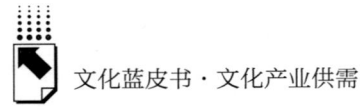

B.3 全国省域文化产业供需协调增长目标排行
——1996~2016年检测与至2020年测算
……………………………… 王亚南 赵 娟 魏海燕 代 丽 / 066

Ⅲ 省域报告

B.4 黑龙江：城乡无差距增长目标测算第1位 ………… 王成熙 / 103
B.5 辽宁：城乡无差距增长目标测算第2位 …………… 袁春生 / 113
B.6 甘肃：城乡无差距增长目标测算第3位 …………… 范 刚 / 122
B.7 吉林：城乡无差距增长目标测算第5位 …………… 汪 洋 / 131
B.8 上海：城乡无差距增长目标测算第8位 …………… 张德兵 / 141
B.9 福建：城乡无差距增长目标测算第9位 …………… 郭 娜 / 150
B.10 江苏：城乡无差距增长目标测算第12位 ………… 王 玉 / 159
B.11 内蒙古：城乡无差距增长目标测算第14位 ……… 蒋坤洋 / 168
B.12 浙江：城乡无差距增长目标测算第15位 ………… 宁发金 / 177
B.13 江西：城乡无差距增长目标测算第17位 ………… 杨媛媛 / 186
B.14 宁夏：弥合城乡比增长目标测算第8位 ………… 邓云斐 / 195
B.15 海南：弥合城乡比增长目标测算第9位 ………… 木文娟 / 205
B.16 山西：最小城乡比增长目标测算第2位 ………… 沈宗涛 / 215
B.17 云南：最小城乡比增长目标测算第10位 ………… 刘 兵 / 225
B.18 山东：最小城乡比增长目标测算第17位 ………… 徐何珊 / 235
B.19 新疆：最佳比例值增长目标测算第7位 ………… 杜 娟 / 245
B.20 安徽：最佳比例值增长目标测算第10位 ………… 李 月 / 254
B.21 贵州：消除负相关增长目标测算第1位 ………… 范玉金 / 264
B.22 河北：消除负相关增长目标测算第2位 ………… 黄海涛 / 274

B.23 青海：消除负相关增长目标测算第 3 位 …………… 范　华 / 284

B.24 河南：消除负相关增长目标测算第 4 位 …………… 秦瑞婧 / 294

B.25 天津：消除负相关增长目标测算第 14 位 …………… 蒋昂妤 / 304

Abstract ………………………………………………………… / 314

Contents ………………………………………………………… / 316

总 报 告
General Report

B.1
中国文化产业供需协调增长目标
——1996~2016年的分析与至2020年测算

王亚南 刘婷 方彧 赵娟*

摘　要： 检测2016年全国城乡文教消费需求总量应有空间：供需协调性测算29234.43亿元，消除负相关测算38604.41亿元，最佳比例值测算43858.04亿元，最小城乡比测算43883.72亿元，弥合城乡比测算59039.14亿元，城乡无差距测算89097.44亿元，地区无差距测算115870.72亿元，实际总量仅为27013.59亿元。全国城乡文教消费需求相关方面增长差距一目了然：一方面在于经济增长与基本民生、文化民生增进的协调性差距；另一方面在于城乡之间、地区之间民生与文化民生增进的均衡性

---

* 王亚南，云南省社会科学院研究员，文化发展研究中心主任；刘婷，云南省社会科学院研究员，文化发展研究中心秘书长；方彧，中国老龄科学研究中心副研究员；赵娟，云南省社会科学院文化发展研究中心副研究员。

差距。在以上分析的基础上，以消解发展不平衡不充分为最终标的，测算2020年全国文教消费总量增长空间：历年均增值目标41264.23亿元，供需协调性目标56126.22亿元，消除负相关目标63927.69亿元，最佳比例值目标69718.94亿元，最小城乡比目标69309.60亿元，弥合城乡比目标92660.36亿元，城乡无差距目标141633.74亿元，地区无差距目标184016.89亿元。

关键词： 中国　文化产业　供需协调　增长测算

在社会主义市场经济体制下，"满足需求"应当主要体现为满足消费需求，包括属于"保基本"的最低衣食温饱需求也不例外。文化建设"以满足人民精神文化需求为出发点和落脚点"，就需要落实在促进城乡精神文化消费需求与共享上。文化产业发展与城乡居民精神文化消费需求提升应当形成一种供需之间协调增长的良好关系，全面建成小康社会进程中的文化发展成效不能仅用"文化GDP"衡量。推动文化产业成为国民经济支柱性产业只是手段，提升并满足人民群众精神文化消费需求才是最终目的。中国文化产业的发展空间必须从增强"内生动力"中拓展出来，更应当落实在自身"出发点和落脚点"之上。中国文化产业有必要转变发展方式。

我国以往计划经济"供给制"残余尚存，各级政府仍按惯性行事，似乎完成生产供给"计划"足矣，所谓需求不过在"计划"供给配额之内，如何扩大消费需求"内生动力"并未加以考虑。当前，国家推进"供给侧改革"方兴未艾，文化生产领域的供给侧改革也在所难免。全国扩大文化消费试点继2015年在部分省份开展，2016年在全国展开之后，2017年进一步全面展开。目前全国文化生产供给侧与文化消费需求侧的关系如何，这一点实在值得文化产业业界密切关注。

全国文化生产供给与城乡文教消费需求关系变动态势见图1。至本年度转为文化教育消费综合检测，详见本书技术报告相关说明。

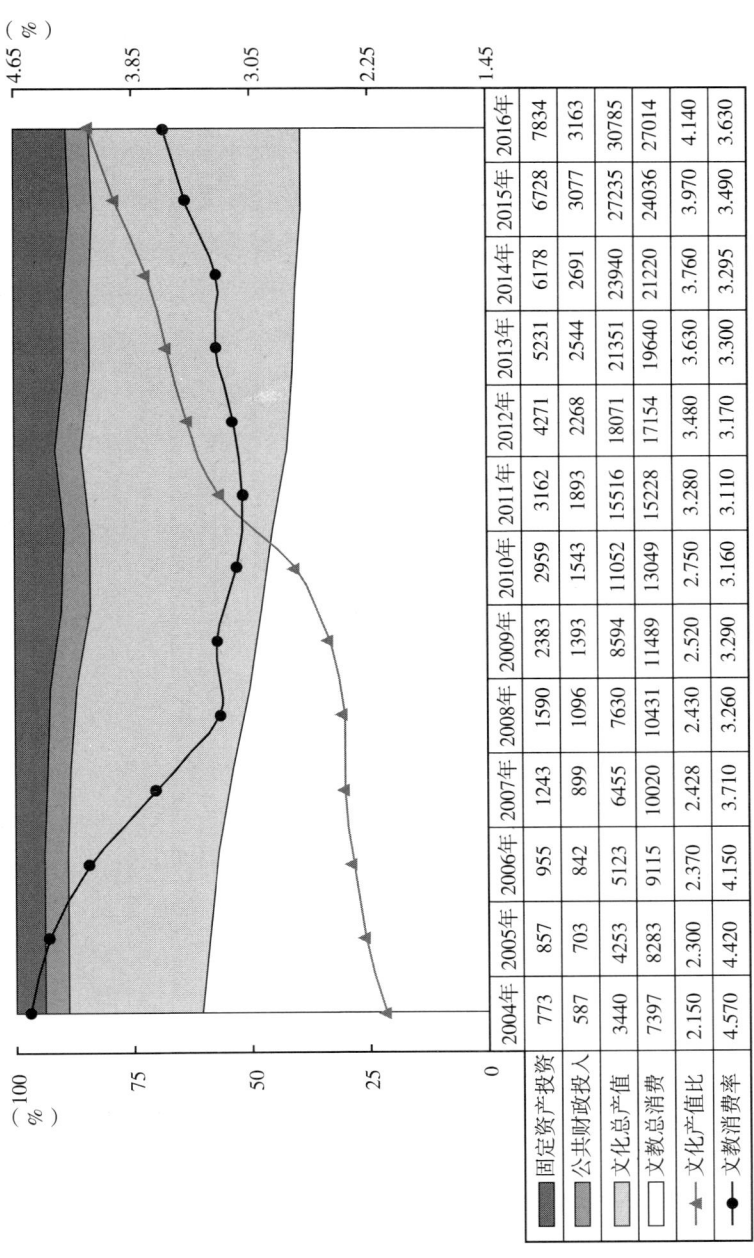

图 1　全国文化生产供给与城乡文教消费需求关系变动态势

左轴面积：全国文化、体育和娱乐业固定资产投资（亿元转换为%）（年均增 20.04%），文教总消费（年均增 11.40%），文化、体育与传媒公共财政投入（年均增 21.28%），文化总产值（年均增 15.07%），文化总产值及其占 GDP 比重呈直观比例。右轴曲线：文化产值比、文教消费率（%）（此处以总量演算），两项比值历年年变化相关系数为 -0.5185。文化产值及其占 GDP 比重由国家统计局公布，其中 2004~2010 年数据按 2004 年版标准，2011 年数据按 2012 年版标准修订。

在我国统计制度里，《文化及相关产业分类》标准属国民经济行业分类统计，由此得出"文化产业增加值"不限于"文化产业"生产，也包含"文化事业"生产，或许称之为"文化生产增加值"更为合适。因此，图1同时列出全国文化、体育和娱乐业固定资产投资，文化体育与传媒公共财政投入两项数据（均出自《中国统计年鉴》），这些都是文化生产供给的重要方面。可以看到，2004~2016年，固定资产投资年均增长21.28%，公共财政投入年均增长15.07%，文化总产值年均增长20.04%，全都远远高于文教总消费年均增长的11.40%。全国文化生产供给与文教消费需求之间的增长失衡不难看出。

按照《文化及相关产业分类》2004年、2012年两版国家统计标准及其公布的数据，全国文化产值比（文化产业增加值占GDP的比重，国家统计局测算）由2004年的2.15%提高为2016年的4.14%；同期，居民文教消费率（由"居民消费率"推导而来，即城乡居民文教消费与产值之比，本项检测测算）由4.57%降至3.63%，2012年以来略有回升，否则更显得不堪。文化产值比与文教消费率历年动态曲线构成明显的"剪刀差"关系，其相关系数为-0.5185。对此可以简单理解为，文化产值比历年稳步上升，文教消费率却在51.85%程度上逆向下降，文化供需增长形成逆向互动关系。显然，在中国文化产业的生产供给与消费需求之间，尚未形成正常、健康、稳定的供需协调增长关系。长此以往，要么文教消费需求增长难以支撑文化产业成为国民经济支柱性产业；要么文化产业增长失去满足文化消费需求的目的而自身成为一种空虚的目标。

为了迎接中共十九大召开，反映近几年国内经济发展、社会建设、民生进步情况，国家统计局相继发布了一些专项统计数据。本项研究检测数据库利用已经储存、可以回溯26个年份统计数据的强大演算功能，根据国家统计局发布的若干数据，首次将全国及各地城镇、乡村居民历年文化消费从文化教育综合统计数据当中分离出来，单独考察"纯粹"的文化消费历年增长状况。全国文化生产供给与城乡文化消费需求关系变动态势见图2，其间，文化生产供给与消费需求之间的增长失衡更加严重。

以下分析由当前最新数据年度回溯20年，全面检测既往20年全国文化生产与文教消费之间的供需协调增长状况。

中国文化产业供需协调增长目标

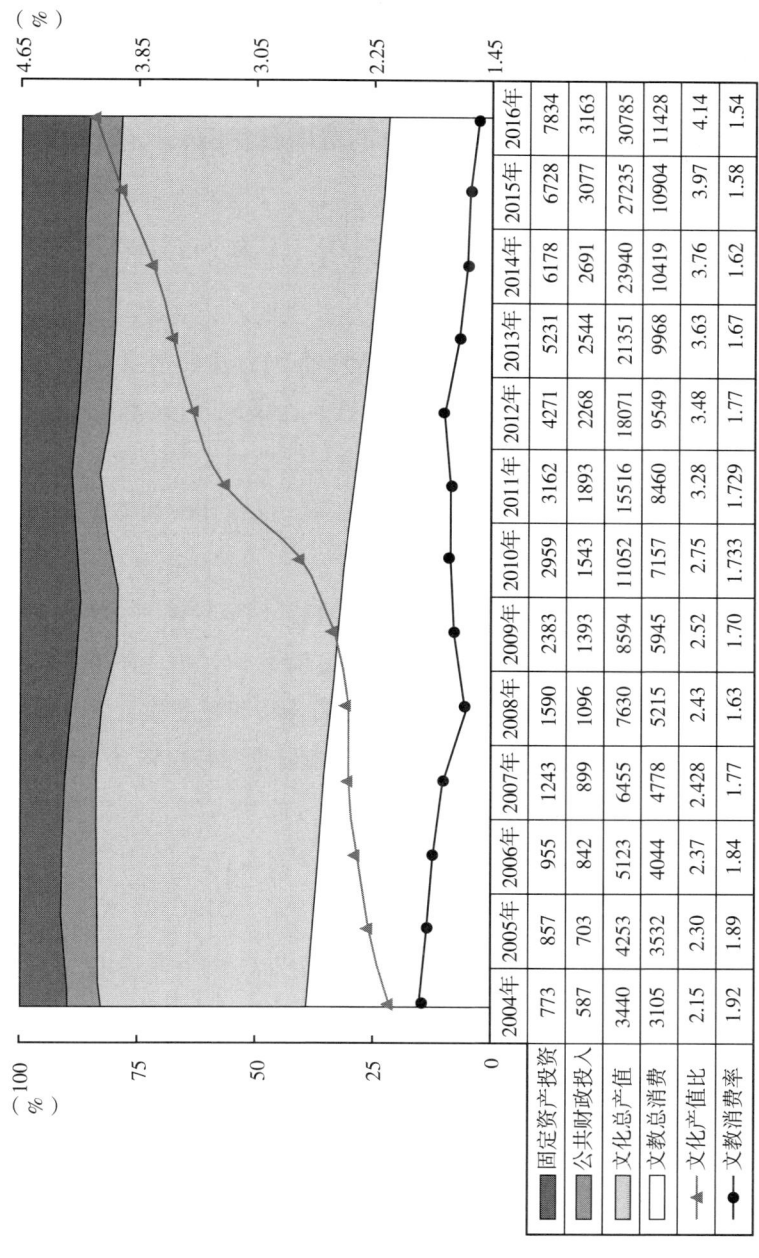

图 2 全国文化生产供给与城乡文化消费需求关系变动态势

左轴面积：全国文化、体育和娱乐业固定资产投资，文化体育与传媒公共财政投入，文化总产值，文教总消费（亿元转换为%）（年均增11.47%），各项数据呈直观比例。右轴曲线：文化产值直观比，文教消费率（%）（此处以总量演算，两项比值历年比变化相关系数为-0.704。

005

一 全国城乡文化教育消费需求及其相关背景态势

（一）1996～2016年城乡文化教育消费增长状况

文教消费需求总量是文化产业生产总量实际进入人民群众日常生活消费的具体表现，也是文化建设和文化生产的发展成果实际转化为人民群众文教消费需求的具体体现。不过总量数值演算会产生较大误差，这是因为在既有年度统计数据里，各地各类总量数据之和不等于全国总量，本身就存在误差。由于人口增长，人均值增幅演算更具可比性，在未来年度测算数值里，难以准确把握今后人口增长尤其是分布变化，也只能根据人均值测算结果推演。因此，本报告主要基于人均数值展开分析测算，仅在开头和结尾处提供总量分析演算数值，以利于把握全国总体态势。

1996～2016年全国城乡文教消费总量和人均值增长态势见图3，囿于制图篇幅限制，其中前几个五年时段末年直接对接，报告中分析历年增长变化态势时，运用数据库后台演算功能，检测结果包含图中省略年度（后同）。

1996～2016年，全国城乡居民文教消费总量由2491.53亿元增至27013.59亿元，增加24522.06亿元，20年间总增长984.22%，年均增长12.66%。最高增长年度为2002年，增长率为27.28%；最低增长年度为2008年，增长率为4.10%。其中，第一个五年（1996～2001年，后同）年均增长13.95%，第二个五年（2001～2006年，后同）年均增长13.75%，第三个五年（2006～2011年，后同）年均增长10.81%，第四个五年（2011～2016年，后同）年均增长12.15%。各五年时段城乡总量值增长比较，第四个五年年均增幅低于第一个五年1.80个百分点，亦低于第二个五年1.60个百分点，而高于第三个五年1.34个百分点。[①]

[①] 本项检测演算数据库每一次运算均无限保留小数，难免会与按稿面两位小数演算产生小数出入，此属机器比人工精细之处，并非误差。全书同。

中国文化产业供需协调增长目标

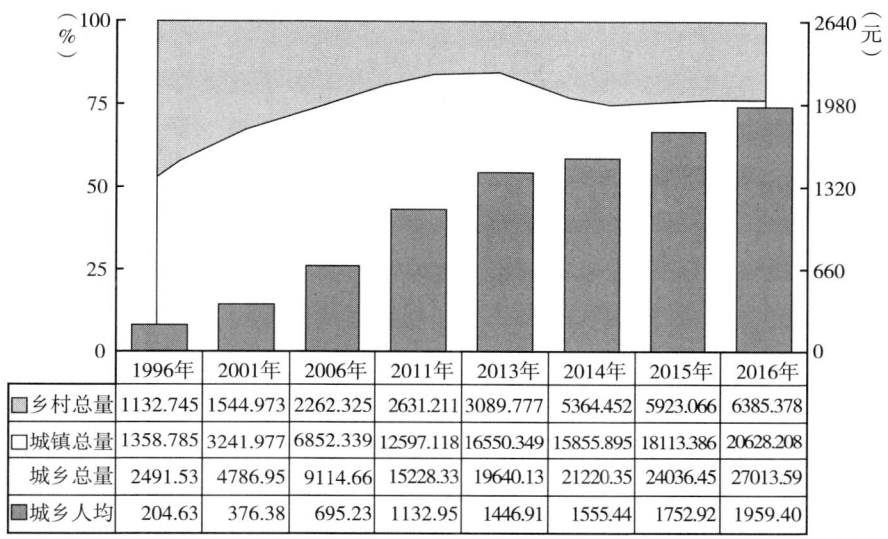

图 3　全国城乡文教消费总量和人均值增长态势

左轴面积：全国城乡文教消费总量（亿元转换为%），城乡间呈直观比例，二者（取 3 位小数避免合计值小数误差）之和为城乡总量。右轴柱形：全国城乡人均文教消费（元）。
数据演算依据：国家统计局《中国统计年鉴》相应年卷，其中重庆在 1997 年前尚未作为省域统计而计入四川。另需说明，近几年年鉴始发布 2014 年以来城乡人均值数据，但与总量数据之间存在演算误差，对应年鉴同时发布的产值人均值和总量分别演算文教消费率有出入，本报告恢复采用自行演算城乡人均值。

　　同期，全国城镇文教消费总量由 1358.78 亿元增至 20628.21 亿元，增加 19269.43 亿元，20 年间总增长 1418.14%，年均增长 14.57%。最高增长年度为 2002 年，增长率为 36.75%；最低增长年度为 2014 年，增长率为 -4.20%。其中，第一个五年年均增长 19.00%，第二个五年年均增长 16.15%，第三个五年年均增长 12.95%，第四个五年年均增长 10.37%。各五年时段城镇总量值增长比较，第四个五年年均增幅低于第一个五年 8.63 个百分点，亦低于第二个五年 5.78 个百分点，也低于第三个五年 2.58 个百分点。

　　同时，全国乡村文教消费总量由 1132.75 亿元增至 6385.38 亿元，增加 5252.63 亿元，20 年间总增长 463.71%，年均增长 9.03%。最高增长年度为 2014 年，增长率为 73.62%；最低增长年度为 2007 年，增长率为

-1.04%。其中，第一个五年年均增长6.40%，第二个五年年均增长7.93%，第三个五年年均增长3.07%，第四个五年年均增长19.40%。各五年时段乡村总量值增长比较，第四个五年年均增幅高于第一个五年13.00个百分点，亦高于第二个五年11.47个百分点，也高于第三个五年16.33个百分点。

在此期间，全国城乡人均文教消费由204.63元增至1959.40元，增加1754.77元，20年间总增长857.53%，年均增长11.96%。最高增长年度为2002年，增长率为26.43%；最低增长年度为2008年，增长率为3.57%。其中，第一个五年年均增长12.96%，第二个五年年均增长13.06%，第三个五年年均增长10.26%，第四个五年年均增长11.58%。各五年时段城乡人均值增长比较，第四个五年年均增幅低于第一个五年1.38个百分点，亦低于第二个五年1.48个百分点，高于第三个五年1.32个百分点。

20年来，全国城乡文教消费需求增长显露出两个方面的不利态势：①全国城镇总量总增长高达乡村总量增长的3.06倍，城镇年均增长幅度高出乡村年均增幅5.54个百分点，城乡差距显著扩大；②第三个五年城镇、乡村和城乡综合年均增长幅度比第一个五年、第二个五年都有所下降，无论是总量值演算，还是人均值演算，情况都是如此。

在前后时间段之间、城镇与乡村之间进行增长对比只是一种表层比较，文教消费需求态势分析不能局限于自身范围内孤立进行，有必要放到经济增长、民生增进的社会背景当中展开相关各方面的系统考察。鉴于人均数值演算更为精确，以下采用人均值进行后续分析。

（二）1996~2016年经济和民生背景增长状况

本报告后续各图表将逐步展示全国相关背景各方面历年增长数据，此处先将各项绝对值转换为年度增长百分指数，每个年度皆以上一年数值为100，形成1999~2009年全国人均产值、城乡人均收入、消费（分为非文消费与文教消费）和积蓄增长态势见图4，图中截取具有典型性的连续性年度数据。

中国文化产业供需协调增长目标

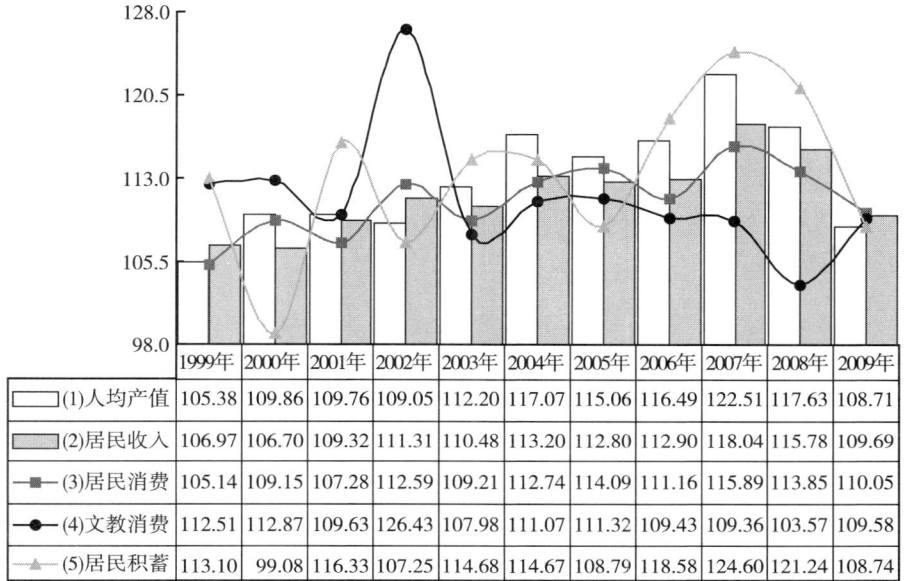

图4 全国人均产值、城乡人均收入、消费和积蓄增长态势

左轴：年度增长指数（产值、居民收入为柱形，其余为曲线），上年＝100，小于100为负增长。1999～2009年（后台检测1996～2016年）增长相关系数：（1）与（2）为0.9223（很强正相关），与（4）为-0.4203（稍强负相关）；（2）与（3）为0.8825（较强正相关），与（4）为-0.2790（较弱负相关）；（4）与（5）为-0.5206（较强负相关），其中1998～2009年长时段为-0.5058（较强负相关），2001～2005年极值为-0.7630（极强负相关），形成横向镜面峰谷对应水中倒影。文教消费需求的"积蓄增长负相关效应"明显，而与产值、居民收入增长相关性逆反。

在各项年度增长指数链中，有几组数据项的特定关系值得注意，既可通过图示直观看到，又可透过数据精确得知，相互对应的相关系数颇具意味，体现出彼此之间的特定相关性。

数据项标号（1）左侧柱形系产值历年增长指数，（2）右侧柱形系居民收入历年增长指数，（4）带圆形曲线系文教消费历年增长指数。（1）与（2）相关系数为0.9223，亦即二者增长在92.23%程度上保持同步，其间，历年高低对比可见当年增长同步关系；（1）与（4）相关系数为负值0.4203，亦即二者增长在42.03%程度上形成逆向同步，其间，相关性逆反。这一组数据项及其相关系数揭示国民总收入与居民生活的相关关系及其

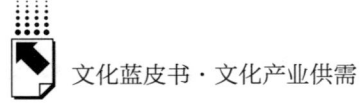

增长同步程度。

如果说，历年居民收入增长与产值增长仅保持92.23%程度的同步性，已经显得偏低，那么，历年居民文教消费增长与人均产值增长却呈现42.03%程度的逆向性，则实属于"协调增长"严重失衡。

数据项标号（2）系居民收入历年增长指数，（3）带方形曲线系居民消费历年增长指数，（4）系文教消费历年增长指数。（2）与（3）相关系数为0.8825，亦即二者增长在88.25%程度上保持同步；（2）与（4）相关系数为-0.2790，亦即二者增长在27.90%程度上形成逆向同步，其间，相关性逆反。这一组数据项及其相关系数揭示居民收入与消费开支的相关关系及其增长同步程度。

如果说，历年居民总消费增长与收入增长仅保持88.25%程度的同步性，已经显得较低，那么，历年居民文教消费增长与居民收入增长却呈现27.90%程度的逆向性，则实属于"协调增长"严重失衡。

数据项标号（4）系文教消费历年增长指数，（5）带三角形曲线系居民积蓄历年增长指数，二者之间相关系数为-0.5206。分时间段深入考察，其间，负相关程度在2001~2009年为61.00%，2001~2008年为70.04%，2002~2008年为70.02%，2001~2006年为73.93%，2001~2005年为76.30%，构成明显的逆向互动关系，即日常所说的"成反比"。这一组数据项及其相关系数揭示居民必需消费之外余钱与"非必需"精神文化消费的相关关系及其增长同步程度。

从图4中可以看出，1999~2009年，全国城乡人均文教消费与积蓄增长曲线构成横向镜面峰谷对应水中倒影的负相关关系。尤其值得注意之处在于，进入"十一五"，全国城乡人均文教消费年度增长持续下滑，与之相对应的是全国城乡人均积蓄年度增长形成高峰。到2009年，全国城乡人均文教消费年度增长出现大幅回升，这与国家在国际金融危机影响下实施"拉动内需、扩大消费、改善民生"策略密不可分，与此对应的恰恰是全国城乡人均积蓄年度增长开始下降。这正是本项研究多年以前揭示出的"规律性"的重要发现——中国文教消费需求动向体现出"积蓄增长负相关效应"，这一发现，经不断补充后续年度数据演算一再加以证实。

后台数据库全面展开各省域检测，以"负相关性"强弱为序：取2000年以来16年间各地典型时段，这一"规律"对于青海、北京、河北、四川、山东、海南、宁夏、湖南、广西、上海、西藏、重庆、湖北、云南、江苏、甘肃16个省域显著；对于黑龙江、广东、陕西、天津、江西、河南、贵州7个省域明显或较明显；对于福建、内蒙古基本成立；对于新疆、辽宁、山西、安徽、浙江局部时段成立；对于吉林不成立。

取1996年以来20年间各地典型时段，这一"规律"对于北京、青海、四川、河北、山东、黑龙江、海南、宁夏、湖南、广西、上海、西藏、重庆、云南、湖北、江苏、甘肃17个省域显著；对于新疆、河南、广东、陕西、天津、江西、福建、贵州8个省域明显或较明显；对于山西、内蒙古基本成立；对于辽宁、浙江、安徽局部时段成立；对于吉林不明显。这表明，越是长时间段检测，这一"规律"的普适度越高。

深入思考社会背景因素，可以看出，完善市场经济体制必须辅之以健全的公共服务、社会保障体系，而我国公共服务、社会保障体系建设严重滞后，广大民众不得不更加注重积蓄以求"自我保障"——譬如建立"家庭购房基金""子女教育基金""个人病老基金"等。加大"必需积蓄"势必抑制消费，必需消费刚性难减，挤压"非必需"的精神文化消费成为必然。中国经济增长长时期面临内需增长不足的困扰，其根本原因也在这里。

依据经济社会一般发展的内在逻辑联系和当今中国发展的现实状况，本项检测体系提取出三对数据组，分别形成特定的相关性比值：①居民人均收入与产值的相对比值，定义为"民生基础系数"；②居民人均非文消费与收入的相对比值，定义为"民生消费系数"；③居民人均文教消费与非文消费剩余的相对比值，定义为"文化需求系数"。由此构成一套简明而完整的数据关系链：全国及各地经济增长→居民人均收入增高→必需消费增加，但所占收入比重反而降低→必需生活开支之外余钱占收入比重提高，可任意支配的必需消费剩余增多→用于"自我保障"的"必需积蓄"增大→"非必需"的精神文化消费增进,但与产值、收入和总消费之比有可能下降,尤其是与积蓄之比显著下降。

这是本项测评独创的一种分析思路和检测方法,可以揭示出层层累进推演的多重协调关系变动态势。特别是后两项相关性比值分析前所未见,为本项测评从"中国现实"出发,别出心裁地创制出的构思设计,完全没有以往经验和现成数据可供参照,于是既往事实生成的历年统计数据成为"第一手"参考依据。以全国及各地既往年度三项比值的历年最佳值作为应然参考值,测算"消除负相关""最佳比例值"的应然增长目标,寄期各自能够"回复"近期曾经达到的"目标",这样一种期待无疑更加切合实际。

"城乡比"倒数演算和"地区差"指标演算同样系本项研究别出心裁的方法,用以检测全国及各地民生基础层面、民生消费层面、文化需求层面城乡差距、地区差距的"发展缺陷"。本项测评同时检验既往年度这三个层面的城乡比、地区差变动态势,并提取三项城乡比、地区差历年最小值,作为城乡之间、地区之间相关增长均衡性分析的应然参考值,测算"最小城乡比"、"弥合城乡比"和"城乡无差距"应然增长目标。

此外,鉴于全国31个省域之间差异极大,基于各省域数值的"地区差"指标演算极其复杂,最后将采用一种简便方式测算"地区无差距"的应然增长目标。

必须强调,城乡差距、地区差距正是中国历史遗存社会结构"非均衡性"的最深刻鸿沟,改朝换代的动荡历来爆发于城乡鸿沟,割据分裂的动乱向来爆发于地区鸿沟,这就是"中国历史周期率"的深层社会体制根源。因此,凡是涉及全国及各地大范围经济、社会、民生发展考量,城乡差距、地区差距分析必须作为"中国特色"最重要的检测指标,倘若无意遗漏或有意规避,那么势必严重脱离中国历史和现实,几乎任何全局性问题都无法厘清。城乡差距、地区差距正是我国"不平衡不充分的发展"最具代表性的方面。

二 全国城乡民生基础系数的增长协调性检测

本项研究以"民生基础系数"定义国民总收入(产值为其极度近似值)与居民收入的关系,直接反映"初次分配"状况,居民收入增加正构成民生增进的基础(本项检测不涉及就业)。由于"国民总收入"组成中"国外净要素收入"部分甚微,本项研究把"国内生产总值"视为"国民总收入"的近似替代数据。在本报告里,该项系数值体现为城乡人均收入与产值的相对比值,以数值大为佳。报告中以此系数来检验经济增长带动居民收入增高的变动态势,作为其间增长协调性分析的依据,并提取既往年度历年最佳比值,作为测算当前增长差距和未来增长目标的应然参考值。

1996~2016年全国城乡人均收入、产值绝对值及其比值变动态势见图5。图中将城乡人均收入、产值绝对值转换为图形面积比例,二者历年之比形成民生基础系数变动曲线,并附居民文教消费率历年变化曲线。

1996~2016年,全国城乡居民人均收入年均增长11.45%,人均产值年均增长11.71%,高于居民收入0.26个百分点。各五年时段分别比较,全国城乡居民收入增长在第一个五年略微不及产值增长,在第二个五年明显不及产值增长,在第三个五年明显不及产值增长,在第四个五年显著超过产值增长。"十二五"规划确定"努力实现居民收入增长与经济发展同步"的约束性指标已经发生作用。

20年间,全国民生基础系数比值的最高(最佳)值为1999年的47.75%,最低值为2011年的39.79%。逐年考察,全国此项比值在1997年、2000~2001年、2003~2008年、2010~2011年11个年度出现下降,而在1996年、1998~1999年、2002年、2009年、2012~2016年10个年度出现回升,总体呈现下降趋势,由1996年的47.36%降低至2016年的45.24%。全国民生基础系数减低,意味着在经济增长的同时"人民共享发展成果"程度逐渐降低。本项研究把民生基础系数作为前后关联的三项检测指标之首,通过其变动态势测算这一层面"协调增长"依然存在的应然差距。

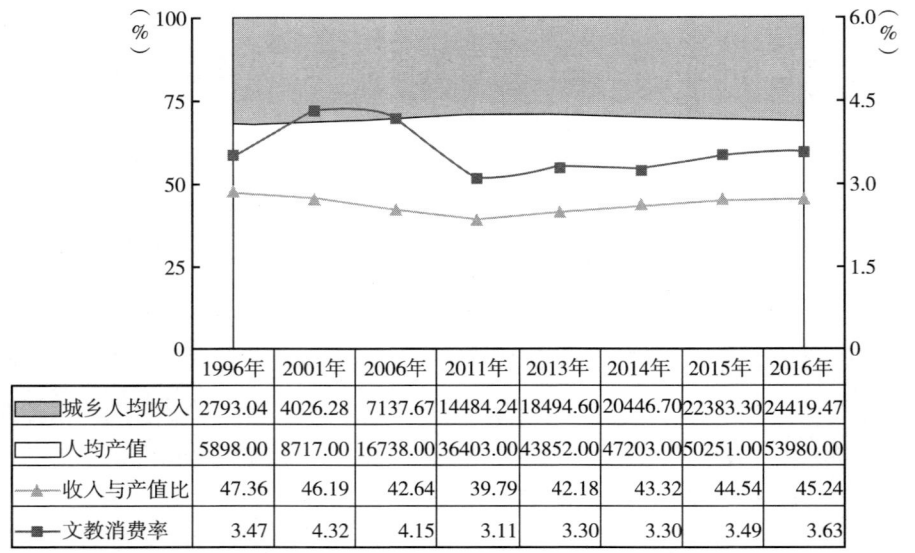

图 5　全国城乡人均收入、产值绝对值及其比值变动态势

左轴面积：城乡人均收入、产值（元转换为%），二者呈直观比例。左轴曲线：二者之比形成民生基础系数（%）。右轴曲线：文教消费率（与产值比）（%）。

图 5 另附全国居民文教消费率历年变化动态，可见人均产值增长带动文教消费增长的相关性态势。

1996~2016 年全国乡村与城镇人均收入绝对值、城乡比和地区差变动态势见图 6。图中将乡村居民与城镇居民人均收入绝对值转换为图形面积比例，城乡间历年之比形成收入城乡比变动曲线，同时附有城乡收入地区差变动曲线。

1996~2016 年，全国乡村居民人均收入年均增长 9.74%，城镇居民人均收入年均增长 10.18%，高于乡村 0.44 个百分点。各五年时段分别比较，全国城乡之间居民人均收入的增长差距在第一个五年显著加大，在第二个五年显著加大，在第三个五年较明显减小，在第四个五年显著减小。

逐年考察，在 1998~2003 年、2005~2007 年、2009 年 10 个年度，全国城镇人均收入增长高于乡村人均收入增长；而在 1996~1997 年、2004 年、2008 年、2010~2016 年 11 个年度，全国城镇人均收入增长低于乡村人

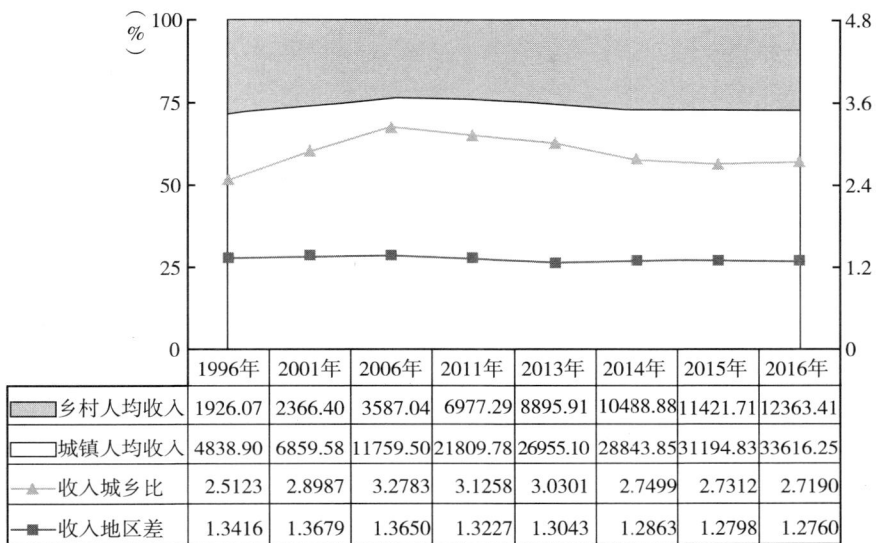

图 6　全国乡村与城镇人均收入绝对值、城乡比和地区差变动态势

左轴面积：城乡人均收入（元转换为%），城乡间呈直观比例。右轴曲线：收入城乡比（乡村 = 1）；城乡收入地区差（无差距 = 1）。

均收入增长。作为城乡差距的衡量指标，全国居民人均收入城乡比 20 年间最小（最佳）值为 1997 年的 2.4689，最大值为 2009 年的 3.3328。前后对比，全国人均收入城乡比由 1996 年的 2.5123 扩大至 2016 年的 2.7190，总体上呈现扩增趋势，意味着民生基础层面城乡之间"共享发展成果"的程度有所降低。本项研究把收入城乡比作为一项重要检测指标，通过其变动态势测算城乡之间民生基础层面"均衡发展"依然存在的应然差距。

同期，全国城乡人均收入地区差由 1996 年的 1.3416 缩小至 2016 年的 1.2760，20 年间最大值为 2001 年的 1.3679，最小（最佳）值为 2016 年的 1.2760。逐年考察，城乡人均收入地区差在 1999~2001 年、2003 年、2005~2006 年 6 个年度出现扩增，在 1996~1998 年、2002 年、2004 年、2007~2016 年 15 个年度出现缩减。收入地区差总体上呈现缩小态势，尤其是进入"十一五"以来逐步缩小，民生基础层面各地之间"共享发展成果"的程度近几年有所提高。本项研究把城乡收入地区差作为一项重要检测指标，通过其变动态势测算各地之间民生基础层面"均衡发展"已经取得的实际进展。鉴于地区差最后测算采用简便方式，此处不再展开分析。

据此做出以下假定作为测算预设：①如果全国城乡民生基础系数能够保持1999年的最佳水平，那么2016年全国城乡人均收入应达到25774.08元；②如果全国民生基础层面的城乡差距能够保持1997年最低程度，那么2016年全国城乡人均收入应达到24961.46元，在民生基础层面保持最佳比值基础上同时保持最小城乡比，则全国城乡人均收入应达到26346.13元；③如果全国民生基础层面的城乡差距能够弥合而实现无差距理想状态，那么全国城乡人均收入应达到33616.25元（即2016年城镇人均值），在民生基础层面保持最佳比值基础上同时实现弥合城乡比，则全国城乡人均收入应达到35481.02元；④如果全国城乡民生基础层面的地区差距得以消减至无差距理想状态，那么全国城乡综合演算的人均收入数值就会有更大的提升，随后逐步推演的一切数值都会发生显著变化。

在全国至2020年"协调增长""均衡发展"的预期目标测算中，将取全国城乡民生基础系数的历年最佳值，全国民生基础层面城乡差距的历年最小值，乃至民生基础层面城乡之间、地区之间的无差距理想值，分别推演后面的各项数值，最终测算得出全国城乡文教消费需求应然增长目标。

三 全国城乡民生消费系数的增长协调性检测

本项研究以"民生消费系数"定义居民收入与必需生活开支的关系，类比于极致放大的"恩格尔定律"关系，市场经济条件下的必需消费正涵盖整个基本民生范畴。在本报告里，该项系数值体现为全国及各地居民非文消费（设定为必需消费）占收入的相对比值，以数值小为佳，反转过来看即以非文消费剩余比重增大为佳。报告中以此系数来检验经济增长、居民收入增高带来必需生活开支之外余钱增多的变动态势，作为其间增长协调性分析的依据，并提取既往年度以来历年最佳比值，作为测算当前增长差距和未来增长目标的应然参考值。

1996~2016年全国城乡人均非文消费、收入绝对值及其比值变动态势见图7。图7将人均非文消费、城乡人均收入绝对值转换为图形面积比例，二者历年之比形成民生消费系数变动曲线，并附居民文教消费比历年变化曲线。

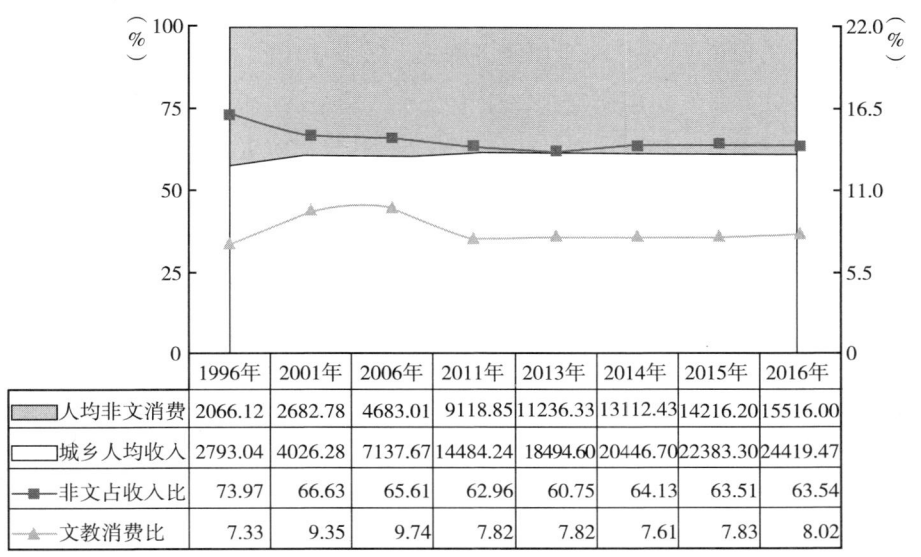

图7 全国城乡人均非文消费、收入绝对值及其比值变动态势

左轴面积：城乡人均非文消费、收入（元转换为%），二者呈直观比例。左轴曲线：二者之比形成民生消费系数（%）。右轴曲线：文教消费比（%）（占收入比）。

1996~2016年，全国城乡居民人均非文消费年均增长10.61%，人均收入年均增长11.45%，高于非文消费0.84个百分点。各五年时段分别比较，全国城乡居民人均非文消费增长在第一个五年明显不及收入增长，在第二个五年略微不及收入增长，在第三个五年较明显不及收入增长，在第四个五年略微超过收入增长。居民人均非文消费占收入比重越来越低，亦即"必需消费"之外余钱越来越多。

20年间，全国民生消费系数比值的最高值为1996年的73.97%，最低（最佳）值为2013年的60.75%。逐年考察，全国此项比值在1996~1999年、2001~2004年、2006~2008年、2010~2013年、2015年16个年度出现下降，而在2000年、2005年、2009年、2014年、2016年5个年度出现回升，总体呈现下降趋势，由1996年的73.97%降低至2016年的63.54%。全国民生消费系数大体上一直在降低，亦即"必需消费"之外的余钱占收入比增高。这意味着，全国城乡居民"必需消费"之外的余钱正日益增多，在民生消费层面"人民共享发展成果"的效应日益得以显现。这是本项研究独有设计带来的发现，可以说明20年来全国经济增长、城乡居民收入增多体现在民生消费层面的现实状况。本项研究把民生消费系数作为前后关联的三项检测指标之次，通过其变动态势测算这一层面"协调增长"已经取得的实际进展。

图7另附全国居民文教消费比历年变化动态，可见收入增长带动文教消费增长的相关性态势。

1996～2016年全国乡村与城镇人均非文消费绝对值、城乡比和地区差变动态势见图8。图中将乡村居民与城镇居民非文消费绝对值转换为图形面积比例，城乡间历年之比形成非文消费城乡比变动曲线，同时附有城乡非文消费地区差变动曲线。

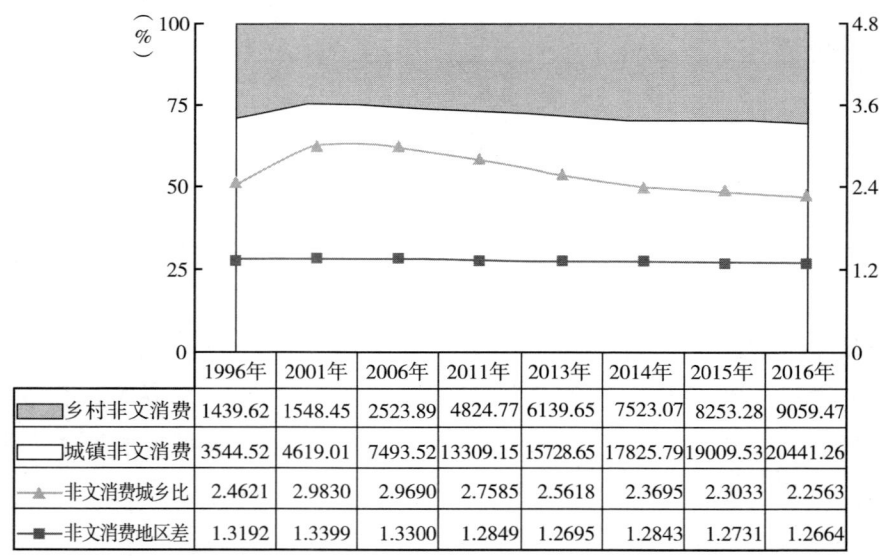

图8 全国乡村与城镇人均非文消费绝对值、城乡比和地区差变动态势

左轴面积：城乡人均非文消费（元转换为%），城乡间呈直观比例。右轴曲线：非文消费城乡比（乡村=1）；城乡非文消费地区差（无差距=1）。

1996~2016年，全国乡村居民人均非文消费年均增长9.63%，城镇居民人均非文消费年均增长9.16%，低于乡村0.47个百分点。各五年时段分别比较，全国城乡之间居民非文消费的增长差距在第一个五年显著加大，在第二个五年略微减小，在第三个五年明显减小，在第四个五年显著减小，"必需消费"增长的城乡距离正在趋近。

逐年考察，在1997~2003年、2007年、2009年9个年度，全国城镇人均非文消费增长高于乡村人均非文消费增长；而在1996年、2004~2006年、2008年、2010~2016年12个年度，全国城镇人均非文消费增长低于乡村人均非文消费增长。作为城乡差距的衡量指标，全国居民人均非文消费城乡比20年间最大值为2003年的3.2657，最小（最佳）值为2016年的2.2563。前后对比，人均非文消费城乡比由1996年的2.4621缩小至2016年的2.2563，总体上出现微弱缩减，但自"十五"后期以来呈现持续缩减趋势，意味着民生消费层面城乡之间"共享发展成果"的程度近些年有所提高，这也是本项研究的独有设计带来的发现。本项研究把"必需"非文消费城乡比作为一项重要检测指标，通过其变动态势测算城乡之间民生消费层面"均衡发展"已经取得的实际进展。

同期，全国城乡人均非文消费地区差由1996年的1.3192缩小至2016年的1.2664，20年间最大值为1999年的1.3408，最小（最佳）值为2016年的1.2664。逐年考察，城乡人均非文消费地区差在1998~1999年、2001年、2003年、2010年、2014年6个年度出现扩增，在1996~1997年、2000年、2002年、2004~2009年、2011~2013年、2015~2016年15个年度出现缩减。非文消费地区差总体上呈现缩小态势，尤其是进入"十五"以来逐步缩小，民生消费层面各地之间"共享发展成果"的程度近些年有所提高，这同样是本项研究独有设计带来的发现。本项研究把城乡非文消费地区差作为一项重要检测指标，通过其变动态势测算各地之间民生消费层面"均衡发展"已经取得的实际进展。鉴于地区差最后测算采用简便方式，此处不再展开分析。

据此做出以下假定作为测算预设：①如果全国城乡民生消费系数能够保

持2013年最佳水平，那么2016年全国城乡人均非文消费应达到14835.96元，取上一类民生基础系数最佳比值叠加测算，全国城乡人均非文消费应达到15658.95元，收入与之差非文消费剩余增至10115.13元；②如果全国民生消费层面的城乡差距能够保持2016年最低程度，那么2016年全国城乡人均非文消费应达到15516.00元，在民生基础层面、民生消费层面保持两项最佳比值基础上同时保持此项最小城乡比，全国城乡人均非文消费应达到15658.95元，收入与之差非文消费剩余增至10687.18元；③如果全国民生消费层面的城乡差距能够弥合而实现无差距理想状态，那么全国城乡人均非文消费应达到20441.26元（即2016年城镇人均值），在民生基础层面、民生消费层面保持两项最佳比值的基础上同时实现弥合此项城乡比，全国城乡人均非文消费应达到20629.58元，收入与之差非文消费剩余增至14851.44元；④同样，至此两类检测叠加，如果全国城乡民生基础层面、民生消费层面的两类地区差距得以消减至无差距理想状态，那么全国城乡综合演算的人均非文消费剩余数值就会有更大的提升，随后推演的相关数值也会发生显著变化。

在全国至2020年"协调增长""均衡发展"的预期目标测算中，将取全国城乡民生消费系数的历年最佳值，全国民生消费层面城乡差距的历年最小值，以及民生消费层面城乡之间、地区之间的无差距理想值，分别推演后面的各项数值，最终测算得出全国城乡文教消费需求应然增长目标。

四 全国城乡文化需求系数的增长协调性检测

本项研究以"文化需求系数"定义必需生活开支之外余钱与文教消费需求的关系，间接涉及"二次分配"状况，必需消费之外余钱正属于"非必需"精神消费的前提。在本报告里，该项系数值体现为全国及各地居民文教消费与非文消费剩余（必需生活开支之外余钱部分）的相对比值，以数值大为佳。报告中以此系数来检验各地居民收入增高、必需生活开支之外余钱增多是否带来文教消费需求增进的变动态势，作为其间增长协调性分析的依据,并提取既往年度历年最佳比值,作为测算当前增长差距和未来增长目标的应然参考值。

1996~2016年全国城乡人均文教消费、非文消费剩余绝对值及其比值变动态势见图9。图中将文教消费、非文消费剩余绝对值转换为图形面积比例,二者历年之比形成文化需求系数变动曲线,并附居民文教消费比重历年变化曲线。

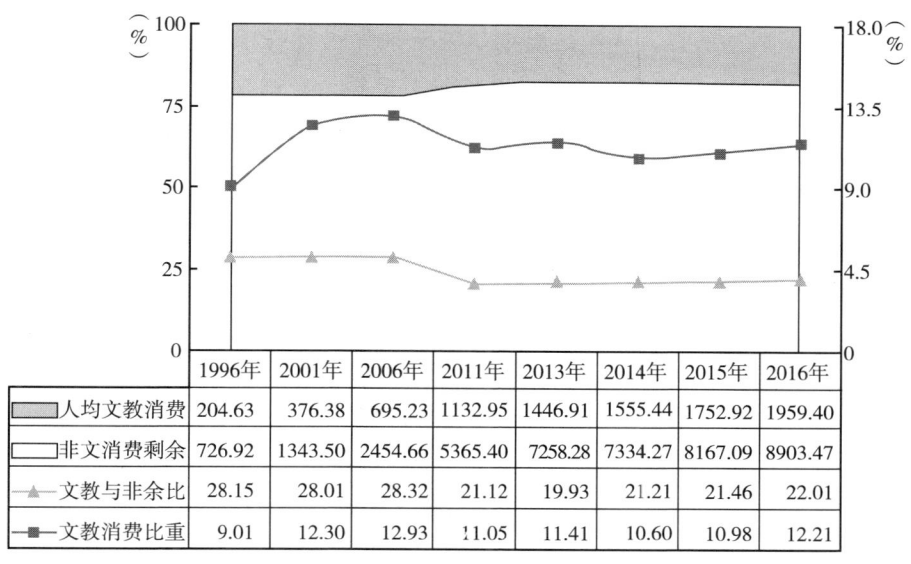

图9 全国城乡人均文教消费、非文消费剩余绝对值及其比值变动态势

左轴面积:城乡人均文教消费、非文消费剩余(元转换为%),二者呈直观比例。左轴曲线:二者之比形成文化需求系数(%)。右轴曲线:文教消费比重(%)(占总消费比)。

1996~2016年,全国城乡居民人均文教消费年均增长11.96%,人均非文消费剩余年均增长13.35%,高于文教消费1.39个百分点。各五年时段分别比较,全国城乡居民文教消费增长在第一个五年略微不及非文消费剩余增长,在第二个五年略微超过非文消费剩余增长,在第三个五年极显著不及非文消费剩余增长,在第四个五年较明显超过非文消费剩余增长。居民"必需消费"之外越来越多的余钱并未较多地用于文教消费。

20年间,全国文化需求系数比值的最高(最佳)值为2002年的31.45%,最低值为2013年的19.93%。逐年考察,全国此项比值在1996~1999年、2001年、2003~2004年、2006~2008年、2010~2013年14个年度出现下降,而在2000年、2002年、2005年、2009年、2014~2016年7个年度出现回升,总体呈现下降趋势,由1996年的28.15%降低至2016年的22.01%。全国文化需求系数减低,意味着文教消费需求增长继续受到"积蓄增长负相关效应"的反向牵制,在文化需求层面"人民共享发展成果"的效果不容乐观。这还是本项研究的独有设计带来的一个发现,揭示出20年来全国城乡文教消费需求增长并不理想,反过来也可以说还蕴藏着巨大潜力。本项研究把文化需求系数作为前后关联的三项检测指标之末,通过其变动态势测算这一层面"协调增长"依然存在的应然差距。

图9另附全国居民文教消费比重历年变化动态,可见总消费增长带动文教消费增长的相关性态势。

1996~2016年全国乡村与城镇人均文教消费绝对值、城乡比和地区差变动态势见图10。图中将乡村居民与城镇居民文教消费绝对值转换为图形面积比例,城乡间历年之比形成文教消费城乡比变动曲线,同时附有城乡文教消费地区差变动曲线。

1996~2016年,全国乡村居民人均文教消费年均增长11.01%,城镇居民人均文教消费年均增长10.25%,低于乡村0.76个百分点。各五年时段分别比较,全国城乡之间居民文教消费的增长差距在第一个五年极显著加大,在第二个五年明显加大,在第三个五年显著加大,在第四个五年极显著减小。

逐年考察,在1997~1999年、2001~2002年、2004年、2006~2007年、2009~2011年、2013年、2016年13个年度,全国城镇人均文教消费增长高于乡村人均文教消费增长;而在1996年、2000年、2003年、2005年、2008年、2012年、2014~2015年8个年度,全国城镇人均文教消费增长低于乡村人均文教消费增长。作为城乡差距的衡量指标,全国居民人均文教消费城乡比20年间最大值为2013年的4.7213,最小(最佳)值为2015

中国文化产业供需协调增长目标

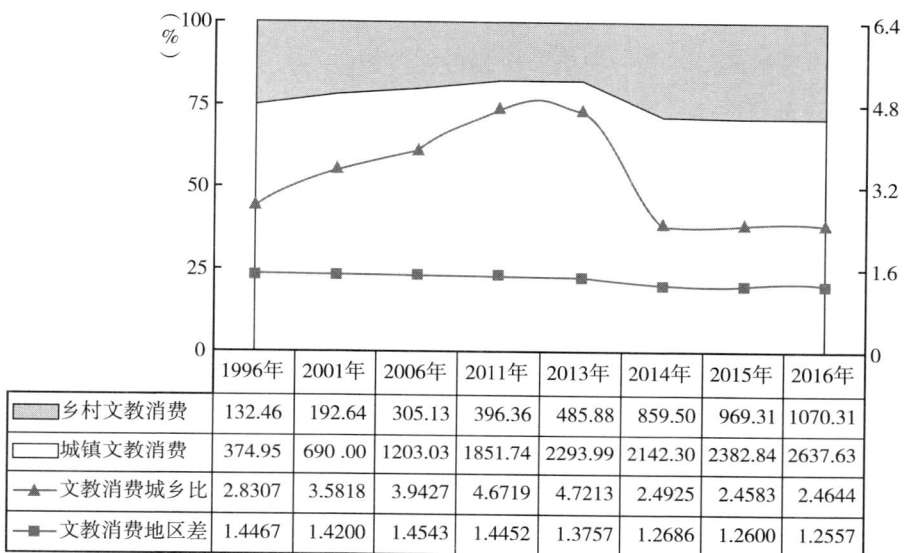

图10 全国乡村与城镇人均文教消费绝对值、城乡比和地区差变动态势

左轴面积：城乡人均文教消费（元转换为%），城乡间呈直观比例。右轴曲线：文教消费城乡比（乡村=1），城乡文教消费地区差（无差距=1）。

年的2.4583。前后对比，人均文教消费城乡比由1996年的2.8307缩小至2016年的2.4644，总体上呈现持续缩减趋势，意味着文化需求层面城乡之间"共享发展成果"的程度有所提高。这仍是本项研究独有设计带来的发现，揭示出20年来全国城乡之间文教消费需求增长逐渐平衡。本项研究把文教消费城乡比作为一项重要检测指标，通过其变动态势测算城乡之间文化需求层面"均衡发展"已经取得的实际进展。

同期，全国城乡人均文教消费地区差由1996年的1.4467缩小至2016年的1.2557，20年间最大值为2009年的1.4596，最小（最佳）值为2016年的1.2557。逐年考察，城乡人均文教消费地区差在1996年、1999~2002年、2004年、2006年、2008~2009年9个年度出现扩增，而在1997~1998年、2003年、2005年、2007年、2010~2016年12个年度出现缩减。文教消费地区差总体上呈现缩小态势，文化需求层面各地之间"共享发展成果"

的程度也有所提高，这同样是本项研究独有设计带来的发现。本项研究把城乡文教消费地区差作为一项重要检测指标，通过其变动态势测算各地之间文化需求层面"均衡发展"已经取得的实际进展。鉴于地区差最后测算采用简便方式，此处不再展开分析。

据此做出以下假定作为测算预设：①如果全国城乡文化需求系数能够保持2002年最佳水平，即文教消费增长与积蓄增长之间不再构成负相关关系（简称"消除负相关测算"），那么2016年全国城乡人均文教消费应达到2800.13元，总量可达到38604.41亿元；②如果在保持文化需求系数最佳比值基础上，全国文化需求层面的城乡差距能够保持2015年最低程度，那么2016年全国城乡人均文教消费应达到2801.77元，总量可达到38627.02亿元；③如果同样在保持此项最佳比值基础上，全国文化需求层面的城乡差距能够弥合而实现无差距理想状态，那么全国城乡人均文教消费应达到3769.37元，总量可达到51967.01亿元。

至此，全国城乡文教消费需求相关方面的增长差距一目了然：一方面在于经济增长与基本民生、文化民生增进的协调性差距，另一方面在于城乡之间、地区之间民生与文化民生增进的均衡性差距。在全国至2020年"协调增长""均衡发展"的预期目标测算中，将取全国城乡文化需求系数的历年最佳值，全国文化需求层面城乡差距的历年最小值，乃至文化需求层面城乡之间、地区之间的无差距理想值，并叠加民生基础层面、民生消费层面检测出的协调性差距进行推演，最终测算得出全国城乡文教消费需求应然增长目标。

有必要补充说明，以上就民生基础系数、民生消费系数和文化需求系数三个层面逐一开展单独分析，类似于设置一种实验室"纯化"提取程序，分别针对全国城乡这三个层面之一的相关性比值变化独立进行演算，而暂时搁置其他层面相关性比值变化的互动影响。然而实际上，全国城乡这三个层面的相关性比值变化恰恰密切联系在一起，因此最终必须综合在一起进行统一分析演算。

就此继续做出以下假定作为测算预设：①如果同时取民生基础系数、民生消费系数和文化需求系数三项最佳比值叠加测算（简称"最佳比例值测算"），那么 2016 年全国城乡人均文教消费应达到 3181.20 元，总量可达到 43858.04 亿元；②如果在保持民生基础系数、民生消费系数和文化需求系数三项最佳比值基础上，全国文化需求层面的城乡差距能够保持 2015 年的最低程度（简称"最小城乡比测算"），那么 2016 年全国城乡人均文教消费应达到 3183.06 元，总量可达到 43883.72 亿元；③如果同样在保持三项最佳比值基础上，全国文化需求层面的城乡差距能够弥合而实现无差距理想状态（简称"弥合城乡比测算"），那么 2016 年全国城乡人均文教消费应达到 4282.34 元，总量可达到 59039.14 亿元。

综合以上三类检测，最后进行更加理想化的假定测算：①如果全国民生基础层面、民生消费层面和文化需求层面的三类城乡差距同时得以消减至无差距理想状态，即取各项城镇人均值，按全国城镇实现三项比值历年最佳值演算（简称"城乡无差距测算"），那么 2016 年全国城乡人均文教消费应达到 6462.59 元，总量可达到 89097.44 亿元；②如果全国城乡民生基础层面、民生消费层面和文化需求层面的三类地区差距同时得以消减至无差距理想状态，即取东部城镇各项人均值，按东部城镇实现三项比值历年最佳值演算（简称"地区无差距测算"），那么 2016 年全国城乡人均文教消费应达到 8404.56 元，总量可达到 115870.72 亿元。

五 文化教育消费增长空间及文化产业发展目标测算

基于既往事实、现实期待和未来理想，本项检测设置了诸多目标测算方式。

首先是"自然增长"测算：这是基于历年统计数据的概率或然演算，按照以往年度平均增长率推算以后年度增长数值，可反比气象灾害预测的"多年一遇"。"多年一遇"为低概率极端预测，"多年平均"为高概率常规预测。在此将展开既往 20 年统计数据演算，即"历年均增值"测算。

其次是"现实应然"测算：这是基于现行规划政策的"应该"增长目标演算，按照"协调增长"要求，假设实现以往年度"最佳"状况，推算以后年度增长数值，这是本来就应当做到的。在此也将展开既往20年"最佳"数值演算，从中可以看到发展现状的差距，包括"供需协调性""消除负相关""最佳比例值""最小城乡比"测算。

最后是"未来理想"测算：这是基于未来发展战略的"理想"增长目标演算，按照"均衡发展"要求，假设彻底实现城乡一体化、全民均等化理想状态，推算以后年度增长数值，这是今后需要争取做到的。在此仍将展开既往20年实际数据演算，从中可以看到现实与理想的距离，包括"弥合城乡比""城乡无差距""地区无差距"测算。

2016～2021年全国城乡人均文教消费需求增长测算见图11，其中提供了基于人均值演算的全国文化产业供需协调增长目标的8类测算结果。

图表演算说明：①鉴于需要基于现有最新的2016年统计数据进行演算，这里将2016年作为增长测算的头一年处理，而2017年统计数据尚待公布，归入未来年度测算；②经济社会发展作为背景因素，至2020年人均产值增长先按既往年度实际年均增长率推算，演算文化产业供需协调增长目标距离数值，再按照产值年均增长率7%推算，演算文化产业供需协调增长目标校正数值；③除了第（1）类历年均增值测算以外，其余各类测算皆以所需年均增长率体现各自距离"协调增长"目标的相应差距，由于其间目标取向不同，演算方式不同，各类增长测算数值即使极为接近，也不可视为彼此涵盖。

（1）历年均增值测算：以城乡文教消费既往年度年均增长率测算增长目标，可以得出统计概率最高的或然增长结果。

如果2016～2020年全国城乡文教消费增长保持1996～2016年平均增长率10.60%，那么到2020年城乡人均文教消费将达到2931.70元。在相关各方面增长均依此推算的情况下，由于全国城乡文教消费与产值之比在1996～2016年呈现下降态势，至2020年文教消费增长与产值增长测算值之比将继续降低至3.49%。

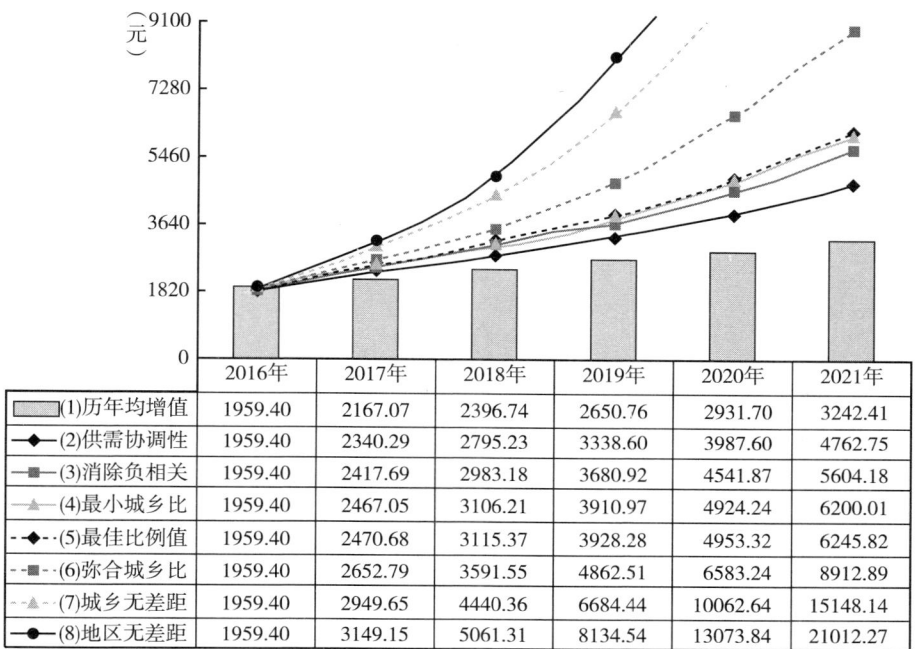

	2016年	2017年	2018年	2019年	2020年	2021年
(1)历年均增值	1959.40	2167.07	2396.74	2650.76	2931.70	3242.41
(2)供需协调性	1959.40	2340.29	2795.23	3338.60	3987.60	4762.75
(3)消除负相关	1959.40	2417.69	2983.18	3680.92	4541.87	5604.18
(4)最小城乡比	1959.40	2467.05	3106.21	3910.97	4924.24	6200.01
(5)最佳比例值	1959.40	2470.68	3115.37	3928.28	4953.32	6245.82
(6)弥合城乡比	1959.40	2652.79	3591.55	4862.51	6583.24	8912.89
(7)城乡无差距	1959.40	2949.65	4440.36	6684.44	10062.64	15148.14
(8)地区无差距	1959.40	3149.15	5061.31	8134.54	13073.84	21012.27

图11　2016～2021年全国城乡人均文教消费需求增长测算

作为背景因素，2016～2020年人均产值按1996～2016年实际年均增长推算。文教消费与产值比：2016年实际值3.63%，2020年测算值（1）3.49%，（2）4.74%，（3）5.40%，（4）5.86%，（5）5.89%，（6）7.83%，（7）11.97%，（8）15.55%。2016～2020年全国城乡人均文教消费年均增长：（1）10.60%（即1996～2016年实际值，以下为测算值），（2）19.44%，（3）23.39%，（4）25.91%，（5）26.09%，（6）35.39%，（7）50.54%，（8）60.72%。

若产值按年均增长7%推算，则2020年文教消费（增量、增幅不变）与产值比测算值：（1）4.14%，（3）6.42%。2020年全国城乡文教消费人均值（与产值比不变）：（2）3356.92元，年增14.41%；（4）4145.42元，年增20.60%；（5）4169.90元，年增20.78%；（6）5542.03元，年增29.68%；（7）8471.14元，年增44.20%；（8）11039.39元，年增54.07%。

（2）供需协调性测算：摒弃单纯的"文化GDP追逐"，注重文化产业生产供给与消费需求的协调关系，以文化生产充分满足需求来定位测算增长目标，即假设文化产值比与消费率之间的关系回复历年最佳状态，实现文化产业供需协调增长，并达到"支柱性产业"所需与GDP之比。

全国城乡总体文教消费需求增长支撑文化产业成为支柱性产业的测算值

为消费率达到4.74%，据此进行反推演算，到2020年，城乡人均文教消费应达到3987.60元，年均增长率需达到19.44%，为以往20年实际年均增长率的1.83倍。

为了积极推进文化产业供需协调增长，本项检测用以衡量"支柱性产业"的测算标准进行调整，设定居民文教消费率4.74%为文化产业在成为"国民经济支柱性产业"的同时，亦成为"国民消费支柱性产业"的必需"临界值"。演算依据在于：文化产业的生产供给与消费需求之间应当形成健康、合理的协调增长关系，2011年全国文化产值比与居民文教消费率正处于近乎"理想"的极度趋近状态（见图1），可作为重要参照系。为此，特取2011年二者之间比差值0.9489（文教消费率为文化产值比的94.89%），作为供需"最佳协调"测算系数。如果中国文化产业的供需关系实现"最佳协调"状态，那么当全国文化产值比达到5%之际，居民文教消费率理当为4.74%上下。这一假设既是一种理论上的推论，又是一种基于以往事实的期待。

（3）消除负相关测算：以城乡文化需求系数既往年度历年最佳比值测算增长目标，即假设积蓄增长与文教消费增长之间排除负相关关系，必需消费之外余钱增长与精神文化消费需求增长实现同步。

如果到2020年全国城乡此项比例值实现1996～2016年最佳状态，那么城乡人均文教消费应达到4541.87元，与产值增长测算值之比将上升至5.40%，年均增长率需达到23.39%，为以往20年实际年均增长率的2.21倍。

（4）最小城乡比测算：在三项最佳比值测算基础上，以人均文教消费城乡比既往年度历年最小值测算增长目标，即假设"回复"原有的文教消费城乡比最小状态，作为缩小以至消除城乡差距的基础。

如果到2020年全国城乡同时实现1996～2016年三项最佳比值和文教消费最小城乡比，那么城乡人均文教消费应达到4924.24元，与产值增长测算值之比将上升至5.86%，年均增长率需达到25.91%，为以往20年实际年均增长率的2.44倍。

鉴于2015年全国文教消费城乡比成为历年最小城乡比,而城乡比缩减动态仍将继续(最佳比例值测算暗含这一动态),于是在最佳比例值测算基础上取2015年城乡比测算,2020年数值反而略小于最佳比例值测算值。就此看来,弥合城乡比测算更为合理,当然难度也更大。

(5)最佳比例值测算:以城乡民生基础系数、民生消费系数、文化需求系数三项比值既往年度历年最佳值测算增长目标,即假设相关各方面的增长协调性"回复"曾有的三项比例关系最佳值。

如果到2020年全国城乡三项比值同步实现1996~2016年最佳状态,那么城乡人均文教消费应达到4953.32元,与产值增长测算值之比将上升至5.89%,年均增长率需达到26.09%,为以往20年实际年均增长率的2.46倍。

(6)弥合城乡比测算:同样在三项最佳比值测算基础上,以人均文教消费城乡比的无差距理想值测算增长目标,即假设文化需求层面的城乡差距得以消除,据此演算校正数值。

如果到2020年全国城乡同时实现1996~2016年三项最佳比值和乡村人均文教消费绝对值与城镇水平持平,那么城乡人均文教消费应达到6583.24元,与产值增长测算值之比将上升至7.83%,年均增长率需达到35.39%,为以往20年实际年均增长率的3.34倍。

(7)城乡无差距测算:在民生基础层面、民生消费层面、文化需求层面三项城乡比的无差距理想状态下实现既往年度历年最佳比值测算增长目标,即假设此三个层面的乡村人均值加速增长并与城镇水平持平,统一取城镇标准三项比例关系最佳值进行演算。

如果到2020年,全国城乡之间以上三个层面已无差距,统一实现1996~2016年城镇标准三项最佳比值,那么城乡人均文教消费应达到10062.64元,与产值增长测算值之比将上升至11.97%,年均增长率需达到50.54%,为以往20年实际年均增长率的4.77倍。

(8)地区无差距测算:全国各地之间差异极大,"地区差"指标演算极其复杂,此处采用一种简便方法测算增长目标,即在"城乡无差距测算"

基础上，取东部城镇整体平均值进行演算。如果到2020年，全国城乡之间、各地之间在此三个层面已无差距，统一达到东部城镇整体平均值，那么城乡人均文教消费应达到13073.84元，与产值增长测算值之比将上升至15.55%，年均增长率需达到60.72%，为以往20年实际年均增长率的5.73倍。

如果按照国家规划转变发展方式的要求，把至2020年全国产值年均增长率控制在7%，那么以上（1）历年均增值、（3）消除负相关两类测算因与产值增长演算间接相关，文教消费人均值增长测算的绝对值不变，其与产值比将分别增高至4.14%、6.42%，其余各类测算因与产值增长演算直接相关，文教消费人均值增长测算的绝对值相应减少，其所需年均增长幅度（亦即目标差距）将分别降低至14.41%、20.60%、20.78%、29.68%、44.20%、54.07%，显然更加容易实现。在全面协调可持续发展中，不仅经济与环境（包括资源和能源）的关系要求适当控制GDP增长，而且经济与社会（包括民生及文化民生）的关系也要求适当控制GDP增长。这正体现出一种应有的发展智慧。

在人均值增长测算基础上，2016~2021年全国城乡文教消费需求总量增长测算见图12，其中同样提供了按照总量演算的文化产业供需协调增长目标的8类测算结果。

总量数值有利于把握总体态势，但难以准确把握今后人口增长尤其是分布变化，所需年均增长率演算结果与人均值演算略有差异，仅供参考。

应该看到，从经济（包括文化生产）增长、社会（民生）发展与文教消费需求增进的关系来看，实现"支柱性产业"测算目标并不算困难，但实现各类"协调增长""均衡发展"测算的"应然目标"和"理想目标"却很不容易。毫无疑问，与"GDP崇拜"和"文化GDP追逐"相比，增强经济与民生（包括文化民生）发展的协调性，增强城乡、区域之间发展的均衡性，更应当成为"以人民为中心"的发展思想指导下政绩检验的主要指标。

中国文化产业供需协调增长目标

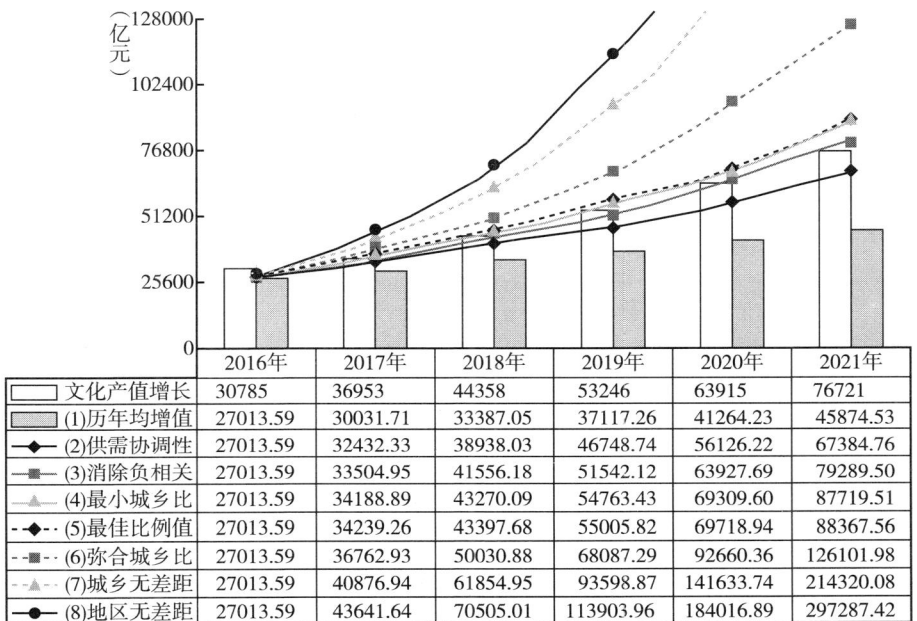

	2016年	2017年	2018年	2019年	2020年	2021年
文化产值增长	30785	36953	44358	53246	63915	76721
(1)历年均增值	27013.59	30031.71	33387.05	37117.26	41264.23	45874.53
(2)供需协调性	27013.59	32432.33	38938.03	46748.74	56126.22	67384.76
(3)消除负相关	27013.59	33504.95	41556.18	51542.12	63927.69	79289.50
(4)最小城乡比	27013.59	34188.89	43270.09	54763.43	69309.60	87719.51
(5)最佳比例值	27013.59	34239.26	43397.68	55005.82	69718.94	88367.56
(6)弥合城乡比	27013.59	36762.93	50030.88	68087.29	92660.36	126101.98
(7)城乡无差距	27013.59	40876.94	61854.95	93598.87	141633.74	214320.08
(8)地区无差距	27013.59	43641.64	70505.01	113903.96	184016.89	297287.42

图12　2016～2021年全国城乡文教消费需求总量增长测算

2016～2020年全国城乡文教消费总量年均增长：(1) 11.17%（即1996～2016年实际值，以下为测算值），(2) 20.06%，(3) 24.03%，(4) 26.56%，(5) 26.75%，(6) 36.09%，(7) 51.32%，(8) 61.55%。

若产值按年均增长7%推算，则2020年全国城乡文教消费总量：(2) 47249.29亿元，年增15.00%；(4) 58347.59亿元，年增21.23%；(5) 58692.18亿元，年增21.41%；(6) 78005.18亿元，年增30.36%；(7) 119232.93亿元，年增44.95%；(8) 155381.60亿元，年增54.87%。

技术报告与综合分析

Technical Report and Comprehensive Analysis

B.2
中国文化产业供需协调检测体系技术报告
——兼全国及各地至2016年增长差距检测

王亚南 方彧 刘婷 魏海燕*

摘 要: 本项检测体系为"中国文化消费需求景气评价体系"的延伸发展,旨在推进目标终极检验:基于城乡居民消费需求的"文化餐桌"检测,测算精神文化消费需求增长的"应然差距"和"理想差距",据此反推生产供给的"文化庄稼地"收益,预测文化产业发展的应有空间。本报告通过民生基础系数、民生消费系数、文化需求系数检测文教消

---

* 王亚南,云南省社会科学院研究员,文化发展研究中心主任;方彧,中国老龄科学研究中心副研究员;刘婷,云南省社会科学院研究员,文化发展研究中心秘书长;魏海燕,云南省政协信息中心主任编辑,主要从事传媒信息分析研究。

费需求增长与产值增长、居民收入增长、必需消费与必需消费剩余增长之间的协调性差距,通过城乡比、地区差指标检测文教消费需求增长的城乡差距和地区差距,预期实现全面协调的"应然增长"、全面均衡的"理想增长",据以测算全国及各地文化产业与文教消费供需协调增长目标。

关键词: 中国　文化产业　供需协调　差距检测

本报告系《中国文化消费需求景气评价报告》的配套,本项检测体系为"中国文化消费需求景气评价体系"的延伸发展,旨在推进目标终极检验:基于城乡居民消费需求的"文化餐桌"检测,测算精神文化消费需求增长的"应然差距"和"理想差距",据此反推生产供给的"文化庄稼地"收益,预测文化产业发展的应有空间。

本文作为"中国文化产业供需协调检测体系"技术报告,在"中国文化消费需求景气评价体系"技术报告详尽阐释基础数据来源、数据推演方法、相关数值关系基础上,本项检测的年度起点由当前最新数据年度回溯20年,通过民生基础系数、民生消费系数、文化需求系数检测文教消费需求增长与产值增长、居民收入增长、必需消费与必需消费剩余增长之间的协调性差距,通过城乡比、地区差指标检测文教消费需求增长的城乡差距和地区差距,预期实现全面协调的"应然增长"、全面均衡的"理想增长",据以测算全国及各地文化产业与文教消费供需协调增长目标。

本项检测的年度起点由当前最新数据年度回溯20年,由此得出的测算数据具有更强"统计意义"的事实依据和参考价值。在书中各篇综合报告之间,数据图表和文稿内容形成交错互补:总报告着眼于全国总体1996~2016年动态增长分析,技术报告集中于全国及各地最新数据年度2016年静态增长差异检验，排行报告侧重于各地20年间动态增长差距检测。这样的结构布局有利于从多个侧面揭示和把握全国及各地文化产业供需协调发展的基本态势。

还有必要说明，《中国统计年鉴》公布数据原先对城镇居民文化消费、教育消费予以区分，而对乡村居民文化消费、教育消费未予区分，笼统视为"文化消费"，这样检测得出的文化消费城乡比存在误差。近几年对城镇、乡村居民文化消费、教育消费皆不再区分，本报告亦相应综合分析整个"教育文化娱乐"消费分类项（仍按日常用语简称"文教消费"），这样检测得出的文教消费城乡比更加准确。另外，文化生产显然包括各类教材、教辅及课外读物书籍，也包括各种学习用品、器具和如今学生必备的相应设备，因此以文教消费与文化生产相对应展开分析应当合适。

一 以需求侧增长空间反推供给侧发展目标

依据经济社会发展的内在逻辑联系，本项检测体系提取出三对关键性的数据组，构成从经济增长到精神文化消费需求增进的完整而简明的数据关系链：全国及各地产值增长→居民收入增高→非文消费增加而占收入比重降低，反转演算即非文消费剩余增多→文教消费增进。由此可以揭示出产值增长→居民收入增高（民生基础层面），居民收入增高→非文消费占收入比重降低→非文消费剩余增大（民生消费层面），非文消费剩余增大→文教消费增进（文化需求层面）层层递进的相关关系。

这是本项研究独创的一种分析思路和检测方法，涉及多重增长协调性状况。①居民收入与产值比作为"民生基础系数"，检验国民总收入（产值为其近似值）与居民收入的关系；②居民非文消费占收入比作为"民生消费系数"，检验居民收入与"必需"的非文消费的关系；③居民文教消费与非文消费剩余比作为"文化需求系数"，检验居民"必需消费"之外余钱与"非必需"的文教消费的关系。特别是后两项相关性比值分析，为本项研究从"中国现实"出发的独到构思设计，没有以往的研究经验和现成数据可供参照。于是在本报告里，全国及各地的既往事实就成了"第一手"参考依据，以既往年度三项比值的历年最佳值作为一种应然参考值，追求各自近期曾经实现了的"目标"，这样一种期待显得更加切合实际。

"城乡比"倒数演算和"地区差"指标演算更是本项研究评价别出心裁的独创方法，用以检测全国及各地民生基础层面、民生消费层面、文化需求层面城乡差距、地区差距的"发展缺陷"。鉴于全国31个省域（除台港澳之外的省、自治区和直辖市）之间差异极大，基于各省域数值的"地区差"指标演算极其复杂，最后将采用简便方式测算相关增长目标。

全国文教消费增长空间演算数值依据及其说明见表1，特地结合本系列研究最早成果《中国文化消费需求景气评价报告》之文化民生指标体系与最新成果《中国人民生活发展指数检测报告》之人民生活指标体系予以重新修订。表1既阐释测算方法的设计构思意图，又说明测算方法的演算处理技术，同时提供一应相关测验数值，方便以此把握当前文教消费需求侧基本状况及其预期增长差距。

（1）全国文化产值比以当前年度（2016年）为最佳（最高）比值；全国居民文教消费率、文教消费比、文教消费比重值皆以回溯14年（2002年）为最佳（最高）比值。于是，当前年度文化供需关系指数低于最佳协调年度指数7.60%。

在此，显而易见，一方面是全国文化产值比逐年稳步、迅速提高；另一方面却是居民文教消费率逐渐、明显降低，这样一种文化生产供给与消费需求的关系显然有失平衡。好在"十二五"以来全国居民文教消费率开始连年略有回升，否则二者走势形成的"剪刀差"关系将会更为严重。

（2）全国居民收入比、非文消费比、文教消费与非文消费剩余比分别以回溯17年（1999年）、近三年（2013年）、回溯14年（2002年）为最佳比值（前后两项以高为佳，中间一项以低为佳）。非文消费比近三年呈现最佳比值，体现人民生活消费由解决温饱的"基本小康"向相对丰富的"全面小康"稳步迈进，但居民收入份额相对降低，文教消费占比下降与上面一点相对应。

表1 文教消费增长空间演算数值依据及其说明

序号一	绝对数值及其演算说明	序号二	相关比值及其演算说明		1996年起点比	20年间最佳比值	2016年现有比值
			相关比值	演算说明			
1	文化产业增加值	[1]	文化产值比	文化产业增加值：产值，%	2.15 (2004年)	4.14 (2016年)	4.14
2	产值人均值（产值总量即为国民总收入极度近似值）	[2]	文化供需关系指数	文教消费率：文化产值比，供需关系差距指数	2.1238 (2004年)	0.9489 (2011年)	0.8682
		[3]	文教消费率	文教消费：产值，%	3.47	5.01 (2002年)	3.63
3	居民收入人均值	[4]	居民收入比	居民收入：产值，%；亦为"民生基础系数"	47.36	47.75 (1999年)	45.24
		[5]	文教消费比	文教消费：居民收入，%	7.33	10.62 (2002年)	8.02
4	居民总消费人均值	[6]	文教消费比重值	文教消费：居民总消费，%（折射文教消费与非文消费对分总消费份额之关系）	9.01 (90.99)	13.82 (2002年) (86.18)	11.21 (89.79)
5	非文消费人均值（总消费与文教消费之差，设为必需消费）	[7]	非文消费比	非文消费：居民收入，%；亦为"民生消费系数"（逆指标反向测算即必需消费剩余占收入比）	73.97 (26.03)	60.75 (2013年) (39.25)	63.54 (36.46)
6	非文消费剩余人均值（居民收入与非文消费之差）	[8]	文教消费与非文消费剩余比	文教消费：非文消费剩余，%；亦为"文化需求系数"（折射文教消费与积蓄对分非文消费剩余份额之关系）	28.15 (71.85)	31.45 (2002年) (68.55)	22.01 (77.99)
7	居民积蓄人均值（收入与总消费之差）	[9]	居民积蓄率	居民积蓄：居民收入，%	18.70	23.14 (2002年)	28.47

续表

序号一	绝对数值及其演算说明	序号二	相关比值及其演算说明		1996年起点比	20年间最佳比值	2016年现有比值
			相关比值	演算说明			
8	文教消费人均值	[10]	文教消费地区差	地区差演算：高位省域人均值：全国人均值，全国人均值：低位省域人均值。统一演算即各地取正负绝对偏差加基准1，全国取各地绝对偏差平均值加基准1倍差指数（全国人均值＝基准1）城乡比演算：城镇人均值：乡村人均值，倍差指数（乡村人均值＝1）	1.4467	1.2557（2016年）	1.2557
附	第3项、第5项亦需演算人均值地区差（以上至此为城乡综合演算）	[11]	非文消费地区差		1.3192	1.2664（2016年）	1.2664
		[12]	居民收入地区差		1.3416	1.2760（2016年）	1.2760
9	城镇文教消费人均值	[13]	文教消费城乡比		2.8307	2.4583（2015年）	2.4644
10	乡村文教消费人均值						
11	城镇非文消费人均值	[14]	非文消费城乡比		2.4621	2.2563（2016年）	2.2563
12	乡村非文消费人均值						
13	城镇居民收入人均值	[15]	居民收入城乡比		2.5123	2.4689（1997年）	2.7190
14	乡村居民收入人均值						

注：①国标《文化及相关产业分类》2004年版首次专列文化产业增加值全国统计，为指导性标准而未统一规定，2012年版为指令性标准，统一各地统计口径，因而相关数据回溯至2004年仅限于全国；②居民积蓄率增高既意味着维持应有需求后剩余财富增多，又意味着对消费需求抑制作用增强，故不检测自身历年"最佳值"，按第[8]项最佳比值年度对应测算。积蓄理当大于银行储蓄，且属"居民部门"净值便于取用，而当年积蓄增量相比积年储存存量更利于历年检测；③本项研究多年前率先展开民生数据城乡综合演算，使国家统计制度及其数据发布改进，《中国统计年鉴2015》首次提供2014年居民人均收入、消费（包括可验证之分类消费）城乡综合演算数据。经两年使用验证，年鉴发布的"人民生活"城乡综合人均值与仍需自行测算的总量之间存在演算误差，对应年鉴同时发布的产值人均值和总量分别演算居民收入比、居民消费率、文教消费率等，人均值演算与总量演算结果均有出入，因而本项检测回归采用自行演算城乡人均值，必要时附年鉴提供的城乡人均值作为参考。

如果全国居民收入比、非文消费比、文教消费与非文消费剩余比均在近年呈现最佳比值，必然会带来全国居民文教消费率、文教消费比、文教消费比重值全面上升，那么当前年度文化供需关系指数就不会降得如此厉害。

（3）全国居民收入、非文消费、文教消费三项人均值城乡比分别以回溯19年（1997年）、当前年度（2016年）、近年（2015年）为最佳（最低）值。非文消费人均值城乡比当前年度呈现最佳值，体现城乡之间人民生活消费由"基本小康"向"全面小康"迈进的差距正在缩小，而居民收入、文教消费两项人均值城乡比虽然与回溯20年之1996年相比有所下降，

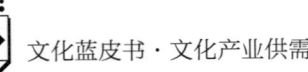

但与20年间各自最佳状态年度相比仍有明显差距。

如果全国居民收入、非文消费、文教消费三项人均值城乡比均在近年呈现最佳状态，甚至逐渐趋于消除，必然会带来全国居民文教消费率、文教消费比、文教消费比重值更加明显上升，那么当前年度文化供需关系指数或许根本就不会降低，反而应当出现提升态势。

（4）全国居民收入、非文消费、文教消费三项人均值地区差皆以当前年度（2016年）为最佳（最低）值，这体现全国各地之间人民生活在收入、必需消费、精神文化消费诸方面的差距正在缩小。

如果全国居民收入、非文消费、文教消费三项人均值地区差进一步缩小，直至逐步趋于消除，必然会带来全国居民文教消费率、文教消费比、文教消费比重值更加显著上升，那么当前年度文化供需关系指数不但不会降低，而且应反过来拉动文化产值比进一步提高，以满足迅速增长的精神文化消费需求。

二 民生基础增长的协调性、均衡性检测

在本项研究中，居民收入与产值的相对比值设定为"民生基础系数"。"人民共享发展成果"首先就具体落实在居民收入之上。这是社会财富"初次分配"中居民收入占比检测，更是市场经济条件下人民群众"需求"得以满足的基础。

按照国际通行做法，我国现行统计制度以"国内生产总值"（英文简称"GDP"，中文可简称"产值"）来体现经济总量。"国内生产总值"再加上国外净要素收入，就构成"国民总收入"。"国民总收入"原称"国民生产总值"，即我国以往统计制度长期使用的"GNP"。国家统计局公布的全国历年国外净要素收入在"国民总收入"中所占比例极低，以《中国统计年鉴2016》校正数据来看，1978年以来，2008年占比最高，也仅为0.62%，2009年以来甚至多为微小负值（唯有2014年例外），只好忽略不计。这样看来，"国内生产总值"是构成"国民总收入"的主要部分，于是不妨将居

民人均收入与人均产值的关系近似地类比为居民收入与"国民总收入"的关系。同时，国家统计局公布的分地区经济统计数据只有作为"国内生产总值"分解的"地区生产总值"，而无"国民总收入"的地区分解数据。本项研究把"国内生产总值"作为"国民总收入"的相近替代数据看待，相关演算就可以推演至各地。这就是设定居民人均收入与人均产值的比值为"民生基础系数"的数据依据和技术原因。

这一"民生基础系数"以数值大为佳，直接反映"初次分配"基本情况。本报告以此检验经济增长带动居民收入增长的历年变动状况，并提取1996年以来历年最佳比值，作为推演测算所依的应然参考值。"国民总收入"分配是决定居民收入的基本前提，而居民收入又是民生消费与文化民生消费的直接基础。离开以产值增长来体现的经济发展，自然就谈不上以居民收入增多来体现的最基本的民生增进；离开居民收入增长，民生消费需求与文化民生消费需求提升也就无从谈起。所以，这一项指标分析是本项研究逐步向下推演测算的逻辑基点。

（一）民生基础系数的增长协调性检测

2016年各地城乡居民收入与产值比对比见图1。图1直观体现出全国及各地人均产值与城乡人均收入的相关性比值，以及各地之间产值和城乡收入人均数值的大小比例差异。

2016年，全国产值人均值为53980.00元，城乡居民收入人均值为24419.47元，城乡居民收入与产值比为45.24%。这就是说，国民总收入（以产值为其近似值）仅有45.24%成为"居民部门"的劳动所得，其余部分则成为"政府部门"的税收和"企业部门"的利润。

根据本项检测体系的后台演算数据库筛查，1996~2016年，全国民生基础系数即城乡居民收入与产值比的历年最高（最佳）值为1999年的47.75%（见表1）。现有实际比值低于最佳值2.51个百分点，"协调增长"差距较明显扩大。如果能够保持民生基础系数这一最佳比值，那么2016年全国城乡人均收入应达到25774.08元，高出现有实际值5.55%。按照本项

地区	产值人均值	城乡居民收入人均值
云南（56.85）	31093.00	17675.52
甘肃（55.96）	27643.00	15470.31
山西（55.41）	35532.00	19688.21
安徽（52.21）	39561.00	20655.85
辽宁（51.88）	50791.00	26349.60
江西（51.48）	40400.00	20796.09
广西（49.72）	38027.00	18905.80
黑龙江（49.55）	40432.00	20034.88
四川（48.76）	40003.00	19504.66
贵州（48.51）	33246.00	16126.42
海南（47.66）	44347.00	21136.97
河北（47.52）	43062.00	20464.54
湖南（47.35）	46382.00	21959.90
新疆（46.64）	40564.00	18920.13
上海（46.11）	116562.00	53750.74
浙江（45.99）	84916.00	39049.16
全国（45.24）	53980.00	24419.47
河南（44.87）	42575.00	19103.96
北京（44.47）	118198.00	52559.10
宁夏（41.32）	47194.00	19499.36
广东（41.19）	74016.00	30490.86
青海（41.09）	45531.00	17885.95
西藏（41.09）	35184.00	14455.67
湖北（40.06）	55665.00	22301.08
陕西（38.81）	51015.00	19800.34
重庆（38.81）	58502.00	22705.96
福建（37.83）	74707.00	28260.18
吉林（37.39）	53868.00	20139.08
山东（37.23）	68733.00	25591.74
内蒙古（34.12）	72064.00	24587.91
江苏（33.79）	96887.00	32738.68
天津（29.71）	115053.00	34177.30

图1　2016年各地城乡居民收入与产值比对比

坐标轴：各地城乡居民收入与产值比（%），按从大到小顺序自上而下排列。横向柱形左侧：产值人均值（元）。横向柱形右侧：城乡居民收入人均值（元）。各地人均值同时体现产值、居民收入地区差距。另需说明，近几年年鉴始发布的2014年以来城乡人均值数据，但与总量数据之间存在演算误差，对应年鉴同时发布的产值人均值和总量分别演算居民收入比有出入，本报告恢复采用自行演算城乡人均值。

检测体系所设置的指标及其方法进行检验，这就是20年以来全国经济增长带动城乡居民收入增高保持既有"协调增长"的"应然差距"。各省域依此类推，皆可见后文B.3表2。

各地产值数据直接体现了不同省域间经济增长的差异。11个省域产值人均值高于全国人均值，20个省域产值人均值低于全国人均值，其中，北京产值人均值处于首位，甘肃产值人均值处于末位。设全国人均值为1来检测，北京为2.1897，甘肃为0.5121，北京高于1的部分为1.1897，甘肃低于1的部分为0.4879，皆为与全国平均值的绝对偏差值，这其实就是此项数值的地区差指数演算基础。鉴于城乡比、地区差两项指数值差异细微，报告中破例取4位小数表达，后同，不再重述。

各地城乡居民收入数据可以反映出不同省域间基础民生增进的差异。10个省域城乡收入人均值高于全国人均值；21个省域城乡收入人均值低于全国人均值。其中，上海城乡收入人均值处于首位，西藏城乡收入人均值处于末位。设全国人均值为1来检测，上海为2.2011，西藏为0.5920。

检测各地城乡居民收入与产值（国民收入近似值）的相关性比值，就可以看出不同省域经济增长带动城乡居民收入增高的协调效应。16个省域城乡收入与产值比高于全国总体比值，15个省域城乡收入与产值比低于全国总体比值，其中，云南此项比值处于首位，高出全国总体比值11.61个百分点，天津此项比值处于末位，低于全国总体比值15.53个百分点。

根据本项检测体系的后台演算数据库检验，2016年仅有黑龙江、辽宁、山西、新疆、云南5个省域民生基础系数即城乡居民收入与产值的比值为1996年以来历年最佳（最高）值（对照本书B.3排行报告表2，后两项系数比值检测同）。这意味着，其余省域在此项指标检测中存在着既有的"协调增长"的"应然差距"。在2016年此项比值指标检验存在差距的26个省域里，河北检测差距最小，此项比值现有实际值低于历年最佳值0.24个百分点；贵州检测差距最大，此项比值现有实际值低于历年最佳值41.52个百分点。

（二）民生基础层面的增长均衡性检测

2016年各地居民收入城乡比、地区差对比见图2。图示直观体现出全国及各地城乡之间人均收入的倍差比值、各地之间城镇和乡村收入人均数值的大小比例差异，并附城乡综合演算的人均收入地区差指数。

2016年，全国城镇居民收入人均值为33616.25元，乡村居民收入人均值为12363.41元，居民人均收入城乡比为2.7190。这就是说，全国城镇居民收入人均值是乡村居民人均值的2.72倍。

依照本项研究评价独创的地区差距指标检测，同年，全国城乡人均收入地区差为1.2760。这就是说，基于全国及各地城镇居民与乡村居民人均收入基础数据进行城乡综合演算，31个省域城乡居民收入人均值与全国总体居民收入人均值之绝对偏差值的平均值为0.2760或27.60%。

根据本项检测体系的后台演算数据库筛查，1996~2016年，全国民生基础层面即居民人均收入的城乡比历年最小（最佳）值为1997年的2.4689（见表1）。现有实际城乡比大于最佳值10.13%，"均衡增长"差距略微扩大。如果能够在保持民生基础系数最佳比值的基础上，同时保持民生基础层面这一最小城乡比，那么2016年全国城镇人均收入应达到36268.52元，乡村人均收入应达到13338.86元，城乡综合演算人均收入应达到26346.13元，高出现有实际值7.89%。按照本项检测体系所设置的指标及其方法进行检验，这就是20年以来全国经济增长带动城乡居民收入增高保持既有"协调增长"，同时再保持城乡之间既有"均衡增长"的"应然差距"。各省域依此类推，皆可见后文B.3表3。

进一步假设推演，如果能够在保持民生基础系数最佳比值的基础上，同时再实现民生基础层面弥合城乡比，那么2016年全国城镇与乡村人均收入持平，城乡综合演算人均收入应达到35481.02元，高出现有实际值45.30%。这就是20年以来全国经济增长带动城乡居民收入增高保持既有"协调增长"，同时实现城乡之间"理想均衡"的"应然差距"。各省域依此类推。

地区（城乡比/地区差）	城镇收入人均值	乡村收入人均值
天津（1.8485/1.3996）	37109.57	20075.64
浙江（2.0658/1.5991）	47237.18	22866.07
黑龙江（2.1752/1.1796）	25736.43	11831.85
吉林（2.1884/1.1753）	26530.42	12122.94
上海（2.2606/2.2011）	57691.67	25520.40
江苏（2.2806/1.3407）	40151.59	17605.64
湖北（2.3093/1.0868）	29385.80	12724.97
河南（2.3282/1.2177）	27232.92	11696.74
江西（2.3623/1.1484）	28673.28	12137.72
河北（2.3700/1.1620）	28249.39	11919.35
福建（2.4011/1.1573）	36014.26	14999.19
海南（2.4026/1.1344）	28453.47	11842.86
山东（2.4374/1.0480）	34012.08	13954.06
安徽（2.4876/1.1541）	29155.98	11720.47
四川（2.5292/1.2013）	28335.30	11203.13
辽宁（2.5524/1.0790）	32876.09	12880.71
重庆（2.5639/1.0702）	29609.96	11548.79
北京（2.5673/2.1523）	57275.31	22309.52
广东（2.5967/1.2486）	37684.25	14512.15
湖南（2.6222/1.1007）	31283.89	11930.41
山西（2.7129/1.1937）	27352.33	10082.45
全国（2.7190/1.2760）	33616.25	12363.41
广西（2.7342/1.2258）	28324.43	10359.47
宁夏（2.7562/1.2015）	27153.01	9851.63
新疆（2.7951/1.2252）	28463.43	10183.18
内蒙古（2.8405/1.0069）	32974.95	11609.00
陕西（3.0267/1.1892）	28440.09	9396.45
西藏（3.0573/1.4080）	27802.39	9093.85
青海（3.0882/1.2676）	26757.41	8664.36
云南（3.1720/1.2762）	28610.57	9019.81
贵州（3.3055/1.3396）	26742.61	8090.28
甘肃（3.4456/1.3665）	25693.49	7456.85

图 2　2016 年各地居民人均收入城乡比、地区差对比

坐标轴左侧：各地居民收入城乡比（乡村=1），按从小到大顺序自上而下排列。坐标轴右侧：城乡居民收入地区差（无差距=1）。横向柱形左侧：城镇收入人均值（元）。横向柱形右侧：乡村收入人均值（元）。各地人均值亦同时体现城镇、乡村层面收入地区差距。

同样根据本项检测体系的后台演算数据库筛查，1996～2016 年，全国民生基础层面即居民人均收入的地区差历年最小（最佳）值为 2016 年

1.2760（见表1）。现有实际地区差即为最佳值，"均衡增长"差距缩小，检测演算结果不变。这就是20年以来全国经济增长带动城乡居民收入增高保持地区之间既有"协调增长"的"应然差距"。由于全国总体地区差指标演算极为复杂，难以还原到各地测算出全国总体确切差距，最后将采用简便方法处理，后同。

分别检验各地城镇与乡村之间居民收入的差异。8个省域城镇收入人均值高于全国人均值，23个省域城镇收入人均值低于全国人均值，其中，上海城镇收入人均值处于首位，甘肃城镇收入人均值处于末位。设全国人均值为1来检验，上海城镇为1.7162，甘肃城镇为0.7643。

10个省域乡村收入人均值高于全国人均值，21个省域乡村收入人均值低于全国人均值，其中，上海乡村收入人均值处于首位，甘肃乡村收入人均值处于末位。设全国人均值为1来检验，上海乡村为2.0642，甘肃乡村为0.6031。

检测各地城镇与乡村之间居民收入的差距，可以看出不同省域城乡之间基础民生增进的均衡效应。21个省域收入城乡比小于全国总体城乡比，10个省域收入城乡比大于全国总体城乡比，其中，天津收入城乡比处于首位，低至全国总体城乡比的67.98%，甘肃收入城乡比处于末位，高达全国总体城乡比的126.72%。

根据本项检测体系的后台演算数据库检验，2016年仅有海南、安徽、重庆、四川、贵州、云南6个省域民生基础层面即居民人均收入的城乡比为1996年以来历年最佳（最小）值（对照本书B.3表3，后两项城乡比检测同）。这意味着，其余省域在此项指标检测中存在着城乡之间既有"均衡增长"的"应然差距"。在2016年此项城乡比指标检验存在差距的25个省域里，天津检测差距最小，此项城乡比现有实际值大于历年最佳值0.18%；辽宁检测差距最大，此项城乡比现有实际值大于历年最佳值42.61%。

最后再检测各地之间城乡居民收入的差距，可以看出不同省域间基础民生增进的均衡效应。22个省域城乡收入地区差小于全国总体地区差，9个省域城乡收入地区差大于全国总体地区差。其中，内蒙古城乡收入地区差处于首位，低至全国总体地区差的78.91%，上海城乡收入地区差处于末位，高达全国总体地区差的172.50%。

根据本项检测体系的后台演算数据库检验，2016年仅有天津、上海、浙江、福建、广东、安徽、江西、陕西、甘肃、贵州10个省域民生基础层面即城乡居民人均收入的地区差为1996年以来历年最佳（最小）值。这意味着，其余省域在此项指标检测中存在着地区之间既有"均衡增长"的"应然差距"。在2016年此项地区差指标检验存在差距的21个省域里，四川检测差距最小，此项地区差现有实际值大于历年最佳值0.03%；黑龙江检测差距最大，此项地区差现有实际值大于历年最佳值17.58%。

三 民生消费增长的协调性、均衡性检测

在本项研究中，居民非文消费占收入的相对比值设定为"民生消费系数"。在社会主义市场经济条件下，人民群众的"需求"主要表现为消费需求，满足人民群众"基本需求"主要体现为满足必需消费，最基本的衣食温饱也不例外。"人民共享发展成果"最终应落实在民生消费之上。

原初的"恩格尔定律"试图表明，当人均收入达到一定水平时，维持生存所必需的人均食物消费支出有可能接近成为一个常量，即便还会有所增长，也有一定的限度。但是，在经济增长、社会进步、民生发展进入一个前所未有的历史阶段的当今时代，人类不能只维持一种延续物质生命的"动物性生存"，仅将食物消费视为"必需消费"势必已远远不够。因此，本项研究在人均总消费之中划分出"非文消费"部分，设定全部非文消费皆为"必需消费"，其间包含人们不可或缺的物质生活消费，譬如习惯所言的"衣食住行"等，也包含当今时代必要的社会生活消费，譬如时新所谓的"资讯""保健"等。以通信为例，全国城乡座机加手机总量超过了总人口数量，通信消费无疑已经成为中国国民生活中的一大"必需消费"。

居民非文消费占收入的相对比值无疑形成一种放大了的"恩格尔定律"

关系。这样一种放大了的"恩格尔定律"关系或许将会表明，当居民人均收入达到一定水平时，必需的物质生活和社会生活消费支出也有可能接近成为一个常量，甚至相对于收入的比值还会有所降低，这就为"非必需"的文教消费需求增长留出了更多的余地。显然，这一"民生消费系数"以数值小为佳，反过来即以"必需消费"之外的余钱增多为佳。本报告以此检验居民收入保障基本民生消费的历年变动状况，并提取1996年以来历年最佳比值，作为推演测算所依的应然参考值。与"必需消费"相对应的则是"必需消费剩余"，报告中称为"非文消费剩余"，其中正包含着本项研究最终关注的"非必需"文教消费需求。

（一）民生消费系数的增长协调性检测

2016年各地城乡居民非文消费占收入比对比见图3。图3直观体现出全国及各地城乡人均收入与人均非文消费的相关性比值，以及各地之间城乡收入和非文消费人均数值的大小比例差异。

2016年，全国城乡居民收入人均值为24419.47元，非文消费（必需消费）人均值为15516.00元，城乡居民非文消费占收入比为63.54%。这就是说，全国城乡居民收入的63.54%用于必需消费，其余部分成为必需消费剩余之"富足余钱"。

根据本项检测体系的后台演算数据库筛查，1996～2016年，全国民生消费系数即城乡居民非文消费占收入比的历年最低（最佳）值为2013年的60.75%（见表1）。现有实际比值高于最佳值2.79个百分点，"协调增长"差距较明显扩大。如果能够保持民生消费系数这一最佳比值，那么2016年全国城乡人均非文消费应为14835.96元，低于现有实际值4.38%；非文消费占收入比的反面即为非文消费剩余占收入比，反转检测全国城乡人均非文消费剩余应达到9583.51元，高出现有实际值7.64%。按照本项检测体系所设置的指标及其方法进行检验，这就是20年以来全国城乡居民收入增高带动基本民生消费增进，并带来必需消费之外余钱增多保持既有"协调增长"的"应然差距"。各省域依此类推，皆可见B.3篇表2。

地区（%）	城乡收入人均值	城乡非文消费人均值
山西（56.66）	19688.21	11155.61
山东（57.25）	25591.74	14650.33
江西（58.41）	20769.09	12146.64
广西（58.80）	18905.80	11115.80
浙江（58.81）	39049.16	22964.27
北京（60.40）	52559.10	31744.14
江苏（60.84）	32738.68	19917.63
河南（60.87）	19103.96	11628.98
云南（61.25）	17675.52	10826.54
上海（61.30）	53750.74	32949.76
海南（61.51）	21136.97	13000.32
湖南（62.59）	21959.90	13744.74
全国（63.54）	24419.47	15516.00
陕西（63.72）	19800.34	12616.64
黑龙江（64.24）	20034.88	12869.95
河北（64.37）	20464.54	13172.53
湖北（64.56）	22301.08	14397.06
吉林（64.67）	20139.08	13024.08
安徽（65.14）	20655.85	13455.86
内蒙古（65.59）	24587.91	16127.51
西藏（65.72）	14455.67	9500.20
福建（65.80）	28260.18	18594.33
重庆（66.10）	22705.96	15007.80
辽宁（66.93）	26349.60	17636.78
贵州（67.47）	16126.42	10880.93
新疆（68.41）	18920.13	12943.67
广东（69.25）	30490.86	21116.40
天津（69.61）	34177.30	23792.32
宁夏（69.62）	19499.36	13574.56
四川（71.40）	19504.66	13926.37
甘肃（72.53）	15470.31	11221.35
青海（75.67）	17885.92	13533.48

图3　2016年各地城乡居民非文消费占收入比对比

坐标轴：各地城乡居民非文消费（设全部非文消费为"必需消费"）占收入比（%），按从小到大顺序自上而下排列。横向柱形左侧：城乡收入人均值（元）。横向柱形右侧：城乡非文消费人均值（元）。各地人均值同时体现收入、非文消费地区差距。

至此需要深入一层展开检验测算。如果把民生基础系数、民生消费系数两项最佳比值叠加演算，那么2016年全国城乡人均非文消费应达到15658.95元，高出现有实际值0.92%，反转检测全国城乡人均非文消费剩余则应达到10115.13元，高出现有实际值13.61%。按照本项检测体系所设置的指标及其方法进行检验，这就是20年以来全国经济增长带动基础民生增进，继而城乡居民收入增高再带动基本民生消费增进，并带来必需消费之外余钱增多保持既有"协调增长"的"应然差距"。各地依此类推。

各地城乡居民收入差异分析见上节，此处概不赘言。各地城乡居民非文消费数据可以反映出不同省域间基本民生消费的差异。9个省域城乡非文消费人均值高于全国人均值，22个省域城乡非文消费人均值低于全国人均值。其中，上海城乡非文消费人均值处于首位，西藏城乡非文消费人均值处于末位。设全国人均值为1来检验，上海为2.1236，西藏为0.6123。

检测各地城乡居民非文（必需）消费占收入的相对比值，就可以看出不同省域间城乡居民收入增长带动基本民生消费的协调效应。此项检测为具有特殊性的构思设计，以绝对值增高而占收入比降低为佳，最终指向在于反转对应的非文消费剩余占收入比增高。12个省域城乡非文消费占收入比低于全国总体比值，19个省域城乡非文消费占收入比高于全国总体比值。其中，山西此项比值处于首位，低于全国总体比值6.88个百分点；青海此项比值处于末位，高出全国总体比值12.13个百分点。

根据本项检测体系的后台演算数据库检验，2016年仅有湖南、陕西2个省域民生消费系数即城乡居民非文消费占收入的比值为1996年以来历年最佳（最低）值。这意味着，其余省域在此项指标检测中存在着既有"协调增长"的"应然差距"。在2016年此项比值指标检验存在差距的29个省域里，云南检测差距最小，此项比值现有实际值高于历年最佳值0.02个百分点；西藏检测差距最大，此项比值现有实际值高于历年最佳值12.37个百分点。此项比值检测实为反转测算占收入比另一面的非文消费剩余增长状况,因此以非文消费占收入比降低为佳,设置为特殊的反向检验。

(二)民生消费层面的增长均衡性检测

2016年各地居民非文消费城乡比、地区差对比见图4。图4直观体现出全国及各地城乡之间人均非文消费的倍差比值、各地之间城镇和乡村非文消费人均数值的大小比例差异,并附城乡综合演算的人均非文消费地区差指数。

2016年,全国城镇居民非文消费人均值为20441.26元,乡村居民非文消费人均值为9059.47元,居民人均非文消费城乡比为2.2563。这就是说,全国城镇居民非文消费人均值是乡村居民人均值的2.26倍,非文消费城乡比小于收入城乡比。

依照本项研究评价独创的地区差距指标检测,同年,全国城乡人均非文消费地区差为1.2664,非文消费地区差小于收入地区差。这就是说,基于全国及各地城镇居民与乡村居民人均非文消费基础数据进行城乡综合演算,31个省域城乡居民非文消费人均值与全国总体居民非文消费人均值之绝对偏差值的平均值为0.2664或26.64%。

根据本项检测体系的后台演算数据库筛查,1996~2016年,全国民生消费层面即居民人均非文消费的城乡比历年最小(最佳)值为2016年的2.2563(见表1)。现有实际城乡比即为最佳值,"均衡增长"差距缩小,检测演算结果不变。如果能够在保持民生消费系数最佳比值的基础上,同时保持民生消费层面这一最小城乡比,那么2016年全国城镇人均非文消费应达到19545.36元,乡村人均非文消费应达到8662.41元,城乡综合演算人均非文消费应达到14835.96元,低于现有实际值4.38%。按照本项检测体系所设置的指标及其方法进行检验,这就是20年以来全国城乡居民收入增高带动基本民生消费增进保持既有"协调增长",同时再保持城乡之间既有"均衡增长"的"应然差距"。各省域依此类推,皆可见后文B.3表3。

地区	城镇非文消费人均值	乡村非文消费人均值
浙江（1.6901/1.4800）	26615.35	15748.17
天津（1.7588/1.5334）	25701.01	14613.20
江苏（1.7795/1.2837）	23269.02	13075.96
湖北（1.8209/1.0721）	17811.66	9781.70
安徽（1.8604/1.1328）	17372.90	9338.24
福建（1.9041/1.1984）	22544.07	11839.49
江西（1.9171/1.2172）	15731.72	8206.03
河北（1.9349/1.1510）	17114.61	8845.44
四川（1.9665/1.1025）	18651.45	9484.41
湖南（1.9682/1.1142）	18013.86	9152.61
黑龙江（1.9737/1.1705）	16133.61	8174.40
吉林（2.0265/1.1606）	16798.83	8289.70
内蒙古（2.0329/1.0394）	20145.56	9909.59
广西（2.0768/1.2836）	15265.49	7350.43
河南（2.0960/1.2505）	16009.01	7637.84
山西（2.1103/1.2810）	14553.85	6896.46
重庆（2.1165/1.0328）	18798.53	8881.82
北京（2.1392/2.0459）	34200.79	15987.34
海南（2.1867/1.1621）	17084.17	7812.64
青海（2.2101/1.1278）	18500.22	8370.72
上海（2.2149/2.1236）	35323.23	15947.73
宁夏（2.2266/1.1251）	17948.57	8060.95
山东（2.2450/1.0558）	19096.04	8505.96
广东（2.2462/1.3609）	25509.93	11357.04
全国（2.2563/1.2664）	20441.26	9059.47
陕西（2.2633/1.1869）	16894.90	7464.81
新疆（2.4897/1.1658）	18823.56	7560.59
辽宁（2.5323/1.1367）	21977.37	8678.98
云南（2.5591/1.3022）	16405.38	6410.56
贵州（2.5824/1.2987）	16708.13	6469.91
甘肃（2.6400/1.2768）	17217.10	6521.57
西藏（3.1507/1.3877）	18517.99	5877.44

图4 2016年各地居民人均非文消费城乡比、地区差对比

坐标轴左侧：各地居民非文消费（必需消费）城乡比（乡村=1），按从小到大顺序自上而下排列。坐标轴右侧：城乡非文消费地区差（无差距=1）。横向柱形左侧：城镇非文消费人均值（元）。横向柱形右侧：乡村非文消费人均值（元）。各地人均值亦同时体现城镇、乡村非文消费层面非文消费地区差距。

进一步假设推演，如果能够在保持民生消费系数最佳比值的基础上，同时实现民生消费层面弥合城乡比，那么2016年全国城镇与乡村人均非文消费持平，城乡综合演算人均非文消费应达到19545.36元，高出现有实际值25.97%。这就是20年以来全国城乡居民收入增高带动基本民生消费增进保持既有"协调增长"，同时再实现城乡之间"理想均衡"的"应然差距"。各省域依此类推。

同样根据本项检测体系的后台演算数据库筛查，1996~2016年，全国民生消费层面即居民人均非文消费的地区差历年最小（最佳）值为2016年的1.2664（见表1）。现有实际地区差即为最佳值，"均衡增长"差距缩小，检测演算结果不变。这就是20年以来全国城乡居民收入增高带动基本民生消费增进保持地区之间既有"协调增长"的"应然差距"。

至此需要深入一层展开检验测算。如果把民生基础系数、民生消费系数两项最佳比值叠加演算，在此基础上同时保持民生消费层面最小城乡比，那么2016年全国城镇人均非文消费应达到20629.58元，乡村人均非文消费应达到9142.93元，城乡综合演算人均非文消费应达到15658.95元，高出现有实际值0.92%，反转检测全国城乡人均非文消费剩余则应达到10687.18元，高出现有实际值20.03%。按照本项检测体系所设置的指标及其方法进行检验，这就是20年以来全国经济增长带动基础民生增进，继而城乡居民收入增高再带动基本民生消费增进，并带来必需消费之外余钱增多保持既有"协调增长"，同时再保持城乡之间既有"均衡增长"的"应然差距"。各地依此类推。

同样进一步假设推演，如果把民生基础系数、民生消费系数两项最佳比值叠加演算，在此基础上同时实现民生消费层面弥合城乡比，那么2016年全国城镇与乡村人均非文消费持平，城乡综合演算人均非文消费应达到20629.58元，高出现有实际值32.96%，反转检测全国城乡人均非文消费剩余则应达到14851.44元，高出现有实际值66.81%。这就是20年以来全国经济增长带动基础民生增进，继而城乡居民收入增高再带动基本民生消费增进，并带来必需消费之外余钱增多保持既有"协调增长"，同时再实现城乡之间"理想均衡"的"应然差距"。各地依此类推。

分别检验各地城镇与乡村之间居民非文消费的差异。8个省域城镇非文消费人均值高于全国人均值，23个省域城镇非文消费人均值低于全国人均值，其中，上海城镇非文消费人均值处于首位，山西城镇非文消费人均值处于末位。设全国人均值为1来检验，上海城镇为1.7280，山西城镇为0.7120。

12个省域乡村非文消费人均值高于全国人均值，19个省域乡村非文消费人均值低于全国人均值，其中，北京乡村非文消费人均值处于首位，西藏乡村非文消费人均值处于末位。设全国人均值为1来检验，北京乡村为1.7647，西藏乡村为0.6488。

检测各地城镇与乡村之间居民非文消费的差距，可以看出不同省域城乡之间基本民生消费的均衡效应。24个省域非文消费城乡比小于全国总体城乡比，7个省域非文消费城乡比大于全国总体城乡比。其中，浙江非文消费城乡比处于首位，低至全国总体城乡比的74.90%；西藏非文消费城乡比处于末位，高达全国总体城乡比的139.64%。

根据本项检测体系的后台演算数据库检验，2016年计有浙江、福建、广东、海南、黑龙江、吉林、河南、安徽、湖北、湖南、陕西、重庆、四川、广西、云南15个省域民生消费层面即居民人均非文消费的城乡比为1996年以来历年最佳（最小）值。这意味着，其余省域在此项指标检测中存在着城乡之间既有"均衡增长"的"应然差距"。在2016年此项城乡比指标检验存在差距的16个省域里，宁夏检测差距最小，此项城乡比现有实际值大于历年最佳值0.14%；上海检测差距最大，此项城乡比现有实际值大于历年最佳值39.95%。

最后再检测各地之间城乡居民非文消费的差距，可以看出不同省域间基本民生消费的均衡效应。19个省域城乡非文消费地区差小于全国总体地区差，12个省域城乡非文消费地区差大于全国总体地区差。其中，重庆城乡非文消费地区差处于首位，低至全国总体地区差的81.55%；上海城乡非文消费地区差处于末位，高达全国总体地区差的167.68%。

根据本项检测体系的后台演算数据库检验，2016年仅有天津、河北、浙江、安徽、甘肃、四川、贵州7个省域民生消费层面即城乡居民人均非文消费的地区差为1996年以来历年最佳（最小）值。这意味着，其余省域在此项指标检测中存在着地区之间既有"均衡增长"的"应然差距"。在2016年此项地区差指标检验存在差距的24个省域里，宁夏检测差距最小，此项地区差现有实际值大于历年最佳值0.16%；西藏检测差距最大，此项地区差现有实际值大于历年最佳值16.23%。

四　文化需求增长的协调性、均衡性检测

在本项研究中，居民文教消费与非文消费剩余的相对比值设定为"文化需求系数"，这是衡量在精神文化生活方面"人民共享发展成果"实际效果的重要指标。

本项研究多年前揭示出中国城乡文教消费需求的"积蓄增长负相关效应"，当然由于一向特别关注全国城乡居民文教消费增长与积蓄增长的特殊互动关系，特地从总消费里分解出"非文消费"，别出心裁地设置了与之对应的"非文消费剩余"。借用经济学把收入与总消费之差称为"消费剩余"之说，收入与非文消费之差也就可以视为"非文消费剩余"。换一个角度来看，居民"非文消费剩余"其实也就是居民收入当中除"必需"的非文消费外的其余部分，属于必要生活开支之外的余钱范畴，可以在一定程度上体现当今人民群众的"富足生活"。物质温饱之后才可能出现精神需求提升。对于本项研究格外重要的是，在非文消费剩余之中，正包含着"非必需"的文教消费。

居民文教消费与非文消费剩余的相对比值正好体现了文教消费与积蓄之间的关系，二者之间此消彼长的"负相关"关系势必形成对于"必需消费"剩余部分的相互"争夺"。这一"文化需求系数"同样以数值大为佳，间接涉及"二次分配"状况，能够衡量文教消费的民生需求涨落。与之对应的背景因素则是社会保障建设的实际效果，由此自然能够缓解广大民众的

"必需积蓄",从而增加"非必需"的精神文化消费。本报告以此检验全国城乡居民非文消费剩余增减左右文教消费需求涨落的历年变动状况,并提取1996年以来历年最佳比值,作为推演测算所依的应然参考值。

(一)文化需求系数的增长协调性检测

2016年各地城乡居民文教消费与非文消费剩余比对比见图5。图5直观体现了全国及各地城乡人均非文消费剩余与人均文教消费的相关性比值,以及各地之间城乡非文消费剩余和文教消费人均数值的大小比例差异。

2016年,全国城乡居民非文(必需)消费剩余人均值为8903.47元,文教消费人均值为1959.40元,城乡居民文教消费与非文消费剩余比为22.01%。这就是说,全国城乡居民非文(必需)消费之外的余钱仅有22.01%用于文教消费,更多的部分则成为消费剩余的积蓄。

根据本项检测体系的后台演算数据库筛查,1996~2016年,全国文化需求系数即城乡居民文教消费与非文消费剩余比的历年最高(最佳)值为2002年的31.45%(见表1)。现有实际比值低于最佳值9.44个百分点,"协调增长"差距显著扩大。如果能够保持文化需求系数这一最佳比值,那么2016年全国城乡人均文教消费应达到2800.13元,高出现有实际值42.91%,亦即达到现值的1.43倍。按照本项检测体系所设置的指标及其方法进行检验,这就是20年以来全国城乡居民必需消费之外余钱增多带动精神文化需求增进保持既有"协调增长"的"应然差距"。各省域依此类推,皆可见B.3篇表2。

至此需要更深入一层展开检验测算。如果把民生基础系数、民生消费系数、文化需求系数三项最佳比值叠加演算,那么2016年全国城乡人均文教消费应达到3181.20元,高出现有实际值62.36%,亦即达到现值的1.62倍。按照本项检测体系所设置的指标及其方法进行检验,这就是20年以来全国经济增长带动基础民生增进,继而城乡居民收入增高再带动基本民生消费增进,并带来必需消费之外余钱增多,最后带来精神文化需求增进保持既有"协调增长"的"应然差距"。各地依此类推。

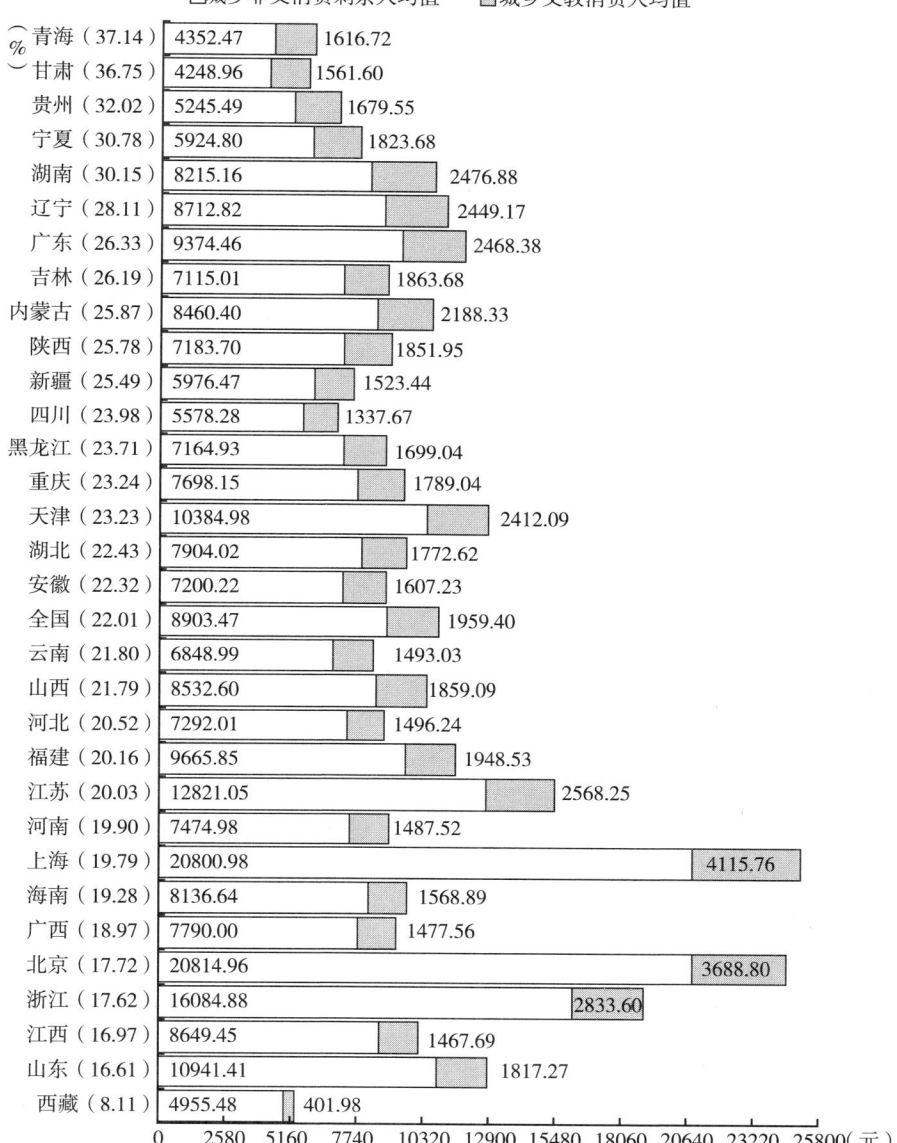

图 5　2016 年各地城乡居民文教消费与非文消费剩余比对比

坐标轴：各地城乡居民文教消费与非文消费剩余比（%），按从大到小顺序自上而下排列。横向柱形左侧：非文消费（必需消费）剩余人均值（元）。横向柱形右侧：文教消费人均值（元）。各地人均值同时体现非文消费剩余、文教消费地区差距。

各地城乡非文消费剩余数据可以反映出不同省域间基本民生消费之外"富足余钱"的差异。8个省域城乡非文消费剩余人均值高于全国人均值，23个省域城乡非文消费剩余人均值低于全国人均值，其中，北京城乡非文消费剩余人均值处于首位，甘肃城乡非文消费剩余人均值处于末位。设全国人均值为1来检验，北京为2.3378，甘肃为0.4772。

各地城乡居民文教消费数据可以反映出不同省域间城乡居民精神文化需求增进的差异。9个省域城乡文教消费人均值高于全国人均值，22个省域城乡文教消费人均值低于全国人均值，其中，上海城乡文教消费人均值处于首位，西藏城乡文教消费人均值处于末位。设全国人均值为1来检验，上海为2.1005，西藏为0.2052。

根据本项检测体系的后台演算数据库检验，2016年仅有贵州1个省域文化需求系数即城乡居民文教消费与非文消费剩余的比值为1996年以来历年最佳（最高）值，这意味着，其余省域在此项指标检测中存在着既有"协调增长"的"应然差距"。在2016年此项比值指标检验存在差距的30个省域里，河北检测差距最小，此项比值现有实际值低于历年最佳值0.01个百分点；陕西检测差距最大，此项比值现有实际值低于历年最佳值27.61个百分点。

（二）文化需求层面的增长均衡性检测

2016年各地居民文教消费城乡比、地区差对比见图6。图6直观体现出全国及各地城乡之间人均文教消费的倍差比值、各地之间城镇和乡村文教消费人均数值的大小比例差异，并附城乡综合演算的人均文教消费地区差指数。

2016年，全国城镇居民文教消费人均值为2637.63元，乡村居民文教消费人均值为1070.31元，居民人均文教消费城乡比为2.4644。这就是说，全国城镇居民文教消费人均值是乡村居民人均值的2.46倍，文教消费城乡比大于非文消费城乡比。不过，由于乡村居民消费统计对于文化消费和教育消费不予区分，这一城乡比演算结果并不精确。倘若对城镇居民也取"文化教育消费"口径数据合并计算，2016年城乡比应为2.4644，即全国城镇居民文教消费人均值是乡村居民人均值的2.46倍。

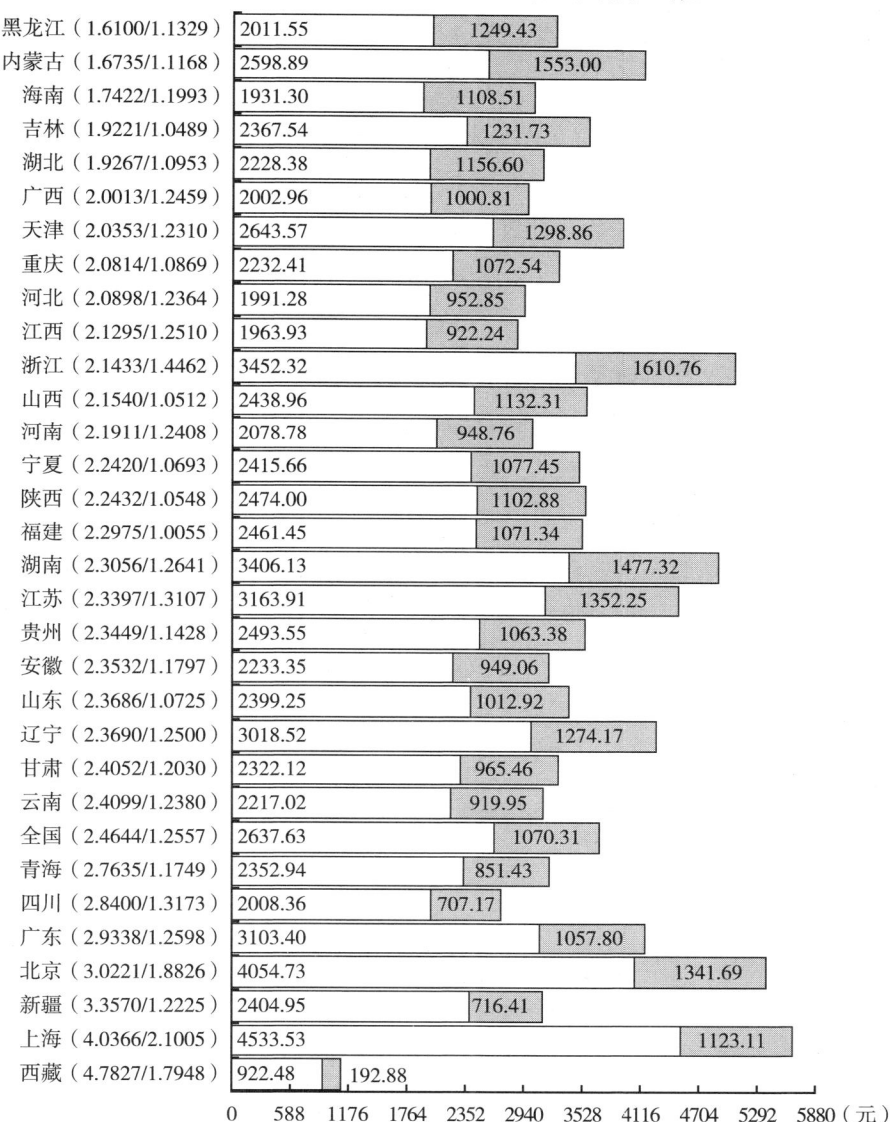

图 6　2016 年各地居民人均文教消费城乡比、地区差对比

坐标轴左侧：各地居民文教消费城乡比（乡村=1），按从小到大顺序自上而下排列。右侧城乡文教消费地区差（无差距=1）。横向柱形左侧：城镇文教消费人均值（元）。横向柱形右侧：乡村文教消费人均值（元）。各地人均值亦同时体现城镇、乡村层面文教消费地区差距。

依照本项研究评价独创的地区差距指标检测，同年，全国城乡人均文教消费地区差为1.2557，文教消费地区差小于非文消费地区差。这就是说，基于全国及各地城镇居民与乡村居民人均文教消费基础数据进行城乡综合演算，31个省域城乡居民文教消费人均值与全国总体居民文教消费人均值之绝对偏差值的平均值为0.2557或25.57%。

根据本项检测体系的后台演算数据库筛查，1996~2016年，全国文化需求层面即居民人均文教消费的城乡比历年最小（最佳）值为2015年的2.4583（见表1）。现有实际城乡比大于最佳值0.25%，"均衡增长"差距略微扩大。如果能够在保持文化需求系数最佳比值的基础上，同时保持文化需求层面这一最小城乡比，那么2016年全国城镇人均文教消费应达到3771.58元，乡村人均文教消费应达到1530.45元，城乡综合演算人均文教消费应达到2801.77元，高出现有实际值42.99%，达到实值的1.43倍。按照本项检测体系所设置的指标及其方法进行检验，这就是20年以来全国城乡居民必需消费之外余钱增多带动精神文化需求增进保持既有"协调增长"，同时再保持城乡之间既有"均衡增长"的"应然差距"。各省域依此类推，皆可见B.3篇表3。

进一步假设推演，如果能够在保持文化需求系数最佳比值的基础上，同时实现文化需求层面弥合城乡比，那么2016年全国城镇与乡村人均文教消费持平，城乡综合演算人均文教消费应达到3769.37元，高出现有实际值92.37%，达到实值的1.92倍。这就是20年以来全国城乡居民必需消费之外余钱增多带动精神文化需求增进保持既有"协调增长"，同时再实现城乡之间"理想均衡"的"应然差距"。各省域依此类推。

同样根据本项检测体系的后台演算数据库筛查，1996~2016年，全国文化需求层面即居民人均文教消费的地区差历年最小（最佳）值为2016年的1.2557（见表1）。现有实际地区差即为最佳值，"均衡增长"差距缩小，检测演算结果不变。这就是20年以来全国城乡居民必需消费之外余钱增多带动精神文化需求增进保持地区之间既有"协调增长"的"应然差距"。

至此需要更深入一层展开检验测算。如果把民生基础系数、民生消费系数、文化需求系数三项最佳比值叠加演算，在此基础上同时保持文化需求层面最小城乡比，那么 2016 年全国城镇人均文教消费应达到 4284.85 元，乡村人均文教消费应达到 1738.72 元，城乡综合演算人均文教消费应达到 3183.06 元，高出现有实际值 62.45%，达到实值的 1.62 倍。按照本项检测体系所设置的指标及其方法进行检验，这就是 20 年以来全国经济增长带动基础民生增进，继而城乡居民收入增高再带动基本民生消费增进，并带来必需消费之外余钱增多，最后带来精神文化需求增进保持既有"协调增长"，同时再保持城乡之间既有"均衡增长"的"应然差距"。各地依此类推。

同样进一步假设推演，如果把民生基础系数、民生消费系数、文化需求系数三项最佳比值叠加演算，在此基础上同时实现文化需求层面弥合城乡比，那么 2016 年全国城镇与乡村人均文教消费持平，城乡综合演算人均文教消费应达到 4282.34 元，高出现有实际值 118.55%，达到实值的 2.19 倍。这就是 20 年以来全国经济增长带动基础民生增进，继而城乡居民收入增高再带动基本民生消费增进，并带来必需消费之外余钱增多，最后带来精神文化需求增进保持既有"协调增长"，同时再实现城乡之间"理想均衡"的"应然差距"。各地依此类推。

继续进行理想假设推演，如果民生基础层面、民生消费层面、文化需求层面同时实现城乡无差距，即城乡之间居民收入—非文（必需）消费—必需消费剩余—文教消费人均值全面持平，统一取城镇方面民生基础系数、民生消费系数、文化需求系数三项最佳比值叠加演算，那么 2016 年全国城乡综合演算人均文教消费应达到 6462.59 元，高出现有实际值 229.82%，达到实值的 3.30 倍。这就是 20 年以来全国经济增长带动基础民生增进，继而城乡居民收入增高再带动基本民生消费增进，并带来必需消费之外余钱增多，最后带来精神文化需求增进保持既有"协调增长"，同时全面实现城乡之间"理想均衡"的"应然差距"。各地依此类推。

如果民生基础层面、民生消费层面、文化需求层面同时实现地区无差距，即各地之间城乡居民收入—非文（必需）消费—必需消费剩余—文教消费人均值全面持平，统一取东部城镇方面民生基础系数、民生消费系数、文化需求系数三项最佳比值叠加演算，那么 2016 年全国城乡综合演算人均文教消费应达到 8404.56 元，高出现有实际值 328.93%，达到实值的 4.29

倍。这就是20年以来全国经济增长带动基础民生增进，继而城乡居民收入增高再带动基本民生消费增进，并带来必需消费之外余钱增多，最后带来精神文化需求增进保持既有"协调增长"，同时全面实现城乡、地区之间"理想均衡"的"应然差距"。

分别检验各地城镇与乡村之间居民文教消费的差异。8个省域城镇文教消费人均值高于全国人均值，23个省域城镇文教消费人均值低于全国人均值，其中，上海城镇文教消费人均值处于首位，西藏城镇文教消费人均值处于末位。设全国人均值为1来检验，上海城镇为1.7188，西藏城镇为0.3497。

17个省域乡村文教消费人均值高于全国人均值，14个省域乡村文教消费人均值低于全国人均值，其中，浙江乡村文教消费人均值处于首位，西藏乡村文教消费人均值处于末位。设全国人均值为1来检验，浙江乡村为1.5049，西藏乡村为0.1802。

检测各地城镇与乡村之间居民文教消费的差距，可以看出不同省域城乡之间居民精神文化需求的均衡效应。24个省域文教消费城乡比小于全国总体城乡比，7个省域文教消费城乡比大于全国总体城乡比，其中，黑龙江文教消费城乡比处于首位，低至全国总体城乡比的65.33%，西藏文教消费城乡比处于末位，高达全国总体城乡比的194.07%。

根据本项检测体系的后台演算数据库检验，2016年仅有河北、海南、黑龙江、山西、河南、宁夏、重庆、贵州、广西、云南10个省域文化需求层面即居民人均文教消费的城乡比为1996年以来历年最佳（最小）值。这意味着，其余省域在此项指标检测中存在着城乡之间既有"均衡增长"的"应然差距"。在2016年此项城乡比指标检验存在差距的21个省域里，湖南检测差距最小，此项城乡比现有实际值大于历年最佳值1.05%，上海检测差距最大，此项城乡比现有实际值大于历年最佳值121.44%。

最后再检测各地之间城乡居民文教消费的差距，可以看出不同省域间城乡居民精神文化需求的均衡效应。23个省域城乡文教消费地区差小于全国总体地区差，8个省域城乡文教消费地区差大于全国总体地区差，其中，福建城乡文教消费地区差处于首位，低至全国总体地区差的80.08%，上海城乡文教消费地区差处于末位，高达全国总体地区差的167.28%。

根据本项检测体系的后台演算数据库检验，2016年仅有北京、上海、福建、甘肃、贵州、云南6个省域文化需求层面即城乡居民人均文教消费的地区差为1996年以来历年最佳（最小）值。这意味着，其余省域在此项指标检测中存在着地区之间既有"均衡增长"的"应然差距"。在2016年此项地区差指标检验存在差距的25个省域里，河北检测差距最小，此项地区差现有实际值大于历年最佳值1.66%，湖南检测差距最大，此项地区差现有实际值大于历年最佳值25.78%。

五　文化产业供需协调增长的应然测算

全国文教消费增长空间假定测算方式及其说明见表2，对本报告以下及后文增长目标排行报告所列各类测算方式一并加以说明。

在文化生产与文教消费供需关系达到理想协调的假定之下，全国城乡居民文教消费需求增长的"应然差距"也就是中国文化产业生产供给发展的"应有空间"。至此对以上检验做出综合演算，总结本项检测体系详尽推演测算得出的各类"增长差距"演算结果。

按照以往年度的年均增长幅度推算以后年度的增长数值，只是基于概率演算的常规或然预测。在此前提之下，本项检测增加了基于既往事实和未来理想的应然测算，设置出多种增长目标测算方式，对国家"十三五"规划继续突出"协调增长""均衡发展"的要求多有涉及，针对全国各地实际情况适当选用相应的测算方式，借以检验文教消费需求相关各方面协调增长的目标差距，以及文化产业成为支柱性产业的供需协同增长目标。

在"十三五"期间进一步强调"协调均衡"的预定目标之下，寄期实现既往年度"最佳状态"的应然测算，在技术上提供了一种简单易行的检测方法，在现实中也实在不过是一种起码的期待。同样，面向"以人民为中心"和"协调、共享"的新发展理念要求，寄期实现未来"理想状态"的应然测算，可以检验出距离"全面协调"理想目标的现实差距。

表2　文教消费增长空间假定测算方式及其说明

序号一	测算类别	假定增长目标（当前年度测算增长差距）	演算数据库前期准备	序号二	具体演算方式
一	历年均增值测算	当前年度回溯20年演算平均增长率，测算此后年度保持稳定平均增长，具有大概率或然性	①表1仅以全国为例，需同步演算四大区域、所有省域数据项，其中民生数据分别进行城乡、城镇、乡村三个层面演算，形成全国各地既往历年多层面数值矩阵数据库基础 ②当前年度回溯20年，演算各类数据年均增长率，分别测算未来年均增长相应数值，形成与表1完全对应的全国各地未来预测多层面数据项矩阵备用 ③按照测算类别的假定增长目标，选择相关预备数据项展开演算。当前年度增长差距测算无须预测准备，基于历年数据 ④城乡、城镇、乡村人口数据作为背景，依据近期各自增长率及其所包含的人口分布动态，分别测算未来年度相应数据项，用以推演各项人均值—总量或总量—人均值换算	（一）	当前年度表1第8项与回溯20年年均增长率的N次乘方，N为当前年度与测算年度的间隔
二	消除负相关测算	假定文教消费与非文消费剩余比实现历年最佳值，测算不受负相关牵制的增长数值		（二）	取测算年度对应表1第6项数值，演算其与表1[8]项历年最佳比值乘积，得出增长预期数值
三	供需协调性测算	假定文化产值比与文教消费率之间实现历年最佳关系，测算文化供需协调增长数值		（三）	取测算年度对应表1第[1]与第[3]项数值，按表1第[2]项2011年供需关系最佳协调系数值测算
四	最佳比例值测算	假定产值—居民收入—非文消费及其剩余—文教消费实现历年最佳相关比值，测算增长数值		（四）	取测算年度对应表1第2项数值，演算其与表1第[4]、[7]、[8]项历年最佳比值的累进乘积
五	最小城乡比测算	基于以上第四项，进而再假定实现历年最小城乡比，推演测算城乡之间同步增长新数值		（五）	基于以上第（四）项，取表1第[13]项最佳城乡比，再推算城乡、城镇、乡村三个层面新数值
六	弥合城乡比测算	基于以上第四项，进而再假定实现城乡人均值持平，推演测算城乡之间均衡增长新数值		（六）	基于以上第（四）项，取测算年度对应表1第9项城镇人均值，再推算城乡综合新数值
七	城乡无差距测算	基于以上第四项，进而再假定城乡差距全面消除，按城镇历年最佳比值，推演测算城乡新数值		（七）	基于以上第（四）项，取对应表1第[4]、[7]、[8]项城镇历年最佳比值，再推算城乡增长新数值
八	地区无差距测算	基于以上第七项，进而再假定地区差距基本消除，按全国与东部城镇持平计，测算增长新数值		（八）	基于以上第（七）项，取测算年度东部城镇各项人均值，再推算全国各地持平增长新数值

注：重庆自1997年作为省域单列统计，各项数据回溯至1997年。

2016年全国城乡文化教育消费总量、人均值增长差距测算见图7，增长目标测算值包括"供需协调性""消除负相关""最佳比例值""最小城乡比""弥合城乡比""城乡无差距""地区无差距"7类，前4类属于协调增长"应然目标"测算，后3类属于均衡发展"理想目标"测算。各地依此类推。

（1）供需协调性目标：依据现有全国文化产值比与居民文教消费率之间的比差，假设文化生产供给与消费需求的关系不至于背离，而是实现"最佳协调"状态测算，全国城乡文教消费人均值应为现有实际值的108.22%，达到2120.49元，总量应达到29234.43亿元。

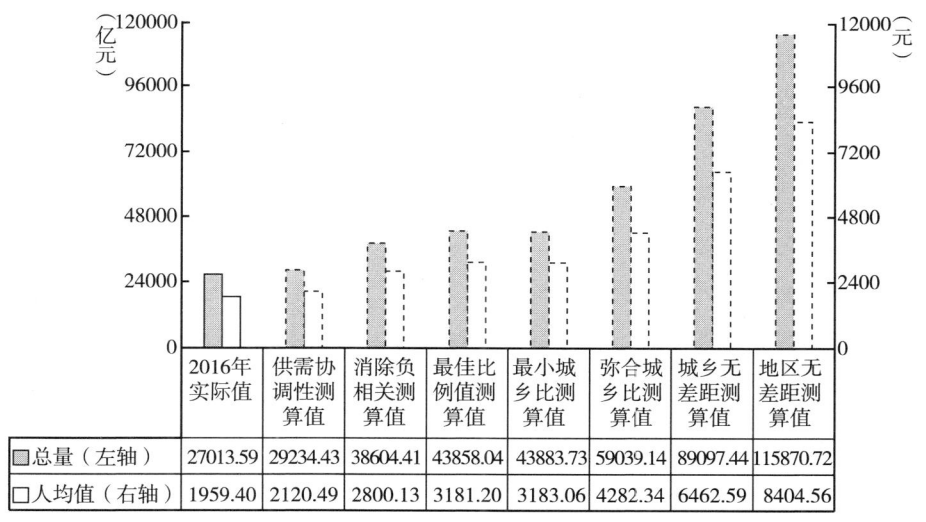

图7　2016年全国城乡文教消费总量、人均值增长差距测算

实线：现有实际值。虚线：目标测算值。供需协调性测算：假设全国文化产值比与居民文教消费率之间实现供需"最佳协调"关系。消除负相关测算：假设文教消费增长不受积蓄增长"负相关"牵制。最佳比例值测算：假设全国产值—城乡居民收入—必需（非文）消费—必需消费剩余—文教消费之间均实现历年最佳比值。最小城乡比测算：假设在最佳比值基础上实现历年最小城乡差距。弥合城乡比测算：同上一项假定而弥合城乡差距。城乡无差距测算：假设城乡人均收入—必需消费—必需消费剩余—文教消费消除差距，以城镇最佳比值计。地区无差距测算：假设在城乡无差距基础上全国达到东部人均值。

为了积极推进文化产业供需协调增长，本项检测用以衡量"支柱性产业"的测算标准进行调整，设定居民文教消费率4.74%为文化产业在成为

"国民经济支柱性产业"的同时,亦成为"国民消费支柱性产业"的必需"临界值"。演算依据在于:文化产业的生产供给与消费需求之间应当形成健康、合理的协调增长关系,2011年全国文化产值比与居民文教消费率正处于近乎"理想"的极度趋近状态(见总报告图1),可作为重要参照系。为此,特取2011年二者之间比差值0.9489(文教消费率为文化产值比的94.89%),作为供需"最佳协调"测算系数。如果中国文化产业的供需关系实现"最佳协调"状态,那么当全国文化产值比达到5%之际,居民文教消费率理当达到4.74%。

依此演算,2016年全国文化产值比为4.14%,居民文教消费率"理想值"应为3.93%,以人均值测算则为2120.49元。

(2)消除负相关目标:假设城乡居民文教消费增长不再受到"自我保障"所必需的积蓄增长的"负相关效应"牵制,取1996年以来居民文教消费与积蓄之间最佳相对比值测算,全国城乡文教消费人均值应为现有实际值的142.91%,达到2800.13元,总量应达到38604.41亿元。

(3)最佳比例值目标:假设全国人均产值—城乡居民人均收入—必需消费(假定非文消费为必需消费)及其剩余—文教消费之间均实现1996年以来最佳比值,以三项最佳比值叠加测算,全国城乡文教消费人均值应为现有实际值的162.36%,达到3181.20元,总量应达到43858.04亿元。

(4)最小城乡比目标:假设全国在三项最佳比值叠加测算目标基础上,同时实现1996年以来居民人均文教消费最小城乡差距,以多项多类检测差距叠加测算,全国城乡文教消费人均值应为现有实际值的162.45%,达到3183.06元,总量应达到43883.73亿元。

(5)弥合城乡比目标:假设全国在三项最佳比值叠加测算目标基础上,同时实现城乡之间居民人均文教消费绝对值持平,以多项多类检测差距叠加测算,全国城乡文教消费人均值应为现有实际值的218.55%,达到4282.34元,总量应达到59039.14亿元。

(6)城乡无差距目标:假设全国居民人均收入—必需消费及其剩余—文教消费绝对值全面消除城乡差距,以城镇三项最佳比值叠加测算,全国城乡文教消费人均值应为现有实际值的329.82%，达到6462.59元，总量应达到89097.44亿元。

（7）地区无差距目标：假设全国居民人均收入—必需消费及其剩余—文教消费绝对值全面消除城乡差距，同时各地全面达到东部城镇人均值，以东部城镇三项最佳比值叠加测算，全国城乡文教消费人均值应为现有实际值的428.93%，达到8404.56元，总量应达到115870.72亿元。

B.3
全国省域文化产业供需协调增长目标排行

——1996~2016年检测与至2020年测算

王亚南 赵娟 魏海燕 代丽*

摘 要： 以扩大需求、促进共享为目标，测算文教消费需求增长，以此度量文化产业至2020年发展空间。按照1996~2016年增长，检测至2020年各省域文教消费增长目标的距离排行：历年均增值测算前5位为青海、贵州、甘肃、宁夏、河南；消除负相关测算前5位为贵州、河北、青海、河南、辽宁；最佳比例值测算前5位为黑龙江、辽宁、山西、河北、河南；最小城乡比测算前5位为黑龙江、山西、河北、辽宁、河南；弥合城乡比测算前5位为黑龙江、辽宁、山西、河北、河南；城乡无差距测算前5位为黑龙江、辽宁、甘肃、山西、吉林；供需协调性测算前5位为甘肃、山西、辽宁、湖南、云南。

关键词： 省域 文化产业 供需协调 增长测算

本书以前各年版书名为《中国文化产业供需协调增长测评报告》，在历年数据变动检验中，全国取1991年以来的数据进行检测，各地取2000年以

---

* 王亚南，云南省社会科学院研究员，文化发展研究中心主任；赵娟，云南省社会科学院文化发展研究中心副研究员；魏海燕，云南省政协信息中心主任编辑，主要从事传媒信息分析研究；代丽，云南省社会科学院信息中心助理研究员，主要从事文化消费、社会福利和社会保障研究。

来数据进行检测（因重庆、西藏缺此前若干年度数据）。从2015年版开始，书名微调为《中国文化产业供需协调检测报告》，全国及各地取值演算统一由当前最新数据年度回溯20年展开长时段分析，本年版取1996年以来（重庆取1997年以来）数据进行检测。由于1993年以来"民生指标"统计分类项迄今保持不变，检验历年数据变动具有更好的前后可对比性。

一 各省域城乡文化教育消费需求增长态势

1996~2016年各省域城乡文教消费总量值、人均值增长状况见表1，全国城乡总体数据作为测评演算基准列于首行。各地依照属地方位，由北至南、从东到西分为东北和东、中、西部四大区域，按20年里文教消费人均值年均增长幅度高低排列，其中，省域主排行以1、2、3……为序，四大区域附加排行以［1］、［2］、［3］、［4］为序（后同）。

20年间各省域城乡文教消费总量年均增长幅度及占全国城乡份额升降比较，19个省域年均增长幅度高于全国城乡平均增长，占全国城乡份额各有上升，按增幅高低依次为青海、宁夏、贵州、甘肃、山西、云南、河南、内蒙古、陕西、新疆、福建、江苏、辽宁、天津、河北、西藏、浙江、江西、北京；12个省域年均增长幅度低于全国城乡平均增长，占全国城乡份额各有下降，按增幅高低依次为湖南、安徽、吉林、黑龙江、上海、山东、海南、重庆、广东、湖北、广西、四川。其中，青海占据首位，年均增长高于全国城乡平均增长3.54个百分点，占全国城乡份额提高了85.86%；四川处于末位，年均增长低于全国城乡平均增长3.15个百分点，占全国城乡份额降低了43.26%。

20年间各省域城乡人均文教消费年均增长幅度比较，18个省域年均增长幅度高于全国城乡平均增长，按增幅高低依次为青海、贵州、甘肃、宁夏、河南、陕西、内蒙古、山西、云南、辽宁、江苏、安徽、福建、湖南、吉林、江西、黑龙江、河北；13个省域年均增长幅度低于全国城乡平均增长，按增幅高低依次为新疆、山东、浙江、四川、西藏、重庆、海南、天津、湖北、北京、广西、上海、广东。其中，青海占据首位，年均增长高于全国城乡平均增长3.09个百分点；广东处于末位，年均增长低于全国城乡平均增长3.47个百分点。

有必要说明：总量数值演算会产生较大误差，这是因为在既有年度统计数据里，各地各类总量数据之和不等于全国总量，本身就存在误差；由于人口增长，人均值增幅演算更具可比性；在未来年度测算数值里，难以准确把握今后人口增长尤其是分布变化，也只能根据人均值测算结果推演。因此，本报告主要基于人均数值展开分析测算，仅在开头和结尾处提供总量分析演算数值，以利于把握全国总体态势。

二 各省域文化教育消费需求增长协调性分析

本项检测体系由现行统计制度及其公布数据中提取出三对数据组，构成一套简明而完整的数据分析关系链：①居民收入与产值的相对比值界定为"民生基础系数"；②居民非文消费占收入的相对比值界定为"民生消费系数"；③居民文教消费与非文消费剩余的相对比值界定为"文化需求系数"。

表1 各省域城乡文教消费总量值、人均值增长状况

地区	省域城乡文教消费总量增长				省域城乡人均文教消费增长				
	1996年总量（亿元）	2016年总量（亿元）	20年年均增长 增长指数（上年=100）	指数排序	1996年人均值（元）	2016年 人均值（元）	年鉴人均值（元）	20年年均增长 增长指数（上年=100）	指数排序
全　国	2491.53	27013.59	112.656	—	204.63	1959.40	1915.26	111.959	—
辽　宁	90.32	1072.78	113.171	13	220.07	2449.17	2422.13	112.804	10
吉　林	49.01	511.24	112.439	22	188.41	1863.68	1850.12	112.141	15
黑龙江	64.94	646.55	112.177	23	174.82	1699.04	1688.28	112.042	17
东　北	204.26	2230.57	112.697	[2]	196.04	2041.02	—	112.428	[1]
青　海	4.74	95.50	116.201	1	97.86	1616.72	1568.24	115.054	1
贵　州	37.00	594.94	114.898	3	104.78	1679.55	1602.47	114.880	2
甘　肃	25.56	406.76	114.839	4	104.23	1561.60	1502.08	114.493	3

续表

地区	省域城乡文教消费总量增长				省域城乡人均文教消费增长				
	1996年总量（亿元）	2016年总量（亿元）	20年年均增长		1996年人均值（元）	2016年		20年年均增长	
			增长指数（上年=100）	指数排序		人均值（元）	年鉴人均值（元）	增长指数（上年=100）	指数排序
宁 夏	6.83	122.45	115.525	2	132.16	1823.68	1772.08	114.023	4
陕 西	52.90	704.30	113.819	9	149.91	1851.95	1785.24	113.394	6
内蒙古	40.88	550.48	113.884	8	178.10	2188.33	2165.75	113.363	7
云 南	51.79	710.14	113.987	6	128.95	1493.03	1429.76	113.027	9
新 疆	28.20	362.40	113.618	10	168.34	1523.44	1471.20	111.643	19
四 川	179.03	1101.30	109.509	31	157.35	1337.67	1284.78	111.295	22
西 藏	1.18	13.16	112.815	16	48.96	401.98	370.14	111.101	23
重 庆	74.68	542.49	111.001	28	245.95	1789.04	1745.89	111.009	24
广 西	111.84	711.74	109.695	30	244.94	1477.56	1444.05	109.402	29
西 部	539.96	5915.67	112.715	[1]	155.67	1587.13	—	112.311	[2]
河 南	103.51	1414.04	113.966	7	113.30	1487.52	1439.45	113.740	5
山 西	48.86	682.85	114.096	5	157.98	1859.09	1810.72	113.119	8
安 徽	91.89	991.63	112.630	21	152.09	1607.23	1558.78	112.512	12
湖 南	156.11	1684.90	112.631	20	243.54	2476.88	2392.66	112.297	14
江 西	61.10	672.03	112.737	18	149.62	1467.69	1424.44	112.094	16
湖 北	147.82	1040.22	110.248	29	254.94	1772.62	1739.53	110.182	27
中 部	609.29	6485.67	112.553	[3]	176.29	1772.12	—	112.231	[3]
江 苏	169.55	2051.43	113.276	12	239.20	2568.25	2514.53	112.601	11
福 建	60.65	751.45	113.411	11	186.66	1948.53	1905.39	112.443	13
河 北	99.90	1114.32	112.816	15	154.64	1496.24	1449.24	112.017	18
山 东	181.79	1798.57	112.142	25	208.44	1817.27	1754.62	111.435	20
浙 江	142.97	1576.76	112.752	17	330.12	2833.60	2794.30	111.348	21
海 南	14.58	143.38	112.108	26	199.94	1568.91	1544.93	110.850	25
天 津	32.13	374.95	113.071	14	339.99	2412.09	2403.97	110.293	26
北 京	72.88	801.11	112.734	19	580.69	3688.80	3686.57	109.685	28
上 海	100.27	995.04	112.159	24	707.65	4115.76	4174.55	109.202	30
广 东	334.31	2696.45	111.002	27	483.49	2468.38	2451.16	108.493	31
东 部	1209.03	12303.47	112.300	[4]	294.09	2333.08	—	110.910	[4]

注：①各地总量之和不等于全国及四大区域总量；②表中均为城乡综合演算衍生数值，年均增长指数取3位小数精确排序；③附年鉴发布的城乡人均值供参考，其与总量数据之间存在演算误差，对应年鉴同时发布的产值人均值和总量分别演算文教消费率有出入，本报告恢复采用自行演算城乡人均值，以保证数据库测算模型的规范性及其历年通行测评的标准化。数据演算依据：《中国统计年鉴》相应各卷，其中重庆在1997年前尚未作为省域单列，变通以1997年数据为起始基点；由于历时年份不同，重庆增长变化位次虚设，其后各地位次相应递进（后同）。

本报告同时检测 1996 年以来全国及各省域城乡民生基础系数、民生消费系数和文化需求系数三项特定相关性比值，作为经济、民生与文教消费需求之间增长协调性分析的依据，测算"消除负相关""最佳比例值"应然增长目标。

各省域城乡文教消费相关性比值的关系链变动状况见表 2，各地按 1996 年以来三项比值最佳值与 2016 年现实值之间的综合差距指数从小到大排列。

（一）民生基础系数的协调性检测

筛查 1996~2016 年各省域城乡居民收入与当地产值比的历年最佳（最高）值，25 个省域最佳值高于全国城乡总体最佳值，按最佳比值高低依次为贵州、西藏、江西、广西、湖南、安徽、湖北、四川、重庆、甘肃、广东、云南、吉林、山西、陕西、海南、内蒙古、青海、宁夏、辽宁、河南、浙江、黑龙江、河北、上海；6 个省域最佳值低于全国城乡总体最佳值，按最佳比值高低依次为新疆、福建、北京、江苏、山东、天津。其中，贵州占据首位，最佳值高于全国城乡总体最佳值 42.28 个百分点；天津处于末位，最佳值低于全国城乡总体最佳值 47.75 个百分点。

对比 2016 年各省域城乡居民收入与当地产值的比值，16 个省域此项比值高于全国城乡总体比值，按比值高低依次为云南、甘肃、山西、安徽、辽宁、江西、广西、黑龙江、四川、贵州、海南、河北、湖南、新疆、上海、浙江；15 个省域此项比值低于全国城乡总体比值，按比值高低依次为河南、北京、宁夏、广东、青海、西藏、湖北、陕西、重庆、福建、吉林、山东、内蒙古、江苏、天津。其中，云南占据首位，此项比值高于全国城乡总体比值 11.61 个百分点；天津处于末位，此项比值低于全国城乡总体比值 45.24 个百分点。

必须引起重视的是，1996~2016 年前后相比，仅有东北和黑龙江、辽宁、山西、新疆、云南 2016 年此项比值为历年最佳值，即呈现上升态势，其余省域 2016 年此项比值均非历年最佳值，即呈现下降态势。这意味着，在绝大部分省域，居民收入增长与经济增长的差距逐步拉大，民生基础层面"人民共享发展成果"程度普遍趋于降低。

全国省域文化产业供需协调增长目标排行

表2 各省域城乡文教消费相关性比值的关系链变动状况

地区	1996年以来最佳比值(%)			2016年现实比值(%)			2016年现实比值与最佳比值差距			
	收入与产值比	非文消费占收入比	文教消费与非文消费剩余比	收入与产值比	非文消费占收入比	文教消费与非文消费剩余比	与非文消费剩余比		三项比值	
							单项指数(最佳值=1)	差距排序(倒序)	综合指数(最佳值=1)	差距排序(倒序)
全　国	47.75	60.75	31.45	45.24	63.54	22.01	1.4289	—	1.6236	—
黑龙江	49.55	61.81	28.01	49.55	64.24	23.71	1.1814	6	1.2616	2
辽　宁	51.88	61.72	32.07	51.88	66.93	28.11	1.1409	5	1.3206	5
吉　林	55.54	64.38	33.31	37.39	64.67	26.19	1.2719	12	1.9048	14
东　北	47.11	63.12	29.49	47.11	65.59	26.26	1.1230	[1]	1.2036	[1]
山　西	55.41	55.08	27.34	55.41	56.66	21.79	1.2547	11	1.3004	3
河　南	51.81	58.96	21.60	44.87	60.87	19.90	1.0854	3	1.3145	4
安　徽	63.84	62.16	28.63	52.21	65.14	22.32	1.2827	13	1.7025	8
湖　南	64.51	62.59	47.78	47.35	62.59	30.15	1.5847	19	2.1591	18
江　西	66.93	57.08	27.92	51.48	58.41	16.97	1.6453	20	2.2074	20
湖　北	61.90	61.82	41.22	40.06	64.56	22.43	1.8377	23	3.0591	29
中　部	59.16	60.35	30.82	47.11	61.86	22.47	1.3716	[2]	1.7906	[2]
河　北	47.77	55.66	20.53	47.52	64.37	20.52	1.0005	2	1.2516	1
海　南	54.68	60.03	27.72	47.66	61.51	19.28	1.4378	18	1.7130	9
福　建	46.25	59.26	24.90	37.83	65.80	20.16	1.2351	8	1.7988	12
江　苏	44.07	54.98	24.94	33.79	60.84	20.03	1.2451	10	1.8670	13
山　东	43.81	56.39	27.62	37.23	57.25	16.61	1.6629	21	1.9961	16
浙　江	50.90	56.35	32.60	45.99	58.81	17.62	1.8502	24	2.1700	19
广　东	57.96	63.55	35.19	41.19	69.25	26.33	1.3365	15	2.2292	21
上　海	47.76	55.45	37.64	46.11	61.30	19.79	1.9020	25	2.2678	23
天　津	42.67	58.72	29.91	29.71	69.61	23.23	1.2876	14	2.5119	25
北　京	45.52	56.05	43.03	44.47	60.40	17.72	2.4283	30	2.7587	27
东　部	45.99	57.99	29.28	40.06	62.68	20.06	1.4596	[3]	1.8863	[3]
新　疆	46.64	65.37	35.71	46.64	68.41	25.49	1.4009	17	1.5358	6
甘　肃	57.97	64.35	44.57	55.96	72.53	36.75	1.2128	7	1.6305	7
宁　夏	52.86	66.63	38.21	41.32	69.62	30.78	1.2414	9	1.7444	10
青　海	53.67	69.97	41.25	41.09	75.67	37.14	1.1107	4	1.7906	11
云　南	56.85	61.24	42.42	56.85	61.25	21.80	1.9459	26	1.9464	15

续表

地区	1996年以来最佳比值(%)			2016年现实比值(%)			2016年现实比值与最佳比值差距			
							与非文消费剩余比		三项比值	
	收入与产值比	非文消费占收入比	文教消费与非文消费剩余比	收入与产值比	非文消费占收入比	文教消费与非文消费剩余比	单项指数（最佳值=1）	差距排序（倒序）	综合指数（最佳值=1）	差距排序（倒序）
贵州	90.03	64.51	32.02	48.51	67.47	32.02	1.0000	1	2.0248	17
内蒙古	54.13	64.92	35.69	34.12	65.59	25.87	1.3796	16	2.2313	22
四川	60.44	67.86	40.71	48.76	71.40	23.98	1.6977	22	2.3648	24
广西	66.87	58.56	38.67	49.72	58.80	18.97	2.0385	28	2.7576	26
陕西	54.88	63.72	53.39	38.81	63.72	25.78	2.0710	29	2.9285	28
重庆	58.97	63.90	45.96	38.81	66.10	23.24	1.9776	27	3.1999	30
西藏	81.03	53.35	29.37	41.09	65.72	8.11	3.6215	31	9.7186	31
西部	60.24	66.03	36.84	45.43	66.32	24.65	1.4945	[4]	1.9988	[4]

注：表中均为演算衍生数值，数据演算依据为《中国统计年鉴》相应年卷。

（二）民生消费系数的协调性检测

筛查1996～2016年各省域城乡居民非文消费占收入比的历年最佳（最低）值，14个省域最佳值低于全国城乡总体最佳值，按最佳比值高低倒序为西藏、江苏、山西、上海、河北、北京、浙江、山东、江西、广西、天津、河南、福建、海南；17个省域最佳值高于全国城乡总体最佳值，按最佳比值高低倒序为云南、辽宁、黑龙江、湖北、安徽、湖南、广东、陕西、重庆、甘肃、吉林、贵州、内蒙古、新疆、宁夏、四川、青海。其中，西藏占据首位，最佳值低于全国城乡总体最佳值60.75个百分点；青海处于末位，最佳值高于全国城乡总体最佳值9.22个百分点。

对比2016年各省域城乡居民非文消费占收入的比值，12个省域此项比值低于全国城乡总体比值，按比值高低倒序为山西、山东、江西、广西、浙江、北京、江苏、河南、云南、上海、海南、湖南；19个省域此项比值高于全国城乡总体比值，按比值高低倒序为陕西、黑龙江、河北、湖北、吉林、安徽、内蒙古、西藏、福建、重庆、辽宁、贵州、新疆、广东、天津、宁夏、四川、甘肃、青海。其中，山西占据首位，此项比值低于全国城乡总体比值63.54个百分点；青海处于末位，此项比值高于全国城乡总体比值12.13个百分点。

值得加以注意的是，1996~2016年前后相比，仅有湖南、陕西2016年此项比值为历年最佳值，即非文（必需）消费占收入比重下降，反过来则除必需生活开支之外余钱比重呈现上升态势，其余省域2016年此项比值均非历年最佳值，即非文（必需）消费占收入比重反而上升。这意味着，在绝大部分省域，居民非文（必需）消费占收入比重增高，不利于留出更多的余钱用于精神生活消费。

（三）文化需求系数的协调性检测

筛查1996~2016年各省域城乡居民文教消费与非文消费剩余比的历年最佳（最高）值，19个省域最佳值高于全国城乡总体最佳值，按最佳比值高低依次为陕西、湖南、重庆、甘肃、北京、云南、青海、湖北、四川、广西、宁夏、上海、新疆、内蒙古、广东、吉林、浙江、辽宁、贵州；12个省域最佳值低于全国城乡总体最佳值，按最佳比值高低依次为天津、西藏、安徽、黑龙江、江西、海南、山东、山西、江苏、福建、河南、河北。其中，陕西占据首位，最佳值高于全国城乡总体最佳值21.94个百分点；河北处于末位，最佳值低于全国城乡总体最佳值31.45个百分点。

对比2016年各省域城乡居民文教消费与非文消费剩余的比值，17个省域此项比值高于全国城乡总体比值，按比值高低依次为青海、甘肃、贵州、宁夏、湖南、辽宁、广东、吉林、内蒙古、陕西、新疆、四川、黑龙江、重庆、天津、湖北、安徽；14个省域此项比值低于全国城乡总体比值，按比值高低依次为云南、山西、河北、福建、江苏、河南、上海、海南、广西、北京、浙江、江西、山东、西藏。其中，青海占据首位，此项比值高于全国城乡总体比值15.13个百分点；西藏处于末位，此项比值低于全国城乡总体比值22.01个百分点。

需要特别关注的是，1996~2016年前后相比，仅有贵州2016年此项比值为历年最佳值，即呈现趋向上升态势，其余省域2016年此项比值均非历年最佳值，即呈现下降态势。这意味着，在绝大部分省域，居民精神文化消费需求增进与必需生活开支之外余钱增多的差距进一步拉大，文化需求层面"人民共享发展成果"程度普遍趋于降低。

鉴于此项系数检验发现，各地城乡文教消费需求增长不足的最大症结就在这里，表2专门设置了单项差距指数分析。以全国城乡总体为例予以说明：如果全国城乡人均文教消费与人均非文消费剩余的比值能够一直保持1996年以来的最佳状态，那么2016年全国城乡文教消费人均值应为现有实际值的142.89%，达到2799.78元。各省域城乡文教消费需求增长不足的此类差距校正依此类推。

各省域城乡这一比值的单项差距指数比较，17个省域差距指数小于全国城乡总体差距指数，按指数高低倒序为贵州、河北、河南、青海、辽宁、黑龙江、甘肃、福建、宁夏、江苏、山西、吉林、安徽、天津、广东、内蒙古、新疆；14个省域差距指数大于全国城乡总体差距指数，按指数高低倒序为海南、湖南、江西、山东、四川、湖北、浙江、上海、云南、重庆、广西、陕西、北京、西藏。其中，贵州占据首位，差距指数仅为全国城乡总体差距的69.98%；西藏处于末位，差距指数高达全国城乡总体差距的253.44%。

表2同时设置了三项系数检测的综合差距指数分析。仍以全国城乡总体为例予以说明：如果全国城乡人均收入与人均产值、城乡人均非文消费占人均收入、城乡人均文教消费与人均非文消费剩余三项比值能够一致保持1996年以来的最佳状态，那么2016年全国城乡文教消费人均值应为现有实际值的162.36%，达到3181.25元。各省域城乡文教消费需求增长不足的综合差距校正依此类推。

各省域城乡以上三项比值综合差距指数比较，6个省域综合差距指数小于全国城乡总体差距指数，按指数高低倒序为河北、黑龙江、山西、河南、辽宁、新疆；25个省域综合差距指数大于全国城乡总体差距指数，按指数高低倒序为甘肃、安徽、海南、宁夏、青海、福建、江苏、吉林、云南、山东、贵州、湖南、浙江、江西、广东、内蒙古、上海、四川、天津、广西、北京、陕西、湖北、重庆、西藏。其中，河北占据首位，综合差距指数仅为全国城乡总体差距的74.13%；西藏处于末位，综合差距指数高达全国城乡总体差距的598.59%。

在以上三项系数检测中可以看到，若干省域2016年某项比值恰为1996年以来最佳比值。这就是说，对于这些省域而言，三项比值综合差距其实仅为其余比值综合差距，而其最佳比值反而可以起到正向调节作用。具体说来即为，东北和黑龙江、辽宁、山西、新疆、云南第一项系数为正向调节缩减差距，湖南、陕西第二项系数为正向调节缩减差距，贵州第三项系数为正向调节缩减差距。当然，对于全国及其他省域而言，三项比值综合差距均为负向发生作用而扩增差距。

三 各省域文化教育消费需求城乡均衡性分析

城乡差距实为分析中国历史和现实都无法回避的社会鸿沟。本报告同时检测1996年以来全国及各省域民生基础层面、民生消费层面和文化需求层面的城乡比变动态势，作为这三个层面城乡之间增长均衡性分析的依据，测算"最小城乡比"、"弥合城乡比"和"城乡无差距"应然增长目标。

各省域人均收入、非文消费、文教消费城乡比状况见表3，各地按文教消费城乡比的校正差距指数从小到大排列。

（一）民生基础层面的城乡均衡性检测

筛查1996~2016年各省域人均收入城乡比的历年最小（最佳）值，18个省域最小城乡比小于全国总体最小城乡比，按最小城乡比大小倒序为上海、江苏、黑龙江、吉林、辽宁、天津、江西、浙江、北京、福建、河北、内蒙古、山东、山西、湖北、河南、宁夏、海南；13个省域最小城乡比大于全国总体最小城乡比,按最小城乡比大小倒序为广东、安徽、四川、湖南、重庆、新疆、广西、甘肃、青海、西藏、陕西、云南、贵州。其中,上海占据首位,最小城乡比小于全国总体最小城乡比35.23%;贵州处于末位,最小城乡比大于全国总体最小城乡比33.89%。

对比2016年各省域人均收入城乡比,21个省域城乡比小于全国总体城乡比,按城乡比大小倒序为天津、浙江、黑龙江、吉林、上海、江苏、湖北、河南、江西、河北、福建、海南、山东、安徽、四川、辽宁、重庆、北京、广东、湖南、山西;10个省域城乡比大于全国总体城乡比,按城乡比大小倒序为广西、宁夏、新疆、内蒙古、陕西、西藏、青海、云南、贵州、甘肃。其中,天津占据首位,城乡比小于全国总体城乡比32.02%;甘肃处于末位,城乡比大于全国总体城乡比26.72%。

需要注意,1996~2016前后相比,仅有西部和海南、安徽、重庆、四川、贵州、云南2016年此项城乡比为历年最小值,即人均收入的城乡差距呈现缩减态势,其余省域2016年此项城乡比均非历年最小值,即人均收入的城乡差距呈现扩增态势。这意味着,在绝大部分省域,乡村居民与城镇居民收入的增幅差距进一步拉大,在民生基础层面城乡之间"共享发展成果"程度普遍趋于降低。

(二)民生消费层面的城乡均衡性检测

筛查1996~2016年各省域人均非文消费城乡比的历年最小(最佳)值,25个省域最小城乡比小于全国总体最小城乡比,按最小城乡比大小倒序为上海、江苏、浙江、天津、湖北、北京、安徽、江西、内蒙古、福建、河北、辽宁、四川、湖南、黑龙江、青海、吉林、广西、山西、河南、重庆、海南、宁夏、山东、广东;6个省域最小城乡比大于全国总体最小城乡比,按最小城乡比大小倒序为陕西、新疆、贵州、云南、甘肃、西藏。其中,上海占据首位,最小城乡比小于全国总体最小城乡比29.86%;西藏处于末位,最小城乡比大于全国总体最小城乡比33.40%。

全国省域文化产业供需协调增长目标排行

表3 各省域人均收入、非文消费、文教消费城乡比状况

地区	1996年以来最小城乡比（乡村人均值=1）			2016年现实城乡比（乡村人均值=1）			2016年人均文教消费城乡差距校正补差			
	居民收入	非文消费	文教消费	居民收入	非文消费	文教消费	文教消费人均值（元）		与补差值差距（无差距=1）	
							乡村原值	城乡补差值	差距指数	排序（倒序）
全　国	2.4689	2.2563	2.4583	2.7190	2.2563	2.4644	1070.31	2637.63	1.3461	—
黑龙江	1.7271	1.9737	1.6100	2.1752	1.9737	1.6100	1249.43	2011.55	1.1839	4
辽　宁	1.7898	1.9634	2.1557	2.5524	2.5323	2.3690	1274.17	3018.52	1.2325	9
吉　林	1.7648	2.0265	1.6878	2.1884	2.0265	1.9221	1231.73	2367.54	1.2704	14
东　北	1.8240	2.0062	1.9517	2.3671	2.2496	2.0231	1252.72	2534.39	1.2417	[1]
天　津	1.8451	1.7544	1.8330	1.8485	1.7588	2.0353	1298.86	2643.57	1.0960	1
北　京	2.0584	1.8237	2.4404	2.5673	2.1392	3.0221	1341.69	4054.73	1.0992	2
上　海	1.5992	1.5826	1.8229	2.2606	2.2149	4.0366	1123.11	4533.53	1.1015	3
浙　江	1.9974	1.6901	1.9500	2.0658	1.6901	2.1433	1610.76	3452.32	1.2184	6
海　南	2.4026	2.1867	1.7422	2.4026	2.1867	1.7422	1108.51	1931.30	1.2310	7
江　苏	1.7119	1.6738	1.7584	2.2806	1.7795	2.3397	1352.25	3163.91	1.2319	8
广　东	2.4690	2.2462	2.4104	2.5967	2.2462	2.9338	1057.80	3103.40	1.2573	12
福　建	2.0754	1.9041	1.5498	2.4011	1.9041	2.2975	1071.34	2461.45	1.2632	13
山　东	2.1934	2.2288	2.2084	2.4374	2.2450	2.3686	1012.92	2399.25	1.3202	16
河　北	2.1139	1.9277	2.0898	2.3700	1.9349	2.0898	952.85	1991.28	1.3309	18
东　部	2.3408	2.1686	2.5604	2.5370	2.1686	2.6087	1137.40	2967.13	1.2718	[2]
湖　北	2.2218	1.8209	1.7638	2.3093	1.8209	1.9267	1156.60	2228.38	1.2571	11
山　西	2.2053	2.0798	2.1540	2.7129	2.1103	2.1540	1132.31	2438.96	1.3119	15
江　西	1.9320	1.8816	2.0405	2.3623	1.9171	2.1295	922.24	1963.93	1.3381	20
湖　南	2.5575	1.9682	2.2817	2.6222	1.9682	2.3056	1477.32	3406.13	1.3752	22
安　徽	2.4876	1.8604	2.2457	2.4876	1.8604	2.3532	949.06	2233.35	1.3896	23
河　南	2.2636	2.0960	2.1911	2.3282	2.0960	2.1911	948.76	2078.78	1.3975	24
中　部	2.3639	1.9647	2.1899	2.4483	1.9647	2.2014	1090.69	2401.02	1.3549	[3]
内蒙古	2.1417	1.8918	1.6523	2.8405	2.0329	1.6735	1553.00	2598.89	1.1876	5
重　庆	2.5639	2.1165	2.0814	2.5639	2.1165	2.0814	1072.54	2232.41	1.2478	10
宁　夏	2.3893	2.2236	2.2420	2.7562	2.2266	2.2420	1077.45	2415.66	1.3246	17
陕　西	3.0025	2.2633	2.1234	3.0267	2.2633	2.2432	1102.88	2474.00	1.3359	19
广　西	2.7251	2.0768	2.0013	2.7342	2.0768	2.0013	1000.81	2002.96	1.3556	21
青　海	2.9760	2.0246	2.5074	3.0882	2.2101	2.7635	851.43	2352.94	1.4554	25
贵　州	3.3055	2.5237	2.3449	3.3055	2.5824	2.3449	1063.38	2493.55	1.4847	26
云　南	3.1720	2.5591	2.4099	3.1720	2.5591	2.4099	919.95	2217.02	1.4849	27
甘　肃	2.8783	2.5779	2.1827	3.4456	2.6400	2.4052	965.46	2322.12	1.4870	28

续表

地区	1996年以来最小城乡比（乡村人均值=1）			2016年现实城乡比（乡村人均值=1）			2016年人均文教消费城乡差距校正补差			
	居民收入	非文消费	文教消费	居民收入	非文消费	文教消费	文教消费人均值（元）		与补差值差距（无差距=1）	
							乡村原值	城乡补差值	差距指数	排序（倒序）
四　川	2.5292	1.9665	2.6638	2.5292	1.9665	2.8400	707.17	2008.36	1.5014	29
新　疆	2.6610	2.3333	2.8983	2.7951	2.4897	3.3570	716.41	2404.95	1.5786	30
西　藏	2.9916	3.0100	4.2278	3.0573	3.1507	4.7827	192.88	922.48	2.2948	31
西　部	2.8892	2.2635	2.3914	2.8892	2.2635	2.3914	940.06	2248.10	1.4165	[4]

注：表中均为演算衍生数值，数据演算依据为《中国统计年鉴》相应年卷。

对比2016年各省域人均非文消费城乡比，24个省域城乡比小于全国总体城乡比，按城乡比大小倒序为浙江、天津、江苏、湖北、安徽、福建、江西、河北、四川、湖南、黑龙江、吉林、内蒙古、广西、河南、山西、重庆、北京、海南、青海、上海、宁夏、山东、广东；7个省域城乡比大于全国总体城乡比，按城乡比大小倒序为陕西、新疆、辽宁、云南、贵州、甘肃、西藏。其中，浙江占据首位，城乡比小于全国总体城乡比25.09%；西藏处于末位，城乡比大于全国总体城乡比39.64%。

需要注意，1996~2016年前后相比，全国总体、东部、中部、西部和浙江、福建、广东、海南、黑龙江、吉林、河南、安徽、湖北、湖南、陕西、重庆、四川、广西、云南2016年此项城乡比为历年最小值，即人均非文消费的城乡差距呈现缩减态势，城乡之间"必需消费"逐步趋近，其余省域2016年此项城乡比均非历年最小值，即人均非文消费的城乡差距呈现扩增态势。这意味着，在民生消费层面城乡之间"共享发展成果"程度较普遍趋于增高，但仍有相当一部分省域未能如此。

（三）文化需求层面的城乡均衡性检测

筛查1996~2016年各省域人均文教消费城乡比的历年最小（最佳）值，27个省域最小城乡比小于全国总体最小城乡比，按最小城乡比大小倒序为福建、黑龙江、内蒙古、吉林、海南、江苏、湖北、上海、天津、浙江、广西、江西、重庆、河北、陕西、山西、辽宁、甘肃、河南、山东、宁夏、安徽、湖南、贵州、云南、广东、北京；4个省域最小城乡比大于全国总体最小城乡比，按最小城乡比大小倒序为青海、四川、新疆、西藏。其中，福建占据首位，最小城乡比小于全国总体最小城乡比36.96%；西藏处于末位，最小城乡比大于全国总体最小城乡比71.98%。

对比2016年各省域人均文教消费城乡比，24个省域城乡比小于全国总体城乡比，按城乡比大小倒序为黑龙江、内蒙古、海南、吉林、湖北、广西、天津、重庆、河北、江西、浙江、山西、河南、宁夏、陕西、福建、湖南、江苏、贵州、安徽、山东、辽宁、甘肃、云南；7个省域城乡比大于全国总体城乡比，按城乡比大小倒序为青海、四川、广东、北京、新疆、上海、西藏。其中，黑龙江占据首位，城乡比小于全国总体城乡比34.67%；西藏处于末位，城乡比大于全国总体城乡比94.07%。

需要注意，1996～2016年前后相比，西部和河北、海南、黑龙江、山西、河南、宁夏、重庆、贵州、广西、云南2016年此项城乡比为历年最小值，即人均文教消费的城乡差距呈现缩减态势，其余省域2016年此项城乡比均非历年最小值，即人均文教消费的城乡差距呈现扩增态势。这意味着，在相当一部分省域，乡村居民与城镇居民文教消费的增幅差距进一步拉大，在文化需求层面城乡之间"共享发展成果"程度普遍趋于降低。

以上三个层面的城乡差距相互联系，具有前后因果联系。收入的城乡差距有可能导致非文（必需）消费城乡差距，收入与非文消费之差即非文消费剩余，非文消费城乡差距的另一面为非文消费剩余城乡差距，非文消费剩余的城乡差距又有可能导致文教消费城乡差距。这里直接切入文教消费的城乡差距分析，同样以全国总体为例予以说明：假设2016年全国城镇与乡村居民人均文教消费需求能够弥合城乡比，即城乡之间文教消费人均值持平，那么全国乡村文教消费人均值应为现有实际值的246.44%，达到2637.63元；这其实就是2016年全国城镇人均值，即补差校正后"应有"的城乡均等人均值，为现有城乡综合人均实际值的134.61%。各省域文教消费需求增长不足的城乡差距校正依此类推。

以弥合城乡比校正值来衡量，对比2016年各省域人均文教消费与弥合城乡差异的距离，20个省域目标距离小于全国总体距离，按距离大小倒序为天津、北京、上海、黑龙江、内蒙古、浙江、海南、江苏、辽宁、重庆、湖北、广东、福建、吉林、山西、山东、宁夏、河北、陕西、江西；11个省域目标距离大于全国总体距离，按距离大小倒序为广西、湖南、安徽、河南、青海、贵州、云南、甘肃、四川、新疆、西藏。其中，天津占据首位，目标距离小于全国总体距离18.58%；西藏处于末位，目标距离大于全国总体距离70.48%。

四 各省域文化教育消费需求增长目标测算

（一）历年均增、全国平均与供需协调目标测算

1. 历年均增值目标测算

2020年各省域城乡文教消费需求历年均增值、全国平均值目标测算见表4，各地按1996~2016年实际年均增长率从大到小排列。

表4 2020年各省域城乡文教消费历年均增值、全国平均值目标测算

地区	2020年文教消费人均值（元）	历年均增值目标测算				全国平均值目标测算		
		1996~2016年历年平均增长		文教消费与产值比（%）		文教消费所需年均增长		
		增长率（%）	排序	产值年增同前20年	产值年增7%	增长率（%）	对比以往增长率	
							差距指数（以往=1）	排序（倒序）
全　国	2931.70	11.9587	—	3.4880	4.1433	10.60	0.8863	—
辽　宁	3802.92	12.8036	10	5.1382	5.7121	4.60	0.3594	6
吉　林	2854.51	12.1407	15	3.3172	4.0426	11.99	0.9876	14
黑龙江	2577.90	12.0419	17	4.4074	4.8641	14.61	1.2135	20
东　北	3142.07	12.4282	[1]	4.4064	4.9985	9.48	0.7627	[2]
青　海	2625.98	15.0539	1	3.7040	4.6021	16.04	1.0658	16
贵　州	2707.32	14.8803	2	4.6636	6.2125	14.94	1.0040	15

全国省域文化产业供需协调增长目标排行

续表

地区	历年均增值目标测算					全国平均值目标测算		
	2020年文教消费人均值（元）	1996~2016年历年平均增长		文教消费与产值比（%）		文教消费所需年均增长		
		增长率（%）	排序	产值年增同前20年	产值年增7%	增长率（%）	对比以往增长率	
							差距指数（以往=1）	排序（倒序）
甘 肃	2527.95	14.4930	3	5.8440	6.9767	17.05	1.1767	18
宁 夏	2842.22	14.0230	4	3.6626	4.5945	12.60	0.8987	11
陕 西	2933.32	13.3940	6	3.3542	4.3866	12.17	0.9089	12
内蒙古	3477.19	13.3633	7	2.7655	3.6811	7.58	0.5674	9
云 南	2242.31	13.0270	9	4.7312	5.5017	18.38	1.4106	24
新 疆	2303.77	11.6431	19	3.7516	4.3328	17.78	1.5275	26
四 川	1954.97	11.2946	22	3.0108	3.7283	21.67	1.9194	29
西 藏	567.29	11.1010	23	0.9640	1.2301	64.33	5.7955	31
重 庆	2477.73	11.0086	24	2.4945	3.2311	13.14	1.1935	19
广 西	2001.98	9.4018	29	3.3047	4.0164	18.68	1.9872	30
西 部	2390.14	12.3105	[2]	3.4643	4.3337	16.58	1.3469	[4]
河 南	2420.07	13.7396	5	3.5381	4.3365	18.49	1.3457	23
山 西	2820.89	13.1188	8	5.1739	6.0566	12.06	0.9192	13
安 徽	2439.36	12.5120	12	3.8016	4.7041	16.21	1.2958	21
湖 南	3790.88	12.2966	14	4.9972	6.2353	4.30	0.3496	5
江 西	2249.05	12.0940	16	3.4037	4.2470	18.88	1.5616	28
湖 北	2485.27	10.1816	27	2.6766	3.4061	13.40	1.3163	22
中 部	2710.47	12.2311	[3]	3.8046	4.7109	13.41	1.0965	[3]
江 苏	3938.23	12.6014	11	2.4967	3.1010	3.36	0.2667	4
福 建	3029.68	12.4431	13	2.5707	3.0939	10.75	0.8641	10
河 北	2192.38	12.0170	18	3.3542	3.8841	18.31	1.5233	25
山 东	2635.19	11.4351	20	2.4100	2.9249	12.70	1.1101	17
浙 江	4027.38	11.3482	21	3.0638	3.6182	0.85	0.0749	3
海 南	2227.27	10.8497	25	3.2896	3.8315	16.92	1.5594	27
天 津	3362.98	10.2926	26	1.8516	2.2299	5.00	0.4859	7
北 京	4743.82	9.6849	28	2.6290	3.0618	-5.58	-0.5764	2
上 海	5308.23	9.2022	30	3.1939	3.4742	-8.13	-0.8837	1
广 东	3302.29	8.4929	31	2.9363	3.4037	4.39	0.5171	8
东 部	3319.75	10.9105	[4]	2.7437	3.2560	5.88	0.5390	[1]

注：全国及各地取 1996~2016 年年均增幅（取4位小数精确排序）推算至 2020 年或然增长，随后测算应然增长，后表 5~表 10 同，其中，重庆取 1997~2016 年年均增幅推算至 2020 年增长态势。表中出现负数说明，若 2016 年实际人均值已高于 2020 年全国城乡人均测算值，以持平计算 2016~2020 年年均增长呈负值。

以城乡文教消费既往年度年均增长率测算增长目标，可以得出统计概率最高的或然增长结果。以全国城乡总体为例具体解释：如果2016～2020年全国城乡文教消费增长保持1996～2016年平均增长率11.96%，那么到2020年城乡人均文教消费将达到2931.70元。在相关各方面增长均依此推算的情况下，由于全国城乡文教消费与产值之比在1996～2016年呈现下降态势，至2020年文教消费增长与产值增长测算值之比将继续降低至3.49%。各地依此类推。

实际上，在这一测算中，至2020年各省域城乡文教消费增长目标不过是1996～2016年增长态势的精确翻版（对照表1）。

倘若把全国产值年均增长率控制在7%，历年均增值测算的全国城乡人均文教消费绝对值不变，年均增长率不变，而与产值增长测算值之比将提高至4.14%。各地依此类推。

2. 全国平均值目标测算

假定各省域城乡人均文教消费绝对值一概实现与全国城乡总体平均值持平，推算各地至2020年文教消费需求增长趋势。这是检测各地现实差距的最"典型"方式，仅在此作为一项附加的对比测算。以西藏为例具体解释：如果2016～2020年西藏人均文教消费需求增长加快提升，到2020年与全国城乡总体人均文教消费2931.70元持平，那么西藏年均增长率需达到64.33%，为以往20年实际年均增长率的5.80倍，在省域间实际距离最大，比较差距也最大。各地依此类推。

实际说来，这一附加测算属于各地之间横向比较的差距检测。由于全国各地的发展差异过大，横向比较几乎没有任何意义，尤其是各类总量绝对值比较毫无道理可言，即便是人均绝对值比较也难免有"天壤之别"。因此，本项研究检测体系更加注重各地自身前后年度之间的以下各类"协调增长""均衡增长"纵向对比，即各地当前状况与各自历年各种"最佳状态"进行对比，"回复"自身曾经达到的"最佳状态"不应该是什么难事，甚至可以说是理所应当的。

3. 供需协调性目标测算

2020年各省域城乡文教消费需求增长达到供需协调性目标测算见表5，

各地按所需年均增长率与1996~2016年实际年均增长率的比较差距从小到大排列。

表5　2020年各省域城乡文教消费需求增长达到供需协调性目标测算

地区	产值年增按1996~2016年实值推算				文教消费与产值比关系不变（％）	产值年增按7％推算		
	2020年文教消费人均值（元）	增长率（％）	文教消费所需年均增长差距指数（以往=1）	排序（倒序）		2020年文教消费人均值（元）	所需年均增长率（％）	对比以往增长率差距指数（以往=1）
全　国	3987.60	19.44	1.6254	—	4.7443	3356.92	14.41	1.2048
辽　宁	3511.40	9.42	0.7359	3	4.7443	3158.60	6.57	0.5133
黑龙江	2774.93	13.05	1.0839	7	4.7443	2514.39	10.30	0.8555
吉　林	4082.60	21.66	1.7842	16	4.7443	3349.95	15.79	1.3007
东　北	3382.98	13.47	1.0837	[1]	4.7443	2982.30	9.95	0.8005
山　西	2586.68	8.61	0.6563	2	4.7443	2209.67	4.41	0.3361
湖　南	3599.04	9.79	0.7959	4	4.7443	2884.41	3.88	0.3154
安　徽	3044.29	17.31	1.3837	10	4.7443	2460.23	11.23	0.8977
河　南	3245.08	21.53	1.5670	12	4.7443	2647.66	15.50	1.1281
江　西	3134.85	20.89	1.7279	15	4.7443	2512.40	14.38	1.1894
湖　北	4405.10	25.56	2.5108	28	4.7443	3461.70	18.21	1.7888
中　部	3379.95	17.52	1.4325	[2]	4.7443	2729.69	11.41	0.9330
甘　肃	2052.24	7.07	0.4879	1	4.7443	1719.07	2.43	0.1677
云　南	2248.50	10.78	0.8273	5	4.7443	1933.62	6.68	0.5127
贵　州	2754.19	13.16	0.8844	6	4.7443	2067.51	5.33	0.3582
青　海	3363.54	20.10	1.3355	8	4.7443	2707.11	13.75	0.9136
宁　夏	3681.69	19.20	1.3695	9	4.7443	2934.91	12.63	0.9009
新　疆	2913.36	17.60	1.5120	11	4.7443	2522.60	13.44	1.1546
陕　西	4149.03	22.34	1.6684	14	4.7443	3172.53	14.40	1.0754
广　西	2874.10	18.10	1.9255	20	4.7443	2364.83	12.48	1.3277
四　川	3080.62	23.19	2.0540	21	4.7443	2487.71	16.78	1.4863
内蒙古	5965.22	28.49	2.1325	22	4.7443	4481.53	19.63	1.4693
重　庆	4712.43	27.40	2.4886	26	4.7443	3638.13	19.42	1.7639
西　藏	2791.91	62.34	5.6162	31	4.7443	2188.03	52.74	4.7514

续表

地区	产值年增按1996~2016年实值推算				文教消费与产值比关系不变（%）	产值年增按7%推算		
	2020年文教消费人均值（元）	增长率（%）	文教消费所需年均增长			2020年文教消费人均值（元）	所需年均增长率（%）	对比以往增长率差距指数（以往=1）
			差距指数（以往=1）	排序（倒序）				
西 部	3273.22	19.84	1.6117	[3]	4.7443	2616.62	13.31	1.0812
河 北	3100.96	19.98	1.6622	13	4.7443	2677.95	15.66	1.3028
海 南	3212.21	19.62	1.8083	17	4.7443	2757.86	15.15	1.3963
上 海	7884.97	17.65	1.9185	18	4.7443	7248.78	15.20	1.6522
浙 江	6236.50	21.80	1.9207	19	4.7443	5280.77	16.84	1.4837
北 京	8560.86	23.43	2.4205	23	4.7443	7350.52	18.81	1.9432
福 建	5591.38	30.15	2.4236	24	4.7443	4645.89	24.26	1.9502
江 苏	7483.49	30.65	2.4325	25	4.7443	6025.23	23.76	1.8857
广 东	5335.60	21.25	2.5029	27	4.7443	4602.92	16.86	1.9859
山 东	5187.54	29.98	2.6206	29	4.7443	4274.38	23.84	2.0839
天 津	8617.10	37.48	3.6424	30	4.7443	7154.94	31.24	3.0360
东 部	5740.42	25.24	2.3135	[4]	4.7443	4837.16	20.00	1.8332

摒弃单纯的"文化GDP追逐"，注重文化产业生产供给与消费需求的协调关系，以文化生产充分满足需求来定位测算增长目标，即假设文化产值比与消费率之间关系"回复"历年最佳状态，实现文化产业供需协调增长，并达到"支柱性产业"所需与GDP之比。以全国城乡总体为例具体解释：全国城乡文教消费需求增长支撑文化产业实现供需协调的测算值为4.74%，据此进行反推演算，到2020年城乡人均文教消费应达到3987.60元，2016~2020年年均增长率需达到19.44%，为以往20年实际年均增长率的1.63倍。各地依此类推。

为了积极推进文化产业供需协调增长，本项检测用衡量"支柱性产业"的测算标准进行调整，设定居民文教消费率4.74%为文化产业在成为"国民经济支柱性产业"的同时，亦成为"国民消费支柱性产业"的必需"临界值"。演算依据在于：文化产业的生产供给与消费需求之间应当形成健康、合理的协调增长关系，2011年全国文化产值比与居民文教消费率正处于近乎"理想"的极度趋近状态（见总报告图1），可作为重要参照系。为此，特取2011年二者之间比差值0.9489（文教消费率为文化产值比的94.89%），作为供需"最佳协调"测算系数。如果中国文化产业的供需关系实现"最佳协调"状态，那么当全国文化产值比达到5%之际，居民文教消费率理当为4.74%上下。这一假设既是一种理论上的推论，又是一种基于以往事实的期待。

由于《文化及相关产业分类》国家标准2004年版仅具指导性，各地多有变通，2012年版方确定为指令性国家标准，多年缺少全国统一标准的各地文化产值数据，一概按全国数据演算。

依据这一测算，至2020年各省域城乡文教消费达到增长目标所需年均增长率比较：12个省域目标差距小于全国城乡平均差距，按差距大小倒序为甘肃、山西、辽宁、湖南、云南、黑龙江、贵州、安徽、新疆、上海、广西、宁夏；19个省域目标差距大于全国城乡平均差距，按差距大小倒序为海南、河北、青海、江西、广东、河南、吉林、浙江、陕西、四川、北京、湖北、重庆、内蒙古、山东、福建、江苏、天津、西藏。其中，甘肃占据首位，目标差距小于全国城乡所需年均增长率12.37个百分点；西藏处于末位，目标差距大于全国城乡所需年均增长率42.90个百分点。

各省域所需年均增长率与各自以往20年间实际年均增长率进行比较：12个省域比较差距从小到大依次小于全国城乡平均差距，按差距大小倒序为甘肃、山西、辽宁、湖南、云南、贵州、黑龙江、青海、宁夏、安徽、新疆、河南；19个省域比较差距从小到大依次大于全国城乡平均差距，按差距大小倒序为河北、陕西、江西、吉林、海南、上海、浙江、广西、四川、内蒙古、北京、福建、江苏、重庆、广东、湖北、山东、天津、西藏。其中，甘肃占据首位，比较差距小于全国城乡比较差距69.98%；西藏处于末位，比较差距大于全国城乡比较差距245.52%。

倘若把全国产值年均增长率控制在7%，供需协调性测算目标距离将发生变化：到2020年全国城乡人均文教消费应达到3356.92元，2016~2020

年年均增长率需达到14.41%，仅为以往20年实际年均增长率的1.20倍，而与人均产值增长测算值之间的比值不变，显然更加容易实现。各地依此类推，2016～2020年年均增长率均为14.41%。

（二）文化教育消费需求增长相关协调性测算

1. 消除负相关目标测算

2020年各省域城乡文教消费增长消除积蓄负相关目标测算见表6，各地按所需年均增长率与1996～2016年实际年均增长率的比较差距从小到大排列。

以城乡文化需求系数既往年度历年最佳比值测算增长目标，即假设积蓄增长与文教消费增长之间排除负相关关系，必需消费之外余钱增长与精神文化消费需求增长实现同步。以全国城乡总体为例具体解释：如果到2020年此项比例值实现1996～2016年最佳状态，那么城乡人均文教消费应达到4541.87元，与产值增长测算值之比将达到5.40%，2016～2020年年均增长率需达到23.39%，为以往20年实际年均增长率的1.96倍。各地依此类推。

倘若把全国产值年均增长率控制在7%，消除负相关测算的全国城乡人均文教消费绝对值不变，年均增长率不变，而与人均产值增长测算值之间的比值将提高至6.42%。各地依此类推。

依据这一测算，至2020年各省域城乡文教消费达到增长目标所需年均增长率比较：17个省域目标差距小于全国城乡平均差距，按差距大小倒序为河北、贵州、青海、辽宁、河南、黑龙江、天津、广东、吉林、福建、宁夏、江苏、甘肃、山西、安徽、新疆、海南；14个省域目标差距大于全国城乡平均差距，按差距大小倒序为内蒙古、湖南、山东、江西、四川、上海、浙江、湖北、云南、重庆、广西、陕西、北京、西藏。其中，河北占据首位，目标差距小于全国城乡所需年均增长率23.39个百分点；西藏处于末位，目标差距大于全国城乡所需年均增长率26.09个百分点。

全国省域文化产业供需协调增长目标排行

表6 2020年各省域城乡文教消费增长消除积蓄负相关目标测算

地区	2020年文教消费人均值（元）	文教消费所需年均增长			人均文教消费与人均产值比			
		增长率（%）	对比以往增长率		产值年增同前20年		产值年增7%	
			差距指数（以往=1）	排序（倒序）	与产值比（%）	排序	与产值比（%）	排序
全　国	4541.87	23.39	1.9557	—	5.4038	—	6.4190	—
辽　宁	4452.86	16.12	1.2594	5	6.0163	11	6.6883	14
黑龙江	3103.10	16.25	1.3497	6	5.3054	16	5.8551	20
吉　林	3609.35	17.97	1.4802	9	4.1943	22	5.1117	24
东　北	3583.61	15.11	1.2156	[1]	5.0257	[3]	5.7009	[3]
河　南	2705.55	16.13	1.1739	4	3.9555	26	4.8480	25
山　西	3866.07	20.09	1.5313	10	7.0909	8	8.3007	7
安　徽	3366.04	20.30	1.6227	13	5.2457	17	6.4911	16
湖　南	6453.09	27.05	2.1992	19	8.5065	2	10.6141	2
江　西	4041.84	28.82	2.3838	20	6.1170	10	7.6324	9
湖　北	5302.59	31.51	3.0953	26	5.7109	14	7.2673	12
中　部	4020.18	22.73	1.8585	[2]	5.6430	[2]	6.9872	[2]
贵　州	2856.17	14.20	0.9543	1	4.9200	19	6.5540	15
青　海	2926.65	15.99	1.0625	3	4.1281	25	5.1290	23
甘　肃	3246.99	20.08	1.3858	7	7.5063	6	8.9611	5
宁　夏	3739.35	19.66	1.4023	8	4.8186	20	6.0447	18
内蒙古	5237.78	24.38	1.8249	15	4.1658	24	5.5449	21
新　疆	3347.93	21.76	1.8694	16	4.5420	15	6.2965	17
四　川	3748.17	29.38	2.6023	22	5.7724	13	7.1481	13
云　南	4829.11	34.11	2.6178	23	10.1894	1	11.8487	1
陕　西	6658.96	37.70	2.8155	25	7.6143	5	9.9580	3
重　庆	5831.70	34.37	3.1217	27	5.8711	12	7.6048	10
广　西	4835.58	34.50	3.6702	29	7.9821	3	9.7011	4
西　藏	2007.13	49.48	4.4577	31	3.4107	28	4.3521	27
西　部	3945.42	25.57	2.0772	[3]	5.7186	[1]	7.1536	[1]
河　北	2332.19	11.74	0.9767	2	3.5681	27	4.1318	29
福　建	3924.66	19.13	1.5378	11	3.3301	30	4.0078	30
江　苏	5267.91	19.67	1.5611	12	3.3397	29	4.1480	28
天　津	4503.32	16.89	1.6414	14	2.4794	31	2.9861	31
海　南	3456.00	21.83	2.0120	17	5.1044	18	5.9453	19
广　东	4698.30	17.46	2.0565	18	4.1776	23	4.8426	26
山　东	4868.65	27.94	2.4423	21	4.4527	21	5.4039	22
浙　江	8389.27	31.17	2.7463	24	6.3820	9	7.5370	11
上　海	11959.72	30.56	3.3217	28	7.1960	7	7.8276	8
北　京	13863.10	39.23	4.0527	30	7.6827	4	8.9478	6
东　部	5342.07	23.01	2.1091	[4]	4.4151	[4]	5.2395	[4]

各省域所需年均增长率与各自以往20年间实际年均增长率进行比较：16个省域比较差距小于全国城乡平均差距，按差距大小倒序为贵州、河北、青海、河南、辽宁、黑龙江、甘肃、宁夏、吉林、山西、福建、江苏、安徽、天津、内蒙古、新疆；15个省域比较差距大于全国城乡平均差距，按差距大小倒序为海南、广东、湖南、江西、山东、四川、云南、浙江、陕西、湖北、重庆、上海、广西、北京、西藏。其中，贵州占据首位，比较差距小于全国城乡比较差距51.20%；西藏处于末位，比较差距大于全国城乡比较差距127.93%。

2. 最佳比例值目标测算

2020年各省域城乡文教消费相关最佳比例值目标测算见表7，各地按所需年均增长率与1996~2016年实际年均增长率的比较差距从小到大排列。

以城乡民生基础系数、民生消费系数、文化需求系数三项比值既往年度历年最佳值测算增长目标，即假设相关各方面的增长协调性"回复"曾有的三项比例关系最佳值。以全国城乡总体为例具体解释：如果到2020年三项比值同步实现1996~2016年最佳状态，那么城乡人均文教消费应达到4953.32元，与产值增长测算值之比将达到5.89%，2016~2020年年均增长率需达到26.09%，为以往20年实际年均增长率的2.18倍。各地依此类推。

依据这一测算，至2020年各省域城乡文教消费达到增长目标所需年均增长率比较：6个省域目标差距小于全国城乡平均差距，按差距大小倒序为黑龙江、河北、辽宁、山西、河南、新疆；25个省域目标差距大于全国城乡平均差距，按差距大小倒序为甘肃、海南、安徽、福建、宁夏、青海、云南、江苏、吉林、山东、上海、浙江、广东、湖南、贵州、江西、四川、内蒙古、天津、北京、广西、陕西、湖北、重庆、西藏。其中，黑龙江占据首位，目标差距小于全国城乡所需年均增长率26.09个百分点；西藏处于末位，目标差距大于全国城乡所需年均增长率74.69个百分点。

各省域所需年均增长率与各自以往20年间实际年均增长率进行比较：9个省域比较差距小于全国城乡平均差距，按差距大小倒序为黑龙江、辽宁、山西、河北、河南、甘肃、新疆、青海、宁夏；22个省域比较差距大于全国城乡平均差距，按差距大小倒序为安徽、福建、云南、贵州、海南、江苏、吉林、山东、湖南、内蒙古、浙江、江西、四川、上海、陕西、天津、广东、北京、广西、重庆、湖北、西藏。其中，黑龙江占据首位，比较差距小于全国城乡比较差距42.25%；西藏处于末位，比较差距大于全国城乡比较差距316.21%。

表7 2020年各省域城乡文教消费相关最佳比例值目标测算

地区	产值年增按1996~2016年实值推算				文教消费与产值比关系不变（%）	产值年增按7%推算		
	2020年文教消费人均值（元）	文教消费所需要年均增长				2020年文教消费人均值（元）	所需年均增长率（%）	对比以往增长率差距指数（以往=1）
		增长率（%）	对比以往增长率					
			差距指数（以往=1）	排序（倒序）				
全 国	4953.32	26.09	2.1814	—	5.8933	4169.90	20.78	1.7375
黑龙江	3100.11	16.22	1.3472	1	5.3003	2809.04	13.39	1.1121
辽 宁	4713.07	17.78	1.3891	2	6.3679	4239.52	14.70	1.1484
吉 林	5670.75	32.07	2.6417	16	6.5899	4653.10	25.70	2.1170
东 北	3652.70	15.66	1.2599	[1]	5.1226	3220.07	12.07	0.9710
山 西	3710.04	18.86	1.4375	3	6.8047	3169.30	14.27	1.0877
河 南	3141.38	20.55	1.4956	5	4.5927	2563.06	14.57	1.0604
安 徽	4438.25	28.91	2.3110	10	6.9167	3586.75	22.22	1.7762
湖 南	8747.38	37.09	3.0154	18	11.5309	7010.48	29.71	2.4154
江 西	5300.85	37.86	3.1315	21	8.0224	4248.33	30.44	2.5178
湖 北	9047.32	50.31	4.9420	30	9.7440	7109.74	41.52	4.0786
中 部	5149.07	30.56	2.4988	[2]	7.2275	4158.45	23.77	1.9436
甘 肃	3984.15	26.38	1.8206	6	9.2104	3337.34	20.91	1.4431
新 疆	3541.51	23.48	2.0172	7	5.7672	3066.51	19.11	1.6418
青 海	4713.82	30.67	2.0379	8	6.6489	3793.87	23.77	1.5794
宁 夏	5230.26	30.13	2.1491	9	6.7398	4169.38	22.96	1.6377
云 南	4430.14	31.25	2.3983	12	9.3475	3809.74	26.39	2.0253
贵 州	5938.52	37.13	2.4953	13	10.2296	4457.91	27.64	1.8575
内蒙古	8522.39	40.48	3.0299	19	6.7781	6402.67	30.79	2.3046

续表

地区	产值年增按1996~2016年实值推算				文教消费与产值比关系不变（%）	产值年增按7%推算		
	2020年文教消费人均值（元）	增长率（%）	对比以往增长率			2020年文教消费人均值（元）	所需年均增长率（%）	对比以往增长率差距指数（以往=1）
			差距指数（以往=1）	排序（倒序）				
四川	5135.70	39.98	3.5412	22	7.9092	4147.26	32.69	2.8955
陕西	9297.57	49.69	3.7110	24	10.6315	7109.32	39.97	2.9851
广西	6491.79	44.78	4.7638	28	10.7161	5341.49	37.89	4.0309
重庆	9718.80	52.67	4.7838	29	9.7845	7503.19	43.11	3.9155
西藏	6532.65	100.78	9.0793	31	11.1010	5119.66	88.91	8.0099
西部	5201.29	34.55	2.8067	[3]	7.5389	4157.93	27.22	2.2112
河北	2842.27	17.40	1.4476	4	4.3485	2454.54	13.17	1.0957
福建	5529.40	29.79	2.3947	11	4.6917	4594.39	23.92	1.9228
海南	4101.06	27.15	2.5023	14	6.0571	3520.99	22.40	2.0645
江苏	7803.93	32.03	2.5421	15	4.9475	6283.22	25.07	1.9897
山东	5771.33	33.04	2.9274	17	5.2782	4755.41	27.19	2.3767
浙江	9522.71	35.40	3.1189	20	7.2442	8063.37	29.88	2.6326
上海	13310.65	34.10	3.7065	23	8.0089	12236.68	31.31	3.4033
天津	9568.72	41.13	3.9971	25	5.2682	7945.09	34.72	3.3741
广东	8362.46	35.67	4.2014	26	7.4357	7214.13	30.75	3.6219
北京	15533.14	43.25	4.4680	27	8.6082	13337.05	37.89	3.9143
东部	6844.45	30.87	2.8295	[4]	5.6568	5767.47	25.39	2.3272

倘若把全国产值年均增长率控制在7%，最佳比值测算目标距离将发生变化：到2020年全国城乡人均文教消费应达到4169.90元，2016~2020年年均增长率需达到20.78%，仅为以往20年实际年均增长率的1.74倍，而与人均产值增长测算值之间的比值不变，显然更加容易实现。各地依此类推。

同样依据这一测算，至2020年各省域城乡文教消费达到增长目标所需年均增长率比较：6个省域目标差距小于全国城乡平均差距，按差距大小倒序为河北、黑龙江、山西、河南、辽宁、新疆；25个省域目标差距大于全国城乡平均差距,按差距大小倒序为甘肃、安徽、海南、宁夏、青海、福建、江苏、吉林、云南、山东、贵州、湖南、浙江、江西、广东、内蒙古、上海、四川、天津、广西、北京、陕西、湖北、重庆、西藏。其中,河北占据首位,目标差距小于全国城乡所需年均增长率20.78个百分点;西藏处于末位,目标差距大于全国城乡所需年均增长率68.13个百分点。

(三)文化教育消费需求城乡均衡增长测算

1. 最小城乡比目标测算

2020年各省域基于最佳比值的文教消费需求最小城乡比目标测算见表8,各地按所需年均增长率与1996～2016年实际年均增长率的比较差距从小到大排列。

在三项最佳比值测算基础上,以人均文教消费城乡比既往年度历年最小值测算增长目标,即假设"回复"原有的文教消费城乡比最小状态,作为缩小以至消除城乡差距的基础。以全国城乡总体为例具体解释:如果到2020年同时实现1996～2016年三项最佳比值和文教消费城乡比最小状态,那么城乡人均文教消费应达到4924.24元,与产值增长测算值之比将达到5.86%,2016～2020年年均增长率需达到25.91%,为以往20年实际年均增长率的2.17倍。各地依此类推。

依据这一测算,至2020年各省域文教消费达到增长目标所需年均增长率比较:6个省域目标差距小于全国城乡总体平均差距,按差距大小倒序为黑龙江、河北、山西、辽宁、河南、新疆;25个省域目标差距大于全国城乡总体平均差距,按差距大小倒序为海南、甘肃、安徽、宁夏、云南、青海、福建、吉林、山东、江苏、贵州、浙江、广东、湖南、上海、江西、内蒙古、四川、天津、广西、北京、陕西、重庆、湖北、西藏。其中,黑龙江占据首位,目标差距小于全国城乡总体所需年均增长率25.91个百分点;西藏处于末位,目标差距大于全国城乡总体所需年均增长率71.10个百分点。

表8　2020年各省域文教消费需求最小城乡比目标测算

地区	产值年增按1996~2016年实值推算				文教消费与产值比关系不变（%）	产值年增按7%推算		
	2020年文教消费人均值（元）	文教消费所需要年均增长				2020年文教消费人均值（元）	所需年均增长率（%）	对比以往增长率差距指数（以往=1）
		增长率（%）	对比以往增长率					
			差距指数（以往=1）	排序（倒序）				
全　国	4924.24	25.91	2.1664	—	5.8587	4145.42	20.60	1.7224
黑龙江	3031.15	15.57	1.2932	1	5.1824	2746.56	12.76	1.0598
辽　宁	4813.71	18.40	1.4375	4	6.5039	4330.05	15.31	1.1961
吉　林	5973.29	33.80	2.7842	16	6.9414	4901.34	27.35	2.2529
东　北	3686.92	15.93	1.2816	[1]	5.1705	3250.24	12.34	0.9928
山　西	3611.28	18.06	1.3765	2	6.6236	3084.93	13.50	1.0290
河　南	3130.87	20.45	1.4884	5	4.5773	2554.48	14.47	1.0531
安　徽	4457.03	29.05	2.3221	11	6.9460	3601.92	22.35	1.7866
湖　南	8714.37	36.96	3.0049	19	11.4874	6984.03	29.58	2.4049
江　西	5378.28	38.36	3.1729	21	8.1395	4310.39	30.91	2.5567
湖　北	9126.22	50.63	4.9735	30	9.8290	7171.75	41.82	4.1081
中　部	5138.45	30.49	2.4930	[2]	7.2126	4149.88	23.70	1.9379
甘　肃	3998.35	26.50	1.8288	6	9.2433	3349.24	21.02	1.4507
青　海	4593.29	29.83	1.9821	7	6.4789	3696.86	22.97	1.5262
宁　夏	5125.36	29.48	2.1027	8	6.6047	4085.75	22.34	1.5934
新　疆	3679.14	24.66	2.1186	9	5.9914	3185.68	20.25	1.7397
云　南	4209.39	29.58	2.2701	10	8.8818	3619.90	24.78	1.9018
贵　州	5628.02	35.30	2.3723	12	9.6947	4224.83	25.94	1.7433
内蒙古	8396.92	39.96	2.9910	18	6.6783	6308.41	30.30	2.2680
四　川	5135.75	39.98	3.5412	22	7.9093	4147.30	32.69	2.8955
陕　西	9289.78	49.66	3.7087	23	10.6226	7103.36	39.95	2.9836
重　庆	9192.55	50.56	4.5922	28	9.2547	7096.91	41.13	3.7357
广　西	6276.99	43.57	4.6351	29	10.3615	5164.75	36.73	3.9074
西　藏	6056.01	97.01	8.7396	31	10.2910	4746.12	85.37	7.6910
西　部	5101.81	33.90	2.7539	[3]	7.3947	4078.40	26.61	2.1617
河　北	2770.48	16.65	1.3852	3	4.2387	2392.55	12.45	1.0358
海　南	3943.43	25.91	2.3880	13	5.8243	3385.65	21.20	1.9539
福　建	6177.83	33.44	2.6881	14	5.2419	5133.17	27.40	2.2026
江　苏	8359.18	34.32	2.7238	15	5.2995	6730.27	27.23	2.1611
山　东	5840.91	33.90	2.9633	17	5.3418	4812.73	27.57	2.4100
浙　江	9652.01	35.85	3.1586	20	7.3426	8172.86	30.32	2.6714

续表

地区	产值年增按1996~2016年实值推算				文教消费与产值比关系不变（%）	产值年增按7%推算		
	2020年文教消费人均值（元）	文教消费所需要年均增长				2020年文教消费人均值（元）	所需年均增长率（%）	对比以往增长率差距指数（以往=1）
		增长率（%）	对比以往增长率					
			差距指数（以往=1）	排序（倒序）				
天津	9597.75	41.24	4.0078	24	5.2842	7969.19	34.82	3.3839
上海	14513.35	37.03	4.0250	25	8.7325	13342.35	34.18	3.7152
广东	8620.54	36.70	4.3227	26	7.6652	7436.77	31.75	3.7397
北京	15959.31	44.22	4.5682	27	8.8444	13702.97	38.83	4.0114
东部	6828.11	30.80	2.8231	[4]	5.6433	5753.71	25.32	2.3208

注：最小城乡比"倒挂"地区用弥合城乡比目标测算可以避免矫枉过正，这些地区最小城乡比目标测算值大于弥合城乡比目标测算（对照后表9）。

各省域所需年均增长率与各自以往20年间实际年均增长率进行比较：9个省域比较差距小于全国城乡总体平均差距，按差距大小倒序为黑龙江、山西、河北、辽宁、河南、甘肃、青海、宁夏、新疆；22个省域比较差距大于全国城乡总体平均差距，按差距大小倒序为云南、安徽、贵州、海南、福建、江苏、吉林、山东、内蒙古、湖南、浙江、江西、四川、陕西、天津、上海、广东、北京、重庆、广西、湖北、西藏。其中，黑龙江占据首位，比较差距小于全国城乡总体比较差距40.84%；西藏处于末位，比较差距大于全国城乡总体比较差距303.42%。

倘若把全国产值年均增长率控制在7%，最小城乡比测算目标距离将发生变化：到2020年，全国城乡人均文教消费应达到4145.42元，2016~2020年年均增长率需达到20.60%，仅为以往20年实际年均增长率的1.72倍，而与人均产值增长测算值之间的比值不变，显然更加容易实现。各地依此类推。

同样依据这一测算，至2020年各省域文教消费达到增长目标所需年均增长率比较：6个省域目标差距小于全国城乡总体平均差距，按差距大小倒序为河北、黑龙江、山西、河南、辽宁、新疆；25个省域目标差距大于全国城乡总体平均差距，按差距大小倒序为甘肃、海南、宁夏、安徽、青海、云南、贵州、江苏、吉林、福建、山东、湖南、内蒙古、浙江、江西、广东、四川、上海、天津、广西、北京、陕西、重庆、湖北、西藏。其中，河北占据首位，目标差距小于全国城乡总体所需年均增长率20.60个百分点；西藏处于末位，目标差距大于全国城乡总体所需年均增长率64.77个百分点。

2. 弥合城乡比目标测算

2020年各省域基于最佳比值的文教消费需求弥合城乡比目标测算见表9，各地按所需年均增长率与1996~2016年实际年均增长率的比较差距从小到大排列。

同样在三项最佳比值测算基础上，以人均文教消费城乡比的无差距理想值测算增长目标，即假设文化需求层面的城乡差距得以消除，据此演算校正数值。以全国城乡总体为例具体解释：如果到2020年，同时实现1996~2016年三项最佳比值和乡村人均文教消费绝对值与城镇水平持平，那么城乡人均文教消费应达到6583.24元，与产值增长测算值之比将达到7.83%，2016~2020年年均增长率需达到35.39%，为以往20年实际年均增长率的2.96倍。各地依此类推。

表9 2020年各省域文教消费需求弥合城乡比目标测算

地区	产值年增按1996~2016年实值推算				文教消费与产值比关系不变（%）	产值年增按7%推算		
	2020年文教消费人均值（元）	文教消费所需要年均增长				2020年文教消费人均值（元）	所需年均增长率（%）	对比以往增长率差距指数（以往=1）
		增长率（%）	对比以往增长率					
			差距指数（以往=1）	排序（倒序）				
全　国	6583.24	35.39	2.9590	—	7.8325	5542.03	29.68	2.4816
黑龙江	3680.59	21.32	1.7708	1	6.2927	3335.02	18.37	1.5257
辽　宁	5922.08	24.70	1.9297	2	8.0014	5327.06	21.44	1.6750
吉　林	7413.89	41.23	3.3962	16	8.6155	6083.41	34.41	2.8344
东　北	4481.12	21.73	1.7482	[1]	6.2843	3950.38	17.95	1.4441
山　西	4825.05	26.93	2.0526	3	8.8498	4121.79	22.02	1.6784
河　南	4262.25	30.11	2.1914	5	6.2314	3477.57	23.65	1.7213
安　徽	6061.45	39.36	3.1463	11	9.4463	4898.52	32.13	2.5683

续表

地区	产值年增按1996~2016年实值推算				文教消费与产值比关系不变(%)	产值年增按7%推算		
	2020年文教消费人均值(元)	文教消费所需要年均增长				2020年文教消费人均值(元)	所需年均增长率(%)	对比以往增长率差距指数(以往=1)
		增长率(%)	对比以往增长率					
			差距指数(以往=1)	排序(倒序)				
湖 南	11725.56	47.51	3.8626	20	15.4568	9397.31	39.56	3.2163
江 西	7009.52	47.83	3.9562	21	10.6083	5617.74	39.87	3.2978
湖 北	11237.17	58.68	5.7642	29	12.1025	8830.62	49.40	4.8527
中 部	6658.22	39.22	3.2069	[2]	9.3459	5377.27	31.98	2.6149
河 北	3684.21	25.27	2.1023	4	5.6366	3181.63	20.76	1.7271
海 南	4908.78	33.00	3.0415	9	7.2501	4214.45	28.02	2.5825
福 建	7124.60	38.28	3.0772	10	6.0452	5919.85	32.02	2.5740
江 苏	9810.32	39.80	3.1587	12	6.2194	7898.63	32.43	2.5738
山 东	7604.45	43.03	3.7614	18	6.9547	6265.84	36.27	3.1705
浙 江	11838.96	42.97	3.7859	19	9.0063	10024.66	37.15	3.2731
天 津	10788.20	45.42	4.4140	22	5.9396	8957.64	38.82	3.7726
上 海	16167.18	40.78	4.4326	23	9.7276	14862.74	37.85	4.1141
广 东	10449.54	43.44	5.1166	26	9.2915	9014.61	38.24	4.5041
北 京	18869.98	50.39	5.2056	27	10.4575	16202.13	44.77	4.6250
东 部	8374.24	37.64	3.4500	[3]	6.9211	7056.55	31.88	2.9221
甘 肃	5717.37	38.33	2.6453	6	13.2172	4789.18	32.33	2.2312
青 海	6643.53	42.38	2.8159	7	9.3708	5346.98	34.86	2.3163
宁 夏	6928.84	39.61	2.8252	8	8.9287	5523.42	31.92	2.2767
新 疆	5522.95	37.99	3.2637	13	8.9939	4782.18	33.11	2.8445
云 南	6286.21	43.25	3.3193	14	13.2638	5405.88	37.94	2.9117
贵 州	8424.84	49.66	3.3374	15	14.5124	6324.33	39.30	2.6411
内蒙古	9983.48	46.15	3.4543	17	7.9401	7500.36	36.06	2.6991
陕 西	12004.60	59.56	4.4481	24	13.7269	9179.23	49.21	3.6751
四 川	7359.13	53.15	4.7077	25	11.3334	5942.76	45.18	4.0018
重 庆	11443.34	59.03	5.3615	28	11.5207	8834.58	49.07	4.4569
广 西	8471.84	54.74	5.8234	30	13.9845	6970.69	47.38	5.0404
西 藏	13807.67	142.09	12.8009	31	23.4635	10821.12	127.78	11.5117
西 部	6896.20	44.38	3.6052	[4]	9.9956	5512.84	36.52	2.9667

注：此类弥合城乡比测算与后一类城乡无差距测算有异曲同工之妙，不过假设条件的逻辑起点不同，带来演算方式不同，最后导致演算结果不同。此为基于三项最佳比值测算再假设城乡之间文教消费数值持平，彼为假设三项城乡比持平再以城镇标准进行三项最佳比值测算。

依据这一测算，至2020年各省域文教消费达到增长目标所需年均增长率比较：6个省域目标差距小于全国城乡总体平均差距，按差距大小倒序为黑龙江、辽宁、河北、山西、河南、海南；25个省域目标差距大于全国城乡总体平均差距，按差距大小倒序为新疆、福建、甘肃、安徽、宁夏、江苏、上海、吉林、青海、浙江、山东、云南、广东、天津、内蒙古、湖南、江西、贵州、北京、四川、广西、湖北、重庆、陕西、西藏。其中，黑龙江占据首位，目标差距小于全国城乡总体所需年均增长率35.39个百分点；西藏处于末位，目标差距大于全国城乡总体所需年均增长率106.70个百分点。

各省域所需年均增长率与各自以往20年间实际年均增长率进行比较：8个省域比较差距小于全国城乡总体平均差距，按差距大小倒序为黑龙江、辽宁、山西、河北、河南、甘肃、青海、宁夏；23个省域比较差距大于全国城乡总体平均差距，按差距大小倒序为海南、福建、安徽、江苏、新疆、云南、贵州、吉林、内蒙古、山东、浙江、湖南、江西、天津、上海、陕西、四川、广东、北京、重庆、湖北、广西、西藏。其中，黑龙江占据首位，比较差距小于全国城乡总体比较差距40.92%；西藏处于末位，比较差距大于全国城乡总体比较差距332.60%。

倘若把全国产值年均增长率控制在7%，弥合城乡比测算目标距离将发生变化：到2020年，全国城乡人均文教消费应达到5542.03元，2016～2020年年均增长率需达到29.68%，仅为以往20年实际年均增长率的2.48倍，而与人均产值增长测算值之间的比值不变，显然更加容易实现。各地依此类推。

同样依据这一测算，至2020年各省域文教消费达到增长目标所需年均增长率比较：6个省域目标差距小于全国城乡总体平均差距，按差距大小倒序为黑龙江、河北、辽宁、山西、河南、海南；25个省域目标差距大于全国城乡总体平均差距，按差距大小倒序为宁夏、福建、安徽、甘肃、江苏、新疆、吉林、青海、内蒙古、山东、浙江、上海、云南、广东、天津、贵州、湖南、江西、北京、四川、广西、重庆、陕西、湖北、西藏。其中，黑龙江占据首位，目标差距小于全国城乡总体所需年均增长率29.68个百分点；西藏处于末位，目标差距大于全国城乡总体所需年均增长率98.10个百分点。

3. 城乡无差距目标测算

2020年各省域文教消费相关方面城乡无差距目标测算见表10，各地按所需年均增长率与1996～2016年实际年均增长率的比较差距从小到大排列。

表10　2020年各省域文教消费相关方面城乡无差距目标测算

地区	产值年增按1996～2016年实值推算				文教消费与产值比关系不变（%）	产值年增按7%推算		
	2020年文教消费人均值（元）	文教消费所需要年均增长				2020年文教消费人均值（元）	所需年均增长率（%）	对比以往增长率差距指数（以往=1）
		增长率（%）	对比以往增长率					
			差距指数（以往=1）	排序（倒序）				
全　国	10062.64	50.54	4.2258	—	11.9722	8471.14	44.20	3.6957
黑龙江	4217.06	25.52	2.1196	1	7.2099	3821.12	22.46	1.8654
辽　宁	7219.85	31.03	2.4242	2	9.7548	6494.44	27.61	2.1570
吉　林	8813.21	47.47	3.9102	5	10.2416	7231.62	40.35	3.3237
东　北	5412.42	27.61	2.2212	[1]	7.5904	4771.37	23.65	1.9027
山　西	9550.42	50.55	3.8529	4	17.5167	8158.43	44.74	3.4101
河　南	8459.70	54.43	3.9614	7	12.3681	6902.27	46.77	3.4039
江　西	9414.74	59.15	4.8925	17	14.2484	7545.38	50.58	4.1836
湖　南	17687.75	63.47	5.1602	20	23.3162	14175.64	54.67	4.4447
安　徽	11945.79	65.11	5.2046	22	18.6166	9653.92	56.55	4.5204
湖　北	16085.91	73.56	7.2259	28	17.3246	12640.96	63.41	6.2289
中　部	11626.21	60.04	4.9092	[2]	16.3193	9389.48	51.72	4.2289
上　海	14354.98	36.66	3.9848	8	8.6372	13196.76	33.81	3.6750
福　建	9947.03	50.31	4.0442	9	8.4401	8265.00	43.51	3.4976
河　北	7499.16	49.62	4.1281	10	11.4733	6476.17	44.24	3.6805
江　苏	14739.20	54.78	4.3476	12	9.3442	11867.06	46.61	3.6992
浙　江	15985.58	54.12	4.7683	15	12.1607	13535.81	47.84	4.2150
海　南	8897.52	54.32	5.0065	18	13.1413	7639.00	48.55	4.4747
天　津	12915.34	52.12	5.0651	19	7.1108	10723.85	45.21	4.3936
北　京	18827.09	50.31	5.1973	21	10.4337	16165.30	44.69	4.6167
山　东	11968.59	60.20	5.2622	23	10.9460	9861.76	52.63	4.6005
广　东	14489.75	55.65	6.5548	26	12.8840	12500.02	50.01	5.8905
东　部	13073.84	53.86	4.9368	[3]	10.8052	11016.66	47.41	4.3456

续表

地区	产值年增按 1996~2016 年实值推算				文教消费与产值比关系不变（%）	产值年增按 7% 推算		
	2020 年文教消费人均值（元）	文教消费所需要年均增长				2020 年文教消费人均值（元）	所需年均增长率（%）	对比以往增长率差距指数（以往=1）
		增长率（%）	对比以往增长率					
			差距指数（以往=1）	排序（倒序）				
甘 肃	8290.34	51.79	3.5742	3	19.1653	6944.43	45.22	3.1208
青 海	10428.50	59.37	3.9449	6	14.7095	8393.27	50.95	3.3854
宁 夏	11775.05	59.41	4.2375	11	15.1736	9386.65	50.62	3.6106
新 疆	8011.64	51.43	4.4184	13	13.0467	6937.07	46.08	3.9588
内蒙古	14454.57	60.31	4.5142	14	11.4961	10859.39	49.25	3.6864
云 南	10582.97	63.17	4.8480	16	22.3299	9100.92	57.13	4.3845
贵 州	18218.85	81.48	5.4758	24	31.3834	13676.47	68.93	4.6324
陕 西	18861.24	78.64	5.8730	25	21.5673	14422.11	67.05	5.0075
四 川	12266.61	74.02	6.5562	27	18.8912	9905.74	64.96	5.7538
重 庆	25433.31	94.18	8.5540	29	25.6053	19635.24	82.01	7.4487
广 西	17248.60	84.84	9.0255	30	28.4724	14192.27	76.05	8.0904
西 藏	30438.95	194.99	17.5667	31	51.7251	23855.12	177.55	15.9955
西 部	12760.52	68.39	5.5556	[4]	18.4955	10200.79	59.22	4.8107

在民生基础层面、民生消费层面、文化需求层面三项城乡比的无差距理想状态下实现既往年度历年最佳比值测算增长目标，即假设此三个层面的乡村人均值加速增长并与城镇水平持平，统一取城镇标准三项比例关系最佳值进行演算。以全国城乡总体为例具体解释：如果到 2020 年城乡之间在此三个层面已无差距，统一实现 1996~2016 年城镇标准三项最佳比值，那么城乡人均文教消费应达到 10062.64 元，与产值增长测算值之比将达到 11.97%，2016~2020 年年均增长率需达到 50.54%，为以往 20 年实际年均增长率的 4.23 倍。各地依此类推。

依据这一测算，至 2020 年各省域文教消费达到增长目标所需年均增长率比较：7 个省域目标差距小于全国城乡总体平均差距，按差距大小倒序为黑龙江、辽宁、上海、吉林、河北、北京、福建；24 个省域目标差距大于全国城乡总体平均差距,按差距大小倒序为山西、新疆、甘肃、天津、浙江、海南、河南、江苏、广东、江西、青海、宁夏、山东、内蒙古、云南、湖南、安徽、湖北、四川、陕西、贵州、广西、重庆、西藏。其中,黑龙江占据首位,目标差距小于全国城乡总体所需年均增长率50.54个百分点;西藏处于末位,目标差距大于全国城乡总体所需年均增长率144.45个百分点。

各省域所需年均增长率与各自以往20年间实际年均增长率进行比较:10个省域比较差距小于全国城乡总体平均差距,按差距大小倒序为黑龙江、辽宁、甘肃、山西、吉林、青海、河南、上海、福建、河北;21个省域比较差距大于全国城乡总体平均差距,按差距大小倒序为宁夏、江苏、新疆、内蒙古、浙江、云南、江西、海南、天津、湖南、北京、安徽、山东、贵州、陕西、广东、四川、湖北、重庆、广西、西藏。其中,黑龙江占据首位,比较差距小于全国城乡总体比较差距49.84%;西藏处于末位,比较差距大于全国城乡总体比较差距315.71%。

倘若把全国产值年均增长率控制在7%,城乡无差距测算目标距离将发生变化:到2020年,全国城乡人均文教消费应达到8471.14元,2016~2020年年均增长率需达到44.20%,仅为以往20年实际年均增长率的3.70倍,而与人均产值增长测算值之间的比值不变,显然更加容易实现。各地依此类推。

同样依据这一测算,至2020年各省域文教消费达到增长目标所需年均增长率比较:5个省域目标差距小于全国城乡总体平均差距,按差距大小倒序为黑龙江、辽宁、上海、吉林、福建;26个省域目标差距大于全国城乡总体平均差距,按差距大小倒序为河北、北京、山西、天津、甘肃、新疆、江苏、河南、浙江、海南、内蒙古、广东、江西、宁夏、青海、山东、湖南、安徽、云南、湖北、四川、陕西、贵州、广西、重庆、西藏。其中,黑龙江占据首位,目标差距小于全国城乡总体所需年均增长率44.20个百分点;西藏处于末位,目标差距大于全国城乡总体所需年均增长率133.35个百分点。

五 各省域文化教育消费需求总量增长测算

在人均数值增长测算基础上,最后再进行至2020年各省域文教消费需求总量增长目标测算,见表11A、表11B,各地分为东北和东部、中部、西部四大区域,以由北至南、从东到西的大致地理分布排列。

与人均数值增长的各类测算逐一对应,表中同样提供了总量数值增长的各类测算结果。总量数值有利于把握总体态势,但难以准确把握今后人口增长尤其是分布变化,所需年均增长率演算结果与人均值演算略有差异,故而省略总量增长目标测算的年均增长数值,仅供参考。

表11A 2020年各省域文教消费总量增长目标测算(一)

单位:亿元

地区	与产值测算间接相关 产值增幅影响与产值比		与产值测算直接相关			
			按以往产值年均增长推算		按产值年增7%推算	
	历年均增值测算	消除负相关测算	供需协调性测算	最佳比例值测算	供需协调性测算	最佳比例值测算
全 国	41264.23	63927.69	56126.22	69718.94	47249.29	58692.18
黑龙江	977.63	1176.80	1052.35	1175.67	953.54	1065.28
吉 林	781.69	988.40	1117.99	1552.90	917.36	1274.22
辽 宁	1684.38	1972.25	1555.26	2087.50	1399.00	1877.76
东 北	3443.69	3927.62	3707.73	4003.34	3268.59	3529.18
北 京	1150.81	3363.06	2076.78	3768.19	1783.16	3235.44
天 津	597.43	800.01	1530.82	1699.87	1271.07	1411.44
河 北	1683.42	1790.77	2381.08	2182.44	2056.26	1884.72
山 东	2682.72	4956.46	5281.11	5875.43	4351.47	4841.17
江 苏	3218.85	4305.65	6116.52	6378.42	4924.63	5135.49
上 海	1417.12	3192.85	2105.03	3553.50	1935.18	3266.79
浙 江	2348.03	4891.09	3635.99	5551.90	3078.78	4701.08
福 建	1208.41	1565.38	2230.16	2205.44	1853.05	1832.50
广 东	3845.50	5471.15	6213.29	9738.05	5360.08	8400.82
海 南	210.99	327.38	304.23	388.49	261.25	333.54
东 部	18363.28	29549.81	31753.27	37860.25	26756.88	31902.92
山 西	1069.86	1466.25	981.03	1407.08	838.04	1201.99
河 南	2318.64	2592.16	3109.07	3009.72	2536.69	2455.63
安 徽	1517.37	2093.80	1893.66	2760.76	1530.35	2231.09

全国省域文化产业供需协调增长目标排行

续表

地区	与产值测算间接相关 产值增幅影响与产值比		与产值测算直接相关			
			按以往产值年均增长推算		按产值年增7%推算	
	历年均增值测算	消除负相关测算	供需协调性测算	最佳比例值测算	供需协调性测算	最佳比例值测算
湖 北	1476.70	3150.70	2617.42	5375.74	2056.88	4224.47
江 西	1053.73	1893.69	1468.74	2483.56	1177.11	1990.43
湖 南	2649.02	4509.34	2514.97	6112.56	2015.59	4898.84
中 部	10085.31	14958.60	12576.39	19159.05	10156.86	15473.10
内蒙古	891.62	1343.07	1529.60	2185.31	1149.15	1641.78
陕 西	1127.30	2559.09	1594.51	3573.13	1219.23	2732.17
宁 夏	199.60	262.61	258.56	367.31	206.11	292.81
甘 肃	661.09	849.12	536.68	1041.90	449.56	872.75
青 海	160.15	178.48	205.13	287.48	165.10	231.37
新 疆	584.38	849.24	739.00	898.34	639.88	777.85
重 庆	776.07	1826.58	1476.01	3044.09	1139.52	2350.12
四 川	1618.32	3102.72	2550.13	4251.31	2059.32	3433.09
贵 州	947.85	999.96	964.26	2079.11	723.85	1560.74
广 西	980.18	2367.53	1407.18	3178.42	1157.83	2615.22
云 南	1093.78	2355.61	1096.80	2160.99	943.21	1858.37
西 藏	19.87	70.31	97.80	228.85	76.65	179.35
西 部	9060.21	14955.77	12407.68	19716.36	9918.73	15761.31

注：全国、四大区域和各省域分别演算，未经平衡处理，各地总量之和不等于全国总量，四大区域亦然（后表同）。

表11B 2020年各省域文教消费总量增长目标测算（二）

单位：亿元

地区	按以往产值年均增长推算			按产值年增7%推算		
	最小城乡比测算	弥合城乡比测算	城乡无差距测算	最小城乡比测算	弥合城乡比测算	城乡无差距测算
全 国	69309.60	92660.36	141633.74	58347.59	78005.18	119232.93
黑龙江	1149.52	1395.80	1599.25	1041.59	1264.75	1449.10
吉 林	1635.74	2030.24	2413.44	1342.20	1665.90	1980.33
辽 宁	2132.08	2622.99	3197.80	1917.86	2359.45	2876.50
东 北	4040.85	4911.29	5931.98	3562.25	4329.59	5229.39
北 京	3871.57	4577.68	4567.27	3324.21	3930.48	3921.54
天 津	1705.03	1916.51	2294.40	1415.72	1591.31	1905.08
河 北	2127.32	2828.92	5758.24	1837.12	2443.02	4972.74
山 东	5946.25	7741.61	12184.45	4899.53	6378.85	10039.62

续表

地区	按以往产值年均增长推算			按产值年增7%推算		
	最小城乡比测算	弥合城乡比测算	城乡无差距测算	最小城乡比测算	弥合城乡比测算	城乡无差距测算
江 苏	6832.25	8018.31	12046.87	5500.89	6455.83	9699.36
上 海	3874.58	4316.10	3832.30	3561.96	3967.86	3523.10
浙 江	5627.29	6902.31	9319.86	4764.91	5844.54	7891.61
福 建	2464.07	2841.70	3967.44	2047.40	2361.17	3296.56
广 东	10038.58	12168.43	16873.25	8660.08	10497.46	14556.21
海 南	373.56	465.00	842.85	320.72	399.23	723.63
东 部	37769.88	46322.32	72318.27	31826.77	39033.48	60938.96
山 西	1369.62	1829.96	3622.11	1170.00	1563.24	3094.18
河 南	2999.65	4083.61	8105.14	2447.41	3331.82	6612.98
安 徽	2772.44	3770.45	7430.73	2240.53	3047.07	6005.10
湖 北	5422.62	6676.90	9557.94	4261.32	5246.98	7511.01
江 西	2519.84	3284.11	4411.01	2019.51	2632.03	3535.17
湖 南	6089.49	8193.67	12359.98	4880.35	6566.72	9905.76
中 部	19119.55	24774.43	43259.69	15441.20	20008.16	34937.10
内蒙古	2153.14	2559.97	3706.45	1617.60	1923.24	2784.57
陕 西	3570.14	4613.46	7248.52	2729.88	3527.65	5542.53
宁 夏	359.94	486.60	826.94	286.93	387.90	659.21
甘 肃	1045.61	1495.16	2168.02	875.86	1252.42	1816.05
青 海	280.13	405.16	635.99	225.46	326.09	511.87
新 疆	933.25	1400.95	2032.24	808.08	1213.05	1759.66
重 庆	2879.25	3584.24	7966.13	2222.87	2767.13	6150.07
四 川	4251.36	6091.86	10154.27	3433.13	4919.40	8199.94
贵 州	1970.41	2949.59	6378.54	1479.14	2214.19	4788.23
广 西	3073.25	4147.86	8445.02	2528.69	3412.89	6948.61
云 南	2053.31	3066.37	5162.31	1765.77	2636.96	4439.37
西 藏	212.15	483.70	1066.31	166.26	379.08	835.67
西 部	19339.26	26141.18	48370.85	15459.86	20897.33	38667.79

注：全国、四大区域和各省域分别演算，未经平衡处理，各地总量之和不等于全国总量，四大区域亦然（后表同）。

省域报告

Reports on Provinces

B.4
黑龙江：城乡无差距增长
目标测算第1位

王成熙**

摘　要： 黑龙江文教消费增长目标暨文化产业发展空间检测：1996～2016年历年均增值实际测算为第17位；2016～2020年供需协调性目标测算为第7位；消除负相关目标测算为第6位；最佳比例值目标测算为第1位；最小城乡比目标测算为第1位；弥合城乡比目标测算为第1位；城乡无差距目标测算为第1位。

---

* 限于篇幅无法全面展开省域单独分析，通过以下方式选取子报告。按B.3篇增长目标排行报告表6～表10测算结果（历年均增值为测算基础，供需协调性以消费反推，不计），取各类排名靠前省域至篇幅极限，按各地最高位次拟题，相同位次以高难度目标测算为序（表10～表6倒序），最后亦依此排文。未有独立子报告的省域见该文详尽展开列表的各地分析对比。
各类测算目标依据既往20年增长变化态势进行数理推演，提供各种或然性、应然性、理想性增长值供参考，并不意味相关省域到2020年处于实际领先地位。
** 王成熙，云南省社会科学院办公室副主任，主要从事文化产业与行政管理研究。

关键词： 黑龙江　文化产业　供需协调　增长测算

一　城乡文教消费需求及相关方面增长态势

1996～2016年黑龙江城乡文教消费总量和人均值增长态势见图1。

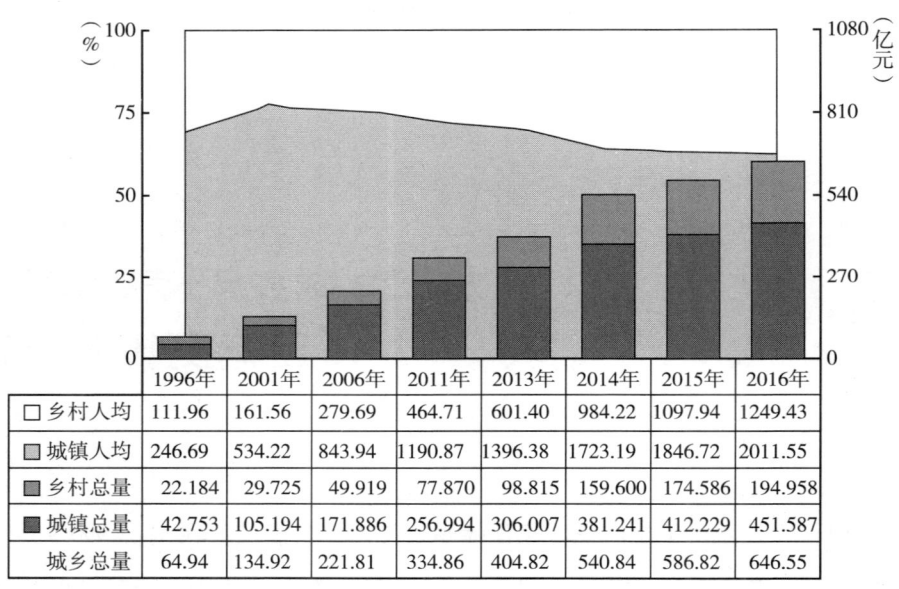

图1　黑龙江城乡文教消费总量和人均值增长态势

左轴：城乡人均文教消费（元转换为%），城乡间呈直观比例。右轴柱形：文教消费总量（亿元），上下（取3位小数避免合计值小数误差）之和为城乡总量。图中前几个五年时段末年对接，文中描述增长变化包括省略年度，后同。

1996～2016年，黑龙江城乡文教消费总量由64.94亿元增至646.55亿元，增加581.61亿元，20年间总增长895.61%，年均增长12.18%。其中，第一个五年年均增长15.75%；第二个五年年均增长10.45%；第三个五年年均增长8.59%；第四个五年年均增长14.06%。

同期，黑龙江城镇人均文教消费由246.69元增至2011.55元，增加

1764.86元，20年间总增长715.42%，年均增长11.06%。其中，第一个五年年均增长16.71%；第二个五年年均增长9.58%；第三个五年年均增长7.13%；第四个五年年均增长11.05%。

同时，乡村人均文教消费由111.96元增至1249.43元，增加1137.47元，20年间总增长1015.96%，年均增长12.82%。其中，第一个五年年均增长7.61%；第二个五年年均增长11.60%；第三个五年年均增长10.69%；第四个五年年均增长21.87%。

黑龙江城镇人均值年均增长在第一个五年高于乡村9.10个百分点，城乡差距显著扩大；第二个五年低于乡村2.02个百分点，城乡差距转为较明显缩小；第三个五年低于乡村3.56个百分点，城乡差距持续明显缩小；第四个五年低于乡村10.82个百分点，城乡差距持续极显著缩小。

二 城乡文教消费需求背景的增长协调性分析

（一）民生基础系数检测

1996~2016年黑龙江城乡人均收入、产值绝对值及其比值、城乡比变动态势见图2。图中将居民收入、产值绝对值转换为图形面积比例，二者历年之比形成民生基础系数变动曲线，同时附有文教消费率、收入城乡比变动曲线。

1996~2016年，黑龙江城乡居民人均收入年均增长10.10%，人均产值年均增长9.67%，低于居民收入0.43个百分点。20年间，黑龙江城乡居民收入与产值比的最低值为2011年的37.03%，最高（最佳）值为2016年49.55%。逐年考察，除了1996~1998年、2000年、2003~2008年、2010~2011年出现回降以外，黑龙江此项比值逐步上升，由1996年的45.79%提高至2016年的49.55%，前后年度分别处于省域间第22位和第8位。

图2另附黑龙江居民文教消费率历年变化动态，可见产值增长带动文教消费增长的相关性态势，前后年度分别处于省域间第27位和第7位。

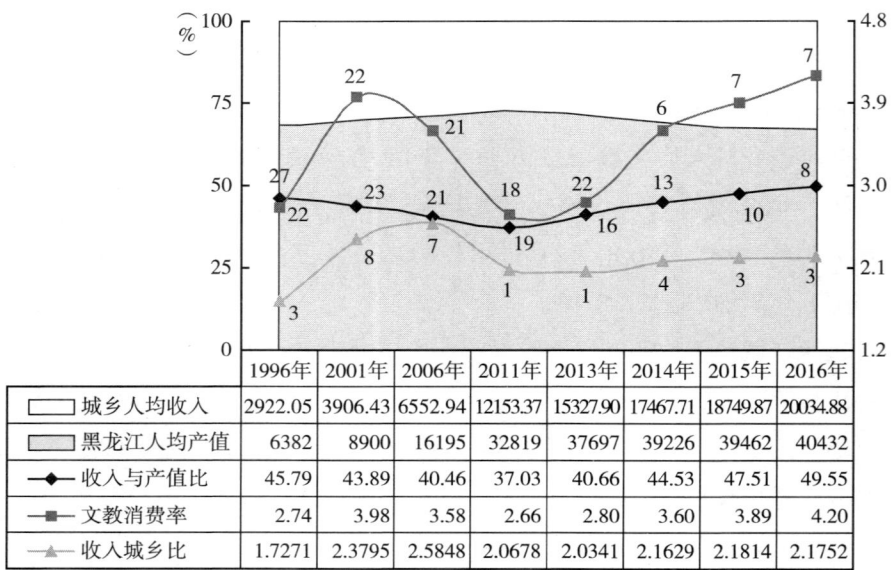

图 2　黑龙江城乡人均收入、产值绝对值及其比值和城乡比变动态势

左轴面积：城乡人均收入、产值（元转换为%），二者呈直观比例。左轴曲线：二者之比形成民生基础系数（%）。右轴曲线：文教消费率（%，与产值比），收入城乡比（乡村=1）。标明历年省域位次，后同。另需说明，近几年年鉴始发布2014年以来城乡人均值数据，但与总量数据之间存在演算误差，对应年鉴同时发布的产值人均值和总量分别演算文教消费率有出入，本报告恢复采用自行演算城乡人均值。

1996~2016年，黑龙江乡村居民人均收入年均增长8.82%，城镇居民人均收入年均增长10.08%，高于乡村1.26个百分点。20年间，黑龙江人均收入城乡比的最小（最佳）值为1996年的1.7271，最大值为2003年的2.6620。逐年考察，除了1996年、2004年、2007~2008年、2010~2013年、2016年出现缩减以外，黑龙江此项城乡比逐步扩增，由1996年的1.7271扩大至2016年的2.1752，前后年度分别处于省域间第3位和第3位。

由此推演出若干假定测算：①黑龙江城乡2016年居民收入与产值比为最佳值，演算结果不变；②如果在最佳比值基础上再实现1996年人均收入最小城乡比，那么城乡人均收入应为21293.57元；③如果进一步弥合城乡比实现均等，那么城乡人均收入应为25736.43元。

（二）民生消费系数检测

1996～2016年黑龙江城乡人均非文消费、收入绝对值及其比值、城乡比变动态势见图3。图中将非文消费、居民收入绝对值转换为图形面积比例，二者历年之比形成民生消费系数变动曲线，同时附有文教消费比、非文消费城乡比变动曲线。

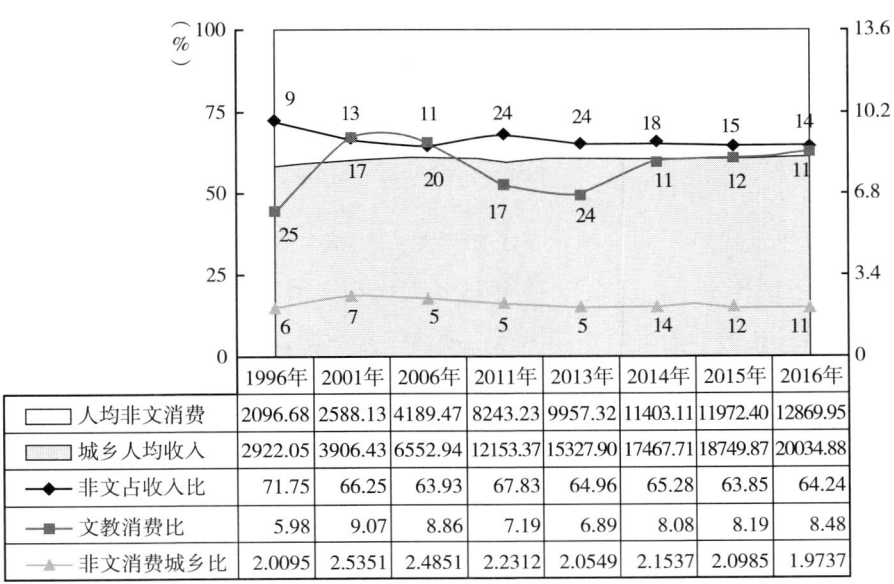

图3　黑龙江城乡人均非文消费、收入绝对值及其比值和城乡比变动态势

左轴面积：城乡人均非文消费、收入（元转换为%），二者呈直观比例。左轴曲线：二者之比形成民生消费系数（%）。右轴曲线：文教消费比（%，占收入比），非文消费城乡比（乡村=1）。

1996～2016年，黑龙江城乡居民人均非文消费年均增长9.50%，人均收入年均增长10.10%，高于非文消费0.60个百分点。20年间，黑龙江城乡居民非文消费占收入比的最高值为1996年的71.75%，最低（最佳）值为2004年的61.81%。逐年考察，除了2000年、2003年、2005年、2007～2009年、2011年、2013～2014年、2016年出现回升以外，黑龙江此项比值逐步下降，由1996年的71.75%降低至2016年的64.24%，前后年度分别处于省域间第9位和第14位。

图3中另附黑龙江居民文教消费比历年变化动态，可见收入增长带动文教消费增长的相关性态势，前后年度分别处于省域间第25位和第11位。

1996~2016年，黑龙江乡村居民人均非文消费年均增长9.13%，城镇居民人均非文消费年均增长9.03%，低于乡村0.10个百分点。20年间，黑龙江人均非文消费城乡比的最大值为2003年的2.9662，最小（最佳）值为2016年的1.9737。逐年考察，除了1996~1999年、2001~2003年、2006年、2009~2010年、2012年、2014年出现扩增以外，黑龙江此项城乡比逐步缩减，由1996年的2.0095缩小至2016年的1.9737，前后年度分别处于省域间第6位和第11位。

由此推演出若干假定测算：①如果黑龙江城乡居民非文消费占收入比保持2004年最佳水平，那么2016年城乡人均非文消费应为12382.82元，取上一类最佳比值即现有值叠加测算，演算结果不变，收入与之差即非文消费剩余增至7652.07元；②黑龙江2016年人均非文消费城乡比为最小值，在至此两项最佳比值基础上再实现最小城乡比，演算结果不变，收入与之差即非文消费剩余增至8910.75元；③如果进一步弥合城乡比实现均等，那么城乡人均非文消费应为15522.95元，收入与之差即非文消费剩余增至10213.49元。

（三）文化需求系数检测

1996~2016年黑龙江城乡人均文教消费、非文消费剩余绝对值及其比值、城乡比变动态势见图4。图中将文教消费、非文消费剩余绝对值转换为图形面积比例，二者历年之比形成文化需求系数变动曲线，同时附有文教消费比重、文教消费城乡比变动曲线。

1996~2016年，黑龙江城乡居民人均文教消费年均增长12.04%，人均非文消费剩余年均增长11.41%，低于文教消费0.63个百分点。20年间，黑龙江城乡居民文教消费与非文消费剩余比的最低值为2012年的18.76%，

黑龙江:城乡无差距增长目标测算第1位

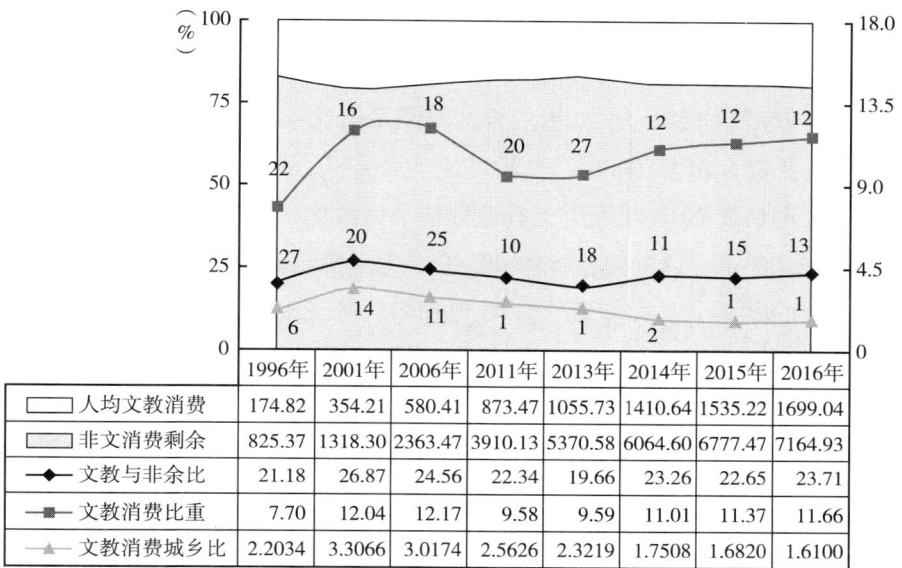

图 4　黑龙江城乡人均文教消费、非文消费剩余绝对值及其比值和城乡比变动态势

左轴面积:城乡人均文教消费、非文消费剩余(元转换为%),二者呈直观比例。左轴曲线:二者之比形成文化需求系数(%)。右轴曲线:文教消费比重(%,占总消费比),文教消费城乡比(乡村=1)。

最高(最佳)值为2005年的28.01%。逐年考察,除了1996~1997年、2002年、2004年、2006年、2008年、2010~2012年、2015年出现回降以外,黑龙江此项比值逐步上升,由1996年的21.18%提高至2016年的23.71%,前后年度分别处于省域间第27位和第13位。

图4另附黑龙江居民文教消费比重历年变化动态,可见总消费增长带动文教消费增长的相关性态势,前后年度分别处于省域间第22位和第12位。

1996~2016年,黑龙江乡村居民人均文教消费年均增长12.82%,城镇居民人均文教消费年均增长11.06%,低于乡村1.76个百分点。20年间,黑龙江人均文教消费城乡比的最大值为2004年的4.0448,最小(最佳)值为2016年的1.6100。逐年考察,除了1996~1999年、2001~2004年、2006年、2011年出现扩增以外,黑龙江此项城乡比逐步缩减,由1996年的2.2034缩小至2016年的1.6100,前后年度分别处于省域间第6位和第1位。

由此推演出若干假定测算：①如果黑龙江城乡文教消费与非文消费剩余比保持2005年最佳水平，那么2016年城乡人均文教消费应为2006.58元，总量可达763.57亿元；②如果取至此三类最佳比值叠加测算，那么城乡人均文教消费应为2143.00元，总量可达815.49亿元；③如果在三项最佳比值基础上再实现2016年人均文教消费最小城乡比，那么城乡人均文教消费应为2143.00元，总量可达815.49亿元（因实现最小城乡比，测算值不变）；④如果进一步弥合城乡比实现均等，那么城乡人均文教消费应为2537.17元，总量可达965.48亿元；⑤如果至此三类城乡比同时实现无差距理想，按黑龙江城镇三类比值历年最佳值演算，那么城乡人均文教消费应为2915.11元，总量可达1109.30亿元。

三 文化需求增长目标暨文化产业发展空间测算

2016~2021年黑龙江城乡人均文教消费需求增长测算见图5。

（1）历年均增值测算：如果2016~2020年黑龙江城乡文教消费增长保持1996~2016年平均增长率10.99%（省域间实际增长第17位），那么到2020年城乡人均文教消费将达到2577.90元。在相关各方面增长均依此推算的情况下，由于黑龙江城乡文教消费与产值之比在1996~2016年呈现上升态势，至2020年文教消费增长与产值增长测算值之比将继续升高至4.41%。

（2）供需协调性测算：假设实现文化产业供需协调增长历年最佳关系，并达到"支柱性产业"所需与GDP之比。据此反推，到2020年黑龙江城乡人均文教消费应达到2774.93元，年均增长率需达到13.05%，为以往20年实际年均增长率的1.19倍（省域间目标距离第7位）。

由于《文化及相关产业分类》国家标准2004年版仅具指导性，各地多有变通，2012年版方确定为指令性国家标准，多年缺少全国统一标准的各地文化产值数据，一概按全国数据演算。

（3）最小城乡比测算：如果到2020年黑龙江城乡同时实现1996~2016

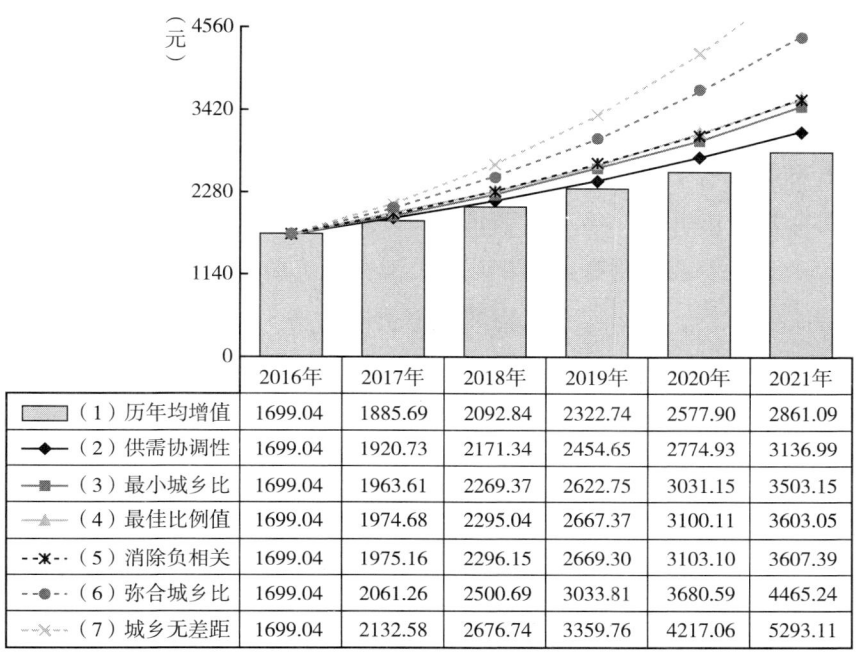

图 5　2016~2021 年黑龙江城乡人均文教消费需求增长测算

　　作为背景因素，产值按 1996~2016 年实际年均增长率推算。2016 年文教消费与产值比实际值 4.20%，2020 年测算值：(1) 4.41%，(2) 4.74%，(3) 5.18%，(4) 5.30%，(5) 5.31%，(6) 6.29%，(7) 7.21%。2016~2020 年人均文教消费年均增长：(1) 10.99%（即 1996~2016 年实际值，以下为测算值），(2) 13.05%，(3) 15.57%，(4) 16.22%，(5) 16.25%，(6) 21.32%，(7) 25.52%。

　　若产值按年均增长率 7% 推算，则 2020 年文教消费（增量、增幅不变）与产值比：(1) 4.86%，(5) 5.86%。2020 年文教消费人均值（与产值比不变）：(2) 2514.39 元，年增 10.30%；(3) 2746.56 元，年增 12.76%；(4) 2809.04 元，年增 13.39%；(6) 3335.02 元，年增 18.37%；(7) 3821.12 元，年增 22.46%。

年三项最佳比值和文教消费最小城乡比，那么城乡人均文教消费应达到 3031.15 元，与产值增长测算值之比将上升至 5.18%，年均增长率需达到 15.57%，为以往 20 年实际年均增长率的 1.42 倍（省域间目标距离第 1 位）。鉴于 2016 年黑龙江文教消费城乡比成为历年最小城乡比，而城乡比缩减动态仍将继续（最佳比例值测算暗含这一动态），取 2016 年城乡比测算 2020 年数值反而略小于最佳比例值测算值。就此看来，弥合城乡比测算更为合理，当然难度也更大。

（4）最佳比例值测算：如果到2020年黑龙江城乡三项比值同步实现1996～2016年最佳状态，那么城乡人均文教消费应达到3100.11元，与产值增长测算值之比将上升至5.30%，年均增长率需达到16.22%，为以往20年实际年均增长率的1.48倍（省域间目标距离第1位）。

（5）消除负相关测算：如果到2020年黑龙江城乡此项比值实现1996～2016年最佳状态，那么城乡人均文教消费应达到3103.10元，与产值增长测算值之比将上升至5.31%，年均增长率需达到16.25%，为以往20年实际年均增长率的1.48倍（省域间目标距离第6位）。由于2016年黑龙江已出现最佳比值发生正面抵扣作用，这一单项比值测算的目标距离反而大于三项比值测算。

（6）弥合城乡比测算：如果到2020年黑龙江城乡同时实现1996～2016年三项最佳比值和乡村人均文教消费绝对值与城镇水平持平，那么城乡人均文教消费应达到3680.59元，与产值增长测算值之比将上升至6.29%，年均增长率需达到21.32%，为以往20年实际年均增长率的1.94倍（省域间目标距离第1位）。

（7）城乡无差距测算：如果到2020年黑龙江在此三个层面消除城乡差距，实现按城镇标准衡量的1996～2016年三项最佳比值，那么城乡人均文教消费应达到4217.06元，与产值增长测算值之比将上升至7.21%，年均增长率需达到25.52%，为以往20年实际年均增长率的2.32倍（省域间目标距离第1位）。

B.5
辽宁：城乡无差距增长目标测算第2位

袁春生*

摘　要： 辽宁文教消费增长目标暨文化产业发展空间检测：1996～2016年历年均增值实际测算为第10位；2016～2020年供需协调性目标测算为第3位；消除负相关目标测算为第5位；最佳比例值目标测算为第2位；最小城乡比目标测算为第4位；弥合城乡比目标测算为第2位；城乡无差距目标测算为第2位。

关键词： 辽宁　文化产业　供需协调　增长测算

一　城乡文教消费需求及相关方面增长态势

1996～2016年辽宁城乡文教消费总量和人均值增长态势见图1。

1996～2016年，辽宁城乡文教消费总量由90.32亿元增至1072.78亿元，增加982.46亿元，20年间总增长1087.75%，年均增长13.17%。其中，第一个五年年均增长13.17%；第二个五年年均增长10.43%；第三个五年年均增长14.07%；第四个五年年均增长15.07%。

同期，辽宁城镇人均文教消费由303.62元增至3018.52元，增加

---

* 袁春生，云南省社会科学院科研处副处长、副研究员，主要从事民族文化和政治社会学研究。

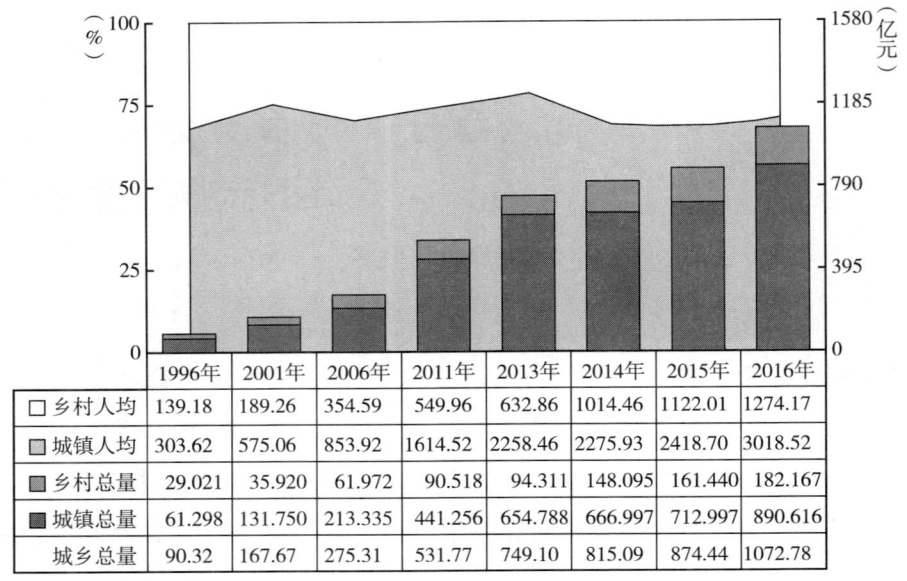

图1 辽宁城乡文教消费总量和人均值增长态势

左轴：城乡人均文教消费（元转换为%），城乡间呈直观比例。右轴柱形：文教消费总量（亿元），上下（取3位小数避免合计值小数误差）之和为城乡总量。图中前几个五年时段末年对接，文中描述增长变化包括省略年度，后同。

2714.90元，20年间总增长894.18%，年均增长12.17%。其中，第一个五年年均增长13.63%；第二个五年年均增长8.23%；第三个五年年均增长13.59%；第四个五年年均增长13.33%。

同时，乡村人均文教消费由139.18元增至1274.17元，增加1134.99元，20年间总增长815.48%，年均增长11.71%。其中，第一个五年年均增长6.34%；第二个五年年均增长13.38%；第三个五年年均增长9.17%；第四个五年年均增长18.30%。

辽宁城镇人均值年均增长在第一个五年高于乡村7.29个百分点，城乡差距显著扩大；第二个五年低于乡村5.15个百分点，城乡差距转为明显缩小；第三个五年高于乡村4.42个百分点，城乡差距转为明显扩大；第四个五年低于乡村4.97个百分点，城乡差距转为明显缩小。

二 城乡文教消费需求背景的增长协调性分析

（一）民生基础系数检测

1996~2016年辽宁城乡人均收入、产值绝对值及其比值、城乡比变动态势见图2。图中将居民收入、产值绝对值转换为图形面积比例，二者历年之比形成民生基础系数变动曲线，同时附有文教消费率、收入城乡比变动曲线。

1996~2016年，辽宁城乡居民人均收入年均增长11.18%，人均产值年均增长9.87%，低于居民收入1.31个百分点。20年间，辽宁城乡居民收入与产值比的最低值为2011年的31.31%，最高（最佳）值为2016年的51.88%。逐年考察，除了1997~2000年、2005~2006年、2008~2011年出现回降以外，辽宁此项比值逐步上升，由1996年的40.91%提高至2016年的51.88%，前后年度分别处于省域间第29位和第5位。

图2中另附辽宁居民文教消费率历年变化动态，可见产值增长带动文教消费增长的相关性态势，前后年度分别处于省域间第25位和第5位。

1996~2016年，辽宁乡村居民人均收入年均增长9.36%，城镇居民人均收入年均增长10.83%，高于乡村1.47个百分点。20年间，辽宁人均收入城乡比的最小（最佳）值为1998年的1.7898，最大值为2009年的2.6454。逐年考察，除了1996年、1998年、2001年、2004年、2010~2011年、2013年、2015~2016年出现缩减以外，辽宁此项城乡比逐步扩增，由1996年的1.9569扩大至2016年的2.5524，前后年度分别处于省域间第5位和第16位。

由此推演出若干假定测算：①辽宁城乡2016年居民收入与产值比为最佳值，演算结果不变；②如果在最佳比值基础上再实现1998年人均收入最小城乡比，那么城乡人均收入应为28140.93元；③如果进一步弥合城乡比实现均等，那么城乡人均收入应为32876.09元。

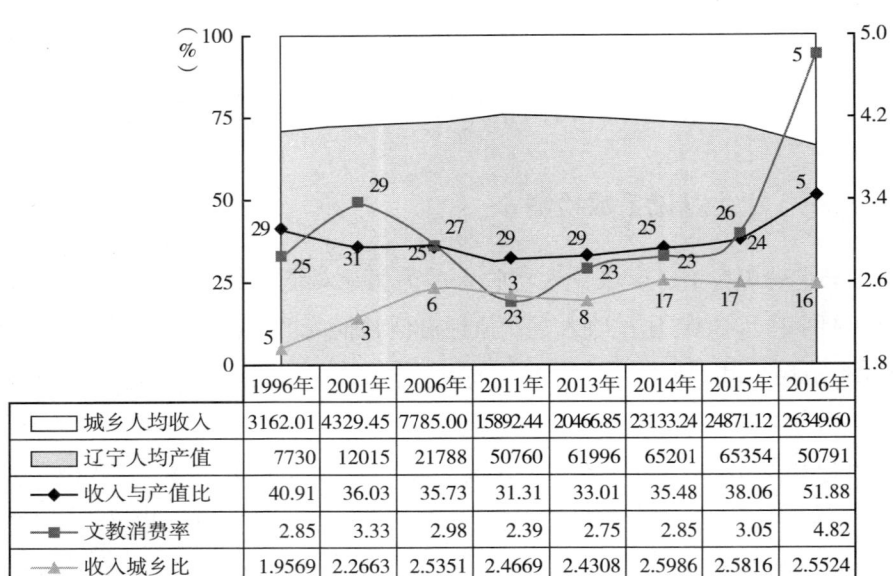

图 2　辽宁城乡人均收入、产值绝对值及其比值和城乡比变动态势

左轴面积：城乡人均收入、产值（元转换为%），二者呈直观比例。左轴曲线：二者之比形成民生基础系数（%）。右轴曲线：文教消费率（%，与产值比），收入城乡比（乡村＝1）。标明历省省域位次，后同。另需说明，近几年年鉴始发布2014年以来城乡人均值数据，但与总量数据之间存在演算误差，对应年鉴同时发布的产值人均值和总量分别演算文教消费率有出入，本报告恢复采用自行演算城乡人均值。

（二）民生消费系数检测

1996～2016年辽宁城乡人均非文消费、收入绝对值及其比值、城乡比变动态势见图3。图中将非文消费、居民收入绝对值转换为图形面积比例，二者历年之比形成民生消费系数变动曲线，同时附有文教消费比、非文消费城乡比变动曲线。

1996～2016年，辽宁城乡居民人均非文消费年均增长10.50%，人均收入年均增长11.18%，高于非文消费0.68个百分点。20年间，辽宁城乡居民非文消费占收入比的最高值为1996年的75.72%，最低（最佳）值为2013年的61.72%。逐年考察，除了2000年、2003年、2005年、2008～2009年、2014年、2016年出现回升以外，辽宁此项比值逐步下降，由1996年的75.72%降低至

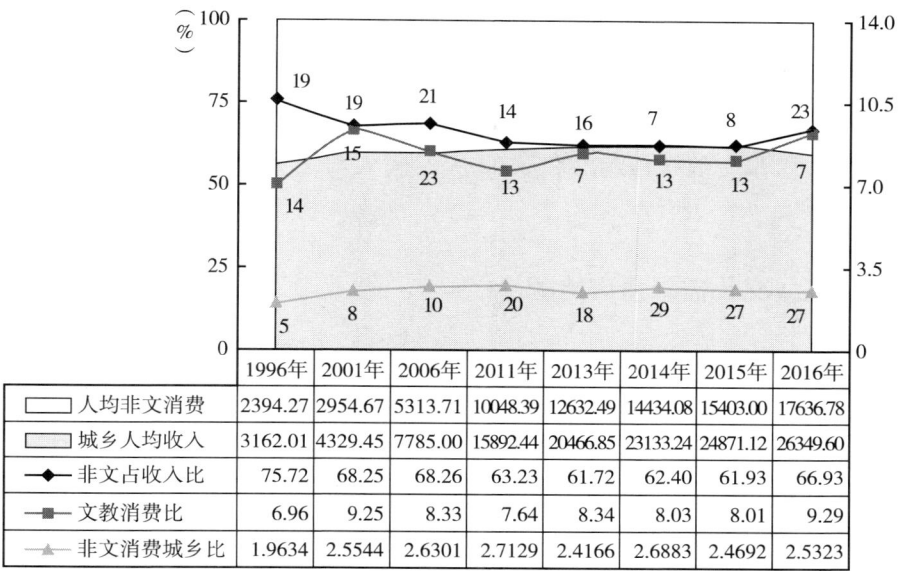

图3 辽宁城乡人均非文消费、收入绝对值及其比值和城乡比变动态势

左轴面积：城乡人均非文消费、收入（元转换为%），二者呈直观比例。左轴曲线：二者之比形成民生消费系数（%）。右轴曲线：文教消费比（%，占收入比），非文消费城乡比（乡村=1）。

2016年的66.93%，前后年度分别处于省域间第19位和第23位。

图3另附辽宁居民文教消费比历年变化动态，可见收入增长带动文教消费增长的相关性态势，前后年度分别处于省域间第14位和第7位。

1996~2016年，辽宁乡村居民人均非文消费年均增长8.74%，城镇居民人均非文消费年均增长10.13%，高于乡村1.39个百分点。20年间，辽宁人均非文消费城乡比的最小（最佳）值为1996年的1.9634，最大值为2003年的3.2013。逐年考察，除了1996年、2004~2006年、2009年、2011~2013年、2015年出现缩减以外，辽宁此项城乡比逐步扩增，由1996年的1.9634扩大至2016年的2.5323，前后年度分别处于省域间第5位和第27位。

由此推演出若干假定测算：①如果辽宁城乡居民非文消费占收入比保持2013年最佳水平，那么2016年城乡人均非文消费应为16263.42元，取上一类最佳比值即现有值叠加测算，演算结果不变，收入与之差即非文消费剩余增至10086.17元；②如果在至此两项最佳比值基础上再实现1996年人均非文消费最小城乡比，那么城乡人均非文消费应为17020.18元，收入与之差即非文消费剩余增至11120.74元；③如果进一步弥合城乡比实现均等，那么城乡人均非文消费应为20266.02元，收入与之差即非文消费剩余增至12610.07元。

（三）文化需求系数检测

1996~2016年辽宁城乡人均文教消费、非文消费剩余绝对值及其比值、城乡比变动态势见图4。图中将文教消费、非文消费剩余绝对值转换为图形面积比例，二者历年之比形成文化需求系数变动曲线，同时附有文教消费比重、文教消费城乡比变动曲线。

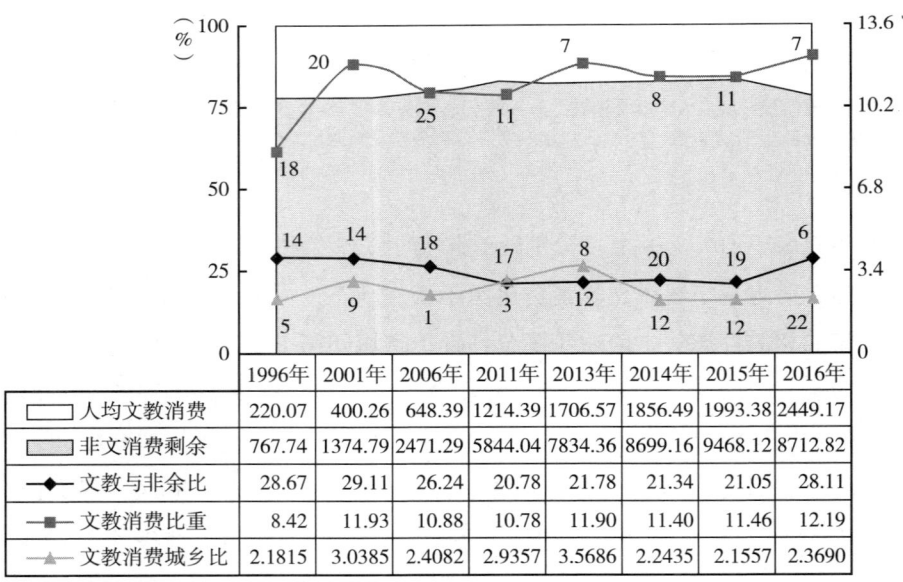

图4 辽宁城乡人均文教消费、非文消费剩余绝对值及其比值和城乡比变动态势

左轴面积：城乡人均文教消费、非文消费剩余（元转换为%），二者呈直观比例。左轴曲线：二者之比形成文化需求系数（%）。右轴曲线：文教消费比重（%，占总消费比），文教消费城乡比（乡村=1）。

1996~2016年，辽宁城乡居民人均文教消费年均增长12.80%，人均非文消费剩余年均增长12.91%，高于文教消费0.11个百分点。20年间，辽宁城乡居民文教消费与非文消费剩余比的最高（最佳）值为2005年32.07%，最低值为2012年的20.22%。逐年考察，除了2000年、2002~2003年、2005年、2009年、2013年、2016年出现回升以外，辽宁此项比值逐步下降，由1996年的28.67%降低至2016年的28.11%，前后年度分别处于省域间第14位和第6位。

图4中另附辽宁居民文教消费比重历年变化动态，可见总消费增长带动文教消费增长的相关性态势，前后年度分别处于省域间第18位和第7位。

1996~2016年，辽宁乡村居民人均文教消费年均增长11.71%，城镇居民人均文教消费年均增长12.17%，高于乡村0.46个百分点。20年间，辽宁人均文教消费城乡比的最小（最佳）值为2015年的2.1557，最大值为2004年的3.8787。逐年考察，除了1996年、2000年、2005年、2009年、2011年、2014~2015年出现缩减以外，辽宁此项城乡比逐步扩增，由1996年的2.1815扩大至2016年的2.3690，前后年度分别处于省域间第5位和第22位。

由此推演出若干假定测算：①如果辽宁城乡文教消费与非文消费剩余比保持2005年最佳水平，那么2016年城乡人均文教消费应为2793.92元，总量可达1223.79亿元；②如果取至此三类最佳比值叠加测算，那么城乡人均文教消费应为3234.31元，总量可达1416.69亿元；③如果在三项最佳比值基础上再实现2015年人均文教消费最小城乡比，那么城乡人均文教消费应为3288.67元，总量可达1440.50亿元；④如果进一步弥合城乡比实现均等，那么城乡人均文教消费应为3986.20元，总量可达1746.03亿元；⑤如果至此三类城乡比同时实现无差距理想，按辽宁城镇三类比值历年最佳值演算，那么城乡人均文教消费应为4954.58元，总量可达2170.20亿元。

三 文化需求增长目标暨文化产业发展空间测算

2016~2021年辽宁城乡人均文教消费需求增长测算见图5。

（1）历年均增值测算：如果2016~2020年辽宁城乡文教消费增长保持1996~2016年平均增长率11.63%（省域间实际增长第10位），那么到2020年城乡人均文教消费将达到3802.92元。在相关各方面增长均依此推算的情况下，由于辽宁城乡文教消费与产值之比在1996~2016年呈现上升态势，至2020年文教消费增长与产值增长测算值之比将继续升至5.14%。

（2）供需协调性测算：假设实现文化产业供需协调增长历年最佳关系，并达到"支柱性产业"所需与GDP之比。据此反推，到2020年辽宁城乡人均文教消费应达到3511.40元，年均增长率需达到9.42%，为以往20年实际年均增长率的0.81倍（即低于历年均增值测算，省域间目标距离第3位）。

由于《文化及相关产业分类》国家标准2004年版仅具指导性，各地多有变通，2012年版方确定为指令性国家标准，多年缺少全国统一标准的各地文化产值数据，一概按全国数据演算。

（3）消除负相关测算：如果到2020年辽宁城乡此项比值实现1996~2016年最佳状态，那么城乡人均文教消费应达到4452.86元，与产值增长测算值之比将上升至6.02%，年均增长率需达到16.12%，为以往20年实际年均增长率的1.39倍（省域间目标距离第5位）。

（4）最佳比例值测算：如果到2020年辽宁城乡三项比值同步实现1996~2016年最佳状态，那么城乡人均文教消费应达到4713.07元，与产值增长测算值之比将上升至6.37%，年均增长率需达到17.78%，为以往20年实际年均增长率的1.53倍（省域间目标距离第2位）。

（5）最小城乡比测算：如果到2020年辽宁城乡同时实现1996~2016年三项最佳比值和文教消费最小城乡比，那么城乡人均文教消费应达到4813.71元，与产值增长测算值之比将上升至6.50%，年均增长率需达到18.40%，为以往20年实际年均增长率的1.58倍（省域间目标距离第4位）。

（6）弥合城乡比测算：如果到2020年辽宁城乡同时实现1996~2016年三项最佳比值和乡村人均文教消费绝对值与城镇水平持平，那么城乡人均文教消费应达到5922.08元，与产值增长测算值之比将上升至8.00%，年均

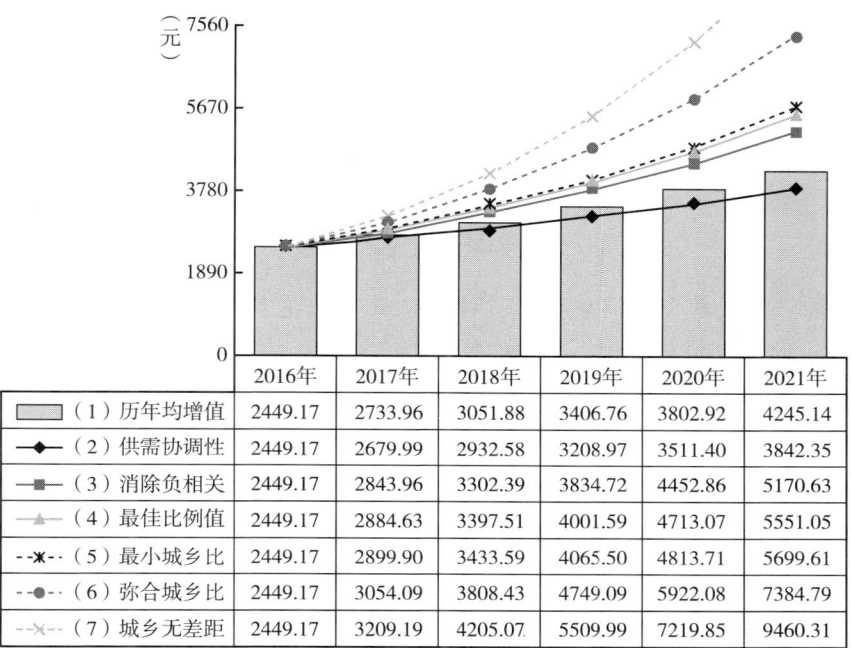

	2016年	2017年	2018年	2019年	2020年	2021年
（1）历年均增值	2449.17	2733.96	3051.88	3406.76	3802.92	4245.14
（2）供需协调性	2449.17	2679.99	2932.58	3208.97	3511.40	3842.35
（3）消除负相关	2449.17	2843.96	3302.39	3834.72	4452.86	5170.63
（4）最佳比例值	2449.17	2884.63	3397.51	4001.59	4713.07	5551.05
（5）最小城乡比	2449.17	2899.90	3433.59	4065.50	4813.71	5699.61
（6）弥合城乡比	2449.17	3054.09	3808.43	4749.09	5922.08	7384.79
（7）城乡无差距	2449.17	3209.19	4205.07	5509.99	7219.85	9460.31

图5 2016～2021年辽宁城乡人均文教消费需求增长测算

作为背景因素，产值按1996～2016年实际年均增长率推算。2016年文教消费与产值比实际值4.82%，2020年测算值：（1）5.14%，（2）4.74%，（3）6.02%，（4）6.37%，（5）6.50%，（6）8.00%，（7）9.75%。2016～2020年人均文教消费年均增长：（1）11.63%（即1996～2016年实际值，以下为测算值），（2）9.42%，（3）16.12%，（4）17.78%，（5）18.40%，（6）24.70%，（7）31.03%。

若产值按年均增长率7%推算，则2020年文教消费（增量、增幅不变）与产值比：（1）5.71%，（3）6.69%。2020年文教消费人均值（与产值比不变）：（2）3158.60元，年增6.57%；（4）4239.52元，年增14.70%；（5）4330.05元，年增15.31%；（6）5327.06元，年增21.44%；（7）6494.44元，年增27.61%。

增长率需达到24.70%，为以往20年实际年均增长率的2.12倍（省域间目标距离第2位）。

（7）城乡无差距测算：如果到2020年辽宁在此三个层面消除城乡差距，实现按城镇标准衡量的1996～2016年三项最佳比值，那么城乡人均文教消费应达到7219.85元，与产值增长测算值之比将上升至9.75%，年均增长率需达到31.03%，为以往20年实际年均增长率的2.67倍（省域间目标距离第2位）。

B.6
甘肃：城乡无差距增长目标测算第3位

范 刚*

摘 要： 甘肃文教消费增长目标暨文化产业发展空间检测：1996～2016年历年均增值实际测算为第3位；2016～2020年供需协调性目标测算为第1位；消除负相关目标测算为第7位；最佳比例值目标测算为第6位；最小城乡比目标测算为第6位；弥合城乡比目标测算为第6位；城乡无差距目标测算为第3位。

关键词： 甘肃 文化产业 供需协调 增长测算

一 城乡文教消费需求及相关方面增长态势

1996～2016年甘肃城乡文教消费总量和人均值增长态势见图1。

1996～2016年，甘肃城乡文教消费总量由25.56亿元增至406.76亿元，增加381.20亿元，20年间总增长1491.39%，年均增长14.84%。其中，第一个五年年均增长21.58%；第二个五年年均增长12.69%；第三个五年年均增长4.41%；第四个五年年均增长21.58%。

同期，甘肃城镇人均文教消费由249.55元增至2322.12元，增加2072.57元，20年间总增长830.52%，年均增长11.80%。其中，第一个五年年均增长18.89%；第二个五年年均增长11.78%；第三个五年年均增长2.29%；第四个五年年均增长14.92%。

同时，乡村人均文教消费由67.07元增至965.46元，增加898.39元，

---

* 范刚，云南省社会科学院研究经济所副研究员，主要从事生态文化、低碳经济、县域经济等研究。

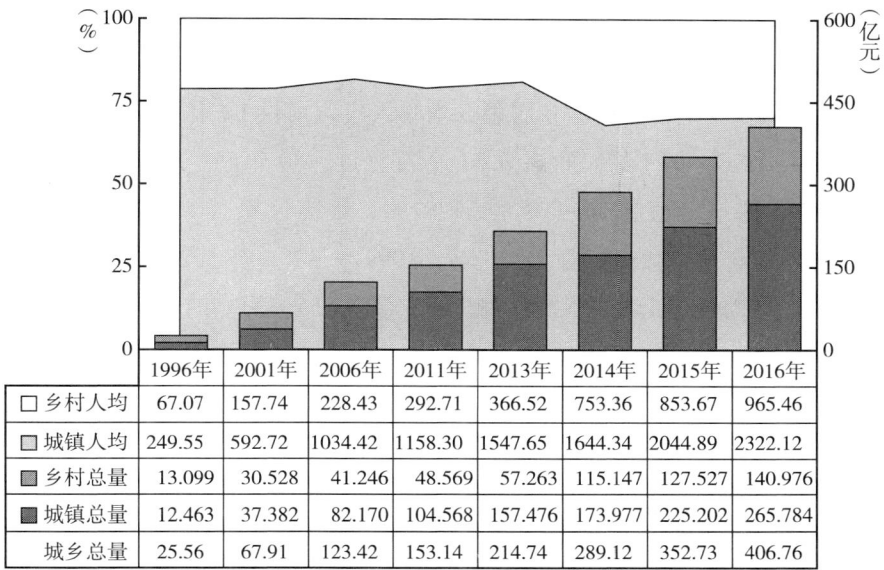

图1 甘肃城乡文教消费总量和人均值增长态势

左轴：城乡人均文教消费（元转换为%），城乡间呈直观比例。右轴柱形：文教消费总量（亿元），上下（取3位小数避免合计值小数误差）之和为城乡总量。图中前几个五年时段末年对接，文中描述增长变化包括省略年度，后同。

20年间总增长1339.48%，年均增长14.26%。其中，第一个五年年均增长18.65%；第二个五年年均增长7.69%；第三个五年年均增长5.08%；第四个五年年均增长26.96%。

甘肃城镇人均值年均增长在第一个五年高于乡村0.24个百分点，城乡差距略微扩大；第二个五年高于乡村4.09个百分点，城乡差距持续明显扩大；第三个五年低于乡村2.79个百分点，城乡差距转为较明显缩小；第四个五年低于乡村12.04个百分点，城乡差距持续极显著缩小。

二 城乡文教消费需求背景的增长协调性分析

（一）民生基础系数检测

1996~2016年甘肃城乡人均收入、产值绝对值及其比值、城乡比变动态势见图2。图中将居民收入、产值绝对值转换为图形面积比例，二者历年之比形成民生基础系数变动曲线，同时附有文教消费率、收入城乡比变动曲线。

1996～2016年，甘肃城乡居民人均收入年均增长12.16%，人均产值年均增长11.85%，低于居民收入0.31个百分点。20年间，甘肃城乡居民收入与产值比的最低值为2011年的39.87%，最高（最佳）值为2002年的57.97%。逐年考察，除了1996年、1999～2000年、2003～2008年、2010～2011年出现回降以外，甘肃此项比值逐步上升，由1996年的52.93%提高至2016年的55.96%，前后年度分别处于省域间第12位和第2位。

图2中另附甘肃居民文教消费率历年变化动态，可见产值增长带动文教消费增长的相关性态势，前后年度分别处于省域间第16位和第1位。

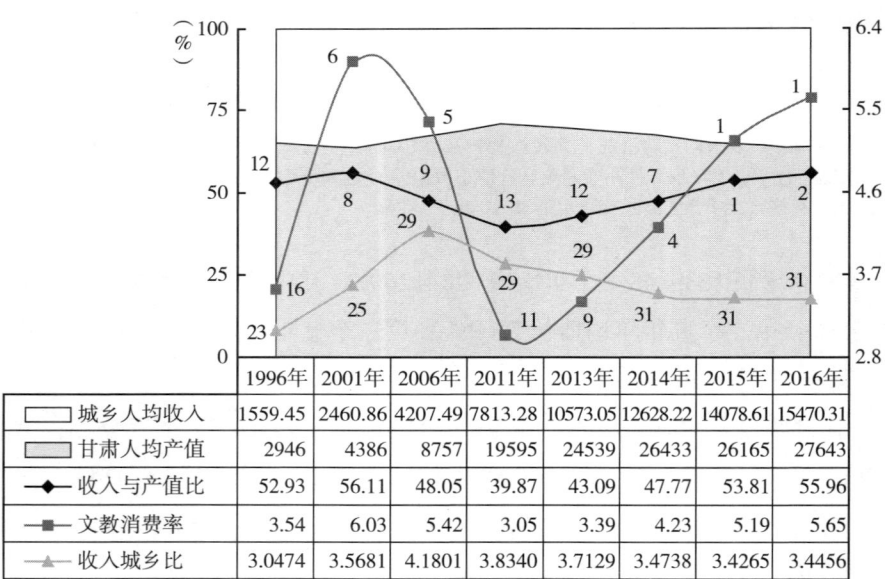

图2　甘肃城乡人均收入、产值绝对值及其比值和城乡比变动态势

左轴面积：城乡人均收入、产值（元转换为%），二者呈直观比例。左轴曲线：二者之比形成民生基础系数（%）。右轴曲线：文教消费率（%，与产值比），收入城乡比（乡村=1）。标明历年省域位次，下同。另需说明，近几年年鉴始发布2014年以来城乡人均值数据，但与总量数据之间存在演算误差，对应年鉴同时发布的产值人均值和总量分别演算文教消费率有出入，本报告恢复采用自行演算城乡人均值。

1996～2016年，甘肃乡村居民人均收入年均增长10.04%，城镇居民人均收入年均增长10.72%，高于乡村0.68个百分点。20年间，甘肃人均收入城乡比的最小（最佳）值为1998年的2.8783，最大值为2007年的4.2991。逐年考察，除了1996～1998年、2008～2015年出现缩减以外，甘肃此项城乡比逐步扩增，由1996年的3.0474扩大至2016年的3.4456，前后年度分别处于省域间第23位和第31位。

由此推演出若干假定测算：①如果甘肃城乡居民收入与产值比保持2002年最佳水平，那么2016年城乡人均收入应为16023.83元；②如果在最佳比值基础上再实现1998年人均收入最小城乡比，那么城乡人均收入应为16877.24元；③如果进一步弥合城乡比实现均等，那么城乡人均收入应为26612.79元。

（二）民生消费系数检测

1996～2016年甘肃城乡人均非文消费、收入绝对值及其比值、城乡比变动态势见图3。图中将非文消费、居民收入绝对值转换为图形面积比例，二者历年之比形成民生消费系数变动曲线，同时附有文教消费比、非文消费城乡比变动曲线。

1996～2016年，甘肃城乡居民人均非文消费年均增长11.56%，人均收入年均增长12.16%，高于非文消费0.60个百分点。20年间，甘肃城乡居民非文消费占收入比的最高值为1996年的80.75%，最低（最佳）值为1998年的64.35%。逐年考察，除了1999～2000年、2003～2005年、2007～2009年、2011年、2013年、2016年出现回升以外，甘肃此项比值逐步下降，由1996年的80.75%降低至2016年的72.53%，前后年度分别处于省域间第27位和第30位。

图3中另附甘肃居民文教消费比历年变化动态，可见收入增长带动文教消费增长的相关性态势，前后年度分别处于省域间第19位和第3位。

1996～2016年，甘肃乡村居民人均非文消费年均增长10.29%，城镇居民人均非文消费年均增长9.94%，低于乡村0.35个百分点。20年间，甘肃人均非文消费城乡比的最大值为2002年的4.3185，最小（最佳）值为2015

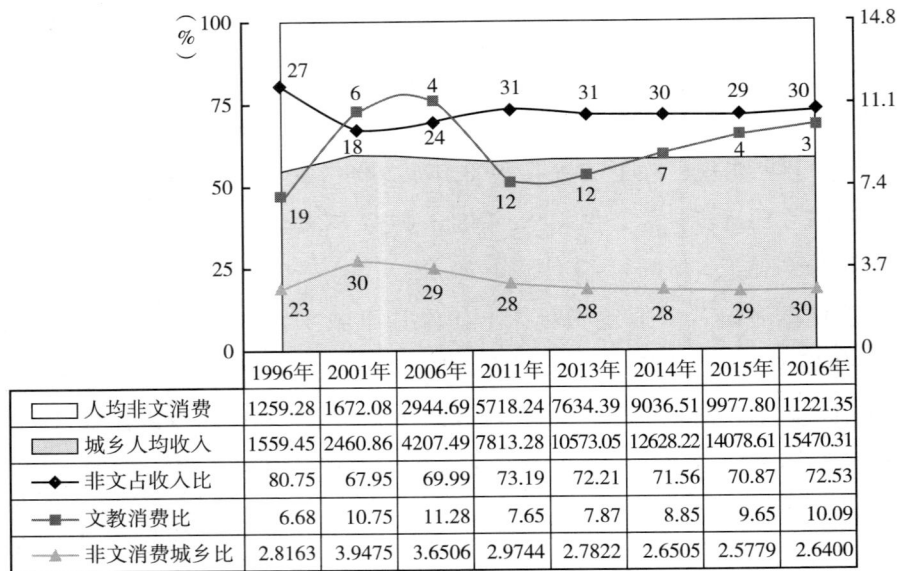

图3 甘肃城乡人均非文消费、收入绝对值及其比值和城乡比变动态势

左轴面积：城乡人均非文消费、收入（元转换为%），二者呈直观比例。左轴曲线：二者之比形成民生消费系数（%）。右轴曲线：文教消费比（%，占收入比），非文消费城乡比（乡村=1）。

年的2.5779。逐年考察，除了1996～1999年、2001～2002年、2004年、2006～2007年、2010年、2012年、2016年出现扩增以外，甘肃此项城乡比逐步缩减，由1996年的2.8163缩小至2016年的2.6400，前后年度分别处于省域间第23位和第30位。

由此推演出若干假定测算：①如果甘肃城乡居民非文消费占收入比保持1998年最佳水平，那么2016年城乡人均非文消费应为9955.80元，取上一类最佳比值叠加测算，城乡人均非文消费应为10312.02元，收入与之差即非文消费剩余增至5711.81元；②如果在至此两项最佳比值基础上再实现2015年人均非文消费最小城乡比，那么城乡人均非文消费应为10392.95元，收入与之差即非文消费剩余增至6484.29元；③如果进一步弥合城乡比实现均等，那么城乡人均非文消费应为15821.90元，收入与之差即非文消费剩余增至10790.90元。

（三）文化需求系数检测

1996～2016年甘肃城乡人均文教消费、非文消费剩余绝对值及其比值、城乡比变动态势见图4。图中将文教消费、非文消费剩余绝对值转换为图形面积比例，二者历年之比形成文化需求系数变动曲线，同时附有文教消费比重、文教消费城乡比变动曲线。

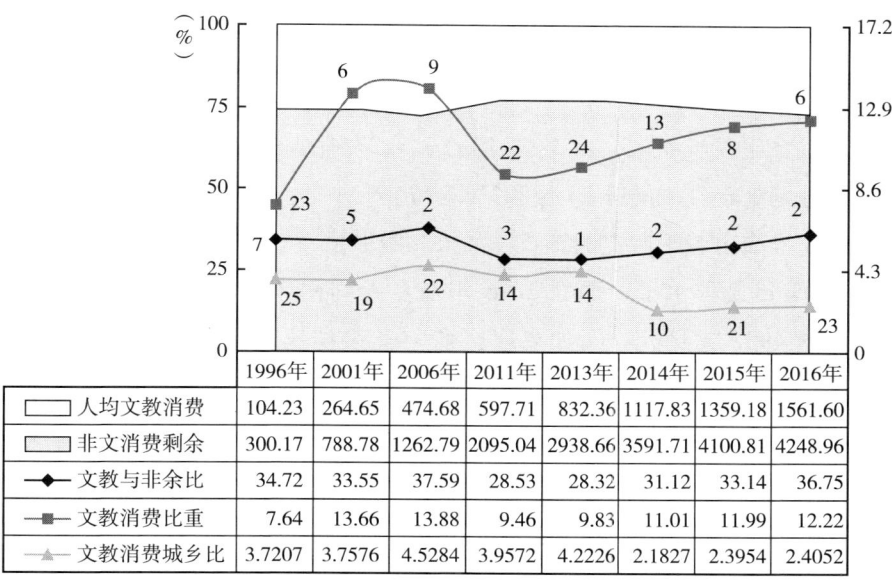

图4 甘肃城乡人均文教消费、非文消费剩余绝对值及其比值和城乡比变动态势

左轴面积：城乡人均文教消费、非文消费剩余（元转换为%），二者呈直观比例。左轴曲线：二者之比形成文化需求系数（%）。右轴曲线：文教消费比重（%，占总消费比），文教消费城乡比（乡村=1）。

1996～2016年，甘肃城乡居民人均文教消费年均增长14.49%，人均非文消费剩余年均增长14.17%，低于文教消费0.32个百分点。20年间，甘肃城乡居民文教消费与非文消费剩余比的最低值为1998年的21.03%，最高（最佳）值为2005年的44.57%。逐年考察，除了1996～1998年、2001年、2004年、2006～2008年、2010年、2012年出现回降以外，甘肃此项比值逐步上升，由1996年的34.72%提高至2016年的36.75%，前后年度分别处于省域间第7位和第2位。

图4另附甘肃居民文教消费比重历年变化动态，可见总消费增长带动文教消费增长的相关性态势，前后年度分别处于省域间第23位和第6位。

1996~2016年，甘肃乡村居民人均文教消费年均增长14.26%，城镇居民人均文教消费年均增长11.80%，低于乡村2.46个百分点。20年间，甘肃人均文教消费城乡比的最大值为2007年的5.0678，最小（最佳）值为2014年的2.1827。逐年考察，除了1997年、1999年、2002年、2004年、2006~2007年、2009~2010年、2012年、2015~2016年出现扩增以外，甘肃此项城乡比逐步缩减，由1996年的3.7207缩小至2016年的2.4052，前后年度分别处于省域间第25位和第23位。

由此推演出若干假定测算：①如果甘肃城乡文教消费与非文消费剩余比保持2005年最佳水平，那么2016年城乡人均文教消费应为1893.97元，总量可达493.34亿元；②如果取至此三类最佳比值叠加测算，那么城乡人均文教消费应为2546.04元，总量可达663.19亿元；③如果在三项最佳比值基础上再实现2014年人均文教消费最小城乡比，那么城乡人均文教消费应为2636.00元，总量可达686.62亿元；④如果进一步弥合城乡比实现均等，那么城乡人均文教消费应为3786.00元，总量可达986.17亿元；⑤如果至此三类城乡比同时实现无差距理想，按甘肃城镇三类比值历年最佳值演算，那么城乡人均文教消费应为5297.88元，总量可达1379.98亿元。

三　文化需求增长目标暨文化产业发展空间测算

2016~2021年甘肃城乡人均文教消费需求增长测算见图5。

（1）历年均增值测算：如果2016~2020年甘肃城乡文教消费增长保持1996~2016年平均增长率12.80%（省域间实际增长第3位），那么到2020年城乡人均文教消费将达到2527.95元。在相关各方面增长均依

甘肃：城乡无差距增长目标测算第3位

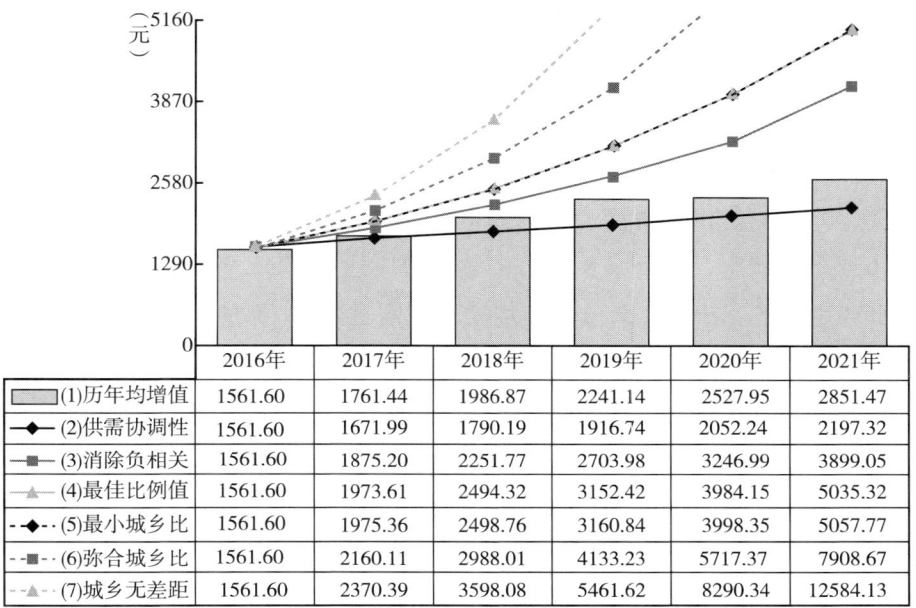

图5 2016~2021年甘肃城乡人均文教消费需求增长测算

作为背景因素，产值按1996~2016年实际年均增长率推算。2016年文教消费与产值比实际值5.65%，2020年测算值：（1）5.84%，（2）4.74%，（3）7.51%，（4）9.21%，（5）9.24%，（6）13.22%，（7）19.17%。2016~2020年人均文教消费年均增长：（1）12.80%（即1996~2016年实际值，以下为测算值），（2）7.07%，（3）20.08%，（4）26.38%，（5）26.50%，（6）38.33%，（7）51.79%。

若产值按年均增长率7%推算，则2020年文教消费（增量、增幅不变）与产值比：（1）6.98%，（3）8.96%。2020年文教消费人均值（与产值比不变）：（2）1719.07元，年增2.43%；（4）3337.34元，年增20.91%；（5）3349.24元，年增21.02%；（6）4789.18元，年增32.33%；（7）6944.43元，年增45.22%。

此推算的情况下，由于甘肃城乡文教消费与产值之比在1996~2016年呈现上升态势，至2020年文教消费增长与产值增长测算值之比将继续升高至5.84%。

（2）供需协调性测算：假设实现文化产业供需协调增长历年最佳关系，并达到"支柱性产业"所需与GDP之比。据此反推，到2020年甘肃城乡人均文教消费应达到2052.24元，年均增长率需达到7.07%，为以往20年实际年均增长率的0.55倍（即低于历年均增值测算，省域间目标距离第1位）。

由于《文化及相关产业分类》国家标准2004年版仅具指导性，各地多有变通，2012年版方确定为指令性国家标准，多年缺少全国统一标准的各地文化产值数据，一概按全国数据演算。

（3）消除负相关测算：如果到2020年甘肃城乡此项比值实现1996～2016年最佳状态，那么城乡人均文教消费应达到3246.99元，与产值增长测算值之比将上升至7.51%，年均增长率需达到20.08%，为以往20年实际年均增长率的1.57倍（省域间目标距离第7位）。

（4）最佳比例值测算：如果到2020年甘肃城乡三项比值同步实现1996～2016年最佳状态，那么城乡人均文教消费应达到3984.15元，与产值增长测算值之比将上升至9.21%，年均增长率需达到26.38%，为以往20年实际年均增长率的2.06倍（省域间目标距离第6位）。

（5）最小城乡比测算：如果到2020年甘肃城乡同时实现1996～2016年三项最佳比值和文教消费最小城乡比，那么城乡人均文教消费应达到3998.35元，与产值增长测算值之比将上升至9.24%，年均增长率需达到26.50%，为以往20年实际年均增长率的2.07倍（省域间目标距离第6位）。

（6）弥合城乡比测算：如果到2020年甘肃城乡同时实现1996～2016年三项最佳比值和乡村人均文教消费绝对值与城镇水平持平，那么城乡人均文教消费应达到5717.37元，与产值增长测算值之比将上升至13.22%，年均增长率需达到38.33%，为以往20年实际年均增长率的2.99倍（省域间目标距离第6位）。

（7）城乡无差距测算：如果到2020年甘肃在此三个层面消除城乡差距，实现按城镇标准衡量的1996～2016年三项最佳比值，那么城乡人均文教消费应达到8290.34元，与产值增长测算值之比将上升至19.17%，年均增长率需达到51.79%，为以往20年实际年均增长率的4.05倍（省域间目标距离第3位）。

B.7 吉林：城乡无差距增长目标测算第5位

汪 洋*

摘　要： 吉林文教消费增长目标暨文化产业发展空间检测：1996～2016年历年均增值实际测算为第15位；2016～2020年供需协调性目标测算为第16位；消除负相关目标测算为第9位；最佳比例值目标测算为第16位；最小城乡比目标测算为第16位；弥合城乡比目标测算为第16位；城乡无差距目标测算为第5位。

关键词： 吉林　文化产业　供需协调　增长测算

一　城乡文教消费需求及相关方面增长态势

1996～2016年吉林城乡文教消费总量和人均值增长态势见图1。

1996～2016年，吉林城乡文教消费总量由49.01亿元增至511.24亿元，增加462.23亿元，20年间总增长943.13%，年均增长12.44%。其中，第一个五年年均增长14.05%；第二个五年年均增长12.74%；第三个五年年均增长9.74%；第四个五年年均增长13.27%。

同期，吉林城镇人均文教消费由243.28元增至2367.54元，增加

---

* 汪洋，云南省社会科学院信息中心副主任、副研究员，主要从事民族文化、社会经济研究。

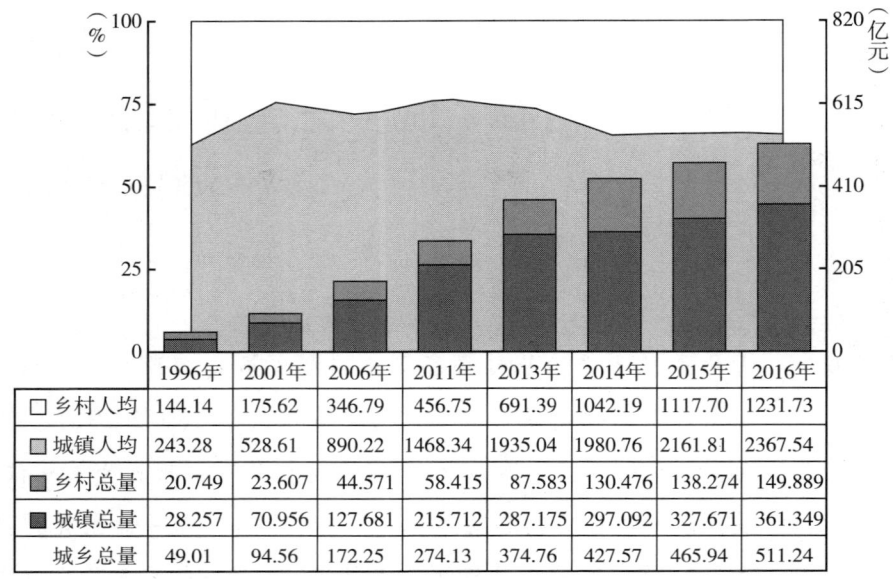

图1 吉林城乡文教消费总量和人均值增长态势

左轴：城乡人均文教消费（元转换为%），城乡间呈直观比例。右轴柱形：文教消费总量（亿元），上下（取3位小数避免合计值小数误差）之和为城乡总量。图中前几个五年时段末年对接，文中描述增长变化包括省略年度，后同。

2124.26元，20年间总增长873.17%，年均增长12.05%。其中，第一个五年年均增长16.79%；第二个五年年均增长10.99%；第三个五年年均增长10.53%；第四个五年年均增长10.03%。

同时，乡村人均文教消费由144.14元增至1231.73元，增加1087.59元，20年间总增长754.54%，年均增长11.32%。其中，第一个五年年均增长4.03%；第二个五年年均增长14.58%；第三个五年年均增长5.66%；第四个五年年均增长21.95%。

吉林城镇人均值年均增长在第一个五年高于乡村12.76个百分点，城乡差距极显著扩大；第二个五年低于乡村3.59个百分点，城乡差距转为明显缩小；第三个五年高于乡村4.87个百分点，城乡差距转为明显扩大；第四个五年低于乡村11.92个百分点，城乡差距转为极显著缩小。

皮书系列

2018年

智库成果出版与传播平台

社会科学文献出版社
SOCIAL SCIENCES ACADEMIC PRESS (CHINA)

社长致辞

蓦然回首，皮书的专业化历程已经走过了二十年。20年来从一个出版社的学术产品名称到媒体热词再到智库成果研创及传播平台，皮书以专业化为主线，进行了系列化、市场化、品牌化、数字化、国际化、平台化的运作，实现了跨越式的发展。特别是在党的十八大以后，以习近平总书记为核心的党中央高度重视新型智库建设，皮书也迎来了长足的发展，总品种达到600余种，经过专业评审机制、淘汰机制遴选，目前，每年稳定出版近400个品种。"皮书"已经成为中国新型智库建设的抓手，成为国际国内社会各界快速、便捷地了解真实中国的最佳窗口。

20年孜孜以求，"皮书"始终将自己的研究视野与经济社会发展中的前沿热点问题紧密相连。600个研究领域，3万多位分布于800余个研究机构的专家学者参与了研创写作。皮书数据库中共收录了15万篇专业报告，50余万张数据图表，合计30亿字，每年报告下载量近80万次。皮书为中国学术与社会发展实践的结合提供了一个激荡智力、传播思想的入口，皮书作者们用学术的话语、客观翔实的数据谱写出了中国故事壮丽的篇章。

20年跬步千里，"皮书"始终将自己的发展与时代赋予的使命与责任紧紧相连。每年百余场新闻发布会，10万余次中外媒体报道，中、英、俄、日、韩等12个语种共同出版。皮书所具有的凝聚力正在形成一种无形的力量，吸引着社会各界关注中国的发展，参与中国的发展，它是我们向世界传递中国声音、总结中国经验、争取中国国际话语权最主要的平台。

皮书这一系列成就的取得，得益于中国改革开放的伟大时代，离不开来自中国社会科学院、新闻出版广电总局、全国哲学社会科学规划办公室等主管部门的大力支持和帮助，也离不开皮书研创者和出版者的共同努力。他们与皮书的故事创造了皮书的历史，他们对皮书的拳拳之心将继续谱写皮书的未来！

现在，"皮书"品牌已经进入了快速成长的青壮年时期。全方位进行规范化管理，树立中国的学术出版标准；不断提升皮书的内容质量和影响力，搭建起中国智库产品和智库建设的交流服务平台和国际传播平台；发布各类皮书指数，并使之成为中国指数，让中国智库的声音响彻世界舞台，为人类的发展做出中国的贡献——这是皮书未来发展的图景。作为"皮书"这个概念的提出者，"皮书"从一般图书到系列图书和品牌图书，最终成为智库研究和社会科学应用对策研究的知识服务和成果推广平台这整个过程的操盘者，我相信，这也是每一位皮书人执着追求的目标。

"当代中国正经历着我国历史上最为广泛而深刻的社会变革，也正在进行着人类历史上最为宏大而独特的实践创新。这种前无古人的伟大实践，必将给理论创造、学术繁荣提供强大动力和广阔空间。"

在这个需要思想而且一定能够产生思想的时代，皮书的研创出版一定能创造出新的更大的辉煌！

社会科学文献出版社社长
中国社会学会秘书长
2017年11月

社会科学文献出版社简介

社会科学文献出版社(以下简称"社科文献出版社")成立于1985年,是直属于中国社会科学院的人文社会科学学术出版机构。成立至今,社科文献出版社始终依托中国社会科学院和国内外人文社会科学界丰厚的学术出版和专家学者资源,坚持"创社科经典,出传世文献"的出版理念、"权威、前沿、原创"的产品定位以及学术成果和智库成果出版的专业化、数字化、国际化、市场化的经营道路。

社科文献出版社是中国新闻出版业转型与文化体制改革的先行者。积极探索文化体制改革的先进方向和现代企业经营决策机制,社科文献出版社先后荣获"全国文化体制改革工作先进单位"、中国出版政府奖·先进出版单位奖、中国社会科学院先进集体、全国科普工作先进集体等荣誉称号。多人次荣获"第十届韬奋出版奖""全国新闻出版行业领军人才""数字出版先进人物""北京市新闻出版广电行业领军人才"等称号。

社科文献出版社是中国人文社会科学学术出版的大社名社,也是以皮书为代表的智库成果出版的专业强社。年出版图书2000余种,其中皮书400余种,出版新书字数5.5亿字,承印与发行中国社科院院属期刊72种,先后创立了皮书系列、列国志、中国史话、社科文献学术译库、社科文献学术文库、甲骨文书系等一大批既有学术影响又有市场价值的品牌,确立了在社会学、近代史、苏东问题研究等专业学科及领域出版的领先地位。图书多次荣获中国出版政府奖、"三个一百"原创图书出版工程、"五个'一'工程奖"、"大众喜爱的50种图书"等奖项,在中央国家机关"强素质·做表率"读书活动中,入选图书品种数位居各大出版社之首。

社科文献出版社是中国学术出版规范与标准的倡议者与制定者,代表全国50多家出版社发起实施学术著作出版规范的倡议,承担学术著作规范国家标准的起草工作,率先编撰完成《皮书手册》对皮书品牌进行规范化管理,并在此基础上推出中国版芝加哥手册 ——《社科文献出版社学术出版手册》。

社科文献出版社是中国数字出版的引领者,拥有皮书数据库、列国志数据库、"一带一路"数据库、减贫数据库、集刊数据库等4大产品线11个数据库产品,机构用户达1300余家,海外用户百余家,荣获"数字出版转型示范单位""新闻出版标准化先进单位""专业数字内容资源知识服务模式试点企业标准化示范单位"等称号。

社科文献出版社是中国学术出版走出去的践行者。社科文献出版社海外图书出版与学术合作业务遍及全球40余个国家和地区,并于2016年成立俄罗斯分社,累计输出图书500余种,涉及近20个语种,累计获得国家社科基金中华学术外译项目资助76种、"丝路书香工程"项目资助60种、中国图书对外推广计划项目资助71种以及经典中国国际出版工程资助28种,被五部委联合认定为"2015-2016年度国家文化出口重点企业"。

如今,社科文献出版社完全靠自身积累拥有固定资产3.6亿元,年收入3亿元,设置了七大出版分社、六大专业部门,成立了皮书研究院和博士后科研工作站,培养了一支近400人的高素质与高效率的编辑、出版、营销和国际推广队伍,为未来成为学术出版的大社、名社、强社,成为文化体制改革与文化企业转型发展的排头兵奠定了坚实的基础。

 宏观经济类

宏观经济类

经济蓝皮书
2018年中国经济形势分析与预测

李平 / 主编　2017年12月出版　定价：89.00元

◆ 本书为总理基金项目，由著名经济学家李扬领衔，联合中国社会科学院等数十家科研机构、国家部委和高等院校的专家共同撰写，系统分析了2017年的中国经济形势并预测2018年中国经济运行情况。

城市蓝皮书
中国城市发展报告 No.11

潘家华　单菁菁 / 主编　2018年9月出版　估价：99.00元

◆ 本书是由中国社会科学院城市发展与环境研究中心编著的，多角度、全方位地立体展示了中国城市的发展状况，并对中国城市的未来发展提出了许多建议。该书有强烈的时代感，对中国城市发展实践有重要的参考价值。

人口与劳动绿皮书
中国人口与劳动问题报告 No.19

张车伟 / 主编　2018年10月出版　估价：99.00元

◆ 本书为中国社会科学院人口与劳动经济研究所主编的年度报告，对当前中国人口与劳动形势做了比较全面和系统的深入讨论，为研究中国人口与劳动问题提供了一个专业性的视角。

宏观经济类 · 区域经济类

中国省域竞争力蓝皮书
中国省域经济综合竞争力发展报告（2017～2018）

李建平 李闽榕 高燕京/主编　2018年5月出版　估价：198.00元

◆ 本书融多学科的理论为一体，深入追踪研究了省域经济发展与中国国家竞争力的内在关系，为提升中国省域经济综合竞争力提供有价值的决策依据。

金融蓝皮书
中国金融发展报告（2018）

王国刚/主编　2018年2月出版　估价：99.00元

◆ 本书由中国社会科学院金融研究所组织编写，概括和分析了2017年中国金融发展和运行中的各方面情况，研讨和评论了2017年发生的主要金融事件，有利于读者了解掌握2017年中国的金融状况，把握2018年中国金融的走势。

区域经济类

京津冀蓝皮书
京津冀发展报告（2018）

祝合良 叶堂林 张贵祥/等著　2018年6月出版　估价：99.00元

◆ 本书遵循问题导向与目标导向相结合、统计数据分析与大数据分析相结合、纵向分析和长期监测与结构分析和综合监测相结合等原则，对京津冀协同发展新形势与新进展进行测度与评价。

社会政法类

社会蓝皮书
2018年中国社会形势分析与预测

李培林　陈光金　张翼/主编　2017年12月出版　定价：89.00元

◆　本书由中国社会科学院社会学研究所组织研究机构专家、高校学者和政府研究人员撰写，聚焦当下社会热点，对2017年中国社会发展的各个方面内容进行了权威解读，同时对2018年社会形势发展趋势进行了预测。

法治蓝皮书
中国法治发展报告 No.16（2018）

李林　田禾/主编　2018年3月出版　估价：118.00元

◆　本年度法治蓝皮书回顾总结了2017年度中国法治发展取得的成就和存在的不足，对中国政府、司法、检务透明度进行了跟踪调研，并对2018年中国法治发展形势进行了预测和展望。

教育蓝皮书
中国教育发展报告（2018）

杨东平/主编　2018年4月出版　估价：99.00元

◆　本书重点关注了2017年教育领域的热点，资料翔实，分析有据，既有专题研究，又有实践案例，从多角度对2017年教育改革和实践进行了分析和研究。

皮书系列 重点推荐 社会政法类

社会体制蓝皮书
中国社会体制改革报告 No.6（2018）

龚维斌 / 主编　2018 年 3 月出版　估价：99.00 元

◆ 本书由国家行政学院社会治理研究中心和北京师范大学中国社会管理研究院共同组织编写，主要对 2017 年社会体制改革情况进行回顾和总结，对 2018 年的改革走向进行分析，提出相关政策建议。

社会心态蓝皮书
中国社会心态研究报告（2018）

王俊秀　杨宜音 / 主编　2018 年 12 月出版　估价：99.00 元

◆ 本书是中国社会科学院社会学研究所社会心理研究中心"社会心态蓝皮书课题组"的年度研究成果，运用社会心理学、社会学、经济学、传播学等多种学科的方法进行了调查和研究，对于目前中国社会心态状况有较广泛和深入的揭示。

华侨华人蓝皮书
华侨华人研究报告（2018）

贾益民 / 主编　2018 年 1 月出版　估价：139.00 元

◆ 本书关注华侨华人生产与生活的方方面面。华侨华人是中国建设 21 世纪海上丝绸之路的重要中介者、推动者和参与者。本书旨在全面调研华侨华人，提供最新涉侨动态、理论研究成果和政策建议。

民族发展蓝皮书
中国民族发展报告（2018）

王延中 / 主编　2018 年 10 月出版　估价：188.00 元

◆ 本书从民族学人类学视角，研究近年来少数民族和民族地区的发展情况，展示民族地区经济、政治、文化、社会和生态文明"五位一体"建设取得的辉煌成就和面临的困难挑战，为深刻理解中央民族工作会议精神、加快民族地区全面建成小康社会进程提供了实证材料。

 产业经济类 · 行业及其他类

**皮书系列
重点推荐**

产业经济类

房地产蓝皮书
中国房地产发展报告 No.15（2018）

李春华 王业强 / 主编　2018 年 5 月出版　估价：99.00 元

◆ 2018 年《房地产蓝皮书》持续追踪中国房地产市场最新动态，深度剖析市场热点，展望 2018 年发展趋势，积极谋划应对策略。对 2017 年房地产市场的发展态势进行全面、综合的分析。

新能源汽车蓝皮书
中国新能源汽车产业发展报告（2018）

中国汽车技术研究中心　日产（中国）投资有限公司
东风汽车有限公司 / 编著　2018 年 8 月出版　估价：99.00 元

◆ 本书对中国 2017 年新能源汽车产业发展进行了全面系统的分析，并介绍了国外的发展经验。有助于相关机构、行业和社会公众等了解中国新能源汽车产业发展的最新动态，为政府部门出台新能源汽车产业相关政策法规、企业制定相关战略规划，提供必要的借鉴和参考。

行业及其他类

旅游绿皮书
2017～2018 年中国旅游发展分析与预测

中国社会科学院旅游研究中心 / 编　2018 年 2 月出版　估价：99.00 元

◆ 本书从政策、产业、市场、社会等多个角度勾画出 2017 年中国旅游发展全貌，剖析了其中的热点和核心问题，并就未来发展作出预测。

皮书系列 重点推荐

行业及其他类

民营医院蓝皮书
中国民营医院发展报告（2018）

薛晓林 / 主编　　2018年1月出版　　估价：99.00元

◆ 本书在梳理国家对社会办医的各种利好政策的前提下，对我国民营医疗发展现状、我国民营医院竞争力进行了分析，并结合我国医疗体制改革对民营医院的发展趋势、发展策略、战略规划等方面进行了预估。

会展蓝皮书
中外会展业动态评估研究报告（2018）

张敏 / 主编　　2018年12月出版　　估价：99.00元

◆ 本书回顾了2017年的会展业发展动态，结合"供给侧改革"、"互联网+"、"绿色经济"的新形势分析了我国展会的行业现状，并介绍了国外的发展经验，有助于行业和社会了解最新的展会业动态。

中国上市公司蓝皮书
中国上市公司发展报告（2018）

张平　王宏淼 / 主编　　2018年9月出版　　估价：99.00元

◆ 本书由中国社会科学院上市公司研究中心组织编写的，着力于全面、真实、客观反映当前中国上市公司财务状况和价值评估的综合性年度报告。本书详尽分析了2017年中国上市公司情况，特别是现实中暴露出的制度性、基础性问题，并对资本市场改革进行了探讨。

工业和信息化蓝皮书
人工智能发展报告（2017～2018）

尹丽波 / 主编　　2018年6月出版　　估价：99.00元

◆ 本书国家工业信息安全发展研究中心在对2017年全球人工智能技术和产业进行全面跟踪研究基础上形成的研究报告。该报告内容翔实、视角独特，具有较强的产业发展前瞻性和预测性，可为相关主管部门、行业协会、企业等全面了解人工智能发展形势以及进行科学决策提供参考。

国际问题与全球治理类 | 皮书系列重点推荐

国际问题与全球治理类

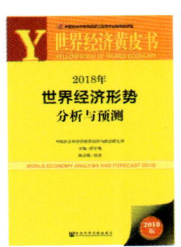

世界经济黄皮书
2018年世界经济形势分析与预测

张宇燕 / 主编　2018年1月出版　估价：99.00元

◆ 本书由中国社会科学院世界经济与政治研究所的研究团队撰写，分总论、国别与地区、专题、热点、世界经济统计与预测等五个部分，对2018年世界经济形势进行了分析。

国际城市蓝皮书
国际城市发展报告（2018）

屠启宇 / 主编　2018年2月出版　估价：99.00元

◆ 本书作者以上海社会科学院从事国际城市研究的学者团队为核心，汇集同济大学、华东师范大学、复旦大学、上海交通大学、南京大学、浙江大学相关城市研究专业学者。立足动态跟踪介绍国际城市发展时间中，最新出现的重大战略、重大理念、重大项目、重大报告和最佳案例。

非洲黄皮书
非洲发展报告 No.20（2017～2018）

张宏明 / 主编　2018年7月出版　估价：99.00元

◆ 本书是由中国社会科学院西亚非洲研究所组织编撰的非洲形势年度报告，比较全面、系统地分析了2017年非洲政治形势和热点问题，探讨了非洲经济形势和市场走向，剖析了大国对非洲关系的新动向；此外，还介绍了国内非洲研究的新成果。

 国别类

国别类

美国蓝皮书
美国研究报告（2018）
郑秉文 黄平／主编　2018年5月出版　估价：99.00元

◆ 本书是由中国社会科学院美国研究所主持完成的研究成果，它回顾了美国2017年的经济、政治形势与外交战略，对美国内政外交发生的重大事件及重要政策进行了较为全面的回顾和梳理。

德国蓝皮书
德国发展报告（2018）
郑春荣／主编　2018年6月出版　估价：99.00元

◆ 本报告由同济大学德国研究所组织编撰，由该领域的专家学者对德国的政治、经济、社会文化、外交等方面的形势发展情况，进行全面的阐述与分析。

俄罗斯黄皮书
俄罗斯发展报告（2018）
李永全／编著　2018年6月出版　估价：99.00元

◆ 本书系统介绍了2017年俄罗斯经济政治情况，并对2016年该地区发生的焦点、热点问题进行了分析与回顾；在此基础上，对该地区2018年的发展前景进行了预测。

文化传媒类

皮书系列
重点推荐

文 化 传 媒 类

新媒体蓝皮书
中国新媒体发展报告 No.9（2018）

唐绪军 / 主编　2018 年 6 月出版　估价：99.00 元

◆ 本书是由中国社会科学院新闻与传播研究所组织编写的关于新媒体发展的最新年度报告，旨在全面分析中国新媒体的发展现状，解读新媒体的发展趋势，探析新媒体的深刻影响。

移动互联网蓝皮书
中国移动互联网发展报告（2018）

余清楚 / 主编　　2018 年 6 月出版　估价：99.00 元

◆ 本书着眼于对 2017 年度中国移动互联网的发展情况做深入解析，对未来发展趋势进行预测，力求从不同视角、不同层面全面剖析中国移动互联网发展的现状、年度突破及热点趋势等。

文化蓝皮书
中国文化消费需求景气评价报告（2018）

王亚南 / 主编　2018 年 2 月出版　估价：99.00 元

◆ 本书首创全国文化发展量化检测评价体系，也是至今全国唯一的文化民生量化检测评价体系，对于检验全国及各地"以人民为中心"的文化发展具有首创意义。

皮书系列 重点推荐　地方发展类

地方发展类

北京蓝皮书
北京经济发展报告（2017～2018）

杨松/主编　2018年6月出版　估价：99.00元

◆ 本书对2017年北京市经济发展的整体形势进行了系统性的分析与回顾，并对2018年经济形势走势进行了预测与研判，聚焦北京市经济社会发展中的全局性、战略性和关键领域的重点问题，运用定量和定性分析相结合的方法，对北京市经济社会发展的现状、问题、成因进行了深入分析，提出了可操作性的对策建议。

温州蓝皮书
2018年温州经济社会形势分析与预测

蒋儒标　王春光　金浩/主编　2018年4月出版　估价：99.00元

◆ 本书是中共温州市委党校和中国社会科学院社会学研究所合作推出的第十一本温州蓝皮书，由来自党校、政府部门、科研机构、高校的专家、学者共同撰写的2017年温州区域发展形势的最新研究成果。

黑龙江蓝皮书
黑龙江社会发展报告（2018）

王爱丽/主编　2018年6月出版　估价：99.00元

◆ 本书以千份随机抽样问卷调查和专题研究为依据，运用社会学理论框架和分析方法，从专家和学者的独特视角，对2017年黑龙江省关系民生的问题进行广泛的调研与分析，并对2017年黑龙江省诸多社会热点和焦点问题进行了有益的探索。这些研究不仅可以为政府部门更加全面深入了解省情、科学制定决策提供智力支持，同时也可以为广大读者认识、了解、关注黑龙江社会发展提供理性思考。

宏观经济类

皮书系列 2018全品种

宏观经济类

城市蓝皮书
中国城市发展报告（No.11）
著（编）者：潘家华 单菁菁
2018年9月出版 / 估价：99.00元
PSN B-2007-091-1/1

城乡一体化蓝皮书
中国城乡一体化发展报告（2018）
著（编）者：付崇兰
2018年9月出版 / 估价：99.00元
PSN B-2011-226-1/2

城镇化蓝皮书
中国新型城镇化健康发展报告（2018）
著（编）者：张占斌
2018年8月出版 / 估价：99.00元
PSN B-2014-396-1/1

创新蓝皮书
创新型国家建设报告（2018~2019）
著（编）者：詹正茂
2018年12月出版 / 估价：99.00元
PSN B-2009-140-1/1

低碳发展蓝皮书
中国低碳发展报告（2018）
著（编）者：张希良 齐晔
2018年6月出版 / 估价：99.00元
PSN B-2011-223-1/1

低碳经济蓝皮书
中国低碳经济发展报告（2018）
著（编）者：薛进军 赵忠秀
2018年11月出版 / 估价：99.00元
PSN B-2011-194-1/1

发展和改革蓝皮书
中国经济发展和体制改革报告No.9
著（编）者：邹东涛 王再文
2018年1月出版 / 估价：99.00元
PSN B-2008-122-1/1

国家创新蓝皮书
中国创新发展报告（2017）
著（编）者：陈劲 2018年3月出版 / 估价：99.00元
PSN B-2014-370-1/1

金融蓝皮书
中国金融发展报告（2018）
著（编）者：王国刚
2018年2月出版 / 估价：99.00元
PSN B-2004-031-1/7

经济蓝皮书
2018年中国经济形势分析与预测
著（编）者：李平 2017年12月出版 / 定价：89.00元
PSN B-1996-001-1/1

经济蓝皮书春季号
2018年中国经济前景分析
著（编）者：李扬 2018年5月出版 / 估价：99.00元
PSN B-1999-008-1/1

经济蓝皮书夏季号
中国经济增长报告（2017~2018）
著（编）者：李扬 2018年9月出版 / 估价：99.00元
PSN B-2010-176-1/1

经济信息绿皮书
中国与世界经济发展报告（2018）
著（编）者：杜平
2017年12月出版 / 估价：99.00元
PSN G-2003-023-1/1

农村绿皮书
中国农村经济形势分析与预测（2017~2018）
著（编）者：魏后凯 黄秉信
2018年4月出版 / 估价：99.00元
PSN G-1998-003-1/1

人口与劳动绿皮书
中国人口与劳动问题报告No.19
著（编）者：张车伟 2018年11月出版 / 估价：99.00元
PSN G-2000-012-1/1

新型城镇化蓝皮书
新型城镇化发展报告（2017）
著（编）者：李伟 宋敏 沈体雁
2018年3月出版 / 估价：99.00元
PSN B-2005-038-1/1

中国省域竞争力蓝皮书
中国省域经济综合竞争力发展报告（2016~2017）
著（编）者：李建平 李闽榕 高燕京
2018年2月出版 / 估价：198.00元
PSN B-2007-088-1/1

中小城市绿皮书
中国中小城市发展报告（2018）
著（编）者：中国城市经济学会中小城市经济发展委员会
　　　　　中国城镇化促进会中小城市发展委员会
　　　　　《中国中小城市发展报告》编纂委员会
　　　　　中小城市发展战略研究院
2018年11月出版 / 估价：128.00元
PSN G-2010-161-1/1

区域经济类

东北蓝皮书
中国东北地区发展报告（2018）
著（编）者：姜晓秋　　2018年11月出版 / 估价：99.00元
PSN B-2006-067-1/1

金融蓝皮书
中国金融中心发展报告（2017~2018）
著（编）者：王力　黄育华　　2018年11月出版 / 估价：99.00元
PSN B-2011-186-6/7

京津冀蓝皮书
京津冀发展报告（2018）
著（编）者：祝合良　叶堂林　张贵祥
2018年6月出版 / 估价：99.00元
PSN B-2012-262-1/1

西北蓝皮书
中国西北发展报告（2018）
著（编）者：任宗哲　白宽犁　王建康
2018年4月出版 / 估价：99.00元
PSN B-2012-261-1/1

西部蓝皮书
中国西部发展报告（2018）
著（编）者：璋勇　任保平　　2018年8月出版 / 估价：99.00元
PSN B-2005-039-1/1

长江经济带产业蓝皮书
长江经济带产业发展报告（2018）
著（编）者：吴传清　　2018年11月出版 / 估价：128.00元
PSN B-2017-666-1/1

长江经济带蓝皮书
长江经济带发展报告（2017~2018）
著（编）者：王振　　2018年11月出版 / 估价：99.00元
PSN B-2016-575-1/1

长江中游城市群蓝皮书
长江中游城市群新型城镇化与产业协同发展报告（2018）
著（编）者：杨刚强　　2018年11月出版 / 估价：99.00元
PSN B-2016-578-1/1

长三角蓝皮书
2017年创新融合发展的长三角
著（编）者：刘飞跃　　2018年3月出版 / 估价：99.00元
PSN B-2005-038-1/1

长株潭城市群蓝皮书
长株潭城市群发展报告（2017）
著（编）者：张萍　朱有志　　2018年1月出版 / 估价：99.00元
PSN B-2008-109-1/1

中部竞争力蓝皮书
中国中部经济社会竞争力报告（2018）
著（编）者：教育部人文社会科学重点研究基地南昌大学中国中部经济社会发展研究中心
2018年12月出版 / 估价：99.00元
PSN B-2012-276-1/1

中部蓝皮书
中国中部地区发展报告（2018）
著（编）者：宋亚平　　2018年12月出版 / 估价：99.00元
PSN B-2007-089-1/1

区域蓝皮书
中国区域经济发展报告（2017~2018）
著（编）者：赵弘　　2018年5月出版 / 估价：99.00元
PSN B-2004-034-1/1

中三角蓝皮书
长江中游城市群发展报告（2018）
著（编）者：秦尊文　　2018年9月出版 / 估价：99.00元
PSN B-2014-417-1/1

中原蓝皮书
中原经济区发展报告（2018）
著（编）者：李英杰　　2018年6月出版 / 估价：99.00元
PSN B-2011-192-1/1

珠三角流通蓝皮书
珠三角商圈发展研究报告（2018）
著（编）者：王先庆　林至颖　　2018年7月出版 / 估价：99.00元
PSN B-2012-292-1/1

社会政法类

北京蓝皮书
中国社区发展报告（2017~2018）
著（编）者：于燕燕　　2018年9月出版 / 估价：99.00元
PSN B-2007-083-5/8

殡葬绿皮书
中国殡葬事业发展报告（2017~2018）
著（编）者：李伯森　　2018年4月出版 / 估价：158.00元
PSN G-2010-180-1/1

城市管理蓝皮书
中国城市管理报告（2017-2018）
著（编）者：刘林　刘承水　　2018年5月出版 / 估价：158.00元
PSN B-2013-336-1/1

城市生活质量蓝皮书
中国城市生活质量报告（2017）
著（编）者：张连城　张平　杨春学　郎丽华
2018年2月出版 / 估价：99.00元
PSN B-2013-326-1/1

社会政法类 — 皮书系列 2018全品种

城市政府能力蓝皮书
中国城市政府公共服务能力评估报告（2018）
著(编)者：何艳玲　2018年4月出版　估价：99.00元
PSN B-2013-338-1/1

创业蓝皮书
中国创业发展研究报告（2017~2018）
著(编)者：黄群慧　赵卫星　钟宏武
2018年11月出版　估价：99.00元
PSN B-2016-577-1/1

慈善蓝皮书
中国慈善发展报告（2018）
著(编)者：杨团　2018年6月出版　估价：99.00元
PSN B-2009-142-1/1

党建蓝皮书
党的建设研究报告No.2（2018）
著(编)者：崔建民　陈东平　2018年1月出版　估价：99.00元
PSN B-2016-523-1/1

地方法治蓝皮书
中国地方法治发展报告No.3（2018）
著(编)者：李林　田禾　2018年3月出版　估价：118.00元
PSN B-2015-442-1/1

电子政务蓝皮书
中国电子政务发展报告（2018）
著(编)者：李季　2018年8月出版　估价：99.00元
PSN B-2003-022-1/1

法治蓝皮书
中国法治发展报告No.16（2018）
著(编)者：李艳滨　2018年3月出版　估价：118.00元
PSN B-2004-027-1/3

法治蓝皮书
中国法院信息化发展报告No.2（2018）
著(编)者：李林　田禾　2018年2月出版　估价：108.00元
PSN B-2017-604-3/3

法治政府蓝皮书
中国法治政府发展报告（2018）
著(编)者：中国政法大学法治政府研究院
2018年4月出版　估价：99.00元
PSN B-2015-502-1/2

法治政府蓝皮书
中国法治政府评估报告（2018）
著(编)者：中国政法大学法治政府研究院
2018年9月出版　估价：168.00元
PSN B-2016-576-2/2

反腐倡廉蓝皮书
中国反腐倡廉建设报告 No.8
著(编)者：张英伟　2018年12月出版　估价：99.00元
PSN B-2012-259-1/1

扶贫蓝皮书
中国扶贫开发报告（2018）
著(编)者：李培林　魏后凯　2018年12月出版　估价：128.00元
PSN B-2016-599-1/1

妇女发展蓝皮书
中国妇女发展报告 No.6
著(编)者：王金玲　2018年9月出版　估价：158.00元
PSN B-2006-069-1/1

妇女教育蓝皮书
中国妇女教育发展报告 No.3
著(编)者：张李玺　2018年10月出版　估价：99.00元
PSN B-2008-121-1/1

妇女绿皮书
2018年：中国性别平等与妇女发展报告
著(编)者：谭琳　2018年12月出版　估价：99.00元
PSN G-2006-073-1/1

公共安全蓝皮书
中国城市公共安全发展报告（2017~2018）
著(编)者：黄育华　杨文明　赵建辉
2018年6月出版　估价：99.00元
PSN B-2017-628-1/1

公共服务蓝皮书
中国城市基本公共服务力评价（2018）
著(编)者：钟君　刘志昌　吴正杲
2018年12月出版　估价：99.00元
PSN B-2011-214-1/1

公民科学素质蓝皮书
中国公民科学素质报告（2017~2018）
著(编)者：李群　陈雄　马宗文
2018年1月出版　估价：99.00元
PSN B-2014-379-1/1

公益蓝皮书
中国公益慈善发展报告（2016）
著(编)者：朱健刚　胡小军　2018年2月出版　估价：99.00元
PSN B-2012-283-1/1

国际人才蓝皮书
中国国际移民报告（2018）
著(编)者：王辉耀　2018年2月出版　估价：99.00元
PSN B-2012-304-3/4

国际人才蓝皮书
中国留学发展报告（2018）No.7
著(编)者：王辉耀　苗绿　2018年12月出版　估价：99.00元
PSN B-2012-244-2/4

海洋社会蓝皮书
中国海洋社会发展报告（2017）
著(编)者：崔凤　宋宁而　2018年3月出版　估价：99.00元
PSN B-2015-478-1/1

行政改革蓝皮书
中国行政体制改革报告No.7（2018）
著(编)者：魏礼群　2018年6月出版　估价：99.00元
PSN B-2011-231-1/1

华侨华人蓝皮书
华侨华人研究报告（2017）
著(编)者：贾益民　2018年1月出版　估价：139.00元
PSN B-2011-204-1/1

社会政法类

环境竞争力绿皮书
中国省域环境竞争力发展报告（2018）
著(编)者：李建平 李闽榕 王金南
2018年11月出版 / 估价：198.00元
PSN G-2010-165-1/1

环境绿皮书
中国环境发展报告（2017~2018）
著(编)者：李波　2018年4月出版 / 估价：99.00元
PSN G-2006-048-1/1

家庭蓝皮书
中国"创建幸福家庭活动"评估报告（2018）
著(编)者：国务院发展研究中心"创建幸福家庭活动评估"课题组
2018年12月出版 / 估价：99.00元
PSN B-2015-508-1/1

健康城市蓝皮书
中国健康城市建设研究报告（2018）
著(编)者：王鸿春 盛继洪　2018年12月出版 / 估价：99.00元
PSN B-2016-564-2/2

健康中国蓝皮书
社区首诊与健康中国分析报告（2018）
著(编)者：高和荣 杨叔禹 姜杰
2018年4月出版 / 估价：99.00元
PSN B-2017-611-1/1

教师蓝皮书
中国中小学教师发展报告（2017）
著(编)者：曾晓东 鱼霞　2018年6月出版 / 估价：99.00元
PSN B-2012-289-1/1

教育扶贫蓝皮书
中国教育扶贫报告（2018）
著(编)者：司树杰 王文静 李兴洲
2018年12月出版 / 估价：99.00元
PSN B-2016-590-1/1

教育蓝皮书
中国教育发展报告（2018）
著(编)者：杨东平　2018年4月出版 / 估价：99.00元
PSN B-2006-047-1/1

金融法治建设蓝皮书
中国金融法治建设年度报告（2015~2016）
著(编)者：朱小黄　2018年6月出版 / 估价：99.00元
PSN B-2017-633-1/1

京津冀教育蓝皮书
京津冀教育发展研究报告（2017~2018）
著(编)者：方中雄　2018年4月出版 / 估价：99.00元
PSN B-2017-608-1/1

就业蓝皮书
2018年中国本科生就业报告
著(编)者：麦可思研究院　2018年6月出版 / 估价：99.00元
PSN B-2009-146-1/2

就业蓝皮书
2018年中国高职高专生就业报告
著(编)者：麦可思研究院　2018年6月出版 / 估价：99.00元
PSN B-2015-472-2/2

科学教育蓝皮书
中国科学教育发展报告（2018）
著(编)者：王康友　2018年10月出版 / 估价：99.00元
PSN B-2015-487-1/1

劳动保障蓝皮书
中国劳动保障发展报告（2018）
著(编)者：刘燕斌　2018年9月出版 / 估价：158.00元
PSN B-2014-415-1/1

老龄蓝皮书
中国老年宜居环境发展报告（2017）
著(编)者：党俊武 周燕珉　2018年1月出版 / 估价：99.00元
PSN B-2013-320-1/1

连片特困区蓝皮书
中国连片特困区发展报告（2017~2018）
著(编)者：游俊 冷志明 丁建军
2018年4月出版 / 估价：99.00元
PSN B-2013-321-1/1

流动儿童蓝皮书
中国流动儿童教育发展报告（2017）
著(编)者：杨东平　2018年1月出版 / 估价：99.00元
PSN B-2017-600-1/1

民调蓝皮书
中国民生调查报告（2018）
著(编)者：谢耘耕　2018年12月出版 / 估价：99.00元
PSN B-2014-398-1/1

民族发展蓝皮书
中国民族发展报告（2018）
著(编)者：王延中　2018年10月出版 / 估价：188.00元
PSN B-2006-070-1/1

女性生活蓝皮书
中国女性生活状况报告No.12（2018）
著(编)者：韩湘景　2018年7月出版 / 估价：99.00元
PSN B-2006-071-1/1

汽车社会蓝皮书
中国汽车社会发展报告（2017~2018）
著(编)者：王俊秀　2018年1月出版 / 估价：99.00元
PSN B-2011-224-1/1

青年蓝皮书
中国青年发展报告（2018）No.3
著(编)者：廉思　2018年4月出版 / 估价：99.00元
PSN B-2013-333-1/1

青少年蓝皮书
中国未成年人互联网运用报告（2017~2018）
著(编)者：季为民 李文革 沈杰
2018年11月出版 / 估价：99.00元
PSN B-2010-156-1/1

皮书系列 2018全品种

社会政法类

人权蓝皮书
中国人权事业发展报告No.8（2018）
著（编）者：李君如　2018年9月出版 / 估价：99.00元
PSN B-2011-215-1/1

社会保障绿皮书
中国社会保障发展报告No.9（2018）
著（编）者：王延中　2018年1月出版 / 估价：99.00元
PSN G-2001-014-1/1

社会风险评估蓝皮书
风险评估与危机预警报告（2017~2018）
著（编）者：唐钧　2018年8月出版 / 估价：99.00元
PSN B-2012-293-1/1

社会工作蓝皮书
中国社会工作发展报告（2016~2017）
著（编）者：民政部社会工作研究中心
2018年8月出版 / 估价：99.00元
PSN B-2009-141-1/1

社会管理蓝皮书
中国社会管理创新报告No.6
著（编）者：连玉明　2018年11月出版 / 估价：99.00元
PSN B-2012-300-1/1

社会蓝皮书
2018年中国社会形势分析与预测
著（编）者：李培林　陈光金　张翼
2017年12月出版 / 定价：89.00元
PSN B-1998-002-1/1

社会体制蓝皮书
中国社会体制改革报告No.6（2018）
著（编）者：龚维斌　2018年3月出版 / 估价：99.00元
PSN B-2013-330-1/1

社会心态蓝皮书
中国社会心态研究报告（2018）
著（编）者：王俊秀　2018年12月出版 / 估价：99.00元
PSN B-2011-199-1/1

社会组织蓝皮书
中国社会组织报告（2017-2018）
著（编）者：黄晓勇　2018年1月出版 / 估价：99.00元
PSN B-2008-118-1/2

社会组织蓝皮书
中国社会组织评估发展报告（2018）
著（编）者：徐家良　2018年12月出版 / 估价：99.00元
PSN B-2013-366-2/2

生态城市绿皮书
中国生态城市建设发展报告（2018）
著（编）者：刘举科　孙伟平　胡文臻
2018年9月出版 / 估价：158.00元
PSN G-2012-269-1/1

生态文明绿皮书
中国省域生态文明建设评价报告（ECI 2018）
著（编）者：严耕　2018年12月出版 / 估价：99.00元
PSN G-2010-170-1/1

退休生活蓝皮书
中国城市居民退休生活质量指数报告（2017）
著（编）者：杨一帆　2018年5月出版 / 估价：99.00元
PSN B-2017-618-1/1

危机管理蓝皮书
中国危机管理报告（2018）
著（编）者：文学国　范正青
2018年8月出版 / 估价：99.00元
PSN B-2010-171-1/1

学会蓝皮书
2018年中国学会发展报告
著（编）者：麦可思研究院
2018年12月出版 / 估价：99.00元
PSN B-2016-597-1/1

医改蓝皮书
中国医药卫生体制改革报告（2017~2018）
著（编）者：文学国　房志武
2018年11月出版 / 估价：99.00元
PSN B-2014-432-1/1

应急管理蓝皮书
中国应急管理报告（2018）
著（编）者：宋英华　2018年9月出版 / 估价：99.00元
PSN B-2016-562-1/1

政府绩效评估蓝皮书
中国地方政府绩效评估报告 No.2
著（编）者：贠杰　2018年12月出版 / 估价：99.00元
PSN B-2017-672-1/1

政治参与蓝皮书
中国政治参与报告（2018）
著（编）者：房宁　2018年8月出版 / 估价：128.00元
PSN B-2011-200-1/1

政治文化蓝皮书
中国政治文化报告（2018）
著（编）者：邢元敏　魏大鹏　龚克
2018年8月出版 / 估价：128.00元
PSN B-2017-615-1/1

中国传统村落蓝皮书
中国传统村落保护现状报告（2018）
著（编）者：胡彬彬　李向军　王晓波
2018年12月出版 / 估价：99.00元
PSN B-2017-663-1/1

中国农村妇女发展蓝皮书
农村流动女性城市生活发展报告（2018）
著（编）者：谢丽华　2018年12月出版 / 估价：99.00元
PSN B-2014-434-1/1

宗教蓝皮书
中国宗教报告（2017）
著（编）者：邱永辉　2018年8月出版 / 估价：99.00元
PSN B-2008-117-1/1

产业经济类

保健蓝皮书
中国保健服务产业发展报告 No.2
著(编)者：中国保健协会　中共中央党校
2018年7月出版 / 估价：198.00元
PSN B-2012-272-3/3

保健蓝皮书
中国保健食品产业发展报告 No.2
著(编)者：中国保健协会
　　　　　中国社会科学院食品药品产业发展与监管研究中心
2018年8月出版 / 估价：198.00元
PSN B-2012-271-2/3

保健蓝皮书
中国保健用品产业发展报告 No.2
著(编)者：中国保健协会
　　　　　国务院国有资产监督管理委员会研究中心
2018年3月出版 / 估价：198.00元
PSN B-2012-270-1/3

保险蓝皮书
中国保险业竞争力报告（2018）
著(编)者：保监会　　2018年12月出版 / 估价：99.00元
PSN B-2013-311-1/1

冰雪蓝皮书
中国冰上运动产业发展报告（2018）
著(编)者：孙承华 杨占武 刘戈 张鸿俊
2018年9月出版 / 估价：99.00元
PSN B-2017-648-3/3

冰雪蓝皮书
中国滑雪产业发展报告（2018）
著(编)者：孙承华 伍斌 魏庆华 张鸿俊
2018年9月出版 / 估价：99.00元
PSN B-2016-559-1/3

餐饮产业蓝皮书
中国餐饮产业发展报告（2018）
著(编)者：邢颖
2018年6月出版 / 估价：99.00元
PSN B-2009-151-1/1

茶业蓝皮书
中国茶产业发展报告（2018）
著(编)者：杨江帆 李闽榕
2018年10月出版 / 估价：99.00元
PSN B-2010-164-1/1

产业安全蓝皮书
中国文化产业安全报告（2018）
著(编)者：北京印刷学院文化产业安全研究院
2018年12月出版 / 估价：99.00元
PSN B-2014-378-12/14

产业安全蓝皮书
中国新媒体产业安全报告（2016~2017）
著(编)者：肖丽　　2018年6月出版 / 估价：99.00元
PSN B-2015-500-14/14

产业安全蓝皮书
中国出版传媒产业安全报告（2017~2018）
著(编)者：北京印刷学院文化产业安全研究院
2018年3月出版 / 估价：99.00元
PSN B-2014-384-13/14

产业蓝皮书
中国产业竞争力报告（2018）No.8
著(编)者：张其仔　2018年12月出版 / 估价：168.00元
PSN B-2010-175-1/1

动力电池蓝皮书
中国新能源汽车动力电池产业发展报告（2018）
著(编)者：中国汽车技术研究中心
2018年8月出版 / 估价：99.00元
PSN B-2017-639-1/1

杜仲产业绿皮书
中国杜仲橡胶资源与产业发展报告（2017~2018）
著(编)者：杜红岩 胡文臻 俞锐
2018年1月出版 / 估价：99.00元
PSN G-2013-350-1/1

房地产蓝皮书
中国房地产发展报告No.15（2018）
著(编)者：李春华 王业强
2018年5月出版 / 估价：99.00元
PSN B-2004-028-1/1

服务外包蓝皮书
中国服务外包产业发展报告（2017~2018）
著(编)者：王晓红 刘德军
2018年6月出版 / 估价：99.00元
PSN B-2013-331-2/2

服务外包蓝皮书
中国服务外包竞争力报告（2017~2018）
著(编)者：刘春生 王力 黄育华
2018年12月出版 / 估价：99.00元
PSN B-2011-216-1/2

工业和信息化蓝皮书
世界信息技术产业发展报告（2017~2018）
著(编)者：尹丽波　　2018年6月出版 / 估价：99.00元
PSN B-2015-449-2/6

工业和信息化蓝皮书
战略性新兴产业发展报告（2017~2018）
著(编)者：尹丽波　　2018年6月出版 / 估价：99.00元
PSN B-2015-450-3/6

 产业经济类

皮书系列 2018全品种

客车蓝皮书
中国客车产业发展报告（2017~2018）
著(编)者：姚蔚　　2018年10月出版 / 估价：99.00元
PSN B-2013-361-1/1

流通蓝皮书
中国商业发展报告（2018~2019）
著(编)者：王雪峰　林诗慧
2018年7月出版 / 估价：99.00元
PSN B-2009-152-1/2

能源蓝皮书
中国能源发展报告（2018）
著(编)者：崔民选　王军生　陈义和
2018年12月出版 / 估价：99.00元
PSN B-2006-049-1/1

农产品流通蓝皮书
中国农产品流通产业发展报告（2017）
著(编)者：贾敬敦　张东科　张玉玺　张鹏毅　周伟
2018年1月出版 / 估价：99.00元
PSN B-2012-288-1/1

汽车工业蓝皮书
中国汽车工业发展年度报告（2018）
著(编)者：中国汽车工业协会
　　　　　中国汽车技术研究中心
　　　　　丰田汽车公司
2018年5月出版 / 估价：168.00元
PSN B-2015-463-1/2

汽车工业蓝皮书
中国汽车零部件产业发展报告（2017~2018）
著(编)者：中国汽车工业协会
　　　　　中国汽车工程研究院深圳市沃特玛电池有限公司
2018年9月出版 / 估价：99.00元
PSN B-2016-515-2/2

汽车蓝皮书
中国汽车产业发展报告（2018）
著(编)者：中国汽车工程学会
　　　　　大众汽车集团（中国）
2018年11月出版 / 估价：99.00元
PSN B-2008-124-1/1

世界茶业蓝皮书
世界茶业发展报告（2018）
著(编)者：李闽榕　冯廷佺
2018年5月出版 / 估价：168.00元
PSN B-2017-619-1/1

世界能源蓝皮书
世界能源发展报告（2018）
著(编)者：黄晓勇　　2018年6月出版 / 估价：168.00元
PSN B-2013-349-1/1

体育蓝皮书
国家体育产业基地发展报告（2016~2017）
著(编)者：李颖川　　2018年4月出版 / 估价：168.00元
PSN B-2017-609-5/5

体育蓝皮书
中国体育产业发展报告（2018）
著(编)者：阮伟　钟秉枢
2018年12月出版 / 估价：99.00元
PSN B-2010-179-1/5

文化金融蓝皮书
中国文化金融发展报告（2018）
著(编)者：杨涛　金巍
2018年5月出版 / 估价：99.00元
PSN B-2017-610-1/1

新能源汽车蓝皮书
中国新能源汽车产业发展报告（2018）
著(编)者：中国汽车技术研究中心
　　　　　日产（中国）投资有限公司
　　　　　东风汽车有限公司
2018年8月出版 / 估价：99.00元
PSN B-2013-347-1/1

薏仁米产业蓝皮书
中国薏仁米产业发展报告No.2（2018）
著(编)者：李发耀　石明　秦礼康
2018年8月出版 / 估价：99.00元
PSN B-2017-645-1/1

邮轮绿皮书
中国邮轮产业发展报告（2018）
著(编)者：汪泓　　2018年10月出版 / 估价：99.00元
PSN G-2014-419-1/1

智能养老蓝皮书
中国智能养老产业发展报告（2018）
著(编)者：朱勇　　2018年10月出版 / 估价：99.00元
PSN B-2015-488-1/1

中国节能汽车蓝皮书
中国节能汽车发展报告（2017~2018）
著(编)者：中国汽车工程研究院股份有限公司
2018年9月出版 / 估价：99.00元
PSN B-2016-565-1/1

中国陶瓷产业蓝皮书
中国陶瓷产业发展报告（2018）
著(编)者：左和平　黄速建
2018年10月出版 / 估价：99.00元
PSN B-2016-573-1/1

装备制造业蓝皮书
中国装备制造业发展报告（2018）
著(编)者：徐东华　　2018年12月出版 / 估价：118.00元
PSN B-2015-505-1/1

行业及其他类

"三农"互联网金融蓝皮书
中国"三农"互联网金融发展报告（2018）
著(编)者：李勇坚 王弢
2018年8月出版 / 估价：99.00元
PSN B-2016-560-1/1

SUV蓝皮书
中国SUV市场发展报告（2017~2018）
著(编)者：靳军　2018年9月出版 / 估价：99.00元
PSN B-2016-571-1/1

冰雪蓝皮书
中国冬季奥运会发展报告（2018）
著(编)者：孙承华 伍斌 魏庆华 张鸿俊
2018年9月出版 / 估价：99.00元
PSN B-2017-647-2/3

彩票蓝皮书
中国彩票发展报告（2018）
著(编)者：益彩基金　2018年4月出版 / 估价：99.00元
PSN B-2015-462-1/1

测绘地理信息蓝皮书
测绘地理信息供给侧结构性改革研究报告（2018）
著(编)者：库热西·买合苏提
2018年12月出版 / 估价：168.00元
PSN B-2009-145-1/1

产权市场蓝皮书
中国产权市场发展报告（2017）
著(编)者：曹和平　2018年5月出版 / 估价：99.00元
PSN B-2009-147-1/1

城投蓝皮书
中国城投行业发展报告（2018）
著(编)者：华景斌
2018年11月出版 / 估价：300.00元
PSN B-2016-514-1/1

大数据蓝皮书
中国大数据发展报告（No.2）
著(编)者：连玉明　2018年5月出版 / 估价：99.00元
PSN B-2017-620-1/1

大数据应用蓝皮书
中国大数据应用发展报告No.2（2018）
著(编)者：陈军君　2018年8月出版 / 估价：99.00元
PSN B-2017-644-1/1

对外投资与风险蓝皮书
中国对外直接投资与国家风险报告（2018）
著(编)者：中债资信评估有限责任公司
　　　　　中国社会科学院世界经济与政治研究所
2018年4月出版 / 估价：189.00元
PSN B-2017-606-1/1

工业和信息化蓝皮书
人工智能发展报告（2017~2018）
著(编)者：尹丽波　2018年6月出版 / 估价：99.00元
PSN B-2015-448-1/6

工业和信息化蓝皮书
世界智慧城市发展报告（2017~2018）
著(编)者：尹丽波　2018年6月出版 / 估价：99.00元
PSN B-2017-624-6/6

工业和信息化蓝皮书
世界网络安全发展报告（2017~2018）
著(编)者：尹丽波　2018年6月出版 / 估价：99.00元
PSN B-2015-452-5/6

工业和信息化蓝皮书
世界信息化发展报告（2017~2018）
著(编)者：尹丽波　2018年6月出版 / 估价：99.00元
PSN B-2015-451-4/6

工业设计蓝皮书
中国工业设计发展报告（2018）
著(编)者：王晓红 于炜 张立群　2018年9月出版 / 估价：168.00元
PSN B-2014-420-1/1

公共关系蓝皮书
中国公共关系发展报告（2018）
著(编)者：柳斌杰　2018年11月出版 / 估价：99.00元
PSN B-2016-579-1/1

管理蓝皮书
中国管理发展报告（2018）
著(编)者：张晓东　2018年10月出版 / 估价：99.00元
PSN B-2014-416-1/1

海关发展蓝皮书
中国海关发展前沿报告（2018）
著(编)者：干春晖　2018年6月出版 / 估价：99.00元
PSN B-2017-616-1/1

互联网医疗蓝皮书
中国互联网健康医疗发展报告（2018）
著(编)者：芮晓武　2018年6月出版 / 估价：99.00元
PSN B-2016-567-1/1

黄金市场蓝皮书
中国商业银行黄金业务发展报告（2017~2018）
著(编)者：平安银行　2018年3月出版 / 估价：99.00元
PSN B-2016-524-1/1

会展蓝皮书
中外会展业动态评估研究报告（2018）
著(编)者：张敏 任中峰 聂鑫焱 牛盼强
2018年12月出版 / 估价：99.00元
PSN B-2013-327-1/1

基金会蓝皮书
中国基金会发展报告（2017~2018）
著(编)者：中国基金会发展报告课题组
2018年4月出版 / 估价：99.00元
PSN B-2013-368-1/1

基金会绿皮书
中国基金会发展独立研究报告（2018）
著(编)者：基金会中心网　中央民族大学基金会研究中心
2018年6月出版 / 估价：99.00元
PSN G-2011-213-1/1

行业及其他类

皮书系列 2018全品种

基金会透明度蓝皮书
中国基金会透明度发展研究报告（2018）
著(编)者：基金会中心网
　　　　　清华大学廉政与治理研究中心
2018年9月出版 / 估价：99.00元
PSN B-2013-339-1/1

建筑装饰蓝皮书
中国建筑装饰行业发展报告（2018）
著(编)者：葛道顺 刘晓一
2018年10月出版 / 估价：198.00元
PSN B-2016-553-1/1

金融监管蓝皮书
中国金融监管报告（2018）
著(编)者：胡滨　　2018年5月出版 / 估价：99.00元
PSN B-2012-281-1/1

金融蓝皮书
中国互联网金融行业分析与评估（2018~2019）
著(编)者：黄国平 伍旭川　　2018年12月出版 / 估价：99.00元
PSN B-2016-585-7/7

金融科技蓝皮书
中国金融科技发展报告（2018）
著(编)者：李扬 孙国峰　　2018年10月出版 / 估价：99.00元
PSN B-2014-374-1/1

金融信息服务蓝皮书
中国金融信息服务发展报告（2018）
著(编)者：李平　　2018年5月出版 / 估价：99.00元
PSN B-2017-621-1/1

京津冀金融蓝皮书
京津冀金融发展报告（2018）
著(编)者：王爱俭 王璟怡　　2018年10月出版 / 估价：99.00元
PSN B-2016-527-1/1

科普蓝皮书
国家科普能力发展报告（2018）
著(编)者：王康友　　2018年5月出版 / 估价：138.00元
PSN B-2017-632-4/4

科普蓝皮书
中国基层科普发展报告（2017~2018）
著(编)者：赵立新 陈玲　　2018年9月出版 / 估价：99.00元
PSN B-2016-568-3/4

科普蓝皮书
中国科普基础设施发展报告（2017~2018）
著(编)者：任福君　　2018年6月出版 / 估价：99.00元
PSN B-2010-174-1/3

科普蓝皮书
中国科普人才发展报告（2017~2018）
著(编)者：郑念 任嵘嵘　　2018年7月出版 / 估价：99.00元
PSN B-2016-512-2/4

科普能力蓝皮书
中国科普能力评价报告（2018~2019）
著(编)者：李富强 李群　　2018年8月出版 / 估价：99.00元
PSN B-2016-555-1/1

临空经济蓝皮书
中国临空经济发展报告（2018）
著(编)者：连玉明　　2018年9月出版 / 估价：99.00元
PSN B-2014-421-1/1

旅游安全蓝皮书
中国旅游安全报告（2018）
著(编)者：郑向敏 谢朝武　　2018年5月出版 / 估价：158.00元
PSN B-2012-280-1/1

旅游绿皮书
2017~2018年中国旅游发展分析与预测
著(编)者：宋瑞　　2018年2月出版 / 估价：99.00元
PSN G-2002-018-1/1

煤炭蓝皮书
中国煤炭工业发展报告（2018）
著(编)者：岳福斌　　2018年12月出版 / 估价：99.00元
PSN B-2008-123-1/1

民营企业社会责任蓝皮书
中国民营企业社会责任报告（2018）
著(编)者：中华全国工商业联合会
2018年12月出版 / 估价：99.00元
PSN B-2015-510-1/1

民营医院蓝皮书
中国民营医院发展报告（2017）
著(编)者：薛晓林　　2018年1月出版 / 估价：99.00元
PSN B-2012-299-1/1

闽商蓝皮书
闽商发展报告（2018）
著(编)者：李闽榕 王日根 林琛
2018年12月出版 / 估价：99.00元
PSN B-2012-298-1/1

农业应对气候变化蓝皮书
中国农业气象灾害及其灾损评估报告（No.3）
著(编)者：矫梅燕　　2018年1月出版 / 估价：118.00元
PSN B-2014-413-1/1

品牌蓝皮书
中国品牌战略发展报告（2018）
著(编)者：汪同三　　2018年10月出版 / 估价：99.00元
PSN B-2016-580-1/1

企业扶贫蓝皮书
中国企业扶贫研究报告（2018）
著(编)者：钟宏武　　2018年12月出版 / 估价：99.00元
PSN B-2016-593-1/1

企业公益蓝皮书
中国企业公益研究报告（2018）
著(编)者：钟宏武 汪杰 黄晓娟
2018年12月出版 / 估价：99.00元
PSN B-2015-501-1/1

企业国际化蓝皮书
中国企业全球化报告（2018）
著(编)者：王辉耀 苗绿　　2018年11月出版 / 估价：99.00元
PSN B-2014-427-1/1

皮书系列 2018全品种
行业及其他类

企业蓝皮书
中国企业绿色发展报告No.2（2018）
著(编)者：李红玉 朱光辉
2018年8月出版 / 估价：99.00元
PSN B-2015-481-2/2

企业社会责任蓝皮书
中资企业海外社会责任研究报告（2017～2018）
著(编)者：钟宏武 叶柳红 张蒽
2018年1月出版 / 估价：99.00元
PSN B-2017-603-2/2

企业社会责任蓝皮书
中国企业社会责任研究报告（2018）
著(编)者：黄群慧 钟宏武 张蒽 汪杰
2018年11月出版 / 估价：99.00元
PSN B-2009-149-1/2

汽车安全蓝皮书
中国汽车安全发展报告（2018）
著(编)者：中国汽车技术研究中心
2018年8月出版 / 估价：99.00元
PSN B-2014-385-1/1

汽车电子商务蓝皮书
中国汽车电子商务发展报告（2018）
著(编)者：中华全国工商业联合会汽车经销商商会
　　　　　北方工业大学
　　　　　北京易观智库网络科技有限公司
2018年10月出版 / 估价：158.00元
PSN B-2015-485-1/1

汽车知识产权蓝皮书
中国汽车产业知识产权发展报告（2018）
著(编)者：中国汽车工程研究院股份有限公司
　　　　　中国汽车工程学会
　　　　　重庆长安汽车股份有限公司
2018年12月出版 / 估价：99.00元
PSN B-2016-594-1/1

青少年体育蓝皮书
中国青少年体育发展报告（2017）
著(编)者：刘扶民 杨桦 2018年1月出版 / 估价：99.00元
PSN B-2015-482-1/1

区块链蓝皮书
中国区块链发展报告（2018）
著(编)者：李伟 2018年9月出版 / 估价：99.00元
PSN B-2017-649-1/1

群众体育蓝皮书
中国群众体育发展报告（2017）
著(编)者：刘国永 戴健 2018年5月出版 / 估价：99.00元
PSN B-2014-411-1/3

群众体育蓝皮书
中国社会体育指导员发展报告（2018）
著(编)者：刘国永 王欢 2018年4月出版 / 估价：99.00元
PSN B-2016-520-3/3

人力资源蓝皮书
中国人力资源发展报告（2018）
著(编)者：余兴安 2018年11月出版 / 估价：99.00元
PSN B-2012-287-1/1

融资租赁蓝皮书
中国融资租赁业发展报告（2017～2018）
著(编)者：李光荣 王力 2018年8月出版 / 估价：99.00元
PSN B-2015-443-1/1

商会蓝皮书
中国商会发展报告No.5（2017）
著(编)者：王钦敏 2018年7月出版 / 估价：99.00元
PSN B-2008-125-1/1

商务中心区蓝皮书
中国商务中心区发展报告No.4（2017～2018）
著(编)者：李国红 单菁菁 2018年9月出版 / 估价：99.00元
PSN B-2015-444-1/1

设计产业蓝皮书
中国创新设计发展报告（2018）
著(编)者：王晓红 张立群 于炜
2018年11月出版 / 估价：99.00元
PSN B-2016-581-2/2

社会责任管理蓝皮书
中国上市公司社会责任能力成熟度报告No.4（2018）
著(编)者：肖红军 王晓光 李伟阳
2018年12月出版 / 估价：99.00元
PSN B-2015-507-2/2

社会责任管理蓝皮书
中国企业公众透明度报告No.4（2017～2018）
著(编)者：黄速建 熊梦 王晓光 肖红军
2018年4月出版 / 估价：99.00元
PSN B-2015-440-1/2

食品药品蓝皮书
食品药品安全与监管政策研究报告（2016～2017）
著(编)者：唐民皓 2018年6月出版 / 估价：99.00元
PSN B-2009-129-1/1

输血服务蓝皮书
中国输血行业发展报告（2018）
著(编)者：孙俊 2018年12月出版 / 估价：99.00元
PSN B-2016-582-1/1

水利风景区蓝皮书
中国水利风景区发展报告（2018）
著(编)者：董建文 兰思仁
2018年10月出版 / 估价：99.00元
PSN B-2015-480-1/1

私募市场蓝皮书
中国私募股权市场发展报告（2017～2018）
著(编)者：曹和平 2018年12月出版 / 估价：99.00元
PSN B-2010-162-1/1

碳排放权交易蓝皮书
中国碳排放权交易报告（2018）
著(编)者：孙永平 2018年11月出版 / 估价：99.00元
PSN B-2017-652-1/1

碳市场蓝皮书
中国碳市场报告（2018）
著(编)者：定金彪 2018年11月出版 / 估价：99.00元
PSN B-2014-430-1/1

行业及其他类

皮书系列
2018全品种

体育蓝皮书
中国公共体育服务发展报告（2018）
著（编）者：戴健　2018年12月出版 / 估价：99.00元
PSN B-2013-367-2/5

土地市场蓝皮书
中国农村土地市场发展报告（2017~2018）
著（编）者：李光荣　2018年3月出版 / 估价：99.00元
PSN B-2016-526-1/1

土地整治蓝皮书
中国土地整治发展研究报告（No.5）
著（编）者：国土资源部土地整治中心
2018年7月出版 / 估价：99.00元
PSN B-2014-401-1/1

土地政策蓝皮书
中国土地政策研究报告（2018）
著（编）者：高延利　李宪文　2017年12月出版 / 估价：99.00元
PSN B-2015-506-1/1

网络空间安全蓝皮书
中国网络空间安全发展报告（2018）
著（编）者：惠志斌　覃庆玲
2018年11月出版 / 估价：99.00元
PSN B-2015-466-1/1

文化志愿服务蓝皮书
中国文化志愿服务发展报告（2018）
著（编）者：张永新　良警宇　2018年11月出版 / 估价：128.00元
PSN B-2016-596-1/1

西部金融蓝皮书
中国西部金融发展报告（2017~2018）
著（编）者：李忠民　2018年8月出版 / 估价：99.00元
PSN B-2010-160-1/1

协会商会蓝皮书
中国行业协会商会发展报告（2017）
著（编）者：景朝阳　李勇　2018年4月出版 / 估价：99.00元
PSN B-2015-461-1/1

新三板蓝皮书
中国新三板市场发展报告（2018）
著（编）者：王力　2018年8月出版 / 估价：99.00元
PSN B-2016-533-1/1

信托市场蓝皮书
中国信托业市场报告（2017~2018）
著（编）者：用益金融信托研究院
2018年1月出版 / 估价：198.00元
PSN B-2014-371-1/1

信息化蓝皮书
中国信息化形势分析与预测（2017~2018）
著（编）者：周宏仁　2018年8月出版 / 估价：99.00元
PSN B-2010-168-1/1

信用蓝皮书
中国信用发展报告（2017~2018）
著（编）者：章政　田侃　2018年4月出版 / 估价：99.00元
PSN B-2013-328-1/1

休闲绿皮书
2017~2018年中国休闲发展报告
著（编）者：宋瑞　2018年7月出版 / 估价：99.00元
PSN G-2010-158-1/1

休闲体育蓝皮书
中国休闲体育发展报告（2017~2018）
著（编）者：李相如　钟秉枢
2018年10月出版 / 估价：99.00元
PSN B-2016-516-1/1

养老金融蓝皮书
中国养老金融发展报告（2018）
著（编）者：董克用　姚余栋
2018年9月出版 / 估价：99.00元
PSN B-2016-583-1/1

遥感监测绿皮书
中国可持续发展遥感监测报告（2017）
著（编）者：顾行发　汪克强　潘教峰　李闽榕　徐东华　王琦安
2018年6月出版 / 估价：298.00元
PSN B-2017-629-1/1

药品流通蓝皮书
中国药品流通行业发展报告（2018）
著（编）者：佘鲁林　温再兴
2018年7月出版 / 估价：198.00元
PSN B-2014-429-1/1

医疗器械蓝皮书
中国医疗器械行业发展报告（2018）
著（编）者：王宝亭　耿鸿武
2018年10月出版 / 估价：99.00元
PSN B-2017-661-1/1

医院蓝皮书
中国医院竞争力报告（2018）
著（编）者：庄一强　曾益新　2018年3月出版 / 估价：118.00元
PSN B-2016-528-1/1

瑜伽蓝皮书
中国瑜伽业发展报告（2017~2018）
著（编）者：张永建　徐华锋　朱泰余
2018年6月出版 / 估价：198.00元
PSN B-2017-625-1/1

债券市场蓝皮书
中国债券市场发展报告（2017~2018）
著（编）者：杨农　2018年10月出版 / 估价：99.00元
PSN B-2016-572-1/1

志愿服务蓝皮书
中国志愿服务发展报告（2018）
著（编）者：中国志愿服务联合会
2018年11月出版 / 估价：99.00元
PSN B-2017-664-1/1

中国上市公司蓝皮书
中国上市公司发展报告（2018）
著（编）者：张鹏　张平　黄胤英
2018年9月出版 / 估价：99.00元
PSN B-2014-414-1/1

皮书系列 2018全品种 　行业及其他类 · 国际问题与全球治理类

中国新三板蓝皮书
中国新三板创新与发展报告（2018）
著（编）者：刘平安　闻召林
2018年8月出版 / 估价：158.00元
PSN B-2017-638-1/1

中医文化蓝皮书
北京中医药文化传播发展报告（2018）
著（编）者：毛嘉陵　2018年5月出版 / 估价：99.00元
PSN B-2015-468-1/2

中医文化蓝皮书
中国中医药文化传播发展报告（2018）
著（编）者：毛嘉陵　2018年7月出版 / 估价：99.00元
PSN B-2016-584-2/2

中医药蓝皮书
北京中医药知识产权发展报告No.2
著（编）者：汪洪　屠志涛　2018年4月出版 / 估价：168.00元
PSN B-2017-602-1/1

资本市场蓝皮书
中国场外交易市场发展报告（2016~2017）
著（编）者：高峦　2018年3月出版 / 估价：99.00元
PSN B-2009-153-1/1

资产管理蓝皮书
中国资产管理行业发展报告（2018）
著（编）者：郑智　2018年7月出版 / 估价：99.00元
PSN B-2014-407-2/2

资产证券化蓝皮书
中国资产证券化发展报告（2018）
著（编）者：纪志宏　2018年11月出版 / 估价：99.00元
PSN B-2017-660-1/1

自贸区蓝皮书
中国自贸区发展报告（2018）
著（编）者：王力　黄育华　2018年6月出版 / 估价：99.00元
PSN B-2016-558-1/1

国际问题与全球治理类

"一带一路"跨境通道蓝皮书
"一带一路"跨境通道建设研究报告（2018）
著（编）者：郭业洲　2018年8月出版 / 估价：99.00元
PSN B-2016-557-1/1

"一带一路"蓝皮书
"一带一路"建设发展报告（2018）
著（编）者：王晓泉　2018年6月出版 / 估价：99.00元
PSN B-2016-552-1/1

"一带一路"投资安全蓝皮书
中国"一带一路"投资与安全研究报告（2017~2018）
著（编）者：邹统钎　梁昊光　2018年4月出版 / 估价：99.00元
PSN B-2017-612-1/1

"一带一路"文化交流蓝皮书
中阿文化交流发展报告（2017）
著（编）者：王辉　2018年9月出版 / 估价：99.00元
PSN B-2017-655-1/1

G20国家创新竞争力黄皮书
二十国集团（G20）国家创新竞争力发展报告（2017~2018）
著（编）者：李建平　李闽榕　赵新力　周天勇
2018年7月出版 / 估价：168.00元
PSN Y-2011-229-1/1

阿拉伯黄皮书
阿拉伯发展报告（2016~2017）
著（编）者：罗林　2018年3月出版 / 估价：99.00元
PSN Y-2014-381-1/1

北部湾蓝皮书
泛北部湾合作发展报告（2017~2018）
著（编）者：吕余生　2018年12月出版 / 估价：99.00元
PSN B-2008-114-1/1

北极蓝皮书
北极地区发展报告（2017）
著（编）者：刘惠荣　2018年7月出版 / 估价：99.00元
PSN B-2017-634-1/1

大洋洲蓝皮书
大洋洲发展报告（2017~2018）
著（编）者：喻常森　2018年10月出版 / 估价：99.00元
PSN B-2013-341-1/1

东北亚区域合作蓝皮书
2017年"一带一路"倡议与东北亚区域合作
著（编）者：刘亚政　金美花
2018年5月出版 / 估价：99.00元
PSN B-2017-631-1/1

东盟黄皮书
东盟发展报告（2017）
著（编）者：杨晓强　庄国土
2018年3月出版 / 估价：99.00元
PSN Y-2012-303-1/1

东南亚蓝皮书
东南亚地区发展报告（2017~2018）
著（编）者：王勤　2018年12月出版 / 估价：99.00元
PSN B-2012-240-1/1

非洲黄皮书
非洲发展报告No.20（2017~2018）
著（编）者：张宏明　2018年7月出版 / 估价：99.00元
PSN Y-2012-239-1/1

非传统安全蓝皮书
中国非传统安全研究报告（2017~2018）
著（编）者：潇枫　罗中枢　2018年8月出版 / 估价：99.00元
PSN B-2012-273-1/1

国际问题与全球治理类

国际安全蓝皮书
中国国际安全研究报告（2018）
著（编）者：刘慧　2018年7月出版／估价：99.00元
PSN B-2016-521-1/1

国际城市蓝皮书
国际城市发展报告（2018）
著（编）者：屠启宇　2018年2月出版／估价：99.00元
PSN B-2012-260-1/1

国际形势黄皮书
全球政治与安全报告（2018）
著（编）者：张宇燕　2018年1月出版／估价：99.00元
PSN Y-2001-016-1/1

公共外交蓝皮书
中国公共外交发展报告（2018）
著（编）者：赵启正　雷蔚真　2018年4月出版／估价：99.00元
PSN B-2015-457-1/1

金砖国家黄皮书
金砖国家综合创新竞争力发展报告（2018）
著（编）者：赵新力　李闽榕　黄茂兴
2018年8月出版／估价：128.00元
PSN Y-2017-643-1/1

拉美黄皮书
拉丁美洲和加勒比发展报告（2017~2018）
著（编）者：袁东振　2018年6月出版／估价：99.00元
PSN Y-1999-007-1/1

澜湄合作蓝皮书
澜沧江-湄公河合作发展报告（2018）
著（编）者：刘稚　2018年9月出版／估价：99.00元
PSN B-2011-196-1/1

欧洲蓝皮书
欧洲发展报告（2017~2018）
著（编）者：黄平　周弘　程卫东
2018年6月出版／估价：99.00元
PSN B-1999-009-1/1

葡语国家蓝皮书
葡语国家发展报告（2016~2017）
著（编）者：王成安　张敏　刘金兰
2018年4月出版／估价：99.00元
PSN B-2015-503-1/2

葡语国家蓝皮书
中国与葡语国家关系发展报告·巴西（2016）
著（编）者：张曙光　2018年8月出版／估价：99.00元
PSN B-2016-563-2/2

气候变化绿皮书
应对气候变化报告（2018）
著（编）者：王伟光　郑国光　2018年11月出版／估价：99.00元
PSN G-2009-144-1/1

全球环境竞争力绿皮书
全球环境竞争力报告（2018）
著（编）者：李建平　李闽榕　王金南
2018年12月出版／估价：198.00元
PSN G-2013-363-1/1

全球信息社会蓝皮书
全球信息社会发展报告（2018）
著（编）者：丁波涛　唐涛　2018年10月出版／估价：99.00元
PSN B-2017-665-1/1

日本经济蓝皮书
日本经济与中日经贸关系研究报告（2018）
著（编）者：张季风　2018年6月出版／估价：99.00元
PSN B-2008-102-1/1

上海合作组织黄皮书
上海合作组织发展报告（2018）
著（编）者：李进峰　2018年6月出版／估价：99.00元
PSN Y-2009-130-1/1

世界创新竞争力黄皮书
世界创新竞争力发展报告（2017）
著（编）者：李建平　李闽榕　赵新力
2018年1月出版／估价：168.00元
PSN Y-2013-318-1/1

世界经济黄皮书
2018年世界经济形势分析与预测
著（编）者：张宇燕　2018年1月出版／估价：99.00元
PSN Y-1999-006-1/1

丝绸之路蓝皮书
丝绸之路经济带发展报告（2018）
著（编）者：任宗哲　白宽犁　谷孟宾
2018年1月出版／估价：99.00元
PSN B-2014-410-1/1

新兴经济体蓝皮书
金砖国家发展报告（2018）
著（编）者：林跃勤　周文　2018年8月出版／估价：99.00元
PSN B-2011-195-1/1

亚太蓝皮书
亚太地区发展报告（2018）
著（编）者：李向阳　2018年5月出版／估价：99.00元
PSN B-2001-015-1/1

印度洋地区蓝皮书
印度洋地区发展报告（2018）
著（编）者：汪戎　2018年6月出版／估价：99.00元
PSN B-2013-334-1/1

渝新欧蓝皮书
渝新欧沿线国家发展报告（2018）
著（编）者：杨柏　黄森　2018年6月出版／估价：99.00元
PSN B-2017-626-1/1

中阿蓝皮书
中国·阿拉伯国家经贸发展报告（2018）
著（编）者：张壵　段庆林　王林聪　杨巧红
2018年12月出版／估价：99.00元
PSN B-2016-598-1/1

中东黄皮书
中东发展报告No.20（2017~2018）
著（编）者：杨光　2018年10月出版／估价：99.00元
PSN Y-1998-004-1/1

中亚黄皮书
中亚国家发展报告（2018）
著（编）者：孙力　2018年6月出版／估价：99.00元
PSN Y-2012-238-1/1

皮书系列 2018全品种
国别类 · 文化传媒类

国别类

澳大利亚蓝皮书
澳大利亚发展报告（2017-2018）
著（编）者：孙有中 韩锋　2018年12月出版　估价：99.00元
PSN B-2016-587-1/1

巴西黄皮书
巴西发展报告（2017）
著（编）者：刘国枝　2018年5月出版　估价：99.00元
PSN Y-2017-614-1/1

德国蓝皮书
德国发展报告（2018）
著（编）者：郑春荣　2018年6月出版　估价：99.00元
PSN B-2012-278-1/1

俄罗斯黄皮书
俄罗斯发展报告（2018）
著（编）者：李永全　2018年6月出版　估价：99.00元
PSN Y-2006-061-1/1

韩国蓝皮书
韩国发展报告（2017）
著（编）者：牛林杰 刘宝全　2018年5月出版　估价：99.00元
PSN B-2010-155-1/1

加拿大蓝皮书
加拿大发展报告（2018）
著（编）者：唐小松　2018年9月出版　估价：99.00元
PSN B-2014-389-1/1

美国蓝皮书
美国研究报告（2018）
著（编）者：郑秉文 黄平　2018年5月出版　估价：99.00元
PSN B-2011-210-1/1

缅甸蓝皮书
缅甸国情报告（2017）
著（编）者：孔鹏 杨祥章　2018年1月出版　估价：99.00元
PSN B-2013-343-1/1

日本蓝皮书
日本研究报告（2018）
著（编）者：杨伯江　2018年6月出版　估价：99.00元
PSN B-2002-020-1/1

土耳其蓝皮书
土耳其发展报告（2018）
著（编）者：郭长刚 刘义　2018年9月出版　估价：99.00元
PSN B-2014-412-1/1

伊朗蓝皮书
伊朗发展报告（2017~2018）
著（编）者：冀开运　2018年10月　估价：99.00元
PSN B-2016-574-1/1

以色列蓝皮书
以色列发展报告（2018）
著（编）者：张倩红　2018年8月出版　估价：99.00元
PSN B-2015-483-1/1

印度蓝皮书
印度国情报告（2017）
著（编）者：吕昭义　2018年4月出版　估价：99.00元
PSN B-2012-241-1/1

英国蓝皮书
英国发展报告（2017~2018）
著（编）者：王展鹏　2018年12月出版　估价：99.00元
PSN B-2015-486-1/1

越南蓝皮书
越南国情报告（2018）
著（编）者：谢林城　2018年1月出版　估价：99.00元
PSN B-2006-056-1/1

泰国蓝皮书
泰国研究报告（2018）
著（编）者：庄国土 张禹东 刘文正
2018年10月出版　估价：99.00元
PSN B-2016-556-1/1

文化传媒类

"三农"舆情蓝皮书
中国"三农"网络舆情报告（2017~2018）
著（编）者：农业部信息中心
2018年6月出版　估价：99.00元
PSN B-2017-640-1/1

传媒竞争力蓝皮书
中国传媒国际竞争力研究报告（2018）
著（编）者：李本乾 刘强 王大可
2018年8月出版　估价：99.00元
PSN B-2013-356-1/1

传媒蓝皮书
中国传媒产业发展报告（2018）
著（编）者：崔保国　2018年5月出版　估价：99.00元
PSN B-2005-035-1/1

传媒投资蓝皮书
中国传媒投资发展报告（2018）
著（编）者：张向东 谭云明
2018年6月出版　估价：148.00元
PSN B-2015-474-1/1

 文化传媒类

皮书系列 2018全品种

非物质文化遗产蓝皮书
中国非物质文化遗产发展报告（2018）
著(编)者：陈平　2018年5月出版／估价：128.00元
PSN B-2015-469-1/2

非物质文化遗产蓝皮书
中国非物质文化遗产保护发展报告（2018）
著(编)者：宋俊华　2018年10月出版／估价：128.00元
PSN B-2016-586-2/2

广电蓝皮书
中国广播电影电视发展报告（2018）
著(编)者：国家新闻出版广电总局发展研究中心
2018年7月出版／估价：99.00元
PSN B-2006-072-1/1

广告主蓝皮书
中国广告主营销传播趋势报告No.9
著(编)者：黄升民　杜国清　邵华冬　等
2018年10月出版／估价：158.00元
PSN B-2005-041-1/1

国际传播蓝皮书
中国国际传播发展报告（2018）
著(编)者：胡正荣　李继东　姬德强
2018年12月出版／估价：99.00元
PSN B-2014-408-1/1

国家形象蓝皮书
中国国家形象传播报告（2017）
著(编)者：张昆　2018年3月出版／估价：128.00元
PSN B-2017-605-1/1

互联网治理蓝皮书
中国网络社会治理研究报告（2018）
著(编)者：罗昕　支庭荣
2018年9月出版／估价：118.00元
PSN B-2017-653-1/1

纪录片蓝皮书
中国纪录片发展报告（2018）
著(编)者：何苏六　2018年10月出版／估价：99.00元
PSN B-2011-222-1/1

科学传播蓝皮书
中国科学传播报告（2016~2017）
著(编)者：詹正茂　2018年6月出版／估价：99.00元
PSN B-2008-120-1/1

两岸创意经济蓝皮书
两岸创意经济研究报告（2018）
著(编)者：罗昌智　董泽平
2018年10月出版／估价：99.00元
PSN B-2014-437-1/1

媒介与女性蓝皮书
中国媒介与女性发展报告（2017~2018）
著(编)者：刘利群　2018年5月出版／估价：99.00元
PSN B-2013-345-1/1

媒体融合蓝皮书
中国媒体融合发展报告（2017）
著(编)者：梅宁华　支庭荣　2018年1月出版／估价：99.00元
PSN B-2015-479-1/1

全球传媒蓝皮书
全球传媒发展报告（2017~2018）
著(编)者：胡正荣　李继东　2018年6月出版／估价：99.00元
PSN B-2012-237-1/1

少数民族非遗蓝皮书
中国少数民族非物质文化遗产发展报告（2018）
著(编)者：肖远平（彝）　柴立（满）
2018年10月出版／估价：118.00元
PSN B-2015-467-1/1

视听新媒体蓝皮书
中国视听新媒体发展报告（2018）
著(编)者：国家新闻出版广电总局发展研究中心
2018年7月出版／估价：118.00元
PSN B-2011-184-1/1

数字娱乐产业蓝皮书
中国动漫产业发展报告（2018）
著(编)者：孙立军　孙平　牛兴侦
2018年10月出版／估价：99.00元
PSN B-2011-198-1/2

数字娱乐产业蓝皮书
中国游戏产业发展报告（2018）
著(编)者：孙立军　刘跃军
2018年10月出版／估价：99.00元
PSN B-2017-662-2/2

文化创新蓝皮书
中国文化创新报告（2017·No.8）
著(编)者：傅才武　2018年4月出版／估价：99.00元
PSN B-2009-143-1/1

文化建设蓝皮书
中国文化发展报告（2018）
著(编)者：江畅　孙伟平　戴茂堂
2018年5月出版／估价：99.00元
PSN B-2014-392-1/1

文化科技蓝皮书
文化科技创新发展报告（2018）
著(编)者：于平　李凤亮　2018年10月出版／估价：99.00元
PSN B-2013-342-1/1

文化蓝皮书
中国公共文化服务发展报告（2017~2018）
著(编)者：刘新成　张永新　张旭
2018年12月出版／估价：99.00元
PSN B-2007-093-2/10

文化蓝皮书
中国少数民族文化发展报告（2017~2018）
著(编)者：武翠英　张晓明　任乌晶
2018年9月出版／估价：99.00元
PSN B-2013-369-9/10

文化蓝皮书
中国文化产业供需协调检测报告（2018）
著(编)者：王亚南　2018年2月出版／估价：99.00元
PSN B-2013-323-8/10

皮书系列 2018全品种 — 文化传媒类 · 地方发展类-经济

文化蓝皮书
中国文化消费需求景气评价报告（2018）
著（编）者：王亚南　　2018年2月出版　/　估价：99.00元
PSN B-2011-236-4/10

文化蓝皮书
中国公共文化投入增长测评报告（2018）
著（编）者：王亚南　　2018年2月出版　/　估价：99.00元
PSN B-2014-435-10/10

文化品牌蓝皮书
中国文化品牌发展报告（2018）
著（编）者：欧阳友权　　2018年5月出版　/　估价：99.00元
PSN B-2012-277-1/1

文化遗产蓝皮书
中国文化遗产事业发展报告（2017～2018）
著（编）者：苏杨　张颖岚　卓杰　白海峰　陈晨　陈叙图
2018年8月出版　/　估价：99.00元
PSN B-2008-119-1/1

文学蓝皮书
中国文情报告（2017～2018）
著（编）者：白烨　　2018年5月出版　/　估价：99.00元
PSN B-2011-221-1/1

新媒体蓝皮书
中国新媒体发展报告No.9（2018）
著（编）者：唐绪军　　2018年7月出版　/　估价：99.00元
PSN B-2010-169-1/1

新媒体社会责任蓝皮书
中国新媒体社会责任研究报告（2018）
著（编）者：钟瑛　　2018年12月出版　/　估价：99.00元
PSN B-2014-423-1/1

移动互联网蓝皮书
中国移动互联网发展报告（2018）
著（编）者：余清楚　　2018年6月出版　/　估价：99.00元
PSN B-2012-282-1/1

影视蓝皮书
中国影视产业发展报告（2018）
著（编）者：司若　陈鹏　陈锐　　2018年4月出版　/　估价：99.00元
PSN B-2016-529-1/1

舆情蓝皮书
中国社会舆情与危机管理报告（2018）
著（编）者：谢耘耕　　2018年9月出版　/　估价：138.00元
PSN B-2011-235-1/1

地方发展类-经济

澳门蓝皮书
澳门经济社会发展报告（2017～2018）
著（编）者：吴志良　郝雨凡　　2018年7月出版　/　估价：99.00元
PSN B-2009-138-1/1

澳门绿皮书
澳门旅游休闲发展报告（2017～2018）
著（编）者：郝雨凡　林广志　　2018年5月出版　/　估价：99.00元
PSN G-2017-617-1/1

北京蓝皮书
北京经济发展报告（2017～2018）
著（编）者：杨松　　2018年6月出版　/　估价：99.00元
PSN B-2006-054-2/8

北京旅游绿皮书
北京旅游发展报告（2018）
著（编）者：北京旅游学会
2018年7月出版　/　估价：99.00元
PSN G-2012-301-1/1

北京体育蓝皮书
北京体育产业发展报告（2017～2018）
著（编）者：钟秉枢　陈杰　杨铁黎
2018年9月出版　/　估价：99.00元
PSN B-2015-475-1/1

滨海金融蓝皮书
滨海新区金融发展报告（2017）
著（编）者：王爱俭　李向前　　2018年4月出版　/　估价：99.00元
PSN B-2014-424-1/1

城乡一体化蓝皮书
北京城乡一体化发展报告（2017～2018）
著（编）者：吴宝新　张宝秀　黄序
2018年5月出版　/　估价：99.00元
PSN B-2012-258-2/2

非公有制企业社会责任蓝皮书
北京非公有制企业社会责任报告（2018）
著（编）者：宋贵伦　冯培　　2018年6月出版　/　估价：99.00元
PSN B-2017-613-1/1

福建旅游蓝皮书
福建省旅游产业发展现状研究（2017~2018）
著（编）者：陈敏华　黄远水
2018年12月出版　/　估价：128.00元
PSN B-2016-591-1/1

福建自贸区蓝皮书
中国（福建）自由贸易试验区发展报告（2017~2018）
著（编）者：黄茂兴　　2018年4月出版　/　估价：118.00元
PSN B-2016-531-1/1

甘肃蓝皮书
甘肃经济发展分析与预测（2018）
著（编）者：安文华　罗哲　　2018年1月出版　/　估价：99.00元
PSN B-2013-312-1/6

甘肃蓝皮书
甘肃商贸流通发展报告（2018）
著（编）者：张应华　王福生　王晓芳
2018年1月出版　/　估价：99.00元
PSN B-2016-522-6/6

地方发展类-经济

皮书系列 2018全品种

甘肃蓝皮书
甘肃县域和农村发展报告(2018)
著(编)者：朱智文 包东红 王建兵
2018年1月出版 / 估价：99.00元
PSN B-2013-316-5/6

甘肃农业科技绿皮书
甘肃农业科技发展研究报告(2018)
著(编)者：魏胜文 乔德华 张东伟
2018年12月出版 / 估价：198.00元
PSN B-2016-592-1/1

巩义蓝皮书
巩义经济社会发展报告(2018)
著(编)者：丁同民 朱军
2018年4月出版 / 估价：99.00元
PSN B-2016-532-1/1

广东外经贸蓝皮书
广东对外经济贸易发展研究报告(2017~2018)
著(编)者：陈万灵
2018年6月出版 / 估价：99.00元
PSN B-2012-286-1/1

广西北部湾经济区蓝皮书
广西北部湾经济区开放开发报告(2017~2018)
著(编)者：广西壮族自治区北部湾经济区和东盟开放合作办公室
广西社会科学院
广西北部湾发展研究院
2018年2月出版 / 估价：99.00元
PSN B-2010-181-1/1

广州蓝皮书
广州城市国际化发展报告(2018)
著(编)者：张跃国
2018年8月出版 / 估价：99.00元
PSN B-2012-246-11/14

广州蓝皮书
中国广州城市建设与管理发展报告(2018)
著(编)者：张其学 陈小钢 王宏伟
2018年8月出版 / 估价：99.00元
PSN B-2007-087-4/14

广州蓝皮书
广州创新型城市发展报告(2018)
著(编)者：尹涛
2018年6月出版 / 估价：99.00元
PSN B-2012-247-12/14

广州蓝皮书
广州经济发展报告(2018)
著(编)者：张跃国 尹涛
2018年7月出版 / 估价：99.00元
PSN B-2005-040-1/14

广州蓝皮书
2018年中国广州经济形势分析与预测
著(编)者：魏明海 谢博能 李华
2018年6月出版 / 估价：99.00元
PSN B-2011-185-9/14

广州蓝皮书
中国广州科技创新发展报告(2018)
著(编)者：于欣伟 陈爽 邓佑满
2018年8月出版 / 估价：99.00元
PSN B-2006-065-2/14

广州蓝皮书
广州农村发展报告(2018)
著(编)者：朱名宏
2018年7月出版 / 估价：99.00元
PSN B-2010-167-8/14

广州蓝皮书
广州汽车产业发展报告(2018)
著(编)者：杨再高 冯兴亚
2018年7月出版 / 估价：99.00元
PSN B-2006-066-3/14

广州蓝皮书
广州商贸业发展报告(2018)
著(编)者：张跃国 陈杰 荀振英
2018年7月出版 / 估价：99.00元
PSN B-2012-245-10/14

贵阳蓝皮书
贵阳城市创新发展报告No.3(白云篇)
著(编)者：连玉明
2018年5月出版 / 估价：99.00元
PSN B-2015-491-3/10

贵阳蓝皮书
贵阳城市创新发展报告No.3(观山湖篇)
著(编)者：连玉明
2018年5月出版 / 估价：99.00元
PSN B-2015-497-9/10

贵阳蓝皮书
贵阳城市创新发展报告No.3(花溪篇)
著(编)者：连玉明
2018年5月出版 / 估价：99.00元
PSN B-2015-490-2/10

贵阳蓝皮书
贵阳城市创新发展报告No.3(开阳篇)
著(编)者：连玉明
2018年5月出版 / 估价：99.00元
PSN B-2015-492-4/10

贵阳蓝皮书
贵阳城市创新发展报告No.3(南明篇)
著(编)者：连玉明
2018年5月出版 / 估价：99.00元
PSN B-2015-496-8/10

贵阳蓝皮书
贵阳城市创新发展报告No.3(清镇篇)
著(编)者：连玉明
2018年5月出版 / 估价：99.00元
PSN B-2015-489-1/10

贵阳蓝皮书
贵阳城市创新发展报告No.3(乌当篇)
著(编)者：连玉明
2018年5月出版 / 估价：99.00元
PSN B-2015-495-7/10

贵阳蓝皮书
贵阳城市创新发展报告No.3(息烽篇)
著(编)者：连玉明
2018年5月出版 / 估价：99.00元
PSN B-2015-493-5/10

贵阳蓝皮书
贵阳城市创新发展报告No.3(修文篇)
著(编)者：连玉明
2018年5月出版 / 估价：99.00元
PSN B-2015-494-6/10

贵阳蓝皮书
贵阳城市创新发展报告No.3(云岩篇)
著(编)者：连玉明
2018年5月出版 / 估价：99.00元
PSN B-2015-498-10/10

贵州房地产蓝皮书
贵州房地产发展报告No.5(2018)
著(编)者：武廷方
2018年7月出版 / 估价：99.00元
PSN B-2014-426-1/1

皮书系列 2018全品种 — 地方发展类-经济

贵州蓝皮书
贵州册亨经济社会发展报告（2018）
著(编)者：黄德林　2018年3月出版 / 估价：99.00元
PSN B-2016-525-8/9

贵州蓝皮书
贵州地理标志产业发展报告（2018）
著(编)者：李发耀　黄其松　2018年8月出版 / 估价：99.00元
PSN B-2017-646-10/10

贵州蓝皮书
贵安新区发展报告（2017~2018）
著(编)者：马长青　吴大华　2018年6月出版 / 估价：99.00元
PSN B-2015-459-4/10

贵州蓝皮书
贵州国家级开放创新平台发展报告（2017~2018）
著(编)者：申晓庆　吴大华　季泓
2018年11月出版 / 估价：99.00元
PSN B-2016-518-7/10

贵州蓝皮书
贵州国有企业社会责任发展报告（2017~2018）
著(编)者：郭丽　2018年12月出版 / 估价：99.00元
PSN B-2015-511-6/10

贵州蓝皮书
贵州民航业发展报告（2017）
著(编)者：申振东　吴大华　2018年1月出版 / 估价：99.00元
PSN B-2015-471-5/10

贵州蓝皮书
贵州民营经济发展报告（2017）
著(编)者：杨静　吴大华　2018年3月出版 / 估价：99.00元
PSN B-2016-530-9/9

杭州都市圈蓝皮书
杭州都市圈发展报告（2018）
著(编)者：沈翔　戚建国　2018年5月出版 / 估价：128.00元
PSN B-2012-302-1/1

河北经济蓝皮书
河北省经济发展报告（2018）
著(编)者：马树强　金浩　张贵　2018年4月出版 / 估价：99.00元
PSN B-2014-380-1/1

河北蓝皮书
河北经济社会发展报告（2018）
著(编)者：康振海　2018年1月出版 / 估价：99.00元
PSN B-2014-372-1/3

河北蓝皮书
京津冀协同发展报告（2018）
著(编)者：陈璐　2018年1月出版 / 估价：99.00元
PSN B-2017-601-2/3

河南经济蓝皮书
2018年河南经济形势分析与预测
著(编)者：王世炎　2018年3月出版 / 估价：99.00元
PSN B-2007-086-1/1

河南蓝皮书
河南城市发展报告（2018）
著(编)者：张占仓　王建国　2018年5月出版 / 估价：99.00元
PSN B-2009-131-3/9

河南蓝皮书
河南工业发展报告（2018）
著(编)者：张占仓　2018年5月出版 / 估价：99.00元
PSN B-2013-317-5/9

河南蓝皮书
河南金融发展报告（2018）
著(编)者：喻新安　谷建全
2018年6月出版 / 估价：99.00元
PSN B-2014-390-7/9

河南蓝皮书
河南经济发展报告（2018）
著(编)者：张占仓　完世伟
2018年4月出版 / 估价：99.00元
PSN B-2010-157-4/9

河南蓝皮书
河南能源发展报告（2018）
著(编)者：国网河南省电力公司经济技术研究院
　　　　　河南省社会科学院
2018年3月出版 / 估价：99.00元
PSN B-2017-607-9/9

河南商务蓝皮书
河南商务发展报告（2018）
著(编)者：焦锦淼　穆荣国　2018年5月出版 / 估价：99.00元
PSN B-2014-399-1/1

河南双创蓝皮书
河南创新创业发展报告（2018）
著(编)者：喻新安　杨雪梅　2018年8月出版 / 估价：99.00元
PSN B-2017-641-1/1

黑龙江蓝皮书
黑龙江经济发展报告（2018）
著(编)者：朱宇　2018年1月出版 / 估价：99.00元
PSN B-2011-190-2/2

湖南城市蓝皮书
区域城市群整合
著(编)者：童中贤　韩未名　2018年12月出版 / 估价：99.00元
PSN B-2006-064-1/1

湖南蓝皮书
湖南城乡一体化发展报告（2018）
著(编)者：陈文胜　王文强　陆福兴
2018年8月出版 / 估价：99.00元
PSN B-2015-477-8/8

湖南蓝皮书
2018年湖南电子政务发展报告
著(编)者：梁志峰　2018年5月出版 / 估价：128.00元
PSN B-2014-394-6/8

湖南蓝皮书
2018年湖南经济发展报告
著(编)者：卞鹰　2018年5月出版 / 估价：128.00元
PSN B-2011-207-2/8

湖南蓝皮书
2016年湖南经济展望
著(编)者：梁志峰　2018年5月出版 / 估价：128.00元
PSN B-2011-206-1/8

地方发展类-经济

皮书系列 2018全品种

湖南蓝皮书
2018年湖南县域经济社会发展报告
著(编)者：梁志峰　2018年5月出版 / 估价：128.00元
PSN B-2014-395-7/8

湖南县域绿皮书
湖南县域发展报告（No.5）
著(编)者：袁准　周小毛　黎仁寅
2018年3月出版　　　估价：99.00元
PSN G-2012-274-1/1

沪港蓝皮书
沪港发展报告（2018）
著(编)者：尤安山　2018年9月出版 / 估价：99.00元
PSN B-2013-362-1/1

吉林蓝皮书
2018年吉林经济社会形势分析与预测
著(编)者：邵汉明　2017年12月出版 / 估价：99.00元
PSN B-2013-319-1/1

吉林省城市竞争力蓝皮书
吉林省城市竞争力报告（2018~2019）
著(编)者：崔岳春　张磊　2018年12月出版 / 估价：99.00元
PSN B-2016-513-1/1

济源蓝皮书
济源经济社会发展报告（2018）
著(编)者：喻新安　2018年4月出版 / 估价：99.00元
PSN B-2014-387-1/1

江苏蓝皮书
2018年江苏经济发展分析与展望
著(编)者：王庆五　吴先满　2018年7月出版 / 估价：128.00元
PSN B-2017-635-1/3

江西蓝皮书
江西经济社会发展报告（2018）
著(编)者：陈石俊　龚建文　2018年10月出版 / 估价：128.00元
PSN B-2015-484-1/2

江西蓝皮书
江西设区市发展报告（2018）
著(编)者：姜玮　梁勇　2018年10月出版 / 估价：99.00元
PSN B-2016-517-2/2

经济特区蓝皮书
中国经济特区发展报告（2017）
著(编)者：陶一桃　2018年1月出版 / 估价：99.00元
PSN B-2009-139-1/1

辽宁蓝皮书
2018年辽宁经济社会形势分析与预测
著(编)者：梁启东　魏红江　2018年6月出版 / 估价：99.00元
PSN B-2006-053-1/1

民族经济蓝皮书
中国民族地区经济发展报告（2018）
著(编)者：李曦辉　2018年7月出版 / 估价：99.00元
PSN B-2017-630-1/1

南宁蓝皮书
南宁经济发展报告（2018）
著(编)者：胡建华　2018年9月出版 / 估价：99.00元
PSN B-2016-569-2/3

浦东新区蓝皮书
上海浦东经济发展报告（2018）
著(编)者：沈开艳　周奇　2018年2月出版 / 估价：99.00元
PSN B-2011-225-1/1

青海蓝皮书
2018年青海经济社会形势分析与预测
著(编)者：陈玮　2017年12月出版 / 估价：99.00元
PSN B-2012-275-1/2

山东蓝皮书
山东经济形势分析与预测（2018）
著(编)者：李广杰　2018年7月出版 / 估价：99.00元
PSN B-2014-404-1/5

山东蓝皮书
山东省普惠金融发展报告（2018）
著(编)者：齐鲁财富网
2018年9月出版　　　估价：99.00元
PSN B2017-676-5/5

山西蓝皮书
山西资源型经济转型发展报告（2018）
著(编)者：李志强　2018年7月出版 / 估价：99.00元
PSN B-2011-197-1/1

陕西蓝皮书
陕西经济发展报告（2018）
著(编)者：任宗哲　白宽犁　裴成荣
2018年1月出版　　　估价：99.00元
PSN B-2009-135-1/6

陕西蓝皮书
陕西精准脱贫研究报告（2018）
著(编)者：任宗哲　白宽犁　王建康
2018年6月出版　　　估价：99.00元
PSN B-2017-623-6/6

上海蓝皮书
上海经济发展报告（2018）
著(编)者：沈开艳
2018年2月出版　　　估价：99.00元
PSN B-2006-057-1/7

上海蓝皮书
上海资源环境发展报告（2018）
著(编)者：周冯琦　汤庆合
2018年2月出版　　　估价：99.00元
PSN B-2006-060-4/7

上饶蓝皮书
上饶发展报告（2016~2017）
著(编)者：廖其志　2018年3月出版 / 估价：128.00元
PSN B-2014-377-1/1

深圳蓝皮书
深圳经济发展报告（2018）
著(编)者：张骁儒　2018年6月出版 / 估价：99.00元
PSN B-2008-112-3/7

四川蓝皮书
四川城镇化发展报告（2018）
著(编)者：侯水平　陈炜
2018年4月出版　　　估价：99.00元
PSN B-2015-456-7/7

地方发展类-经济

四川蓝皮书
2018年四川经济形势分析与预测
著(编)者：杨钢　2018年1月出版／估价：99.00元
PSN B-2007-098-2/7

四川蓝皮书
四川企业社会责任研究报告（2017~2018）
著(编)者：侯水平　盛毅　2018年5月出版／估价：99.00元
PSN B-2014-386-4/7

四川蓝皮书
四川生态建设报告（2018）
著(编)者：李晟之　2018年5月出版／估价：99.00元
PSN B-2015-455-6/7

体育蓝皮书
上海体育产业发展报告（2017~2018）
著(编)者：张林　黄海燕　2018年10月出版／估价：99.00元
PSN B-2015-454-4/5

体育蓝皮书
长三角地区体育产业发展报告（2017~2018）
著(编)者：张林　2018年4月出版／估价：99.00元
PSN B-2015-453-3/5

天津金融蓝皮书
天津金融发展报告（2018）
著(编)者：王爱俭　孔德昌　2018年3月出版／估价：99.00元
PSN B-2014-418-1/1

图们江区域合作蓝皮书
图们江区域合作发展报告（2018）
著(编)者：李铁　2018年6月出版／估价：99.00元
PSN B-2015-464-1/1

温州蓝皮书
2018年温州经济社会形势分析与预测
著(编)者：蒋儒标　王春光　金浩
2018年4月出版／估价：99.00元
PSN B-2008-105-1/1

西咸新区蓝皮书
西咸新区发展报告（2018）
著(编)者：李扬　王军
2018年6月出版／估价：99.00元
PSN B-2016-534-1/1

修武蓝皮书
修武经济社会发展报告（2018）
著(编)者：张占仓　袁凯声
2018年10月出版／估价：99.00元
PSN B-2017-651-1/1

偃师蓝皮书
偃师经济社会发展报告（2018）
著(编)者：张占仓　袁凯声　何武周
2018年7月出版／估价：99.00元
PSN B-2017-627-1/1

扬州蓝皮书
扬州经济社会发展报告（2018）
著(编)者：陈扬
2018年12月出版／估价：108.00元
PSN B-2011-191-1/1

长垣蓝皮书
长垣经济社会发展报告（2018）
著(编)者：张占仓　袁凯声　秦保建
2018年10月出版／估价：99.00元
PSN B-2017-654-1/1

遵义蓝皮书
遵义发展报告（2018）
著(编)者：邓彦　曾征　龚永育
2018年9月出版／估价：99.00元
PSN B-2014-433-1/1

地方发展类-社会

安徽蓝皮书
安徽社会发展报告（2018）
著(编)者：程桦　2018年4月出版／估价：99.00元
PSN B-2013-325-1/1

安徽社会建设蓝皮书
安徽社会建设分析报告（2017~2018）
著(编)者：黄家海　蔡宪
2018年11月出版／估价：99.00元
PSN B-2013-322-1/1

北京蓝皮书
北京公共服务发展报告（2017~2018）
著(编)者：施昌奎　2018年3月出版／估价：99.00元
PSN B-2008-103-7/8

北京蓝皮书
北京社会发展报告（2017~2018）
著(编)者：李伟东
2018年7月出版／估价：99.00元
PSN B-2006-055-3/8

北京蓝皮书
北京社会治理发展报告（2017~2018）
著(编)者：殷星辰
2018年7月出版／估价：99.00元
PSN B-2014-391-8/8

北京律师蓝皮书
北京律师发展报告No.3（2018）
著(编)者：王隽　2018年12月出版／估价：99.00元
PSN B-2011-217-1/1

皮书系列
2018全品种

地方发展类-社会

北京人才蓝皮书
北京人才发展报告（2018）
著(编)者：敏华　　2018年12月出版 / 估价：128.00元
PSN B-2011-201-1/1

北京社会心态蓝皮书
北京社会心态分析报告（2017~2018）
北京市社会心理服务促进中心
2018年10月出版 / 估价：99.00元
PSN B-2014-422-1/1

北京社会组织管理蓝皮书
北京社会组织发展与管理（2018）
著(编)者：黄江松
2018年4月出版 / 估价：99.00元
PSN B-2015-446-1/1

北京养老产业蓝皮书
北京居家养老发展报告（2018）
著(编)者：陆杰华　周明明
2018年8月出版 / 估价：99.00元
PSN B-2015-465-1/1

法治蓝皮书
四川依法治省年度报告No.4（2018）
著(编)者：李林　杨天宗　田禾
2018年3月出版 / 估价：118.00元
PSN B-2015-447-2/3

福建妇女发展蓝皮书
福建省妇女发展报告（2018）
著(编)者：刘群英　　2018年11月出版 / 估价：99.00元
PSN B-2011-220-1/1

甘肃蓝皮书
甘肃社会发展分析与预测（2018）
著(编)者：安文华　包晓霞　谢增虎
2018年1月出版 / 估价：99.00元
PSN B-2013-313-2/6

广东蓝皮书
广东全面深化改革研究报告（2018）
著(编)者：周林生　涂成林
2018年12月出版 / 估价：99.00元
PSN B-2015-504-3/3

广东蓝皮书
广东社会工作发展报告（2018）
著(编)者：罗观翠　　2018年6月出版 / 估价：99.00元
PSN B-2014-402-2/3

广州蓝皮书
广州青年发展报告（2018）
著(编)者：徐柳　张强
2018年8月出版 / 估价：99.00元
PSN B-2013-352-13/14

广州蓝皮书
广州社会保障发展报告（2018）
著(编)者：张跃国　　2018年8月出版 / 估价：99.00元
PSN B-2014-425-14/14

广州蓝皮书
2018年中国广州社会形势分析与预测
著(编)者：张强　郭志勇　何镜清
2018年6月出版 / 估价：99.00元
PSN B-2008-110-5/14

贵州蓝皮书
贵州法治发展报告（2018）
著(编)者：吴大华　　2018年5月出版 / 估价：99.00元
PSN B-2012-254-2/10

贵州蓝皮书
贵州人才发展报告（2017）
著(编)者：于杰　吴大华
2018年9月出版 / 估价：99.00元
PSN B-2014-382-3/10

贵州蓝皮书
贵州社会发展报告（2018）
著(编)者：王兴骥　　2018年4月出版 / 估价：99.00元
PSN B-2010-166-1/10

杭州蓝皮书
杭州妇女发展报告（2018）
著(编)者：魏颖　　2018年10月出版 / 估价：99.00元
PSN B-2014-403-1/1

河北蓝皮书
河北法治发展报告（2018）
著(编)者：康振海　　2018年6月出版 / 估价：99.00元
PSN B-2017-622-3/3

河北食品药品安全蓝皮书
河北食品药品安全研究报告（2018）
著(编)者：丁锦魔　　2018年10月出版 / 估价：99.00元
PSN B-2015-473-1/1

河南蓝皮书
河南法治发展报告（2018）
著(编)者：张林海　　2018年7月出版 / 估价：99.00元
PSN B-2014-376-6/9

河南蓝皮书
2018年河南社会形势分析与预测
著(编)者：牛苏林　　2018年5月出版 / 估价：99.00元
PSN B-2005-043-1/9

河南民办教育蓝皮书
河南民办教育发展报告（2018）
著(编)者：胡大白　　2018年9月出版 / 估价：99.00元
PSN B-2017-642-1/1

黑龙江蓝皮书
黑龙江社会发展报告（2018）
著(编)者：射宝禄　　2018年1月出版 / 估价：99.00元
PSN B-2011-189-1/2

湖南蓝皮书
2018年湖南两型社会与生态文明建设报告
著(编)者：卞鹰　　2018年5月出版 / 估价：128.00元
PSN B-2011-208-3/8

湖南蓝皮书
2018年湖南社会发展报告
著(编)者：卞鹰　　2018年5月出版 / 估价：128.00元
PSN B-2014-393-5/8

健康城市蓝皮书
北京健康城市建设研究报告（2018）
著(编)者：王鸿春　盛继洪　　2018年9月出版 / 估价：99.00元
PSN B-2015-460-1/2

皮书系列 2018全品种 　　地方发展类-社会 · 地方发展类-文化

江苏法治蓝皮书
江苏法治发展报告No.6（2017）
著（编）者：蔡道通 龚廷泰　　2018年8月出版 ／ 估价：99.00元
PSN B-2012-290-1/1

江苏蓝皮书
2018年江苏社会发展分析与展望
著（编）者：王庆五 刘旺洪　　2018年8月出版 ／ 估价：128.00元
PSN B-2017-636-2/3

南宁蓝皮书
南宁法治发展报告（2018）
著（编）者：杨维超　　2018年12月出版 ／ 估价：99.00元
PSN B-2015-509-1/3

南宁蓝皮书
南宁社会发展报告（2018）
著（编）者：胡建华　　2018年10月出版 ／ 估价：99.00元
PSN B-2016-570-3/3

内蒙古蓝皮书
内蒙古反腐倡廉建设报告No.2
著（编）者：张志华　　2018年6月出版 ／ 估价：99.00元
PSN B-2013-365-1/1

青海蓝皮书
2018年青海人才发展报告
著（编）者：王宇燕　　2018年9月出版 ／ 估价：99.00元
PSN B-2017-650-2/2

青海生态文明建设蓝皮书
青海生态文明建设报告（2018）
著（编）者：张西明 高华　　2018年12月出版 ／ 估价：99.00元
PSN B-2016-595-1/1

人口与健康蓝皮书
深圳人口与健康发展报告（2018）
著（编）者：陆杰华 傅崇辉　　2018年11月出版 ／ 估价：99.00元
PSN B-2011-228-1/1

山东蓝皮书
山东社会形势分析与预测（2018）
著（编）者：李善峰　　2018年6月出版 ／ 估价：99.00元
PSN B-2014-405-2/5

陕西蓝皮书
陕西社会发展报告（2018）
著（编）者：任宗哲 白宽犁 牛昉　　2018年1月出版 ／ 估价：99.00元
PSN B-2009-136-2/6

上海蓝皮书
上海法治发展报告（2018）
著（编）者：叶必丰　　2018年9月出版 ／ 估价：99.00元
PSN B-2012-296-6/7

上海蓝皮书
上海社会发展报告（2018）
著（编）者：杨雄 周海旺　　2018年2月出版 ／ 估价：99.00元
PSN B-2006-058-2/7

社会建设蓝皮书
2018年北京社会建设分析报告
著（编）者：宋贵伦 冯虹　　2018年9月出版 ／ 估价：99.00元
PSN B-2010-173-1/1

深圳蓝皮书
深圳法治发展报告（2018）
著（编）者：张骁儒　　2018年6月出版 ／ 估价：99.00元
PSN B-2015-470-6/7

深圳蓝皮书
深圳劳动关系发展报告（2018）
著（编）者：汤庭芬　　2018年8月出版 ／ 估价：99.00元
PSN B-2007-097-2/7

深圳蓝皮书
深圳社会治理与发展报告（2018）
著（编）者：张骁儒　　2018年6月出版 ／ 估价：99.00元
PSN B-2008-113-4/7

生态安全绿皮书
甘肃国家生态安全屏障建设发展报告（2018）
著（编）者：刘举科 喜文华　　2018年10月出版 ／ 估价：99.00元
PSN G-2017-659-1/1

顺义社会建设蓝皮书
北京市顺义区社会建设发展报告（2018）
著（编）者：王学武　　2018年9月出版 ／ 估价：99.00元
PSN B-2017-658-1/1

四川蓝皮书
四川法治发展报告（2018）
著（编）者：郑泰安　　2018年1月出版 ／ 估价：99.00元
PSN B-2015-441-5/7

四川蓝皮书
四川社会发展报告（2018）
著（编）者：李羚　　2018年6月出版 ／ 估价：99.00元
PSN B-2008-127-3/7

云南社会治理蓝皮书
云南社会治理年度报告（2017）
著（编）者：晏雄 韩全芳　　2018年5月出版 ／ 估价：99.00元
PSN B-2017-667-1/1

地方发展类-文化

北京传媒蓝皮书
北京新闻出版广电发展报告（2017~2018）
著（编）者：王志　　2018年11月出版 ／ 估价：99.00元
PSN B-2016-588-1/1

北京蓝皮书
北京文化发展报告（2017~2018）
著（编）者：李建盛　　2018年5月出版 ／ 估价：99.00元
PSN B-2007-082-4/8

地方发展类-文化

皮书系列 2018全品种

创意城市蓝皮书
北京文化创意产业发展报告（2018）
著（编）者：郭万超 张京成　2018年12月出版 / 估价：99.00元
PSN B-2012-263-1/7

创意城市蓝皮书
天津文化创意产业发展报告（2017~2018）
著（编）者：谢思全　2018年6月出版 / 估价：99.00元
PSN B-2016-536-7/7

创意城市蓝皮书
武汉文化创意产业发展报告（2018）
著（编）者：黄永林 陈汉桥　2018年12月出版 / 估价：99.00元
PSN B-2013-354-4/7

创意上海蓝皮书
上海文化创意产业发展报告（2017~2018）
著（编）者：王慧敏 王兴全　2018年8月出版 / 估价：99.00元
PSN B-2016-561-1/1

非物质文化遗产蓝皮书
广州市非物质文化遗产保护发展报告（2018）
著（编）者：宋俊华　2018年12月出版 / 估价：99.00元
PSN B-2016-589-1/1

甘肃蓝皮书
甘肃文化发展分析与预测（2018）
著（编）者：王俊莲 周小华　2018年1月出版 / 估价：99.00元
PSN B-2013-314-3/6

甘肃蓝皮书
甘肃舆情分析与预测（2018）
著（编）者：陈双梅 张谦元　2018年1月出版 / 估价：99.00元
PSN B-2013-315-4/6

广州蓝皮书
中国广州文化发展报告（2018）
著（编）者：屈哨兵 陆志强　2018年6月出版 / 估价：99.00元
PSN B-2009-134-7/14

广州蓝皮书
广州文化创意产业发展报告（2018）
著（编）者：徐咏虹　2018年7月出版 / 估价：99.00元
PSN B-2008-111-6/14

海淀蓝皮书
海淀区文化和科技融合发展报告（2018）
著（编）者：陈名杰 孟景伟　2018年5月出版 / 估价：99.00元
PSN B-2013-329-1/1

河南蓝皮书
河南文化发展报告（2018）
著（编）者：卫绍生　2018年7月出版 / 估价：99.00元
PSN B-2008-106-2/9

湖北文化产业蓝皮书
湖北省文化产业发展报告（2018）
著（编）者：黄晓华　2018年9月出版 / 估价：99.00元
PSN B-2017-656-1/1

湖北文化蓝皮书
湖北文化发展报告（2017~2018）
著（编）者：湖北大学高等人文研究院　中华文化发展湖北省协同创新中心
2018年10月出版 / 估价：99.00元
PSN B-2016-566-1/1

江苏蓝皮书
2018年江苏文化发展分析与展望
著（编）者：王庆五 樊和平　2018年9月出版 / 估价：128.00元
PSN B-2017-637-3/3

江西文化蓝皮书
江西非物质文化遗产发展报告（2018）
著（编）者：张圣才 傅安平　2018年12月出版 / 估价：128.00元
PSN B-2015-499-1/1

洛阳蓝皮书
洛阳文化发展报告（2018）
著（编）者：刘福兴 陈启明　2018年7月出版 / 估价：99.00元
PSN B-2015-476-1/1

南京蓝皮书
南京文化发展报告（2018）
著（编）者：中共南京市委宣传部
2018年12月出版 / 估价：99.00元
PSN B-2014-439-1/1

宁波文化蓝皮书
宁波"一人一艺"全民艺术普及发展报告（2017）
著（编）者：张爱琴　2018年11月出版 / 估价：128.00元
PSN B-2017-668-1/1

山东蓝皮书
山东文化发展报告（2018）
著（编）者：涂可国　2018年5月出版 / 估价：99.00元
PSN B-2014-406-3/5

陕西蓝皮书
陕西文化发展报告（2018）
著（编）者：任宗哲 白宽犁 王长寿
2018年1月出版 / 估价：99.00元
PSN B-2009-137-3/6

上海蓝皮书
上海传媒发展报告（2018）
著（编）者：强荧 焦雨虹　2018年2月出版 / 估价：99.00元
PSN B-2012-295-5/7

上海蓝皮书
上海文学发展报告（2018）
著（编）者：陈圣来　2018年6月出版 / 估价：99.00元
PSN B-2012-297-7/7

上海蓝皮书
上海文化发展报告（2018）
著（编）者：荣跃明　2018年2月出版 / 估价：99.00元
PSN B-2006-059-3/7

深圳蓝皮书
深圳文化发展报告（2018）
著（编）者：张晓儒　2018年7月出版 / 估价：99.00元
PSN B-2016-554-7/7

四川蓝皮书
四川文化产业发展报告（2018）
著（编）者：向宝云 张立伟　2018年4月出版 / 估价：99.00元
PSN B-2006-074-1/7

郑州蓝皮书
2018年郑州文化发展报告
著（编）者：王哲　2018年9月出版 / 估价：99.00元
PSN B-2008-107-1/1

社会科学文献出版社　　　**皮书系列**

❖ 皮书起源 ❖

"皮书"起源于十七、十八世纪的英国，主要指官方或社会组织正式发表的重要文件或报告，多以"白皮书"命名。在中国，"皮书"这一概念被社会广泛接受，并被成功运作、发展成为一种全新的出版形态，则源于中国社会科学院社会科学文献出版社。

❖ 皮书定义 ❖

皮书是对中国与世界发展状况和热点问题进行年度监测，以专业的角度、专家的视野和实证研究方法，针对某一领域或区域现状与发展态势展开分析和预测，具备原创性、实证性、专业性、连续性、前沿性、时效性等特点的公开出版物，由一系列权威研究报告组成。

❖ 皮书作者 ❖

皮书系列的作者以中国社会科学院、著名高校、地方社会科学院的研究人员为主，多为国内一流研究机构的权威专家学者，他们的看法和观点代表了学界对中国与世界的现实和未来最高水平的解读与分析。

❖ 皮书荣誉 ❖

皮书系列已成为社会科学文献出版社的著名图书品牌和中国社会科学院的知名学术品牌。2016年，皮书系列正式列入"十三五"国家重点出版规划项目；2013~2018年，重点皮书列入中国社会科学院承担的国家哲学社会科学创新工程项目；2018年，59种院外皮书使用"中国社会科学院创新工程学术出版项目"标识。

中国皮书网

（网址：www.pishu.cn）

发布皮书研创资讯，传播皮书精彩内容
引领皮书出版潮流，打造皮书服务平台

栏目设置

关于皮书：何谓皮书、皮书分类、皮书大事记、皮书荣誉、
皮书出版第一人、皮书编辑部

最新资讯：通知公告、新闻动态、媒体聚焦、网站专题、视频直播、下载专区

皮书研创：皮书规范、皮书选题、皮书出版、皮书研究、研创团队

皮书评奖评价：指标体系、皮书评价、皮书评奖

互动专区：皮书说、社科数托邦、皮书微博、留言板

所获荣誉

2008年、2011年，中国皮书网均在全国新闻出版业网站荣誉评选中获得"最具商业价值网站"称号；

2012年，获得"出版业网站百强"称号。

网库合一

2014年，中国皮书网与皮书数据库端口合一，实现资源共享。

权威报告·一手数据·特色资源

皮书数据库
ANNUAL REPORT(YEARBOOK) DATABASE

当代中国经济与社会发展高端智库平台

所获荣誉

- 2016年,入选"'十三五'国家重点电子出版物出版规划骨干工程"
- 2015年,荣获"搜索中国正能量 点赞2015""创新中国科技创新奖"
- 2013年,荣获"中国出版政府奖·网络出版物奖"提名奖
- 连续多年荣获中国数字出版博览会"数字出版·优秀品牌"奖

成为会员

通过网址www.pishu.com.cn或使用手机扫描二维码进入皮书数据库网站,进行手机号码验证或邮箱验证即可成为皮书数据库会员(建议通过手机号码快速验证注册)。

会员福利

- 使用手机号码首次注册的会员,账号自动充值100元体验金,可直接购买和查看数据库内容(仅限使用手机号码快速注册)。
- 已注册用户购书后可免费获赠100元皮书数据库充值卡。刮开充值卡涂层获取充值密码,登录并进入"会员中心"—"在线充值"—"充值卡充值",充值成功后即可购买和查看数据库内容。

数据库服务热线:400-008-6695　　　图书销售热线:010-59367070/7028
数据库服务QQ:2475522410　　　　　图书服务QQ:1265056568
数据库服务邮箱:database@ssap.cn　　图书服务邮箱:duzhe@ssap.cn

更多信息请登录

皮书数据库
http://www.pishu.com.cn

中国皮书网
http://www.pishu.cn

皮书微博
http://weibo.com/pishu

皮书微信"皮书说"

请到当当、亚马逊、京东或各地书店购买，也可办理邮购

咨询/邮购电话：010-59367028　59367070
邮　　箱：duzhe@ssap.cn
邮购地址：北京市西城区北三环中路甲29号院3号楼
　　　　　华龙大厦13层读者服务中心
邮　编：100029
银行户名：社会科学文献出版社
开户银行：中国工商银行北京北太平庄支行
账　　号：0200010019200365434

二 城乡文教消费需求背景的增长协调性分析

(一) 民生基础系数检测

1996~2016年吉林城乡人均收入、产值绝对值及其比值、城乡比变动态势见图2。图中将居民收入、产值绝对值转换为图形面积比例,二者历年之比形成民生基础系数变动曲线,同时附有文教消费率、收入城乡比变动曲线。

1996~2016年,吉林城乡居民人均收入年均增长10.22%,人均产值年均增长12.42%,高于居民收入2.20个百分点。20年间,吉林城乡居民收入与产值比的最高(最佳)值为1996年的55.54%,最低值为2011年的33.83%。逐年考察,除了1996年、2001~2002年、2012~2016年出现回升以外,吉林此项比值逐步下降,由1996年的55.54%降低至2016年的37.39%,前后年度分别处于省域间第10位和第27位。

图2中另附吉林居民文教消费率历年变化动态,可见产值增长带动文教消费增长的相关性态势,前后年度处于省域间第14位和第19位。

1996~2016年,吉林乡村居民人均收入年均增长9.10%,城镇居民人均收入年均增长10.20%,高于乡村1.10个百分点。20年间,吉林人均收入城乡比的最小(最佳)值为1998年的1.7648,最大值为2003年的2.7684。逐年考察,除了1996年、1998年、2004年、2008年、2010~2014年、2016年出现缩减以外,吉林此项城乡比逐步扩增,由1996年的1.7904扩大至2016年的2.1884,前后年度分别处于省域间第4位和第4位。

由此推演出若干假定测算:①如果吉林城乡居民收入与产值比保持1996年最佳水平,那么2016年城乡人均收入应为29917.44元;②如果在最佳比值基础上再实现1998年人均收入最小城乡比,那么城乡人均收入应为31835.10元;③如果进一步弥合城乡比实现均等,那么城乡人均收入应为39412.02元。

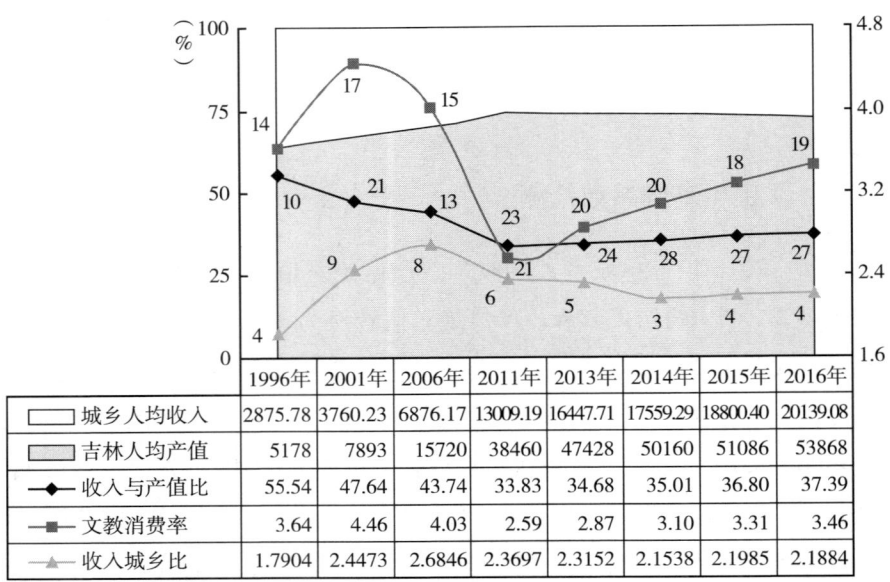

图 2　吉林城乡人均收入、产值绝对值及其比值和城乡比变动态势

左轴面积：城乡人均收入、产值（元转换为%），二者呈直观比例。左轴曲线：二者之比形成民生基础系数（%）。右轴曲线：文教消费率（%，与产值比），收入城乡比（乡村=1）。标明历年省域位次，后同。另需说明，近几年年鉴始发布2014年以来城乡人均值数据，但与总量数据之间存在演算误差，对应年鉴同时发布的产值人均值和总量分别演算文教消费率有出入，本报告恢复采用自行演算城乡人均值。

（二）民生消费系数检测

1996～2016年吉林城乡人均非文消费、收入绝对值及其比值、城乡比变动态势见图3。图中将非文消费、居民收入绝对值转换为图形面积比例，二者历年之比形成民生消费系数变动曲线，同时附有文教消费比、非文消费城乡比变动曲线。

1996～2016年，吉林城乡居民人均非文消费年均增长9.81%，人均收入年均增长10.22%，高于非文消费0.41个百分点。20年间，吉林城乡居民非文消费占收入比的最高值为2000年的72.31%，最低（最佳）值为2012年的64.38%。逐年考察，除了1997年、2000年、2005年、2007年、2009年、2013～2014年、2016年出现回升以外，吉林此项比值逐步下降，

吉林：城乡无差距增长目标测算第5位

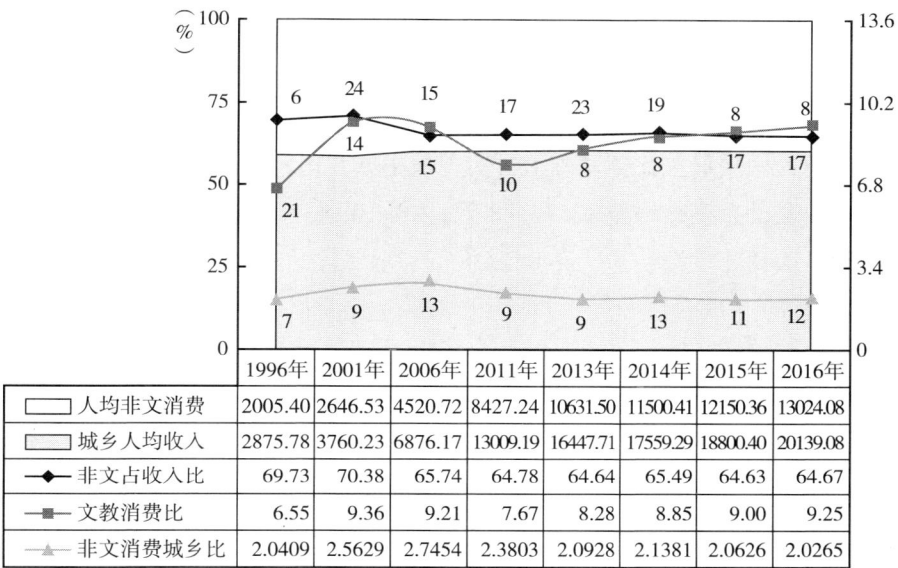

图3 吉林城乡人均非文消费、收入绝对值及其比值和城乡比变动态势

左轴面积：城乡人均非文消费、收入（元转换为%），二者呈直观比例。左轴曲线：二者之比形成民生消费系数（%）。右轴曲线：文教消费比（%，占收入比），非文消费城乡比（乡村=1）。

由1996年的69.73%降低至2016年的64.67%，前后年度分别处于省域间第6位和第17位。

图3中另附吉林居民文教消费比历年变化动态，可见收入增长带动文教消费增长的相关性态势，前后年度分别处于省域间第21位和第8位。

1996~2016年，吉林乡村居民人均非文消费年均增长9.42%，城镇居民人均非文消费年均增长9.38%，低于乡村0.04个百分点。20年间，吉林人均非文消费城乡比的最大值为2004年的3.0417，最小（最佳）值为2016年的2.0265。逐年考察，除了1996~1999年、2002~2004年、2007~2010年、2014年出现扩增以外，吉林此项城乡比逐步缩减，由1996年的2.0409缩小至2016年的2.0265，前后年度分别处于省域间第7位和第12位。

由此推演出若干假定测算：①如果吉林城乡居民非文消费占收入比保持

2012年最佳水平，那么2016年城乡人均非文消费应为12965.12元，取上一类最佳比值叠加测算，城乡人均非文消费应为19260.21元，收入与之差即非文消费剩余增至10657.22元；②吉林2016年人均非文消费城乡比为最小值，在至此两项最佳比值基础上再实现最小城乡比，演算结果不变，收入与之差即非文消费剩余增至12574.88元；③如果进一步弥合城乡比实现均等，那么城乡人均非文消费应为24842.38元，收入与之差即非文消费剩余增至14569.64元。

（三）文化需求系数检测

1996~2016年吉林城乡人均文教消费、非文消费剩余绝对值及其比值、城乡比变动态势见图4。图中将文教消费、非文消费剩余绝对值转换为图形面积比例，二者历年之比形成文化需求系数变动曲线，同时附有文教消费比重、文教消费城乡比变动曲线。

1996~2016年，吉林城乡居民人均文教消费年均增长12.14%，人均非文消费剩余年均增长11.08%，低于文教消费1.06个百分点。20年间，吉林城乡居民文教消费与非文消费剩余比的最低值为1998年的21.34%，最高（最佳）值为2000年的33.31%。逐年考察，除了1996年、1998年、2001~2004年、2006~2008年、2010~2011年、2015年出现回降以外，吉林此项比值逐步上升，由1996年的21.65%提高至2016年的26.19%，前后年度分别处于省域间第25位和第8位。

图4中另附吉林居民文教消费比重历年变化动态，可见总消费增长带动文教消费增长的相关性态势，前后年度分别处于省域间第14位和第5位。

1996~2016年，吉林乡村居民人均文教消费年均增长11.32%，城镇居民人均文教消费年均增长12.05%，高于乡村0.73个百分点。20年间，吉林人均文教消费城乡比的最小（最佳）值为1996年的1.6878，最大值为2002年的3.6017。逐年考察，除了2000年、2003年、2005~2006年、2009年、2012年、2014年、2016年出现缩减以外，吉林此项城乡比逐步扩增，由1996年的1.6878扩大至2016年的1.9221，前后年

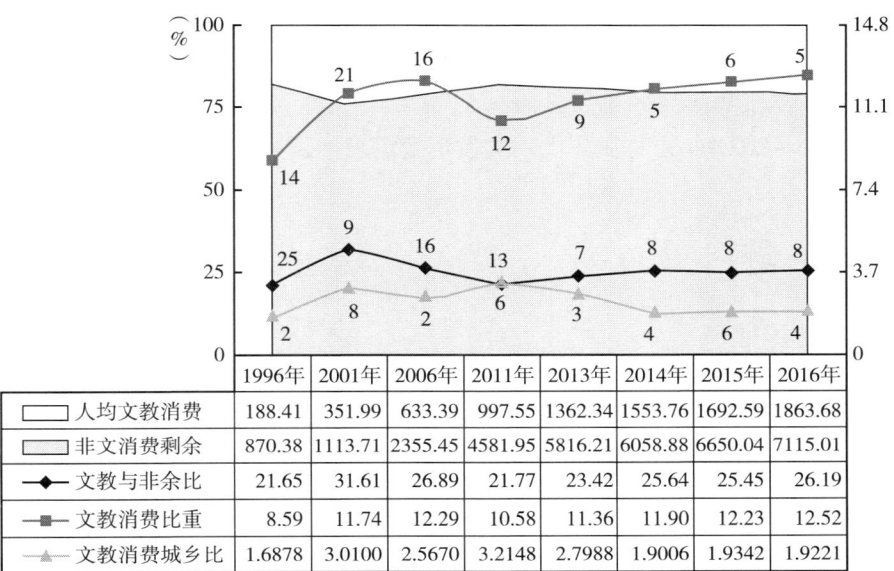

图4 吉林城乡人均文教消费、非文消费剩余绝对值及其比值和城乡比变动态势

左轴面积:城乡人均文教消费、非文消费剩余(元转换为%),二者呈直观比例。左轴曲线:二者之比形成文化需求系数(%)。右轴曲线:文教消费比重(%,占总消费比),文教消费城乡比(乡村=1)。

度分别处于省域间第2位和第4位。

由此推演出若干假定测算:①如果吉林城乡文教消费与非文消费剩余比保持2000年最佳水平,那么2016年城乡人均文教消费应为2369.94元,总量可达650.11亿元;②如果取至此三类最佳比值叠加测算,那么城乡人均文教消费应为3549.82元,总量可达973.77亿元;③如果在三项最佳比值基础上再实现1996年人均文教消费最小城乡比,那么城乡人均文教消费应为3694.32元,总量可达1013.41亿元;④如果进一步弥合城乡比实现均等,那么城乡人均文教消费应为4509.55元,总量可达1237.04亿元;⑤如果至此三类城乡比同时实现无差距理想,按吉林城镇三类比值历年最佳值演算,那么城乡人均文教消费应为5516.97元,总量可达1513.39亿元。

三 文化需求增长目标暨文化产业发展空间测算

2016～2021年吉林城乡人均文教消费需求增长测算见图5。

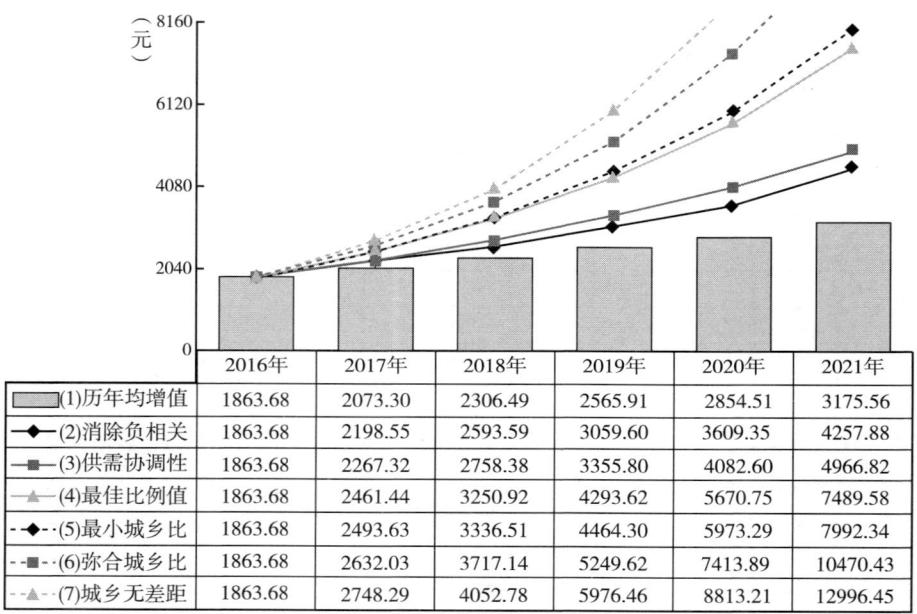

图5 2016～2021年吉林城乡人均文教消费需求增长测算

作为背景因素，产值按1996～2016年实际年均增长率推算。2016年文教消费与产值比实际值3.46%，2020年测算值：（1）3.32%，（2）4.19%，（3）4.74%，（4）6.59%，（5）6.94%，（6）8.62%，（7）10.24%。2016～2020年人均文教消费年均增长：（1）11.25%（即1996～2016年实际值，以下为测算值），（2）17.97%，（3）21.66%，（4）32.07%，（5）33.80%，（6）41.23%，（7）47.47%。

若产值按年均增长率7%推算，则2020年文教消费（增量、增幅不变）与产值比：（1）4.04%，（2）5.11%。2020年文教消费人均值（与产值比不变）：（3）3349.95元，年增15.79%；（4）4653.10元，年增25.70%；（5）4901.34元，年增27.35%；（6）6083.41元，年增34.41%；（7）7231.62元，年增40.35%。

（1）历年均增值测算：如果2016～2020年吉林城乡文教消费增长保持1996～2016年平均增长率11.25%（省域间实际增长第15位），那么到2020年城乡人均文教消费将达到2854.51元。在相关各方面增长均依此推算的情况下，由于吉林城乡文教消费与产值之比在1996～2016年呈现下降态势，至2020年文教消费增长与产值增长测算值之比将继续降低至3.32%。

（2）消除负相关测算：如果到2020年吉林城乡此项比值实现1996～2016年最佳状态，那么城乡人均文教消费应达到3609.35元，与产值增长测算值之比将上升至4.19%，年均增长率需达到17.97%，为以往20年实际年均增长率的1.60倍（省域间目标距离第9位）。

（3）供需协调性测算：假设实现文化产业供需协调增长历年最佳关系，并达到"支柱性产业"所需与GDP之比。据此反推，到2020年吉林城乡人均文教消费应达到4082.60元，年均增长率需达到21.66%，为以往20年实际年均增长率的1.93倍（省域间目标距离第16位）。

由于《文化及相关产业分类》国家标准2004年版仅具指导性，各地多有变通，2012年版方确定为指令性国家标准，多年缺少全国统一标准的各地文化产值数据，一概按全国数据演算。

（4）最佳比例值测算：如果到2020年吉林城乡三项比值同步实现1996～2016年最佳状态，那么城乡人均文教消费应达到5670.75元，与产值增长测算值之比将上升至6.59%，年均增长率需达到32.07%，为以往20年实际年均增长率的2.85倍（省域间目标距离第16位）。

（5）最小城乡比测算：如果到2020年吉林城乡同时实现1996～2016年三项最佳比值和文教消费最小城乡比，那么城乡人均文教消费应达到5973.29元，与产值增长测算值之比将上升至6.94%，年均增长率需达到33.80%，为以往20年实际年均增长率的3.00倍（省域间目标距离第16位）。

（6）弥合城乡比测算：如果到2020年吉林城乡同时实现1996～2016年三项最佳比值和乡村人均文教消费绝对值与城镇水平持平，那么城乡人均文教消费应达到7413.89元，与产值增长测算值之比将上升至8.62%，年均增长率需达到41.23%，为以往20年实际年均增长率的3.66倍（省域间目标距离第16位）。

（7）城乡无差距测算：如果到2020年吉林在此三个层面消除城乡差距，实现按城镇标准衡量的1996～2016年三项最佳比值，那么城乡人均文教消费应达到8813.21元，与产值增长测算值之比将上升至10.24%，年均增长率需达到47.47%，为以往20年实际年均增长率的4.22倍（省域间目标距离第5位）。

B.8
上海：城乡无差距增长目标测算第8位

张德兵*

摘　要： 上海文教消费增长目标暨文化产业发展空间检测：1996~2016年历年均增值实际测算为第30位；2016~2020年供需协调性目标测算为第18位；消除负相关目标测算为第28位；最佳比例值目标测算为第23位；最小城乡比目标测算为第25位；弥合城乡比目标测算为第23位；城乡无差距目标测算为第8位。

关键词： 上海　文化产业　供需协调　增长测算

一　城乡文教消费需求及相关方面增长态势

1996~2016年上海城乡文教消费总量和人均值增长态势见图1。

1996~2016年，上海城乡文教消费总量由100.27亿元增至995.04亿元，增加894.77亿元，20年间总增长892.36%，年均增长12.16%。其中，第一个五年年均增长15.75%；第二个五年年均增长14.32%；第三个五年年均增长14.43%；第四个五年年均增长4.51%。

同期，上海城镇人均文教消费由779.28元增至4533.53元，增加3754.25元，20年间总增长481.76%，年均增长9.20%。其中，第一个五年年均增长11.78%；第二个五年年均增长12.33%；第三个五年年均增长9.03%；第四个五年年均增长3.89%。

同时，乡村人均文教消费由347.11元增至1123.11元，增加776.00

---

* 张德兵，云南省社会科学院副研究员，主要从事中国特色社会主义理论和文化建设研究。

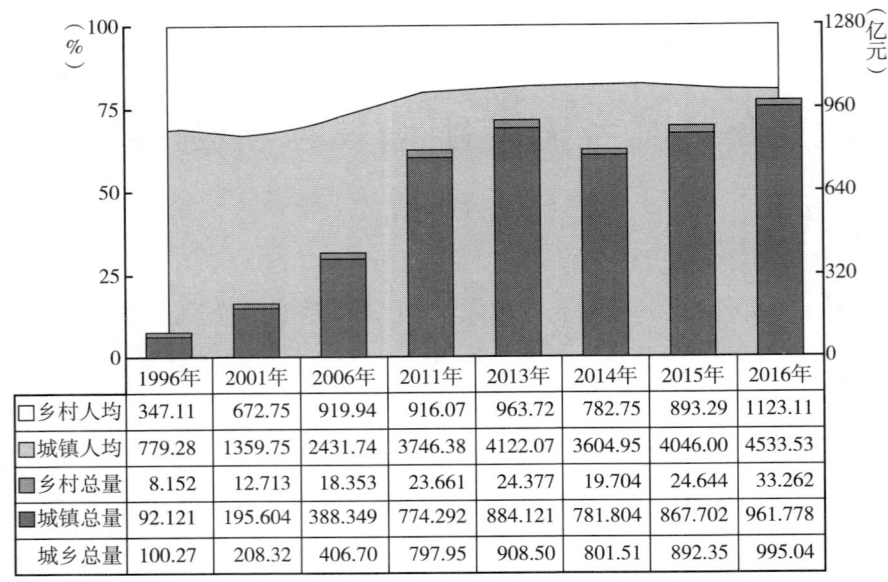

图 1　上海城乡文教消费总量和人均值增长态势

左轴：城乡人均文教消费（元转换为%），城乡间呈直观比例。右轴柱形：文教消费总量（亿元），上下（取3位小数避免合计值小数误差）之和为城乡总量。图中前几个五年时段末年对接，文中描述增长变化包括省略年度，后同。

元，20年间总增长223.56%，年均增长6.05%。其中，第一个五年年均增长14.15%；第二个五年年均增长6.46%；第三个五年年均负增长0.08%；第四个五年年均增长4.16%。

上海城镇人均值年均增长在第一个五年低于乡村2.37个百分点，城乡差距较明显缩小；第二个五年高于乡村5.87个百分点，城乡差距转为明显扩大；第三个五年高于乡村9.11个百分点，城乡差距持续显著扩大；第四个五年低于乡村0.27个百分点，城乡差距转为略微缩小。

二　城乡文教消费需求背景的增长协调性分析

（一）民生基础系数检测

1996~2016年上海城乡人均收入、产值绝对值及其比值、城乡比变动态势见图2。图中将居民收入、产值绝对值转换为图形面积比例,二者历年之比形成民生基础系数变动曲线,同时附有文教消费率、收入城乡比变动曲线。

1996~2016年,上海城乡居民人均收入年均增长10.26%,人均产值年均增长9.27%,低于居民收入0.99个百分点。20年间,上海城乡居民收入与产值比的最低值为2007年的33.30%,最高(最佳)值为2015年的47.76%。逐年考察,除了1996~1998年、2000年、2002年、2004年、2006~2007年、2016年出现回降以外,上海此项比值逐步上升,由1996年的38.56%提高至2016年的46.11%,前后年度分别处于省域间第30位和第15位。

图2另附上海居民文教消费率历年变化动态,可见产值增长带动文教消费增长的相关性态势,前后年度分别处于省域间第15位和第16位。

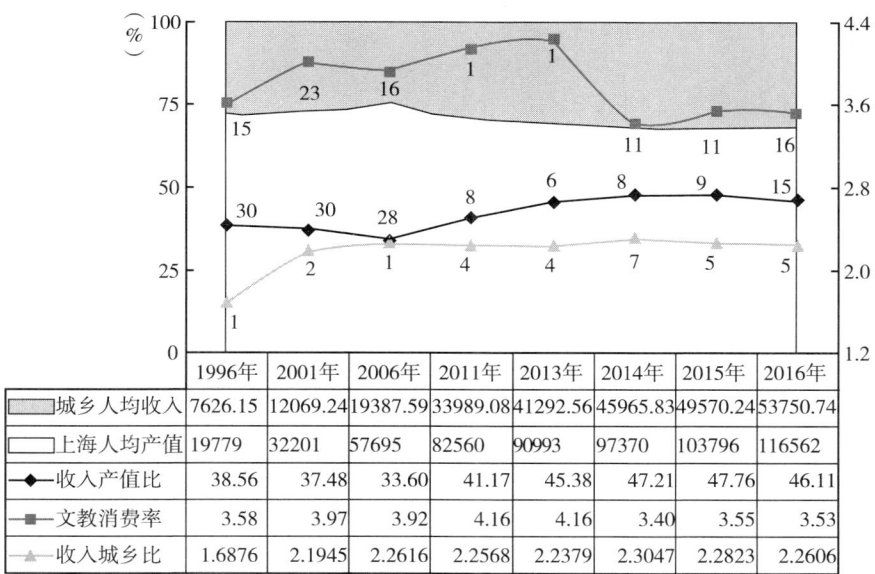

图2 上海城乡人均收入、产值绝对值及其比值和城乡比变动态势

左轴面积:城乡人均收入、产值(元转换为%),二者呈直观比例。左轴曲线:二者之比形成民生基础系数(%)。右轴曲线:文教消费率(%,与产值比),收入城乡比(乡村=1)。标明历年省域位次,后同。另需说明,近几年年鉴始发布2014年以来城乡人均值数据,但与总量数据之间存在演算误差,对应年鉴同时发布的产值人均值和总量分别演算文教消费率有出入,本报告恢复采用自行演算城乡人均值。

1996~2016年，上海乡村居民人均收入年均增长8.66%，城镇居民人均收入年均增长10.26%，高于乡村1.60个百分点。20年间，上海人均收入城乡比的最小（最佳）值为1997年的1.5992，最大值为2004年的2.3609。逐年考察，除了1996~1997年、2002年、2005年、2009~2011年、2013年、2015~2016年出现缩减以外，上海此项城乡比逐步扩增，由1996年的1.6876扩大至2016年的2.2606，前后年度分别处于省域间第1位和第5位。

由此推演出若干假定测算：①如果上海城乡居民收入与产值比保持2015年最佳水平，那么2016年城乡人均收入应为55667.20元；②如果在最佳比值基础上再实现1997年人均收入最小城乡比，那么城乡人均收入应为57006.33元；③如果进一步弥合城乡比实现均等，那么城乡人均收入应为59748.65元。

（二）民生消费系数检测

1996~2016年上海城乡人均非文消费、收入绝对值及其比值、城乡比变动态势见图3。图3中将非文消费、居民收入绝对值转换为图形面积比例，二者历年之比形成民生消费系数变动曲线，同时附有文教消费比、非文消费城乡比变动曲线。

1996~2016年，上海城乡居民人均非文消费年均增长9.29%，人均收入年均增长10.26%，高于非文消费0.97个百分点。20年间，上海城乡居民非文消费占收入比的最高值为1996年的73.11%，最低（最佳）值为2013年的55.45%。逐年考察，除了2002年、2004年、2007年、2010年、2014年出现回升以外，上海此项比值逐步下降，由1996年的73.11%降低至2016年的61.30%，前后年度分别处于省域间第13位和第10位。

图3另附上海居民文教消费比历年变化动态，可见收入增长带动文教消费增长的相关性态势，前后年度分别处于省域间第4位和第21位。

1996~2016年，上海乡村居民人均非文消费年均增长7.85%，城镇居民人均非文消费年均增长9.28%，高于乡村1.43个百分点。20年间，上海人均非文消费城乡比的最小（最佳）值为1997年的1.5826，最大值为2014

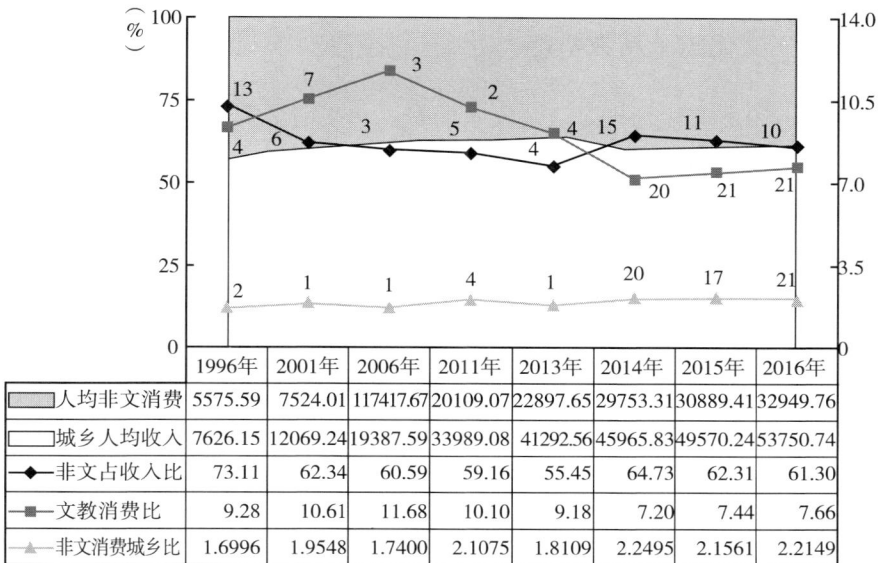

图3　上海城乡人均非文消费、收入绝对值及其比值和城乡比变动态势

左轴面积：城乡人均非文消费、收入（元转换为%），二者呈直观比例。左轴曲线：二者之比形成民生消费系数（%）。右轴曲线：文教消费比（%，占收入比），非文消费城乡比（乡村=1）。

年的2.2495。逐年考察，除了1996~1997年、2001~2003年、2005~2006年、2011~2013年、2015年出现缩减以外，上海此项城乡比逐步扩增，由1996年的1.6996扩大至2016年的2.2149，前后年度分别处于省域间第2位和第21位。

由此推演出若干假定测算：①如果上海城乡居民非文消费占收入比保持2013年最佳水平，那么2016年城乡人均非文消费应为29806.00元，取上一类最佳比值叠加测算，城乡人均非文消费应为30868.72元，收入与之差即非文消费剩余增至24798.48元；②如果在至此两项最佳比值基础上再实现1997年人均非文消费最小城乡比，那么城乡人均非文消费应为31599.93元，收入与之差即非文消费剩余增至25406.40元；③如果进一步弥合城乡比实现均等，那么城乡人均非文消费应为33092.28元，收入与之差即非文消费剩余增至26656.36元。

（三）文化需求系数检测

1996～2016年上海城乡人均文教消费、非文消费剩余绝对值及其比值、城乡比变动态势见图4。图中将文教消费、非文消费剩余绝对值转换为图形面积比例，二者历年之比形成文化需求系数变动曲线，同时附有文教消费比重、文教消费城乡比变动曲线。

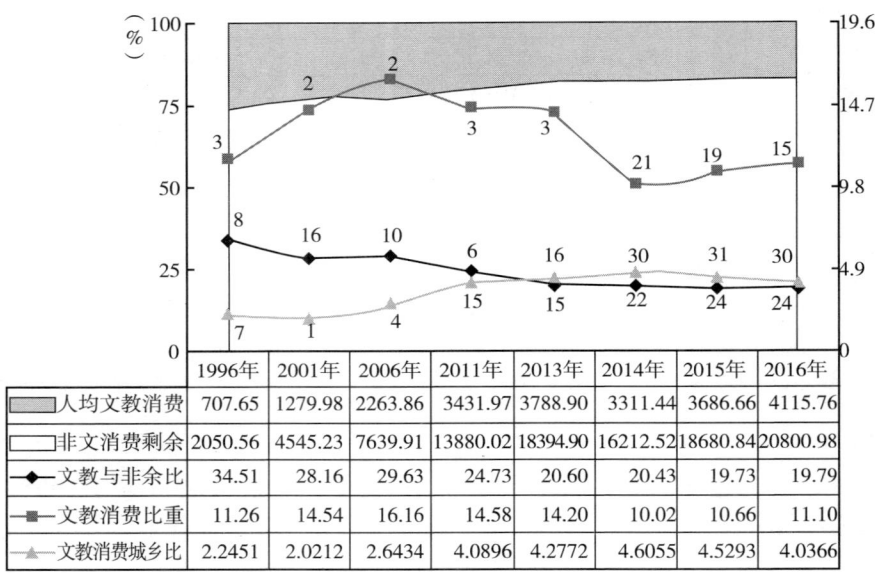

图4　上海城乡人均文教消费、非文消费剩余绝对值及其比值和城乡比变动态势

左轴面积：城乡人均文教消费、非文消费剩余（元转换为％），二者呈直观比例。左轴曲线：二者之比形成文化需求系数（％）。右轴曲线：文教消费比重（％，占总消费比），文教消费城乡比（乡村=1）。

1996～2016年，上海城乡居民人均文教消费年均增长9.20％，人均非文消费剩余年均增长12.28％，高于文教消费3.08个百分点。20年间，上海城乡居民文教消费与非文消费剩余比的最高（最佳）值为2002年的37.64％，最低值为2015年的19.73％。逐年考察，除了1996年、2000年、2002年、2004年、2007年、2009年、2016年出现回升以外，上海此项比值逐步下降,由1996年的34.51%降低至2016年的19.79%,前后年度分别处于省域间第8位和第24位。

图4另附上海居民文教消费比重历年变化动态,可见总消费增长带动文教消费增长的相关性态势,前后年度分别处于省域间第3位和第15位。

1996~2016年,上海乡村居民人均文教消费年均增长6.05%,城镇居民人均文教消费年均增长9.20%,高于乡村3.15个百分点。20年间,上海人均文教消费城乡比的最小(最佳)值为1998年的1.8229,最大值为2014年的4.6055。逐年考察,除了1997~1998年、2001年、2005年、2009年、2012年、2015~2016年出现缩减以外,上海此项城乡比逐步扩增,由1996年的2.2451扩大至2016年的4.0366,前后年度分别处于省域间第7位和第30位。

由此推演出若干假定测算:①如果上海城乡文教消费与非文消费剩余比保持2002年最佳水平,那么2016年城乡人均文教消费应为7830.46元,总量可达1893.12亿元;②如果取至此三类最佳比值叠加测算,那么城乡人均文教消费应为9335.31元,总量可达2256.94亿元;③如果在三项最佳比值基础上再实现1998年人均文教消费最小城乡比,那么城乡人均文教消费应为9714.27元,总量可达2348.56亿元;④如果进一步弥合城乡比实现均等,那么城乡人均文教消费应为10282.89元,总量可达2486.03亿元;⑤如果至此三类城乡比同时实现无差距理想,按上海城镇三类比值历年最佳值演算,那么城乡人均文教消费应为10067.74元,总量可达2434.01亿元。

三 文化需求增长目标暨文化产业发展空间测算

2016~2021年上海城乡人均文教消费需求增长测算见图5。

(1)历年均增值测算:如果2016~2020年上海城乡文教消费增长保持1996~2016年平均增长率6.57%(省域间实际增长第30位),那么到2020年城乡人均文教消费将达到5308.23元。在相关各方面增长均依此推算的情况下,由于上海城乡文教消费与产值之比在1996~2016年呈

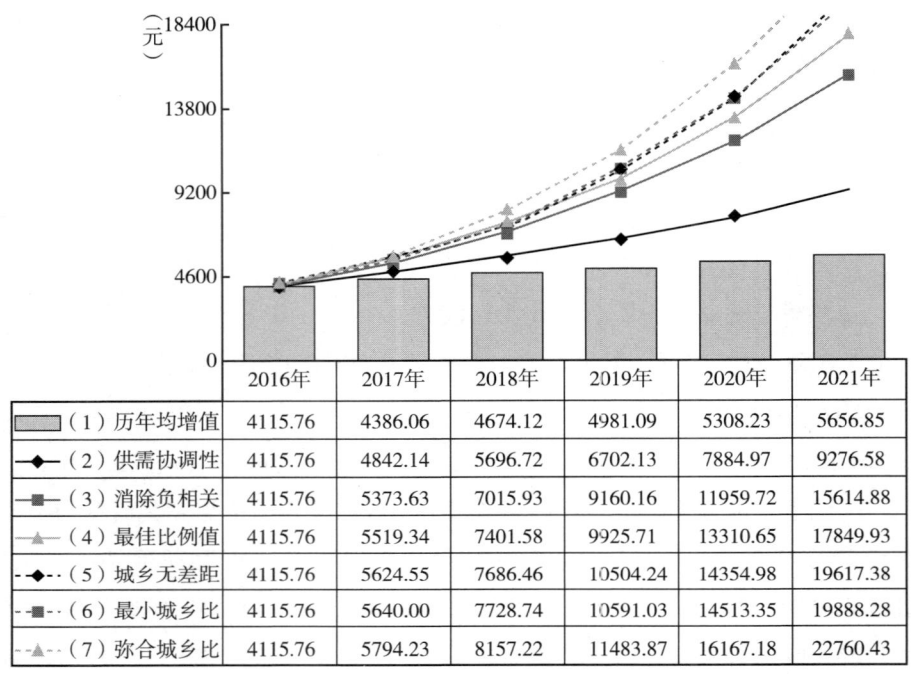

图 5　2016～2021 年上海城乡人均文教消费需求增长测算

作为背景因素，产值按 1996～2016 年实际年均增长率推算。2016 年文教消费与产值比实际值 3.53%，2020 年测算值：（1）3.19%，（2）4.74%，（3）7.20%，（4）8.01%，（5）8.64%，（6）8.73%，（7）9.73%。2016～2020 年人均文教消费年均增长：（1）6.57%（即 1996～2016 年实际值，以下为测算值），（2）17.65%，（3）30.56%，（4）34.10%，（5）36.66%，（6）37.03%，（7）40.78%。

若产值按年均增长率 7% 推算，则 2020 年文教消费（增量、增幅不变）与产值比：（1）3.47%，（3）7.83%。2020 年文教消费人均值（与产值比不变）：（2）7248.78 元，年增 15.20%；（4）12236.68 元，年增 31.31%；（5）13196.76 元，年增 33.81%；（6）13342.35 元，年增 34.18%；（7）14862.74 元，年增 37.85%。

现下降态势，至 2020 年文教消费增长与产值增长测算值之比将继续降低至 3.19%。

（2）供需协调性测算：假设实现文化产业供需协调增长历年最佳关系，并达到"支柱性产业"所需与 GDP 之比。据此反推，到 2020 年上海城乡人均文教消费应达到 7884.97 元，年均增长率需达到 17.65%，为以往 20 年实际年均增长率的 2.69 倍（省域间目标距离第 18 位）。

由于《文化及相关产业分类》国家标准2004年版仅具指导性，各地多有变通，2012年版方确定为指令性国家标准，多年缺少全国统一标准的各地文化产值数据，一概按全国数据演算。

（3）消除负相关测算：如果到2020年上海城乡此项比值实现1996～2016年最佳状态，那么城乡人均文教消费应达到11959.72元，与产值增长测算值之比将上升至7.20%，年均增长率需达到30.56%，为以往20年实际年均增长率的4.65倍（省域间目标距离第28位）。

（4）最佳比例值测算：如果到2020年上海城乡三项比值同步实现1996～2016年最佳状态，那么城乡人均文教消费应达到13310.65元，与产值增长测算值之比将上升至8.01%，年均增长率需达到34.10%，为以往20年实际年均增长率的5.19倍（省域间目标距离第23位）。

（5）城乡无差距测算：如果到2020年上海在此三个层面消除城乡差距，实现按城镇标准衡量的1996～2016年三项最佳比值，那么城乡人均文教消费应达到14354.98元，与产值增长测算值之比将上升至8.64%，年均增长率需达到36.66%，为以往20年实际年均增长率的5.58倍（省域间目标距离第8位）。

（6）最小城乡比测算：如果到2020年上海城乡同时实现1996～2016年三项最佳比值和文教消费最小城乡比，那么城乡人均文教消费应达到14513.35元，与产值增长测算值之比将上升至8.73%，年均增长率需达到37.03%，为以往20年实际年均增长率的5.64倍（省域间目标距离第25位）。

（7）弥合城乡比测算：如果到2020年上海城乡同时实现1996～2016年三项最佳比值和乡村人均文教消费绝对值与城镇水平持平，那么城乡人均文教消费应达到16167.18元，与产值增长测算值之比将上升至9.73%，年均增长率需达到40.78%，为以往20年实际年均增长率的6.21倍（省域间目标距离第23位）。

B.9
福建：城乡无差距增长目标测算第9位

郭 娜*

摘　要： 福建文教消费增长目标暨文化产业发展空间检测：1996～2016年历年均增值实际测算为第13位；2016～2020年供需协调性目标测算为第24位；消除负相关目标测算为第11位；最佳比例值目标测算为第11位；最小城乡比目标测算为第14位；弥合城乡比目标测算为第10位；城乡无差距目标测算为第9位。

关键词： 福建　文化产业　供需协调　增长测算

一　城乡文教消费需求及相关方面增长态势

1996～2016年福建城乡文教消费总量和人均值增长态势见图1。

1996～2016年，福建城乡文教消费总量由60.65亿元增至751.45亿元，增加690.80亿元，20年间总增长1138.99%，年均增长13.41%。其中，第一个五年年均增长17.91%；第二个五年年均增长15.60%；第三个五年年均增长10.45%；第四个五年年均增长9.89%。

同期，福建城镇人均文教消费由245.33元增至2461.45元，增加2216.12元，20年间总增长903.32%，年均增长12.22%。其中，第一个五年年均增长19.54%；第二个五年年均增长17.15%；第三个五年年均增长7.30%；第四个五年年均增长5.55%。

---

* 郭娜，云南省社会科学院科研处副处长、副研究员，主要从事生态文化、环境经济相关研究。

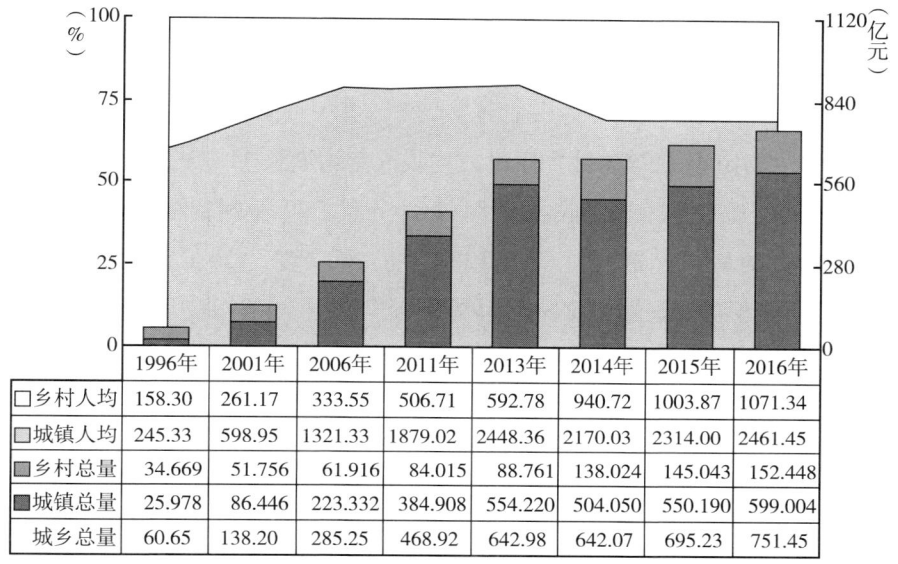

图1 福建城乡文教消费总量和人均值增长态势

左轴：城乡人均文教消费（元转换为%），城乡间呈直观比例。右轴柱形：文教消费总量（亿元），上下（取3位小数避免合计值小数误差）之和为城乡总量。图中前几个五年时段末年对接，文中描述增长变化包括省略年度，后同。

同时，乡村人均文教消费由158.30元增至1071.34元，增加913.04元，20年间总增长576.78%，年均增长10.03%。其中，第一个五年年均增长10.53%；第二个五年年均增长5.01%；第三个五年年均增长8.72%；第四个五年年均增长16.15%。

福建城镇人均值年均增长在第一个五年高于乡村9.01个百分点，城乡差距显著扩大；第二个五年高于乡村12.14个百分点，城乡差距持续极显著扩大；第三个五年低于乡村1.42个百分点，城乡差距转为较明显缩小；第四个五年低于乡村10.60个百分点，城乡差距持续极显著缩小。

二 城乡文教消费需求背景的增长协调性分析

（一）民生基础系数检测

1996~2016年福建城乡人均收入、产值绝对值及其比值、城乡比变动态势见图2。图中将居民收入、产值绝对值转换为图形面积比例，二者历年之比形成民生基础系数变动曲线，同时附有文教消费率、收入城乡比变动曲线。

1996～2016年，福建城乡居民人均收入年均增长11.23%，人均产值年均增长12.07%，高于居民收入0.84个百分点。20年间，福建城乡居民收入与产值比的最高（最佳）值为2002年的46.25%，最低值为2010年的37.17%。逐年考察，除了1996～1997年、2000～2002年、2011～2013年、2015年出现回升以外，福建此项比值逐步下降，由1996年的44.02%降低至2016年的37.83%，前后年度分别处于省域间第26位和第26位。

图2中另附福建居民文教消费率历年变化动态，可见产值增长带动文教消费增长的相关性态势，前后年度分别处于省域间第29位和第29位。

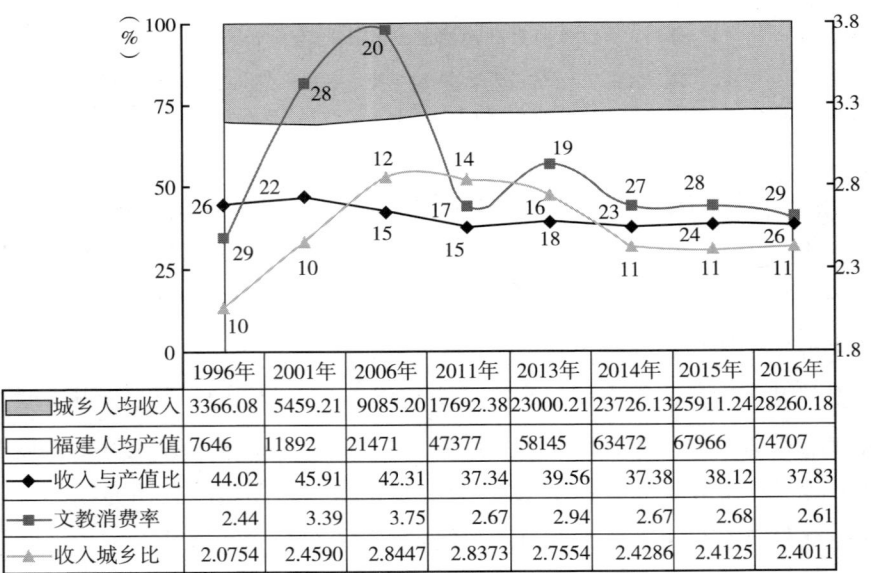

图2 福建城乡人均收入、产值绝对值及其比值和城乡比变动态势

左轴面积：城乡人均收入、产值（元转换为%），二者呈直观比例。左轴曲线：二者之比形成民生基础系数（%）。右轴曲线：文教消费率（%，与产值比），收入城乡比（乡村=1）。标明历年省域位次，后同。另需说明，近几年年鉴始发布2014年以来城乡人均值数据，但与总量数据之间存在演算误差，对应年鉴同时发布的产值人均值和总量分别演算文教消费率有出入，本报告恢复采用自行演算城乡人均值。

1996~2016年,福建乡村居民人均收入年均增长9.39%,城镇居民人均收入年均增长10.19%,高于乡村0.80个百分点。20年间,福建人均收入城乡比的最小(最佳)值为1996年的2.0754,最大值为2010年的2.9328。逐年考察,除了1996年、1998年、2007年、2011~2016年出现缩减以外,福建此项城乡比逐步扩增,由1996年的2.0754扩大至2016年的2.4011,前后年度分别处于省域间第10位和第11位。

由此推演出若干假定测算:①如果福建城乡居民收入与产值比保持2002年最佳水平,那么2016年城乡人均收入应为34554.69元;②如果在最佳比值基础上再实现1996年人均收入最小城乡比,那么城乡人均收入应为35616.58元;③如果进一步弥合城乡比实现均等,那么城乡人均收入应为44035.87元。

(二)民生消费系数检测

1996~2016年福建城乡人均非文消费、收入绝对值及其比值、城乡比变动态势见图3。图3中将非文消费、居民收入绝对值转换为图形面积比例,二者历年之比形成民生消费系数变动曲线,同时附有文教消费比、非文消费城乡比变动曲线。

1996~2016年,福建城乡居民人均非文消费年均增长10.58%,人均收入年均增长11.23%,高于非文消费0.65个百分点。20年间,福建城乡居民非文消费占收入比的最高值为1996年的73.90%,最低(最佳)值为2013年的59.26%。逐年考察,除了2000年、2003年、2007年、2014年出现回升以外,福建此项比值逐步下降,由1996年的73.90%降低至2016年的65.80%,前后年度分别处于省域间第16位和第21位。

图3另附福建居民文教消费比历年变化动态,可见收入增长带动文教消费增长的相关性态势,前后年度分别处于省域间第28位和第29位。

1996~2016年,福建乡村居民人均非文消费年均增长10.02%,城镇居民人均非文消费年均增长9.03%,低于乡村0.99个百分点。20年间,福建人均非文消费城乡比的最大值为2003年的2.6697,最小(最佳)值为2016

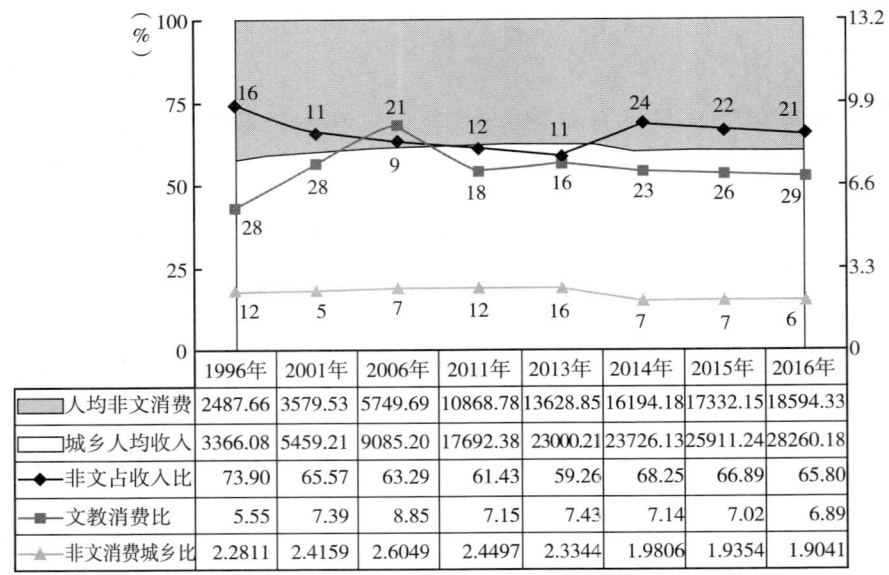

图 3 福建城乡人均非文消费、收入绝对值及其比值和城乡比变动态势

左轴面积：城乡人均非文消费、收入（元转换为%），二者呈直观比例。左轴曲线：二者之比形成民生消费系数（%）。右轴曲线：文教消费比（%，占收入比），非文消费城乡比（乡村=1）。

年的1.9041。逐年考察，除了1996~1999年、2001~2003年、2009年出现扩增以外，福建此项城乡比逐步缩减，由1996年的2.2811缩小至2016年的1.9041，前后年度分别处于省域间第12位和第6位。

由此推演出若干假定测算：①如果福建城乡居民非文消费占收入比保持2013年最佳水平，那么2016年城乡人均非文消费应为16745.66元，取上一类最佳比值叠加测算，城乡人均非文消费应为20475.50元，收入与之差即非文消费剩余增至14079.19元；②福建2016年人均非文消费城乡比为最小值，在至此两项最佳比值基础上再实现最小城乡比，演算结果不变，收入与之差即非文消费剩余增至15141.08元；③如果进一步弥合城乡比实现均等，那么城乡人均非文消费应为24824.84元，收入与之差即非文消费剩余增至19211.03元。

（三）文化需求系数检测

1996~2016年福建城乡人均文教消费、非文消费剩余绝对值及其比值、城乡比变动态势见图4。图4中将文教消费、非文消费剩余绝对值转换为图形面积比例，二者历年之比形成文化需求系数变动曲线，同时附有文教消费比重、文教消费城乡比变动曲线。

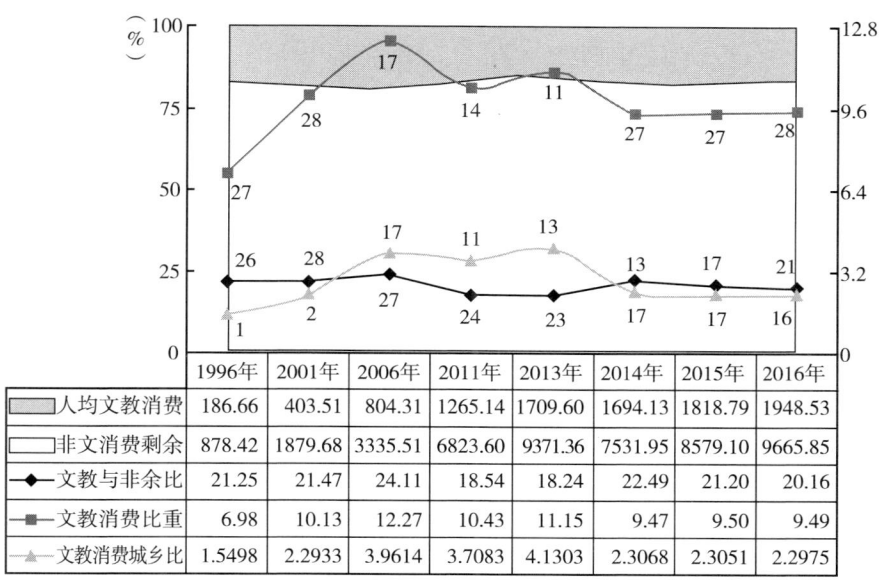

图4　福建城乡人均文教消费、非文消费剩余绝对值及其比值和城乡比变动态势

左轴面积：城乡人均文教消费、非文消费剩余（元转换为%），二者呈直观比例。左轴曲线：二者之比形成文化需求系数（%）。右轴曲线：文教消费比重（%，占总消费比），文教消费城乡比（乡村=1）。

1996~2016年，福建城乡居民人均文教消费年均增长12.44%，人均非文消费剩余年均增长12.74%，高于文教消费0.30个百分点。20年间，福建城乡居民文教消费与非文消费剩余比的最高（最佳）值为2004年的24.90%，最低值为2012年的18.18%。逐年考察，除了1997年、2000年、2002~2004年、2006年、2010年、2013~2014年出现回升以外，福建此项比值逐步下降，由1996年的21.25%降低至2016年的20.16%，前后年度分别处于省域间第26位和第21位。

图4另附福建居民文教消费比重历年变化动态，可见总消费增长带动文教消费增长的相关性态势，前后年度分别处于省域间第27位和第28位。

1996~2016年，福建乡村居民人均文教消费年均增长10.03%，城镇居民人均文教消费年均增长12.22%，高于乡村2.19个百分点。20年间，福建人均文教消费城乡比的最小（最佳）值为1996年的1.5498，最大值为2013年的4.1303。逐年考察，除了1996年、1998~1999年、2001年、2003年、2005年、2008~2009年、2011年、2014~2016年出现缩减以外，福建此项城乡比逐步扩增，由1996年的1.5498扩大至2016年的2.2975，前后年度分别处于省域间第1位和第16位。

由此推演出若干假定测算：①如果福建城乡文教消费与非文消费剩余比保持2004年最佳水平，那么2016年城乡人均文教消费应为2406.33元，总量可达928.00亿元；②如果取至此三类最佳比值叠加测算，那么城乡人均文教消费应为3505.03元，总量可达1351.72亿元；③如果在三项最佳比值基础上再实现1996年人均文教消费最小城乡比，那么城乡人均文教消费应为3848.12元，总量可达1484.03亿元；④如果进一步弥合城乡比实现均等，那么城乡人均文教消费应为4427.68元，总量可达1707.53亿元；⑤如果至此三类城乡比同时实现无差距理想，按福建城镇三类比值历年最佳值演算，那么城乡人均文教消费应为6305.33元，总量可达2431.65亿元。

三 文化需求增长目标暨文化产业发展空间测算

2016~2021年福建城乡人均文教消费需求增长测算见图5。

（1）历年均增值测算：如果2016~2020年福建城乡文教消费增长保持1996~2016年平均增长率11.67%（省域间实际增长第13位），那么到2020年城乡人均文教消费将达到3029.68元。在相关各方面增长均依此推

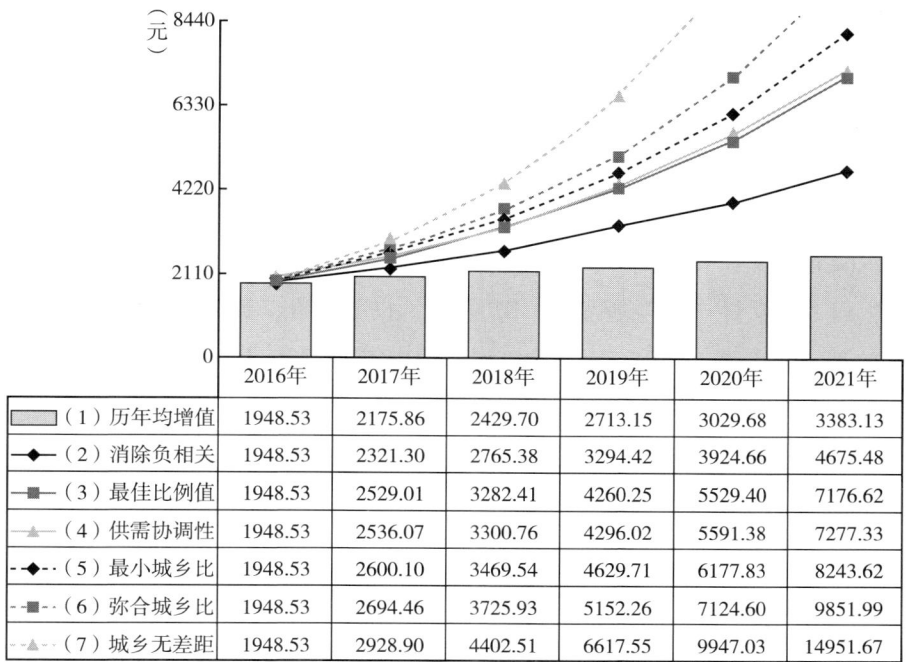

图 5　2016~2021 年福建城乡人均文教消费需求增长测算

作为背景因素，产值按 1996~2016 年实际年均增长率推算。2016 年文教消费与产值比实际值 2.61%，2020 年测算值：（1）2.57%，（2）3.33%，（3）4.69%，（4）4.74%，（5）5.24%，（6）6.05%，（7）8.44%。2016~2020 年人均文教消费年均增长：（1）11.67%（即 1996~2016 年实际值，以下为测算值），（2）19.13%，（3）29.79%，（4）30.15%，（5）33.44%，（6）38.28%，（7）50.31%。

若产值按年均增长率 7% 推算，则 2020 年文教消费（增量、增幅不变）与产值比：（1）3.09%，（2）4.01%。2020 年文教消费人均值（与产值比不变）：（3）4594.39 元，年增 23.92%；（4）4645.89 元，年增 24.26%；（5）5133.17 元，年增 27.40%；（6）5919.85 元，年增 32.02%；（7）8265.00 元，年增 43.51%。

算的情况下，由于福建城乡文教消费与产值之比在 1996~2016 年呈现下降态势，至 2020 年文教消费增长与产值增长测算值之比将继续降低至 2.57%。

（2）消除负相关测算：如果到 2020 年福建城乡此项比值实现 1996~2016 年最佳状态，那么城乡人均文教消费应达到 3924.66 元，与产值增长测算值之比将上升至 3.33%，年均增长率需达到 19.13%，为以往 20 年实际年均增长率的1.64倍（省域间目标距离第11位）。

（3）最佳比例值测算：如果到2020年福建城乡三项比值同步实现1996～2016年最佳状态，那么城乡人均文教消费应达到5529.40元，与产值增长测算值之比将上升至4.69%，年均增长率需达到29.79%，为以往20年实际年均增长率的2.55倍（省域间目标距离第11位）。

（4）供需协调性测算：假设实现文化产业供需协调增长历年最佳关系，并达到"支柱性产业"所需与GDP之比。据此反推，到2020年福建城乡人均文教消费应达到5591.38元，年均增长率需达到30.15%，为以往20年实际年均增长率的2.58倍（省域间目标距离第24位）。

由于《文化及相关产业分类》国家标准2004年版仅具指导性，各地多有变通，2012年版方确定为指令性国家标准，多年缺少全国统一标准的各地文化产值数据，一概按全国数据演算。

（5）最小城乡比测算：如果到2020年福建城乡同时实现1996～2016年三项最佳比值和文教消费最小城乡比，那么城乡人均文教消费应达到6177.83元，与产值增长测算值之比将上升至5.24%，年均增长率需达到33.44%，为以往20年实际年均增长率的2.87倍（省域间目标距离第14位）。

（6）弥合城乡比测算：如果到2020年福建城乡同时实现1996～2016年三项最佳比值和乡村人均文教消费绝对值与城镇水平持平，那么城乡人均文教消费应达到7124.60元，与产值增长测算值之比将上升至6.05%，年均增长率需达到38.28%，为以往20年实际年均增长率的3.28倍（省域间目标距离第10位）。

（7）城乡无差距测算：如果到2020年福建在此三个层面消除城乡差距，实现按城镇标准衡量的1996～2016年三项最佳比值，那么城乡人均文教消费应达到9947.03元，与产值增长测算值之比将上升至8.44%，年均增长率需达到50.31%，为以往20年实际年均增长率的4.31倍（省域间目标距离第9位）。

B.10
江苏：城乡无差距增长目标测算第12位

王 玉*

摘 要： 江苏文教消费增长目标暨文化产业发展空间检测：1996~2016年历年均增值实际测算为第11位；2016~2020年供需协调性目标测算为第25位；消除负相关目标测算为第12位；最佳比例值目标测算为第15位；最小城乡比目标测算为第15位；弥合城乡比目标测算为第12位；城乡无差距目标测算为第12位。

关键词： 江苏 文化产业 供需协调 增长测算

一 城乡文教消费需求及相关方面增长态势

1996~2016年江苏城乡文教消费总量和人均值增长态势见图1。

1996~2016年，江苏城乡文教消费总量由169.55亿元增至2051.43亿元，增加1881.88亿元，20年间总增长1109.93%，年均增长13.28%。其中，第一个五年年均增长14.44%；第二个五年年均增长18.04%；第三个五年年均增长15.94%；第四个五年年均增长5.13%。

同期，江苏城镇人均文教消费由337.28元增至3163.91元，增加2826.63元，20年间总增长838.07%，年均增长11.84%。其中，第一个五年年均增长15.44%；第二个五年年均增长16.24%；第三个五年年均增长12.93%；第四个五年年均增长3.26%。

---

* 王玉，云南省社会科学院助理研究员，主要从事社会、信息相关研究。

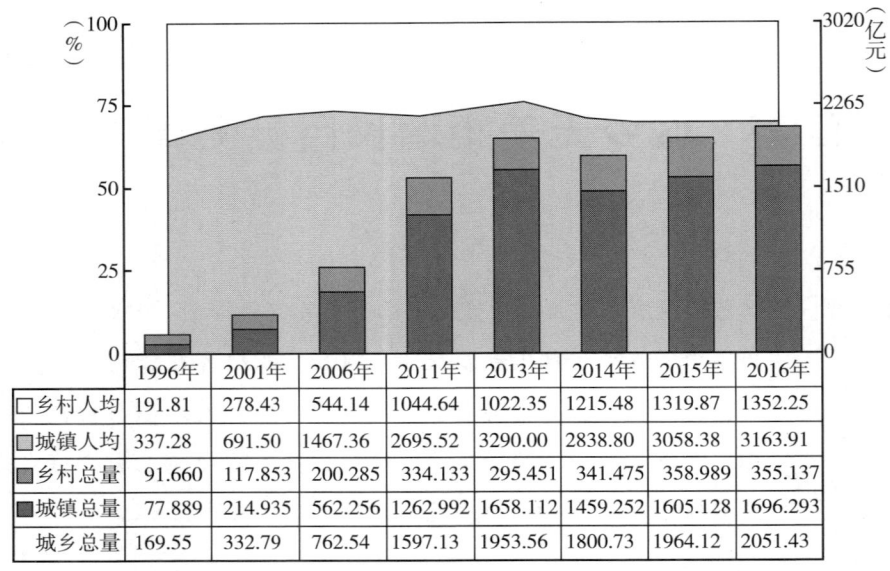

图1 江苏城乡文教消费总量和人均值增长态势

左轴：城乡人均文教消费（元转换为%），城乡间呈直观比例。右轴柱形：文教消费总量（亿元），上下（取3位小数避免合计值小数误差）之和为城乡总量。图中前几个五年时段末年对接，文中描述增长变化包括省略年度，后同。

同时，乡村人均文教消费由191.81元增至1352.25元，增加1160.44元，20年间总增长604.99%，年均增长10.26%。其中，第一个五年年均增长7.74%；第二个五年年均增长14.34%；第三个五年年均增长13.93%；第四个五年年均增长5.30%。

江苏城镇人均值年均增长在第一个五年高于乡村7.70个百分点，城乡差距显著扩大；第二个五年高于乡村1.90个百分点，城乡差距持续较明显扩大；第三个五年低于乡村1.00个百分点，城乡差距转为较明显缩小；第四个五年低于乡村2.04个百分点，城乡差距持续较明显缩小。

二 城乡文教消费需求背景的增长协调性分析

（一）民生基础系数检测

1996~2016年江苏城乡人均收入、产值绝对值及其比值、城乡比变动态势见图2。图中将居民收入、产值绝对值转换为图形面积比例,二者历年之比形成民生基础系数变动曲线,同时附有文教消费率、收入城乡比变动曲线。

1996~2016年,江苏城乡居民人均收入年均增长11.47%,人均产值年均增长12.96%,高于居民收入1.49个百分点。20年间,江苏城乡居民收入与产值比的最高(最佳)值为1997年的44.07%,最低值为2010年的31.98%。逐年考察,除了1996~1997年、1999年、2011~2013年、2015年出现回升以外,江苏此项比值逐步下降,由1996年的44.06%降低至2016年的33.79%,前后年度分别处于省域间第25位和第30位。

图2另附江苏居民文教消费率历年变化动态,可见产值增长带动文教消费增长的相关性态势,前后年度分别处于省域间第26位和第27位。

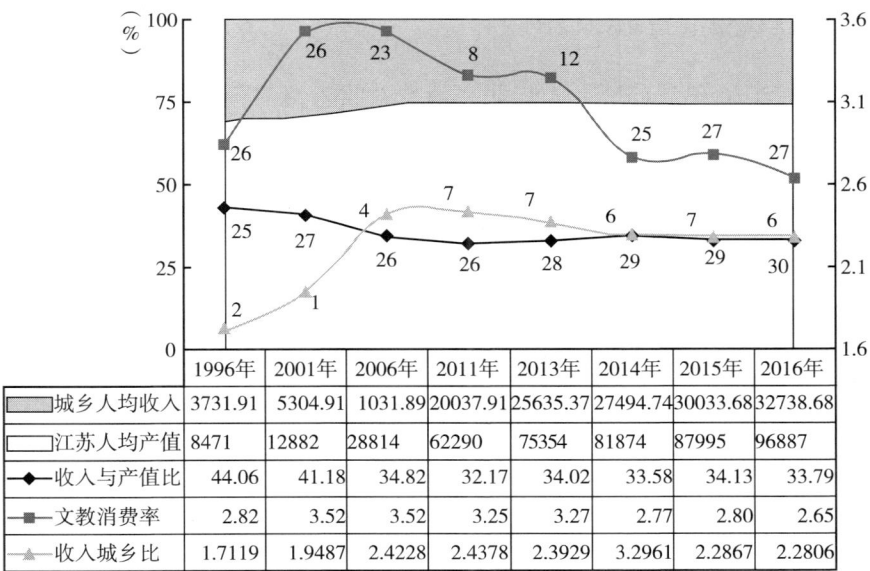

图2 江苏城乡人均收入、产值绝对值及其比值和城乡比变动态势

左轴面积:城乡人均收入、产值(元转换为%),二者呈直观比例。左轴曲线:二者之比形成民生基础系数(%)。右轴曲线:文教消费率(%,与产值比),收入城乡比(乡村=1)。标明历年省域位次,后同。另需说明,近几年年鉴始发布2014年以来乡人均值数据,但与总量数据之间存在演算误差,对应年鉴同时发布的产值人均值和总量分别演算文教消费率有出入,本报告恢复采用自行演算城乡人均值。

1996~2016年,江苏乡村居民人均收入年均增长9.20%,城镇居民人均收入年均增长10.78%,高于乡村1.58个百分点。20年间,江苏人均收入城乡比的最小(最佳)值为1996年的1.7119,最大值为2009年的2.5678。逐年考察,除了1996年、2010~2016年出现缩减以外,江苏此项城乡比逐步扩增,由1996年的1.7119扩大至2016年的2.2806,前后年度分别处于省域间第2位和第6位。

由此推演出若干假定测算:①如果江苏城乡居民收入与产值比保持1997年最佳水平,那么2016年城乡人均收入应为42702.85元;②如果在最佳比值基础上再实现1996年人均收入最小城乡比,那么城乡人均收入应为45211.36元;③如果进一步弥合城乡比实现均等,那么城乡人均收入应为52371.92元。

(二)民生消费系数检测

1996~2016年江苏城乡人均非文消费、收入绝对值及其比值、城乡比变动态势见图3。图中将非文消费、居民收入绝对值转换为图形面积比例,二者历年之比形成民生消费系数变动曲线,同时附有文教消费比、非文消费城乡比变动曲线。

1996~2016年,江苏城乡居民人均非文消费年均增长10.49%,人均收入年均增长11.47%,高于非文消费0.98个百分点。20年间,江苏城乡居民非文消费占收入比的最高值为1996年的72.63%,最低(最佳)值为2013年的54.98%。逐年考察,除了2000年、2005年、2011年、2014年出现回升以外,江苏此项比值逐步下降,由1996年的72.63%降低至2016年的60.84%,前后年度分别处于省域间第11位和第7位。

图3另附江苏居民文教消费比历年变化动态,可见收入增长带动文教消费增长的相关性态势,前后年度分别处于省域间第23位和第17位。

1996~2016年,江苏乡村居民人均非文消费年均增长9.26%,城镇居民人均非文消费年均增长9.60%,高于乡村0.34个百分点。20年间,江苏人均非文消费城乡比的最小(最佳)值为1996年的1.6738,最大

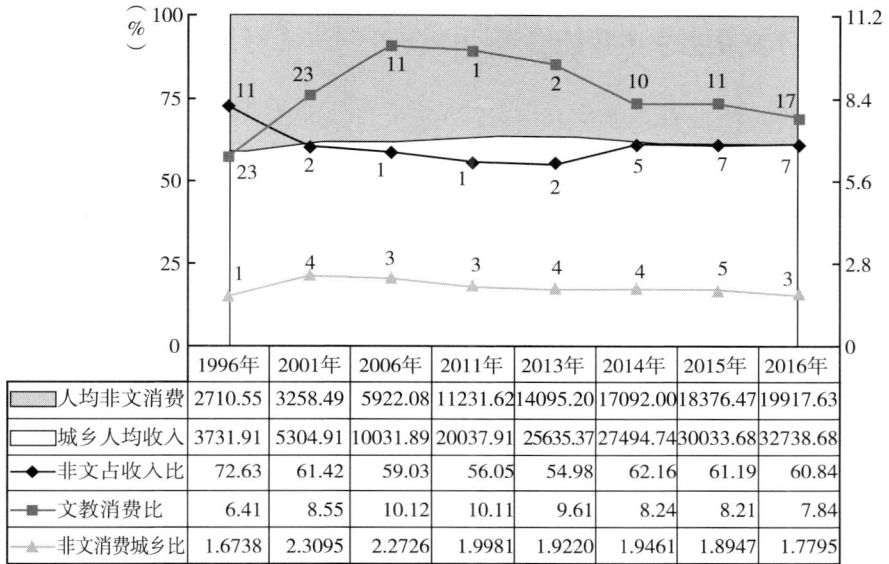

图3 江苏城乡人均非文消费、收入绝对值及其比值和城乡比变动态势

左轴面积：城乡人均非文消费、收入（元转换为%），二者呈直观比例。左轴曲线：二者之比形成民生消费系数（%）。右轴曲线：文教消费比（%，占收入比），非文消费城乡比（乡村=1）。

值为2003年的2.4672。逐年考察，除了1996年、2002年、2004～2007年、2010～2013年、2015～2016年出现缩减以外，江苏此项城乡比逐步扩增，由1996年的1.6738扩大至2016年的1.7795，前后年度分别处于省域间第1位和第3位。

由此推演出若干假定测算：①如果江苏城乡居民非文消费占收入比保持2013年最佳水平，那么2016年城乡人均非文消费应为18000.85元，取上一类最佳比值叠加测算，城乡人均非文消费应为23479.49元，收入与之差即非文消费剩余增至19223.36元；②如果在至此两项最佳比值基础上再实现1996年人均非文消费最小城乡比，那么城乡人均非文消费应为23799.62元，收入与之差即非文消费剩余增至21411.73元；③如果进一步弥合城乡比实现均等，那么城乡人均非文消费应为27430.21元，收入与之差即非文消费剩余增至24941.71元。

（三）文化需求系数检测

1996～2016年江苏城乡人均文教消费、非文消费剩余绝对值及其比值、城乡比变动态势见图4。图中将文教消费、非文消费剩余绝对值转换为图形面积比例，二者历年之比形成文化需求系数变动曲线，同时附有文教消费比重、文教消费城乡比变动曲线。

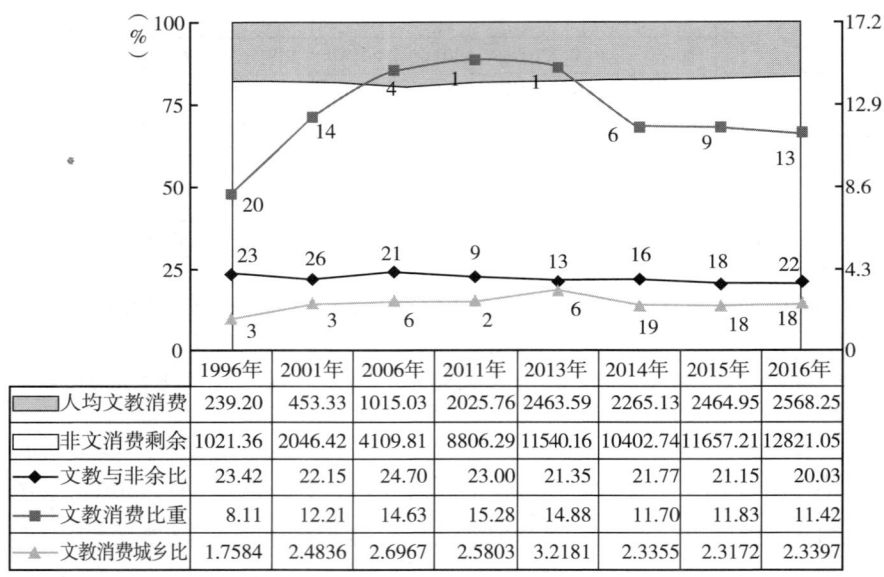

图4 江苏城乡人均文教消费、非文消费剩余绝对值及其比值和城乡比变动态势

左轴面积：城乡人均文教消费、非文消费剩余（元转换为%），二者呈直观比例。左轴曲线：二者之比形成文化需求系数（%）。右轴曲线：文教消费比重（%，占总消费比），文教消费城乡比（乡村=1）。

1996～2016年，江苏城乡居民人均文教消费年均增长12.60%，人均非文消费剩余年均增长13.48%，高于文教消费0.88个百分点。20年间，江苏城乡居民文教消费与非文消费剩余比的最高（最佳）值为2002年的24.94%，最低值为1997年的17.22%。逐年考察，除了1996年、1998年、2000年、2002年、2005～2006年、2009年、2011年、2014年出现回升以外，江苏此项比值逐步下降，由1996年的23.42%降低至2016年的20.03%，前后年度分别处于省域间第23位和第22位。

图4中另附江苏居民文教消费比重历年变化动态，可见总消费增长带动文教消费增长的相关性态势，前后年度分别处于省域间第20位和第13位。

1996~2016年，江苏乡村居民人均文教消费年均增长10.26%，城镇居民人均文教消费年均增长11.84%，高于乡村1.58个百分点。20年间，江苏人均文教消费城乡比的最小（最佳）值为1996年的1.7584，最大值为1997年的7.3126。逐年考察，除了1996年、1998年、2001年、2003年、2005年、2007~2010年、2014~2015年出现缩减以外，江苏此项城乡比逐步扩增，由1996年的1.7584扩大至2016年的2.3397，前后年度分别处于省域间第3位和第18位。

由此推演出若干假定测算：①如果江苏城乡文教消费与非文消费剩余比保持2002年最佳水平，那么2016年城乡人均文教消费应为3196.99元，总量可达2553.64亿元；②如果取至此三类最佳比值叠加测算，那么城乡人均文教消费应为4793.44元，总量可达3828.83亿元；③如果在三项最佳比值基础上再实现1996年人均文教消费最小城乡比，那么城乡人均文教消费应为5067.78元，总量可达4047.96亿元；④如果进一步弥合城乡比实现均等，那么城乡人均文教消费应为5905.19元，总量可达4716.86亿元；⑤如果至此三类城乡比同时实现无差距理想，按江苏城镇三类比值历年最佳值演算，那么城乡人均文教消费应为9053.32元，总量可达7231.48亿元。

三 文化需求增长目标暨文化产业发展空间测算

2016~2021年江苏城乡人均文教消费需求增长测算见图5。

（1）历年均增值测算：如果2016~2020年江苏城乡文教消费增长保持1996~2016年平均增长率11.28%（省域间实际增长第11位），那么到2020年城乡人均文教消费将达到3938.23元。在相关各方面增长均依此推

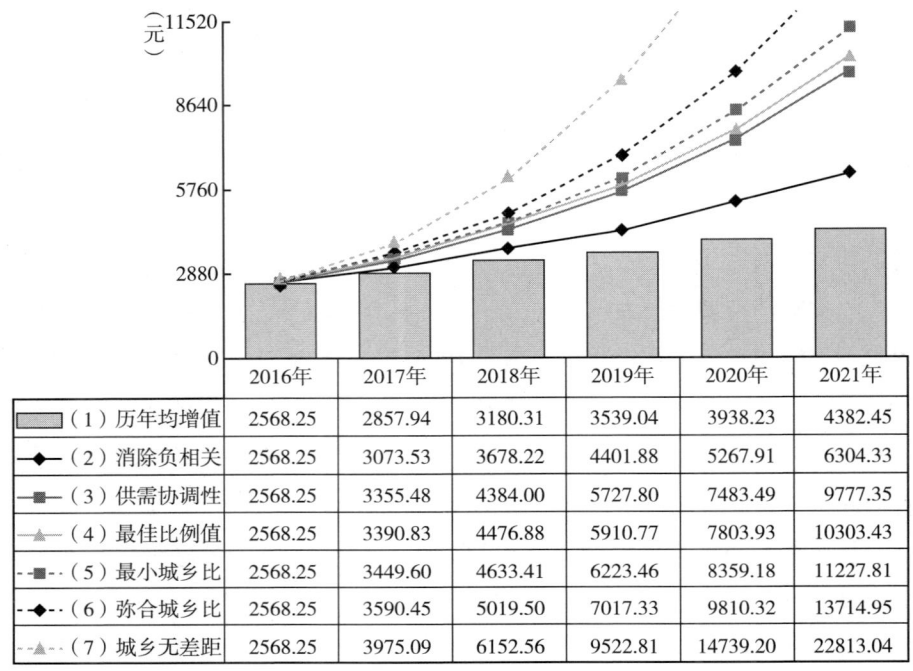

图5　2016～2021年江苏城乡人均文教消费需求增长测算

作为背景因素，产值按1996～2016年实际年均增长率推算。2016年文教消费与产值比实际值2.65%；2020年测算值：（1）2.50%，（2）3.34%，（3）4.74%，（4）4.95%，（5）5.30%，（6）6.22%，（7）9.34%。2016～2020年人均文教消费年均增长：（1）11.28%（即1996～2016年实际值，以下为测算值），（2）19.67%，（3）30.65%，（4）32.03%，（5）34.32%，（6）39.80%，（7）54.78%。

若产值按年均增长率7%推算，则2020年文教消费（增量、增幅不变）与产值比：（1）3.10%，（2）4.15%。2020年文教消费人均值（与产值比不变）：（3）6025.23元，年增23.76%；（4）6283.22元，年增25.07%；（5）6730.27元，年增27.23%；（6）7898.63元，年增32.43%；（7）11867.06元，年增46.61%。

算的情况下，由于江苏城乡文教消费与产值之比在1996～2016年呈现下降态势，至2020年文教消费增长与产值增长测算值之比将继续降低至2.50%。

（2）消除负相关测算：如果到2020年江苏城乡此项比值实现1996～2016年最佳状态，那么城乡人均文教消费应达到5267.91元，与产值增长测算值之比将上升至3.34%，年均增长率需达到19.67%，为以往20年实际年均增长率的1.74倍（省域间目标距离第12位）。

（3）供需协调性测算：假设实现文化产业供需协调增长历年最佳关系，并达到"支柱性产业"所需与GDP之比。据此反推，到2020年江苏城乡人均文教消费应达到7483.49元，年均增长率需达到30.65%，为以往20年实际年均增长率的2.72倍（省域间目标距离第25位）。

由于《文化及相关产业分类》国家标准2004年版仅具指导性，各地多有变通，2012年版方确定为指令性国家标准，多年缺少全国统一标准的各地文化产值数据，一概按全国数据演算。

（4）最佳比例值测算：如果到2020年江苏城乡三项比值同步实现1996~2016年最佳状态，那么城乡人均文教消费应达到7803.93元，与产值增长测算值之比将上升至4.95%，年均增长率需达到32.03%，为以往20年实际年均增长率的2.84倍（省域间目标距离第15位）。

（5）最小城乡比测算：如果到2020年江苏城乡同时实现1996~2016年三项最佳比值和文教消费最小城乡比，那么城乡人均文教消费应达到8359.18元，与产值增长测算值之比将上升至5.30%，年均增长率需达到34.32%，为以往20年实际年均增长率的3.04倍（省域间目标距离第15位）。

（6）弥合城乡比测算：如果到2020年江苏城乡同时实现1996~2016年三项最佳比值和乡村人均文教消费绝对值与城镇水平持平，那么城乡人均文教消费应达到9810.32元，与产值增长测算值之比将上升至6.22%，年均增长率需达到39.80%，为以往20年实际年均增长率的3.53倍（省域间目标距离第12位）。

（7）城乡无差距测算：如果到2020年江苏在此三个层面消除城乡差距，实现按城镇标准衡量的1996~2016年三项最佳比值，那么城乡人均文教消费应达到14739.20元，与产值增长测算值之比将上升至9.34%，年均增长率需达到54.78%，为以往20年实际年均增长率的4.86倍（省域间目标距离第12位）。

B.11
内蒙古：城乡无差距增长目标测算第14位

蒋坤洋*

摘　要： 内蒙古文教消费增长目标暨文化产业发展空间检测：1996～2016年历年均增值实际测算为第7位；2016～2020年供需协调性目标测算为第22位；消除负相关目标测算为第15位；最佳比例值目标测算为第19位；最小城乡比目标测算为第18位；弥合城乡比目标测算为第17位；城乡无差距目标测算为第14位。

关键词： 内蒙古　文化产业　供需协调　增长测算

一　城乡文教消费需求及相关方面增长态势

1996～2016年内蒙古城乡文教消费总量和人均值增长态势见图1。

1996～2016年，内蒙古城乡文教消费总量由40.88亿元增至550.48亿元，增加509.60亿元，20年间总增长1246.58%，年均增长13.88%。其中，第一个五年年均增长15.76%；第二个五年年均增长14.91%；第三个五年年均增长12.58%；第四个五年年均增长12.32%。

同期，内蒙古城镇人均文教消费由274.78元增至2598.89元，增加2324.11元，20年间总增长845.81%，年均增长11.89%。其中，第一个五年年均增长14.81%；第二个五年年均增长13.94%；第三个五年年均增长11.48%；第四个五年年均增长7.48%。

---

* 蒋坤洋，云南省社会科学院培训部助理研究员，主要从事教育文化学研究。

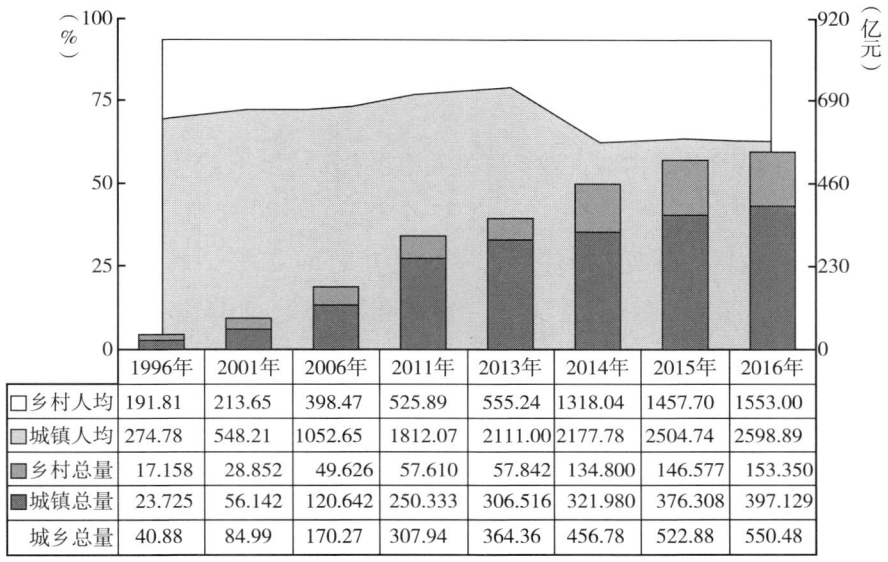

图 1 内蒙古城乡文教消费总量和人均值增长态势

左轴：城乡人均文教消费（元转换为%），城乡间呈直观比例。右轴柱形：文教消费总量（亿元），上下（取 3 位小数避免合计值小数误差）之和为城乡总量。图中前几个五年时段末年对接，文中描述增长变化包括省略年度，后同。

同时，乡村人均文教消费由 119.81 元增至 1553.00 元，增加 1433.19 元，20 年间总增长 1196.22%，年均增长 13.67%。其中，第一个五年年均增长 12.26%；第二个五年年均增长 13.28%；第三个五年年均增长 5.71%；第四个五年年均增长 24.18%。

内蒙古城镇人均值年均增长在第一个五年高于乡村 2.55 个百分点，城乡差距较明显扩大；第二个五年高于乡村 0.66 个百分点，城乡差距持续略微扩大；第三个五年高于乡村 5.77 个百分点，城乡差距持续明显扩大；第四个五年低于乡村 16.70 个百分点，城乡差距转为极显著缩小。

二 城乡文教消费需求背景的增长协调性分析

（一）民生基础系数检测

1996~2016 年内蒙古城乡人均收入、产值绝对值及其比值、城乡比变动态势见图 2。图中将居民收入、产值绝对值转换为图形面积比例，二者历年之比形成民生基础系数变动曲线，同时附有文教消费率、收入城乡比变动曲线。

1996~2016 年，内蒙古城乡居民人均收入年均增长 12.60%，人均产值年均增长 14.93%，高于居民收入 2.33 个百分点。20 年间，内蒙古城乡居民收入与产值比的最高（最佳）值为 1998 年的 54.13%，最低值为 2011 年的 24.70%。逐年考察，除了 1996~1998 年、2012~2016 年出现回升以外，内蒙古此项比值逐步下降，由 1996 年的 51.39% 降低至 2016 年的 34.12%，前后年度分别处于省域间第 15 位和第 29 位。

图 2 另附内蒙古居民文教消费率历年变化动态，可见产值增长带动文教消费增长的相关性态势，前后年度分别处于省域间第 11 位和第 26 位。

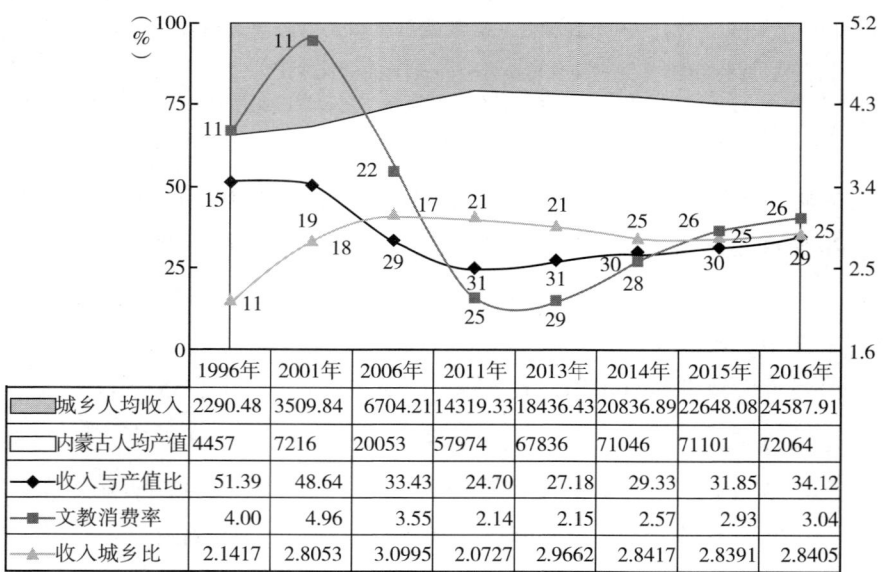

图 2　内蒙古城乡人均收入、产值绝对值及其比值和城乡比变动态势

左轴面积：城乡人均收入、产值（元转换为%），二者呈直观比例。左轴曲线：二者之比形成民生基础系数（%）。右轴曲线：文教消费率（%，与产值比），收入城乡比（乡村=1）。标明历年省域位次，后同。另需说明，近几年年鉴始发布 2014 年以来城乡人均值数据，但与总量数据之间存在演算误差，对应年鉴同时发布的产值人均值和总量分别演算文教消费率有出入，本报告恢复采用自行演算城乡人均值。

1996~2016年，内蒙古乡村居民人均收入年均增长10.41%，城镇居民人均收入年均增长11.98%，高于乡村1.57个百分点。20年间，内蒙古人均收入城乡比的最小（最佳）值为1996年的2.1417，最大值为2009年的3.2098。逐年考察，除了1996年、1998年、2005年、2008年、2010~2015年出现缩减以外，内蒙古此项城乡比逐步扩增，由1996年的2.1417扩大至2016年的2.8405，前后年度处于省域间第11位和第25位。

由此推演出若干假定测算：①如果内蒙古城乡居民收入与产值比保持1998年最佳水平，那么2016年城乡人均收入应为39008.87元；②如果在最佳比值基础上再实现1996年人均收入最小城乡比，那么城乡人均收入应为41367.46元；③如果进一步弥合城乡比实现均等，那么城乡人均收入应为52314.94元。

（二）民生消费系数检测

1996~2016年内蒙古城乡人均非文消费、收入绝对值及其比值、城乡比变动态势见图3。图3中将非文消费、居民收入绝对值转换为图形面积比例，二者历年之比形成民生消费系数变动曲线，同时附有文教消费比、非文消费城乡比变动曲线。

1996~2016年，内蒙古城乡居民人均非文消费年均增长11.71%，人均收入年均增长12.60%，高于非文消费0.89个百分点。20年间，内蒙古城乡居民非文消费占收入比的最高值为1996年的76.83%，最低（最佳）值为1999年的64.92%。逐年考察，除了2000年、2002年、2004~2005年、2007年、2009~2010年、2014年出现回升以外，内蒙古此项比值逐步下降，由1996年的76.83%降低至2016年的65.59%，前后年度分别处于省域间第21位和第19位。

图2另附内蒙古居民文教消费比历年变化动态，可见收入增长带动文教消费增长的相关性态势，前后年度分别处于省域间第8位和第10位。

1996~2016年，内蒙古乡村居民人均非文消费年均增长10.61%，城镇居民人均非文消费年均增长11.01%，高于乡村0.40个百分点。20年间，

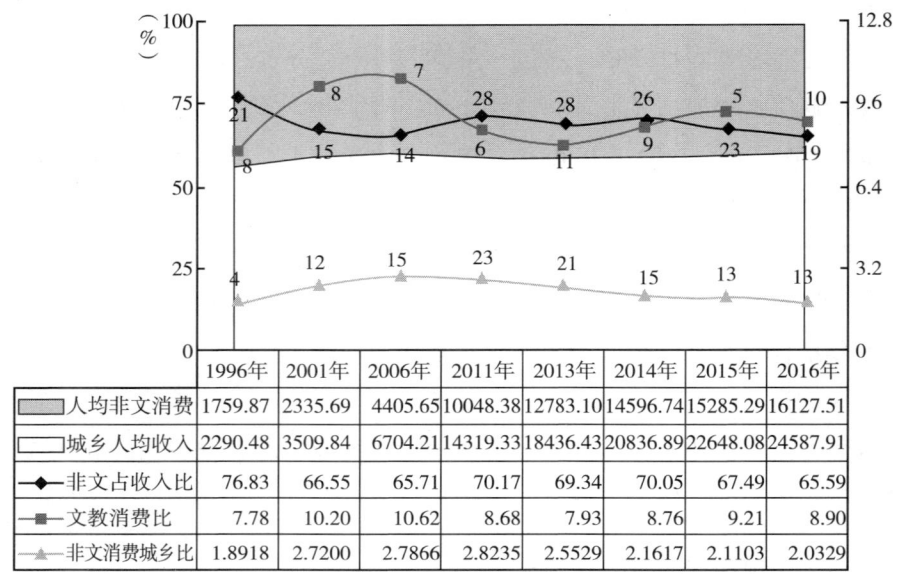

图 3　内蒙古城乡人均非文消费、收入绝对值及其比值和城乡比变动态势

左轴面积：城乡人均非文消费、收入（元转换为%），二者呈直观比例。左轴曲线：二者之比形成民生消费系数（%）。右轴曲线：文教消费比（%，占收入比），非文消费城乡比（乡村=1）。

内蒙古人均非文消费城乡比的最小（最佳）值为1996年的1.8918，最大值为2003年的3.0696。逐年考察，除了1996年、2004~2006年、2010~2016年出现缩减以外，内蒙古此项城乡比逐步扩增，由1996年的1.8918扩大至2016年的2.0329，前后年度分别处于省域间第4位和第13位。

由此推演出若干假定测算：①如果内蒙古城乡居民非文消费占收入比保持1999年最佳水平，那么2016年城乡人均非文消费应为15961.64元，取上一类最佳比值叠加测算，城乡人均非文消费应为25323.24元，收入与之差即非文消费剩余增至13685.63元；②如果在至此两项最佳比值基础上再实现1996年人均非文消费最小城乡比，那么城乡人均非文消费应为25778.84元，收入与之差即非文消费剩余增至15588.63元；③如果进一步弥合城乡比实现均等，那么城乡人均非文消费应为31632.33元，收入与之差即非文消费剩余增至20682.61元。

(三)文化需求系数检测

1996~2016年内蒙古城乡人均文教消费、非文消费剩余绝对值及其比值、城乡比变动态势见图4。图中将文教消费、非文消费剩余绝对值转换为图形面积比例,二者历年之比形成文化需求系数变动曲线,同时附有文教消费比重、文教消费城乡比变动曲线。

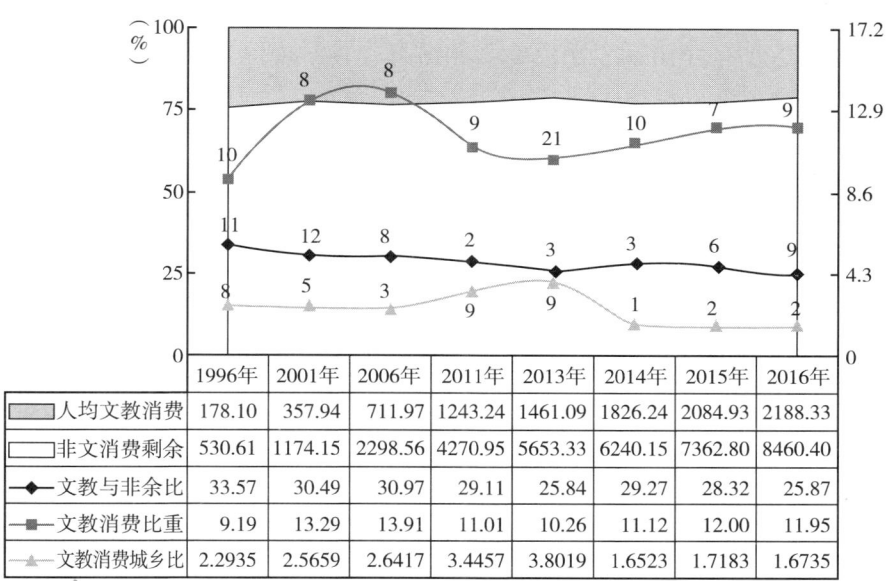

图4 内蒙古城乡人均文教消费、非文消费剩余绝对值及其比值和城乡比变动态势

左轴面积:城乡人均文教消费、非文消费剩余(元转换为%),二者呈直观比例。左轴曲线:二者之比形成文化需求系数(%)。右轴曲线:文教消费比重(%,占总消费比),文教消费城乡比(乡村=1)。

1996~2016年,内蒙古城乡居民人均文教消费年均增长13.36%,人均非文消费剩余年均增长14.85%,高于文教消费1.49个百分点。20年间,内蒙古城乡居民文教消费与非文消费剩余比的最高(最佳)值为2002年的35.69%,最低值为1998年的24.54%。逐年考察,除了1999~2000年、2002年、2009年、2014年出现回升以外,内蒙古此项比值逐步下降,由1996年33.57%

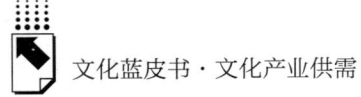

降低至2016年的25.87%，前后年度分别处于省域间第11位和第9位。

图4中另附内蒙古居民文教消费比重历年变化动态，可见总消费增长带动文教消费增长的相关性态势，前后年度分别处于省域间第10位和第9位。

1996~2016年，内蒙古乡村居民人均文教消费年均增长13.67%，城镇居民人均文教消费年均增长11.89%，低于乡村1.78个百分点。20年间，内蒙古人均文教消费城乡比的最大值为2010年的4.3859，最小（最佳）值为2014年的1.6523。逐年考察，除了1998~1999年、2001~2003年、2005年、2007~2010年、2012年、2015年出现扩增以外，内蒙古此项城乡比逐步缩减，由1996年的2.2935缩小至2016年的1.6735，前后年度分别处于省域间第8位和第2位。

由此推演出若干假定测算：①如果内蒙古城乡文教消费与非文消费剩余比保持2002年最佳水平，那么2016年城乡人均文教消费应为3019.62元，总量可达759.59亿元；②如果取至此三类最佳比值叠加测算，那么城乡人均文教消费应为4884.57元，总量可达1228.72亿元；③如果在三项最佳比值基础上再实现2014年人均文教消费最小城乡比，那么城乡人均文教消费应为4902.01元，总量可达1233.11亿元；④如果进一步弥合城乡比实现均等，那么城乡人均文教消费应为5800.97元，总量可达1459.25亿元；⑤如果至此三类城乡比同时实现无差距理想，按内蒙古城镇三类比值历年最佳值演算，那么城乡人均文教消费应为8284.57元，总量可达2084.00亿元。

三　文化需求增长目标暨文化产业发展空间测算

2016~2021年内蒙古城乡人均文教消费需求增长测算见图5。

（1）历年均增值测算：如果2016~2020年内蒙古城乡文教消费增长保持1996~2016年平均增长率12.27%（省域间实际增长第7位），那么到2020年城乡人均文教消费将达到3477.19元。在相关各方面增长均依此推算的情况下，由于内蒙古城乡文教消费与产值之比在1996~2016年呈现下

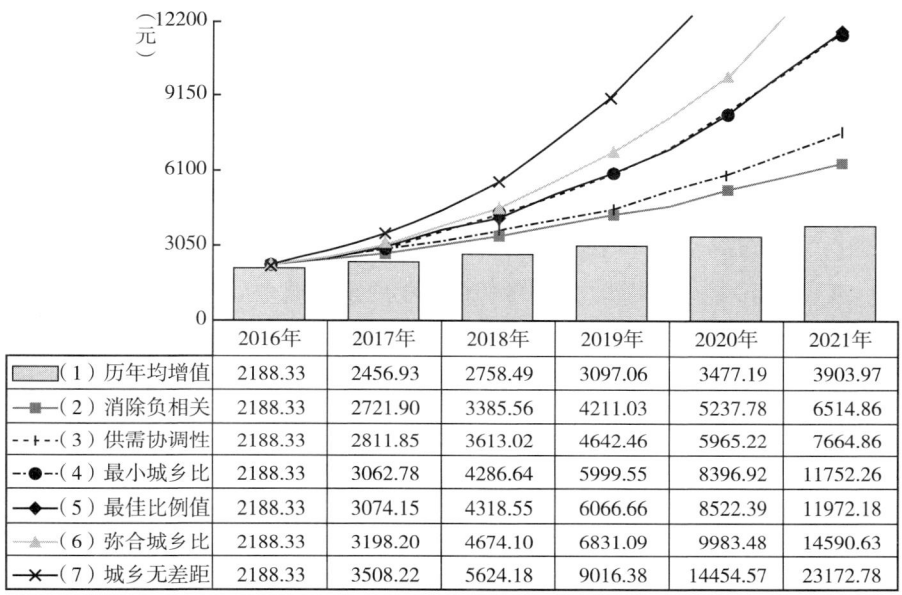

图5　2016~2021年内蒙古城乡人均文教消费需求增长测算

作为背景因素,产值按1996~2016年实际年均增长率推算。2016年文教消费与产值比实际值3.04%,2020年测算值:(1)2.77%,(2)4.17%,(3)4.74%,(4)6.68%,(5)6.78%,(6)7.94%,(7)11.50%。2016~2020年人均文教消费年均增长:(1)12.27%(即1996~2016年实际值,以下为测算值),(2)24.38%,(3)28.49%,(4)39.96%,(5)40.48%,(6)46.15%,(7)60.31%。

若产值按年均增长率7%推算,则2020年文教消费(增量、增幅不变)与产值比:(1)3.68%,(2)5.54%。2020年文教消费人均值(与产值比不变):(3)4481.53元,年增19.63%;(4)6308.41元,年增30.30%;(5)6402.67元,年增30.79%;(6)7500.36元,年增36.06%;(7)10859.39元,年增49.25%。

降态势,至2020年文教消费增长与产值增长测算值之比将继续降低至2.77%。

(2)消除负相关测算:如果到2020年内蒙古城乡此项比值实现1996~2016年最佳状态,那么城乡人均文教消费应达到5237.78元,与产值增长测算值之比将上升至4.17%,年均增长率需达到24.38%,为以往20年实际年均增长率的1.99倍(省域间目标距离第15位)。

(3)供需协调性测算:假设实现文化产业供需协调增长历年最佳关系,

并达到"支柱性产业"所需与GDP之比。据此反推,到2020年内蒙古城乡人均文教消费应达到5965.22元,年均增长率需达到28.49%,为以往20年实际年均增长率的2.32倍(省域间目标距离第22位)。

由于《文化及相关产业分类》国家标准2004年版仅具指导性,各地多有变通,2012年版方确定为指令性国家标准,多年缺少全国统一标准的各地文化产值数据,一概按全国数据演算。

(4)最小城乡比测算:如果到2020年内蒙古城乡同时实现1996~2016年三项最佳比值和文教消费最小城乡比,那么城乡人均文教消费应达到8396.92元,与产值增长测算值之比将上升至6.68%,年均增长率需达到39.96%,为以往20年实际年均增长率的3.26倍(省域间目标距离第18位)。

(5)最佳比例值测算:如果到2020年内蒙古城乡三项比值同步实现1996~2016年最佳状态,那么城乡人均文教消费应达到8522.39元,与产值增长测算值之比将上升至6.78%,年均增长率需达到40.48%,为以往20年实际年均增长率的3.30倍(省域间目标距离第19位)。

(6)弥合城乡比测算:如果到2020年内蒙古城乡同时实现1996~2016年三项最佳比值和乡村人均文教消费绝对值与城镇水平持平,那么城乡人均文教消费应达到9983.48元,与产值增长测算值之比将上升至7.94%,年均增长率需达到46.15%,为以往20年实际年均增长率的3.76倍(省域间目标距离第17位)。

(7)城乡无差距测算:如果到2020年内蒙古在此三个层面消除城乡差距,实现按城镇标准衡量的1996~2016年三项最佳比值,那么城乡人均文教消费应达到14454.57元,与产值增长测算值之比将上升至11.50%,年均增长率需达到60.31%,为以往20年实际年均增长率的4.92倍(省域间目标距离第14位)。

B.12
浙江：城乡无差距增长目标测算第15位

宁发金*

摘　要： 浙江文教消费增长目标暨文化产业发展空间检测：1996~2016年历年均增值实际测算为第21位；2016~2020年供需协调性目标测算为第19位；消除负相关目标测算为第24位；最佳比例值目标测算为第20位；最小城乡比目标测算为第20位；弥合城乡比目标测算为第19位；城乡无差距目标测算为第15位。

关键词： 浙江　文化产业　供需协调　增长测算

一　城乡文教消费需求及相关方面增长态势

1996~2016年浙江城乡文教消费总量和人均值增长态势见图1。

1996~2016年，浙江城乡文教消费总量由142.97亿元增至1576.76亿元，增加1433.79亿元，20年间总增长1002.86%，年均增长12.75%。其中，第一个五年年均增长18.05%；第二个五年年均增长16.35%；第三个五年年均增长9.69%；第四个五年年均增长7.28%。

同期，浙江城镇人均文教消费由538.00元增至3452.32元，增加2914.32元，20年间总增长541.70%，年均增长9.74%。其中，第一个五年年均增长14.64%；第二个五年年均增长12.81%；第三个五年年均增长7.67%；第四个五年年均增长4.16%。

---

* 宁发金，云南省社会科学院科研处助理研究员，主要从事信息分析相关研究。

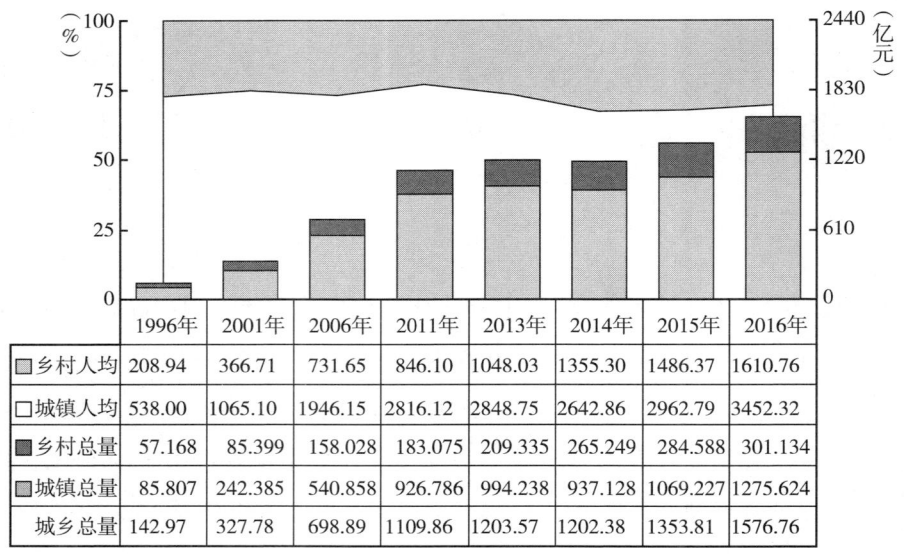

图1 浙江城乡文教消费总量和人均值增长态势

左轴：城乡人均文教消费（元转换为%），城乡间呈直观比例。右轴柱形：文教消费总量（亿元），上下（取3位小数避免合计值小数误差）之和为城乡总量。图中前几个五年时段末年对接，报告中描述增长变化包括省略年度，后同。

同时，乡村人均文教消费由208.94元增至1610.76元，增加1401.82元，20年间总增长670.92%，年均增长10.75%。其中，第一个五年年均增长11.91%；第二个五年年均增长14.81%；第三个五年年均增长2.95%；第四个五年年均增长13.74%。

浙江城镇人均值年均增长在第一个五年高于乡村2.73个百分点，城乡差距较明显扩大；第二个五年低于乡村2.00个百分点，城乡差距转为较明显缩小；第三个五年高于乡村4.72个百分点，城乡差距转为明显扩大；第四个五年低于乡村9.58个百分点，城乡差距转为显著缩小。

二 城乡文教消费需求背景的增长协调性分析

（一）民生基础系数检测

1996～2016年浙江城乡人均收入、产值绝对值及其比值、城乡比变动态势见图2。图中将居民收入、产值绝对值转换为图形面积比例,二者历年之比形成民生基础系数变动曲线,同时附有文教消费率、收入城乡比变动曲线。

1996~2016年,浙江城乡居民人均收入年均增长11.11%,人均产值年均增长11.54%,高于居民收入0.43个百分点。20年间,浙江城乡居民收入与产值比的最高(最佳)值为2001年50.90%,最低值为2010年39.91%。逐年考察,除了1998~2001年、2009年、2011~2015年出现回升以外,浙江此项比值逐步下降,由1996年的49.72%降低至2016年的45.99%,前后年度分别处于省域间第19位和第16位。

图2中另附浙江居民文教消费率历年变化动态,可见产值增长带动文教消费增长的相关性态势,前后年度分别处于省域间第17位和第21位。

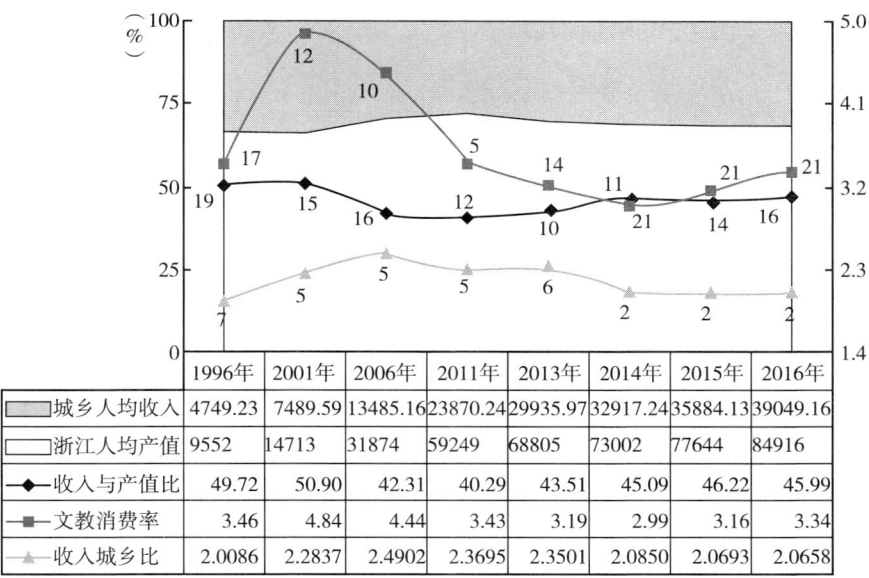

图2 浙江城乡人均收入、产值绝对值及其比值和城乡比变动态势

左轴面积:城乡人均收入、产值(元转换为%),二者呈直观比例。左轴曲线:二者之比形成民生基础系数(%)。右轴曲线:文教消费率(%,与产值比),收入城乡比(乡村=1)。标明历年省域位次,后同。另需说明,近几年年鉴始发布2014年以来城乡人均值数据,但与总量数据之间存在演算误差,对应年鉴同时发布的产值人均值和总量分别演算文教消费率有出入,本报告恢复采用自行演算城乡人均值。

1996~2016年，浙江乡村居民人均收入年均增长9.90%，城镇居民人均收入年均增长10.05%，高于乡村0.15个百分点。20年间，浙江人均收入城乡比的最小（最佳）值为1997年的1.9974，最大值为2006年的2.4902。逐年考察，除了1996~1997年、2005年、2007~2008年、2010~2011年、2013~2016年出现缩减以外，浙江此项城乡比逐步扩增，由1996年的2.0086扩大至2016年的2.0658，前后年度分别处于省域间第7位和第2位。

由此推演出若干假定测算：①如果浙江城乡居民收入与产值比保持2001年最佳水平，那么2016年城乡人均收入应为43226.15元；②如果在最佳比值基础上再实现1997年人均收入最小城乡比，那么城乡人均收入应为43517.63元；③如果进一步弥合城乡比实现均等，那么城乡人均收入应为52290.03元。

（二）民生消费系数检测

1996~2016年浙江城乡人均非文消费、收入绝对值及其比值、城乡比变动态势见图3。图中将非文消费、居民收入绝对值转换为图形面积比例，二者历年之比形成民生消费系数变动曲线，同时附有文教消费比、非文消费城乡比变动曲线。

1996~2016年，浙江城乡居民人均非文消费年均增长9.86%，人均收入年均增长11.11%，高于非文消费1.25个百分点。20年间，浙江城乡居民非文消费占收入比的最高值为1996年的73.68%，最低（最佳）值为2012年的56.35%。逐年考察，除了2000年、2003年、2005年、2009年、2011年、2013~2014年出现回升以外，浙江此项比值逐步下降，由1996年的73.68%降低至2016年的58.81%，前后年度分别处于省域间第14位和第5位。

图3中另附浙江居民文教消费比历年变化动态，可见收入增长带动文教消费增长的相关性态势，前后年度分别处于省域间第15位和第24位。

1996~2016年，浙江乡村居民人均非文消费年均增长9.65%，城镇居民人均非文消费年均增长8.48%，低于乡村1.17个百分点。20年间，浙江人均非文消费城乡比的最大值为1999年的2.2738，最小（最佳）值为2016

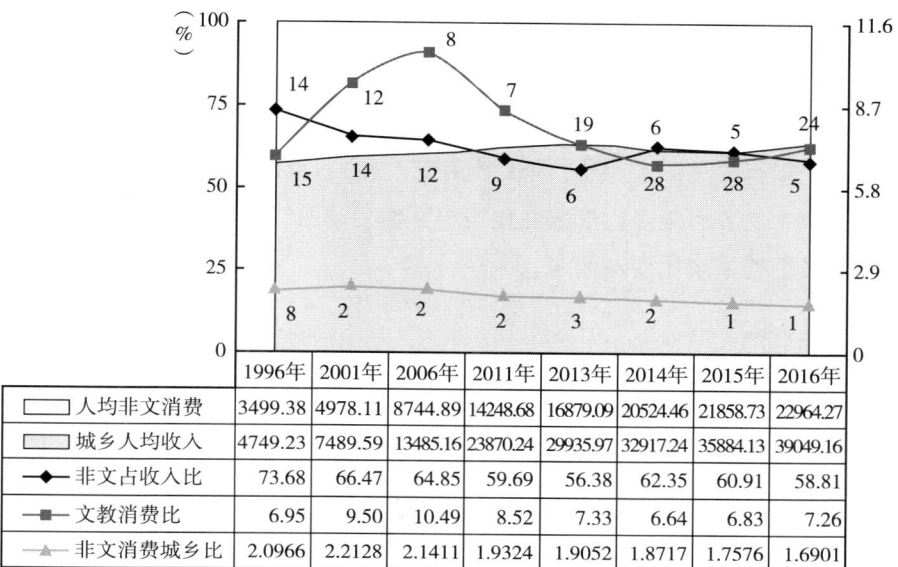

图3 浙江城乡人均非文消费、收入绝对值及其比值和城乡比变动态势

左轴面积：城乡人均非文消费、收入（元转换为%），二者呈直观比例。左轴曲线：二者之比形成民生消费系数（%）。右轴曲线：文教消费比（%，占收入比），非文消费城乡比（乡村=1）。

年的1.6901。逐年考察，除了1997年、1999年、2001～2002年、2004～2005年、2009年、2011年、2013年出现扩增以外，浙江此项城乡比逐步缩减，由1996年的2.0966缩小至2016年的1.6901，前后年度分别处于省域间第8位和第1位。

由此推演出若干假定测算：①如果浙江城乡居民非文消费占收入比保持2012年最佳水平，那么2016年城乡人均非文消费应为22004.10元，取上一类最佳比值叠加测算，城乡人均非文消费应为24357.82元，收入与之差即非文消费剩余增至18868.33元；②浙江2016年人均非文消费城乡比为最小值，在至此两项最佳比值基础上再实现最小城乡比，演算结果不变，收入与之差即非文消费剩余增至19159.80元；③如果进一步弥合城乡比实现均等，那么城乡人均非文消费应为28230.46元，收入与之差即非文消费剩余增至24059.57元。

（三）文化需求系数检测

1996～2016年浙江城乡人均文教消费、非文消费剩余绝对值及其比值、城乡比变动态势见图4。图中将文教消费、非文消费剩余绝对值转换为图形面积比例，二者历年之比形成文化需求系数变动曲线，同时附有文教消费比重、文教消费城乡比变动曲线。

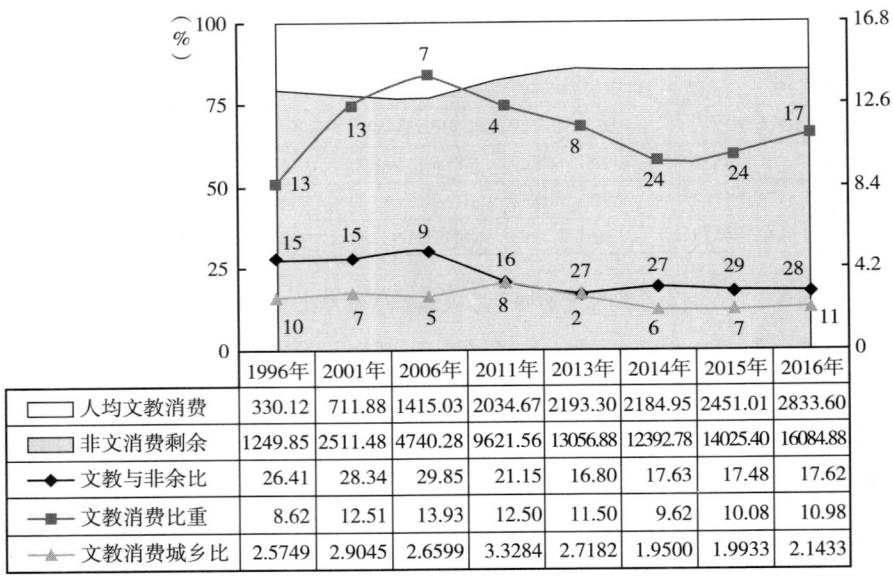

图4 浙江城乡人均文教消费、非文消费剩余绝对值及其比值和城乡比变动态势

左轴面积：城乡人均文教消费、非文消费剩余（元转换为%），二者呈直观比例。左轴曲线：二者之比形成文化需求系数（%）。右轴曲线：文教消费比重（%，占总消费比），文教消费城乡比（乡村=1）。

1996～2016年，浙江城乡居民人均文教消费年均增长11.35%，人均非文消费剩余年均增长13.63%，高于文教消费2.28个百分点。20年间，浙江城乡居民文教消费与非文消费剩余比的最高（最佳）值为2005年的32.60%，最低值为2013年的16.80%。逐年考察，除了1996～1997年、2000～2003年、2005年、2014年、2016年出现回升以外，浙江此项比值逐步下降，由1996年的26.41%降低至2016年的17.62%，前后年度分别处于省域间第15位和第28位。

图中另附浙江居民文教消费比重历年变化动态，可见总消费增长带动文教消费增长的相关性态势，前后年度分别处于省域间第13位和第17位。

1996~2016年，浙江乡村居民人均文教消费年均增长10.75%，城镇居民人均文教消费年均增长9.74%，低于乡村1.01个百分点。20年间，浙江人均文教消费城乡比的最大值为2011年的3.3284，最小（最佳）值为2014年的1.9500。逐年考察，除了1997~1998年、2000~2002年、2004年、2006~2008年、2010~2011年、2015~2016年出现扩增以外，浙江此项城乡比逐步缩减，由1996年的2.5749缩小至2016年的2.1433，前后年度分别处于省域间第10位和第11位。

由此推演出若干假定测算：①如果浙江城乡文教消费与非文消费剩余比保持2005年最佳水平，那么2016年城乡人均文教消费应为5244.04元，总量可达2918.04亿元；②如果取至此三类最佳比值叠加测算，那么城乡人均文教消费应为6151.51元，总量可达3423.01亿元；③如果在三项最佳比值基础上再实现2014年人均文教消费最小城乡比，那么城乡人均文教消费应为6267.95元，总量可达3487.80亿元；④如果进一步弥合城乡比实现均等，那么城乡人均文教消费应为7494.68元，总量可达4170.41亿元；⑤如果至此三类城乡比同时实现无差距理想，按浙江城镇三类比值历年最佳值演算，那么城乡人均文教消费应为10326.41元，总量可达5746.13亿元。

三 文化需求增长目标暨文化产业发展空间测算

2016~2021年浙江城乡人均文教消费需求增长测算见图5。

（1）历年均增值测算：如果2016~2020年浙江城乡文教消费增长保持1996~2016年间平均增长率9.19%（省域间实际增长第21位），那么到2020年城乡人均文教消费将达到4027.38元。在相关各方面增长均依此推

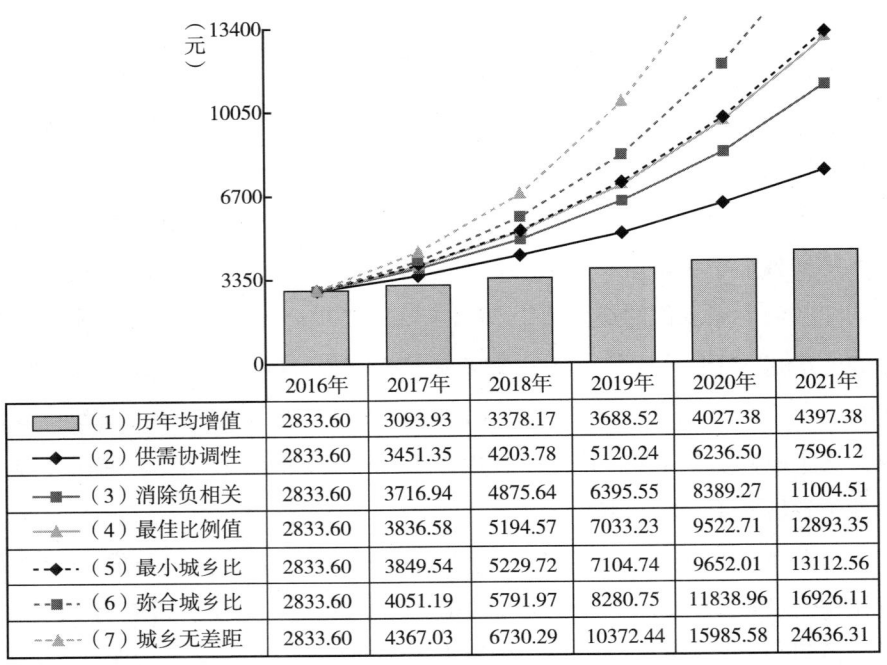

图5　2016～2021年浙江城乡人均文教消费需求增长测算

作为背景因素，产值按1996～2016年实际年均增长率推算。2016年文教消费与产值比实际值3.34%，2020年测算值：（1）3.06%，（2）4.74%，（3）6.38%，（4）7.24%，（5）7.34%，（6）9.01%，（7）12.16%。2016～2020年人均文教消费年均增长：（1）9.19%（即1996～2016年实际值，以下为测算值），（2）21.80%，（3）31.17%，（4）35.40%，（5）35.85%，（6）42.97%，（7）54.12%。

若产值按年均增长率7%推算，则2020年文教消费（增量、增幅不变）与产值比：（1）3.62%，（3）7.54%。2020年文教消费人均值（与产值比不变）：（2）5280.77元，年增16.84%；（4）8063.37元，年增29.88%；（5）8172.86元，年增30.32%；（6）10024.66元，年增37.15%；（7）13535.81元，年增47.84%。

算的情况下，由于浙江城乡文教消费与产值之比在1996～2016年呈现下降态势，至2020年文教消费增长与产值增长测算值之比将继续降低至3.06%。

（2）供需协调性测算：假设实现文化产业供需协调增长历年最佳关系，并达到"支柱性产业"所需与GDP之比。据此反推，到2020年浙江城乡人均文教消费应达到6236.50元，年均增长率需达到21.80%，为以往20年实际年均增长率的2.37倍（省域间目标距离第19位）。

由于《文化及相关产业分类》国家标准2004年版仅具指导性，各地多有变通，2012年版方确定为指令性国家标准，多年缺少全国统一标准的各地文化产值数据，一概按全国数据演算。

（3）消除负相关测算：如果到2020年浙江城乡此项比值实现1996~2016年最佳状态，那么城乡人均文教消费应达到8389.27元，与产值增长测算值之比将上升至6.38%，年均增长率需达到31.17%，为以往20年实际年均增长率的3.39倍（省域间目标距离第24位）。

（4）最佳比例值测算：如果到2020年浙江城乡三项比值同步实现1996~2016年最佳状态，那么城乡人均文教消费应达到9522.71元，与产值增长测算值之比将上升至7.24%，年均增长率需达到35.40%，为以往20年实际年均增长率的3.85倍（省域间目标距离第20位）。

（5）最小城乡比测算：如果到2020年浙江城乡同时实现1996~2016年三项最佳比值和文教消费最小城乡比，那么城乡人均文教消费应达到9652.01元，与产值增长测算值之比将上升至7.34%，年均增长率需达到35.85%，为以往20年实际年均增长率的3.90倍（省域间目标距离第20位）。

（6）弥合城乡比测算：如果到2020年浙江城乡同时实现1996~2016年三项最佳比值和乡村人均文教消费绝对值与城镇水平持平，那么城乡人均文教消费应达到11838.96元，与产值增长测算值之比将上升至9.01%，年均增长率需达到42.97%，为以往20年实际年均增长率的4.68倍（省域间目标距离第19位）。

（7）城乡无差距测算：如果到2020年浙江在此三个层面消除城乡差距，实现按城镇标准衡量的1996~2016年三项最佳比值，那么城乡人均文教消费应达到15985.58元，与产值增长测算值之比将上升至12.16%，年均增长率需达到54.12%，为以往20年实际年均增长率的5.89倍（省域间目标距离第15位）。

B.13
江西：城乡无差距增长目标测算第17位

杨媛媛[*]

摘　要： 江西文教消费增长目标暨文化产业发展空间检测：1996～2016年历年均增值实际测算为第16位；2016～2020年供需协调性目标测算为第15位；消除负相关目标测算为第20位；最佳比例值目标测算为第21位；最小城乡比目标测算为第21位；弥合城乡比目标测算为第21位；城乡无差距目标测算为第17位。

关键词： 江西　文化产业　供需协调　增长测算

一　城乡文教消费需求及相关方面增长态势

1996～2016年江西城乡文教消费总量和人均值增长态势见图1。

1996～2016年，江西城乡文教消费总量由61.10亿元增至672.03亿元，增加610.93亿元，20年间总增长999.89%，年均增长12.74%。其中，第一个五年年均增长13.77%；第二个五年年均增长13.94%；第三个五年年均增长10.45%；第四个五年年均增长12.82%。

同期，江西城镇人均文教消费由246.63元增至1963.93元，增加1717.30元，20年间总增长696.31%，年均增长10.93%。其中，第一个五年年均增长14.64%；第二个五年年均增长12.87%；第三个五年年均增长9.82%；第四个五年年均增长6.56%。

---

[*] 杨媛媛，云南省社会科学院财务部副主任、助理研究员，主要从事区域经济研究。

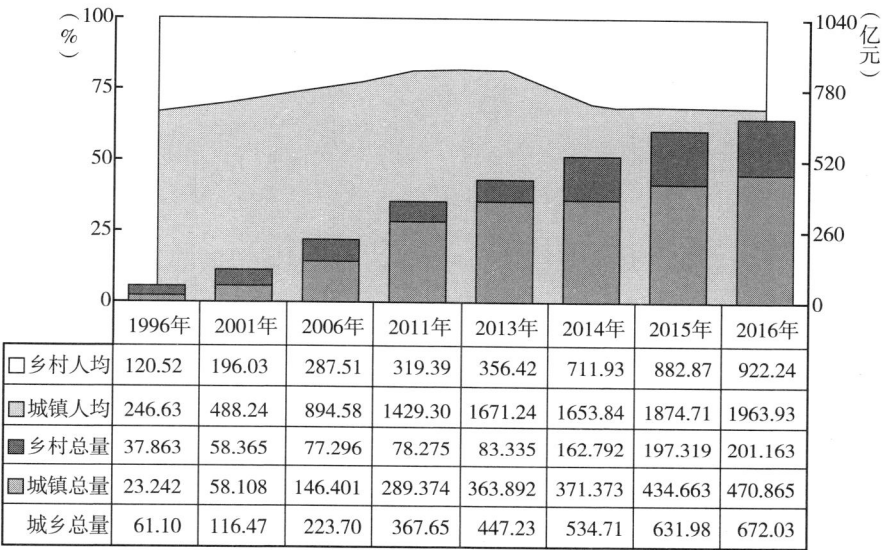

	1996年	2001年	2006年	2011年	2013年	2014年	2015年	2016年
乡村人均	120.52	196.03	287.51	319.39	356.42	711.93	882.87	922.24
城镇人均	246.63	488.24	894.58	1429.30	1671.24	1653.84	1874.71	1963.93
乡村总量	37.863	58.365	77.296	78.275	83.335	162.792	197.319	201.163
城镇总量	23.242	58.108	146.401	289.374	363.892	371.373	434.663	470.865
城乡总量	61.10	116.47	223.70	367.65	447.23	534.71	631.98	672.03

图1 江西城乡文教消费总量和人均值增长态势

左轴：城乡人均文教消费（元转换为%），城乡间呈直观比例。右轴柱形：文教消费总量（亿元），上下（取3位小数避免合计值小数误差）之和为城乡总量。图中前几个五年时段末年对接，文中描述增长变化包括省略年度，后同。

同时，乡村人均文教消费由120.52元增至922.24元，增加801.72元，20年间总增长665.22%，年均增长10.71%。其中，第一个五年年均增长10.22%；第二个五年年均增长7.96%；第三个五年年均增长2.13%；第四个五年年均增长23.62%。

江西城镇人均值年均增长在第一个五年高于乡村4.42个百分点，城乡差距明显扩大；第二个五年高于乡村4.91个百分点，城乡差距持续明显扩大；第三个五年高于乡村7.69个百分点，城乡差距持续显著扩大；第四个五年低于乡村17.06个百分点，城乡差距转为极显著缩小。

二 城乡文教消费需求背景的增长协调性分析

（一）民生基础系数检测

1996~2016年江西城乡人均收入、产值绝对值及其比值、城乡比变动态势见图2。图中将居民收入、产值绝对值转换为图形面积比例,二者历年之比形成民生基础系数变动曲线,同时附有文教消费率、收入城乡比变动曲线。

1996~2016年,江西城乡居民人均收入年均增长11.61%,人均产值年均增长13.09%,高于居民收入1.48个百分点。20年间,江西城乡居民收入与产值比的最高(最佳)值为1996年的66.93%,最低值为2011年的44.70%。逐年考察,除了1999年、2001年、2007年、2012~2015年出现回升以外,江西此项比值逐步下降,由1996年的66.93%降至2016年的51.48%,前后年度分别处于省域间第3位和第6位。

图2另附江西居民文教消费率历年变化动态,可见产值增长带动文教消费增长的相关性态势,前后年度分别处于省域间第8位和第13位。

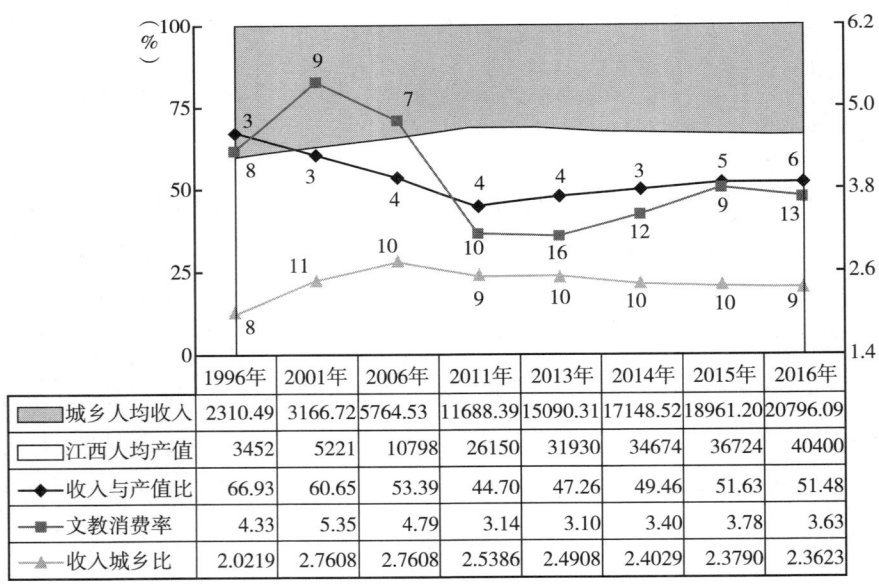

图2 江西城乡人均收入、产值绝对值及其比值和城乡比变动态势

左轴面积:城乡人均收入、产值(元转换为%),二者呈直观比例。左轴曲线:二者之比形成民生基础系数(%)。右轴曲线:文教消费率(%,与产值比),收入城乡比(乡村=1)。标明历年省域位次,同下。另需说明,近几年年鉴始发布2014年以来城乡人均值数据,但与总量数据之间存在演算误差,对应年鉴同时发布的产值人均值和总量分别演算文教消费率有出入,本报告恢复采用自行演算城乡人均值。

1996~2016年,江西乡村居民人均收入年均增长9.80%,城镇居民人均收入年均增长10.66%,高于乡村0.86个百分点。20年间,江西人均收入城乡比的最小(最佳)值为1997年的1.9320,最大值为2007年的2.8313。逐年考察,除了1996~1997年、2004年、2008年、2010~2016年出现缩减以外,江西此项城乡比逐步扩增,由1996年的2.0219扩大至2016年的2.3623,前后年度处于省域间第8位和第9位。

由此推演出若干假定测算:①如果江西城乡居民收入与产值比保持1996年最佳水平,那么2016年城乡人均收入应为27040.52元;②如果在最佳比值基础上再实现1997年人均收入最小城乡比,那么城乡人均收入应为28715.01元;③如果进一步弥合城乡比实现均等,那么城乡人均收入应为37282.99元。

(二)民生消费系数检测

1996~2016年江西城乡人均非文消费、收入绝对值及其比值、城乡比变动态势见图3。图中将非文消费、居民收入绝对值转换为图形面积比例,二者历年之比形成民生消费系数变动曲线,同时附有文教消费比、非文消费城乡比变动曲线。

1996~2016年,江西城乡居民人均非文消费年均增长10.25%,人均收入年均增长11.61%,高于非文消费1.36个百分点。20年间,江西城乡居民非文消费占收入比的最高值为1996年的74.62%,最低(最佳)值为2013年的57.08%。逐年考察,除了2003年、2005年、2009年、2014~2015年出现回升以外,江西此项比值逐步下降,由1996年74.62%降低至2016年的58.41%,前后年度分别处于省域间第18位和第3位。

图中另附江西居民文教消费比历年变化动态,可见收入增长带动文教消费增长的相关性态势,前后年度分别处于省域间第22位和第27位。

1996~2016年,江西乡村居民人均非文消费年均增长9.12%,城镇居民人均非文消费年均增长9.22%,高于乡村0.10个百分点。20年间,江西人均非文消费城乡比的最小(最佳)值为1996年的1.8816,最大值为2009

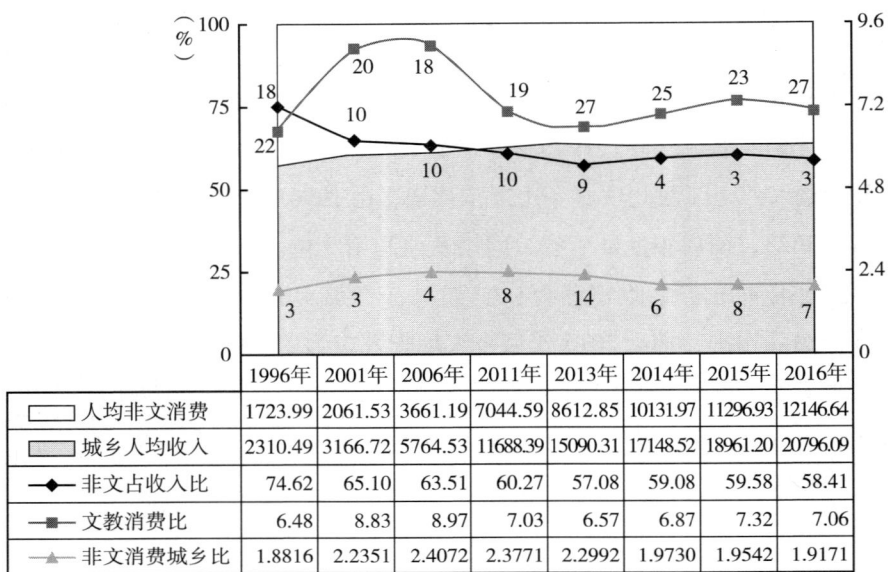

图3 江西城乡人均非文消费、收入绝对值及其比值和城乡比变动态势

左轴面积（元转换为%）：城乡人均非文消费、收入，二者呈直观比例。左轴曲线：二者之比形成民生消费系数（%）。右轴曲线：文教消费比（%，占收入比），非文消费城乡比（乡村=1）。

年的2.6459。逐年考察，除了1996年、2004～2005年、2010～2016年出现缩减以外，江西此项城乡比逐步扩增，由1996年的1.8816扩大至2016年的1.9171，前后年度分别处于省域间第3位和第7位。

由此推演出若干假定测算：①如果江西城乡居民非文消费占收入比保持2013年最佳水平，那么2016年城乡人均非文消费应为11869.45元，取上一类最佳比值叠加测算，城乡人均非文消费应为15433.48元，收入与之差即非文消费剩余增至11607.04元；②如果在至此两项最佳比值基础上再实现1996年人均非文消费最小城乡比，那么城乡人均非文消费应为15527.29元，收入与之差即非文消费剩余增至13187.72元；③如果进一步弥合城乡比实现均等，那么城乡人均非文消费应为19988.67元，收入与之差即非文消费剩余增至17294.32元。

（三）文化需求系数检测

1996～2016年江西城乡人均文教消费、非文消费剩余绝对值及其比值、城乡比变动态势见图4。图中将文教消费、非文消费剩余绝对值转换为图形面积比例，二者历年之比形成文化需求系数变动曲线，同时附有文教消费比重、文教消费城乡比变动曲线。

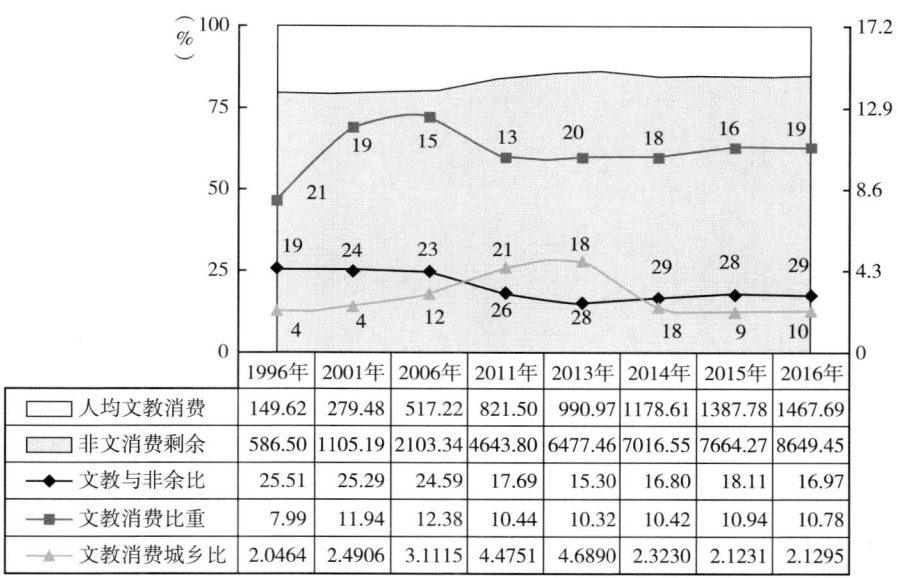

图4 江西城乡人均文教消费、非文消费剩余绝对值及其比值和城乡比变动态势

左轴面积：城乡人均文教消费、非文消费剩余（元转换为%），二者呈直观比例。左轴曲线：二者之比形成文化需求系数（%）。右轴曲线：文教消费比重（%，占总消费比），文教消费城乡比（乡村=1）。

1996～2016年，江西城乡居民人均文教消费年均增长12.09%，人均非文消费剩余年均增长14.40%，高于文教消费2.31个百分点。20年间，江西城乡居民文教消费与非文消费剩余比的最高（最佳）值为2002年的27.92%，最低值为2013年的15.30%。逐年考察，除了1996年、1998～1999年、2001～2002年、2005年、2009年、2011年、2014～2015年出现回升以外,江西此项比值逐步下降,由1996年的25.51%降低至2016年的16.97%,前后年度分别处于省域间第19位和第29位。

图4另附江西居民文教消费比重历年变化动态,可见总消费增长带动文教消费增长的相关性态势,前后年度分别处于省域间第21位和第19位。

1996～2016年,江西乡村居民人均文教消费年均增长10.71%,城镇居民人均文教消费年均增长10.93%,高于乡村0.22个百分点。20年间,江西人均文教消费城乡比的最小(最佳)值为1998年的2.0405,最大值为2013年的4.6890。逐年考察,除了1996年、1998年、2000年、2003年、2005年、2010年、2012年、2014～2015年出现缩减以外,江西此项城乡比逐步扩增,由1996年的2.0464扩大至2016年的2.1295,前后年度分别处于省域间第4位和第10位。

由此推演出若干假定测算:①如果江西城乡文教消费与非文消费剩余比保持2002年最佳水平,那么2016年城乡人均文教消费应为2415.18元,总量可达1105.87亿元;②如果取至此三类最佳比值叠加测算,那么城乡人均文教消费应为3241.03元,总量可达1484.01亿元;③如果在三项最佳比值基础上再实现1998年人均文教消费最小城乡比,那么城乡人均文教消费应为3283.34元,总量可达1503.38亿元;④如果进一步弥合城乡比实现均等,那么城乡人均文教消费应为4336.85元,总量可达1985.76亿元;⑤如果至此三类城乡比同时实现无差距理想,按江西城镇三类比值历年最佳值演算,那么城乡人均文教消费应为5756.33元,总量可达2635.72亿元。

三 文化需求增长目标暨文化产业发展空间测算

2016～2021年江西城乡人均文教消费需求增长测算见图5。

(1)历年均增值测算:如果2016～2020年江西城乡文教消费增长保持1996～2016年平均增长率11.26%(省域间实际增长第16位),那么到2020年城乡人均文教消费将达到2249.05元。在相关各方面增长均依此推

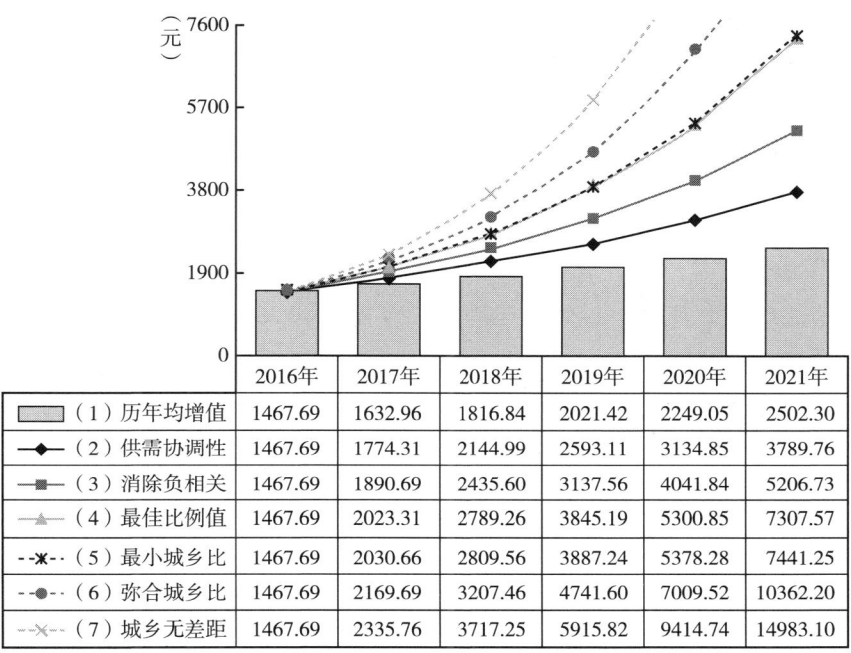

图 5　2016～2021 年江西城乡人均文教消费需求增长测算

作为背景因素，产值按 1996～2016 年实际年均增长率推算。2016 年文教消费与产值比实际值 3.63%，2020 年测算值：（1）3.40%，（2）4.74%，（3）6.12%，（4）8.02%，（5）8.14%，（6）10.61%，（7）14.25%。2016～2020 年人均文教消费年均增长：（1）11.26%（即 1996～2016 年实际值，以下为测算值），（2）20.89%，（3）28.82%，（4）37.86%，（5）38.36%，（6）47.83%，（7）59.15%。

若产值按年均增长率 7% 推算，则 2020 年文教消费（增量、增幅不变）与产值比：（1）4.25%，（3）7.63%。2020 年文教消费人均值（与产值比不变）：（2）2512.40 元，年增 14.38%；（4）4248.33 元，年增 30.44%；（5）4310.39 元，年增 30.91%；（6）5617.74 元，年增 39.87%；（7）7545.38 元，年增 50.58%。

算的情况下，由于江西城乡文教消费与产值之比在 1996～2016 年呈现下降态势，至 2020 年文教消费增长与产值增长测算值之比将继续降低至 3.40%。

（2）供需协调性测算：假设实现文化产业供需协调增长历年最佳关系，并达到"支柱性产业"所需与 GDP 之比。据此反推，到 2020 年江西城乡人均文教消费应达到 3134.85 元，年均增长率需达到 20.89%，为以往 20 年实际年均增长率的1.86倍（省域间目标距离第15位）。

由于《文化及相关产业分类》国家标准2004年版仅具指导性，各地多有变通，2012年版方确定为指令性国家标准，多年缺少全国统一标准的各地文化产值数据，一概按全国数据演算。

（3）消除负相关测算：如果到2020年江西城乡此项比值实现1996~2016年最佳状态，那么城乡人均文教消费应达到4041.84元，与产值增长测算值之比将上升至6.12%，年均增长率需达到28.82%，为以往20年实际年均增长率的2.56倍（省域间目标距离第20位）。

（4）最佳比例值测算：如果到2020年江西城乡三项比值同步实现1996~2016年最佳状态，那么城乡人均文教消费应达到5300.85元，与产值增长测算值之比将上升至8.02%，年均增长率需达到37.86%，为以往20年实际年均增长率的3.36倍（省域间目标距离第21位）。

（5）最小城乡比测算：如果到2020年江西城乡同时实现1996~2016年三项最佳比值和文教消费最小城乡比，那么城乡人均文教消费应达到5378.28元，与产值增长测算值之比将上升至8.14%，年均增长率需达到38.36%，为以往20年实际年均增长率的3.41倍（省域间目标距离第21位）。

（6）弥合城乡比测算：如果到2020年江西城乡同时实现1996~2016年三项最佳比值和乡村人均文教消费绝对值与城镇水平持平，那么城乡人均文教消费应达到7009.52元，与产值增长测算值之比将上升至10.61%，年均增长率需达到47.83%，为以往20年实际年均增长率的4.25倍（省域间目标距离第21位）。

（7）城乡无差距测算：如果到2020年江西在此三个层面消除城乡差距，实现按城镇标准衡量的1996~2016年三项最佳比值，那么城乡人均文教消费应达到9414.74元，与产值增长测算值之比将上升至14.25%，年均增长率需达到59.15%，为以往20年实际年均增长率的5.25倍（省域间目标距离第17位）。

B.14
宁夏：弥合城乡比增长目标测算第8位

邓云斐*

摘 要： 宁夏文教消费增长目标暨文化产业发展空间检测：1996~2016年历年均增值实际测算为第4位；2016~2020年供需协调性目标测算为第9位；消除负相关目标测算为第8位；最佳比例值目标测算为第9位；最小城乡比目标测算为第8位；弥合城乡比目标测算为第8位；城乡无差距目标测算为第11位。

关键词： 宁夏 文化产业 供需协调 增长测算

一 城乡文教消费需求及相关方面增长态势

1996~2016年宁夏城乡文教消费总量和人均值增长态势见图1。

1996~2016年，宁夏城乡文教消费总量由6.83亿元增至122.45亿元，增加115.62亿元，20年间总增长1692.83%，年均增长15.53%。其中，第一个五年年均增长17.10%；第二个五年年均增长12.83%；第三个五年年均增长14.88%；第四个五年年均增长17.35%。

同期，宁夏城镇人均文教消费由262.57元增至2415.66元，增加

---

* 邓云斐，云南省社会科学院东南亚研究所副研究员，主要从事文化、社会研究。

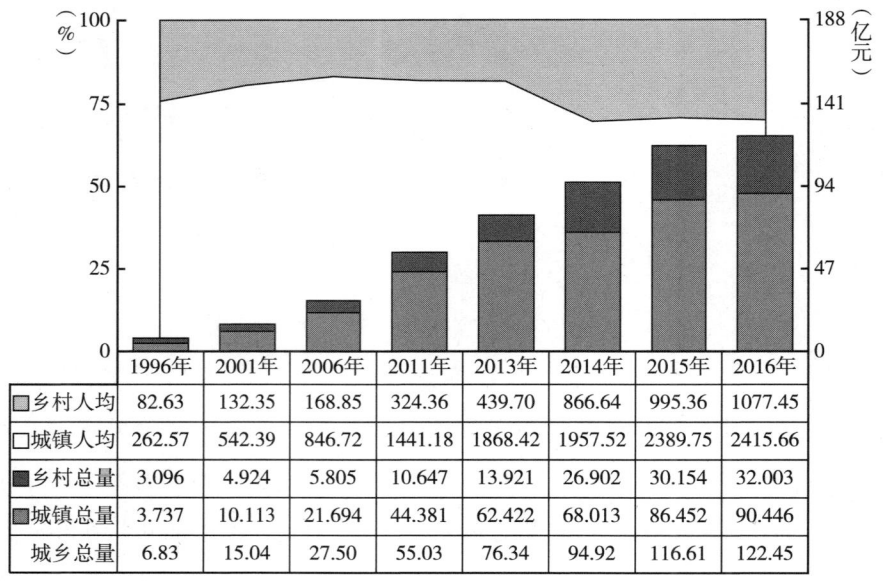

图1 宁夏城乡文教消费总量和人均值增长态势

左轴：城乡人均文教消费（元转换为%），城乡间呈直观比例。右轴柱形：文教消费总量（亿元），上下（取3位小数避免合计值小数误差）之和为城乡总量。图中前几个五年时段末年对接，文中描述增长变化包括省略年度，后同。

2153.09元，20年间总增长820.01%，年均增长11.74%。其中，第一个五年年均增长15.61%；第二个五年年均增长9.32%；第三个五年年均增长11.22%；第四个五年年均增长10.88%。

同时，乡村人均文教消费由82.63元增至1077.45元，增加994.82元，20年间总增长1203.95%，年均增长13.70%。其中，第一个五年年均增长9.88%；第二个五年年均增长4.99%；第三个五年年均增长13.95%；第四个五年年均增长27.14%。

宁夏城镇人均值年均增长在第一个五年高于乡村5.73个百分点，城乡差距明显扩大；第二个五年高于乡村4.33个百分点，城乡差距持续明显扩大；第三个五年低于乡村2.73个百分点，城乡差距转为较明显缩小；第四个五年低于乡村16.26个百分点，城乡差距持续极显著缩小。

二 城乡文教消费需求背景的增长协调性分析

（一）民生基础系数检测

1996~2016年宁夏城乡人均收入、产值绝对值及其比值、城乡比变动态势见图2。图中将居民收入、产值绝对值转换为图形面积比例，二者历年之比形成民生基础系数变动曲线，同时附有文教消费率、收入城乡比变动曲线。

1996~2016年，宁夏城乡居民人均收入年均增长12.04%，人均产值年均增长13.24%，高于居民收入1.20个百分点。20年间，宁夏城乡居民收入与产值比的最高（最佳）值为1999年的52.86%，最低值为2011年的34.20%。逐年考察，除了1996年、1998~1999年、2002年、2005年、2012~2016年出现回升以外，宁夏此项比值逐步下降，由1996年的51.13%降低至2016年的41.32%，前后年度分别处于省域间第16位和第19位。

图2中另附宁夏居民文教消费率历年变化动态，可见产值增长带动文教消费增长的相关性态势，前后年度分别处于省域间第19位和第10位。

1996~2016年，宁夏乡村居民人均收入年均增长10.26%，城镇居民人均收入年均增长10.61%，高于乡村0.35个百分点。20年间，宁夏人均收入城乡比的最小（最佳）值为1998年的2.3893，最大值为2008年的3.5126。逐年考察，除了1996~1998年、2004年、2009~2016年出现缩减以外，宁夏此项城乡比逐步扩增，由1996年的2.5841扩大至2016年的2.7562，前后年度处于省域间第18位和第23位。

由此推演出若干假定测算：①如果宁夏城乡居民收入与产值比保持1999年最佳水平，那么2016年城乡人均收入应为24946.47元；②如果在最佳比值基础上再实现1998年人均收入最小城乡比，那么城乡人均收入应为25802.61元；③如果进一步弥合城乡比实现均等，那么城乡人均收入应为34738.15元。

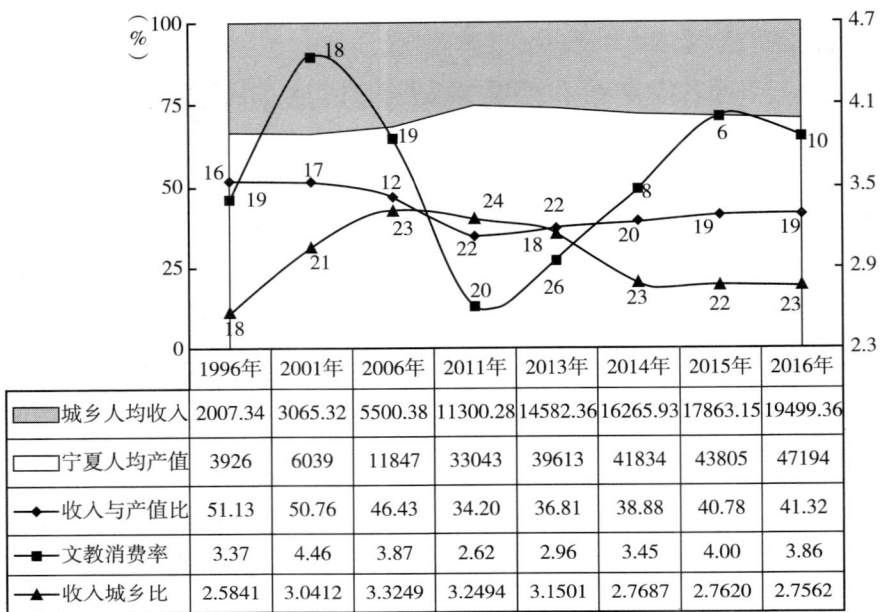

图2 宁夏城乡人均收入、产值绝对值及其比值和城乡比变动态势

左轴面积：城乡人均收入、产值（元转换为%），二者呈直观比例。左轴曲线：二者之比形成民生基础系数（%）。右轴曲线：文教消费率（%，与产值比），收入城乡比（乡村=1）。标明历年省域位次，同下。另需说明，近几年年鉴始发布2014年以来城乡人均值数据，但与总量数据之间存在演算误差，对应年鉴同时发布的产值人均值和总量分别演算文教消费率有出入，本报告恢复采用自行演算城乡人均值。

（二）民生消费系数检测

1996～2016年宁夏城乡人均非文消费、收入绝对值及其比值、城乡比变动态势见图3。图中将非文消费、居民收入绝对值转换为图形面积比例，二者历年之比形成民生消费系数变动曲线，同时附有文教消费比、非文消费城乡比变动曲线。

1996～2016年，宁夏城乡居民人均非文消费年均增长11.28%，人均收入年均增长12.04%，高于非文消费0.76个百分点。20年间，宁夏城乡居民非文消费占收入比的最高值为1996年的79.70%，最低（最佳）值为2007年的66.63%。逐年考察，除了2000年、2003～2004年、2008年、2010年、

宁夏：弥合城乡比增长目标测算第8位

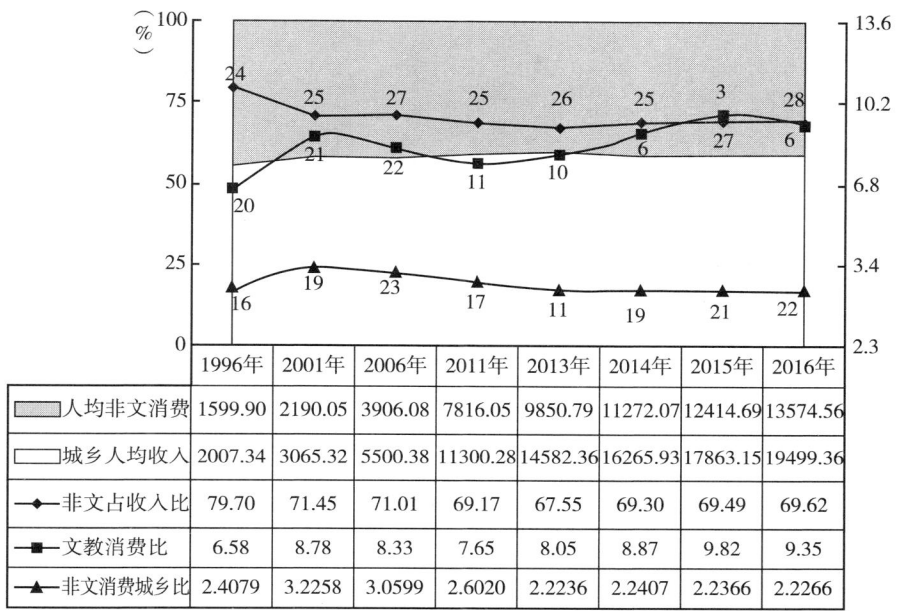

图3　宁夏城乡人均非文消费、收入绝对值及其比值和城乡比变动态势

左轴面积：城乡人均非文消费、收入（元转换为%），二者呈直观比例。左轴曲线：二者之比形成民生消费系数（%）。右轴曲线：文教消费比（%，占收入比），非文消费城乡比（乡村=1）。

2013～2016年出现回升以外，宁夏此项比值逐步下降，由1996年的79.70%降低至2016年的69.62%，前后年度分别处于省域间第24位和第28位。

图中另附宁夏居民文教消费比历年变化动态，可见收入增长带动文教消费增长的相关性态势，前后年度分别处于省域间第20位和第6位。

1996～2016年，宁夏乡村居民人均非文消费年均增长10.21%，城镇居民人均非文消费年均增长9.78%，低于乡村0.43个百分点。20年间，宁夏人均非文消费城乡比的最大值为2002年的3.4600，最小（最佳）值为2013年的2.2236。逐年考察，除了1997年、1999～2002年、2006年、2009年、2014年出现扩增以外，宁夏此项城乡比逐步缩减，由1996年的2.4079缩小至2016年的2.2266，前后年度分别处于省域间第16位和第22位。

由此推演出若干假定测算：①如果宁夏城乡居民非文消费占收入比保持

2007年最佳水平，那么2016年城乡人均非文消费应为12992.18元，取上一类最佳比值叠加测算，城乡人均非文消费应为16621.53元，收入与之差即非文消费剩余增至8324.95元；②如果在至此两项最佳比值基础上再实现2013年人均非文消费最小城乡比，那么城乡人均非文消费应为16627.46元，收入与之差即非文消费剩余增至9175.15元；③如果进一步弥合城乡比实现均等，那么城乡人均非文消费应为21977.33元，收入与之差即非文消费剩余增至12760.82元。

（三）文化需求系数检测

1996~2016年宁夏城乡人均文教消费、非文消费剩余绝对值及其比值、城乡比变动态势见图4。图中将文教消费、非文消费剩余绝对值转换为图形面积比例，二者历年之比形成文化需求系数变动曲线，同时附有文教消费比重、文教消费城乡比变动曲线。

1996~2016年，宁夏城乡居民人均文教消费年均增长14.02%，人均非文消费剩余年均增长14.32%，高于文教消费0.30个百分点。20年间，宁夏城乡居民文教消费与非文消费剩余比的最高（最佳）值为2000年的38.21%，最低值为2007年的22.25%。逐年考察，除了2000年、2002年、2008年、2010~2011年、2013~2015年出现回升以外，宁夏此项比值逐步下降，由1996年的32.44%降低至2016年的30.78%，前后年度处于省域间第12位和第4位。

图中另附宁夏居民文教消费比重历年变化动态，可见总消费增长带动文教消费增长的相关性态势，前后年度分别处于省域间第24位和第10位。

1996~2016年，宁夏乡村居民人均文教消费年均增长13.70%，城镇居民人均文教消费年均增长11.74%，低于乡村1.96个百分点。20年间，宁夏人均文教消费城乡比的最大值为2008年的5.4200，最小（最佳）值为2016年的2.2420。逐年考察，除了1997~1998年、2000~2002年、2005~2006年、2008年、2010年、2013年、2015年出现扩增以外，宁夏此项城乡比逐步缩减，由1996年的3.1777缩小至2016年的2.2420，前后年度处

宁夏：弥合城乡比增长目标测算第8位

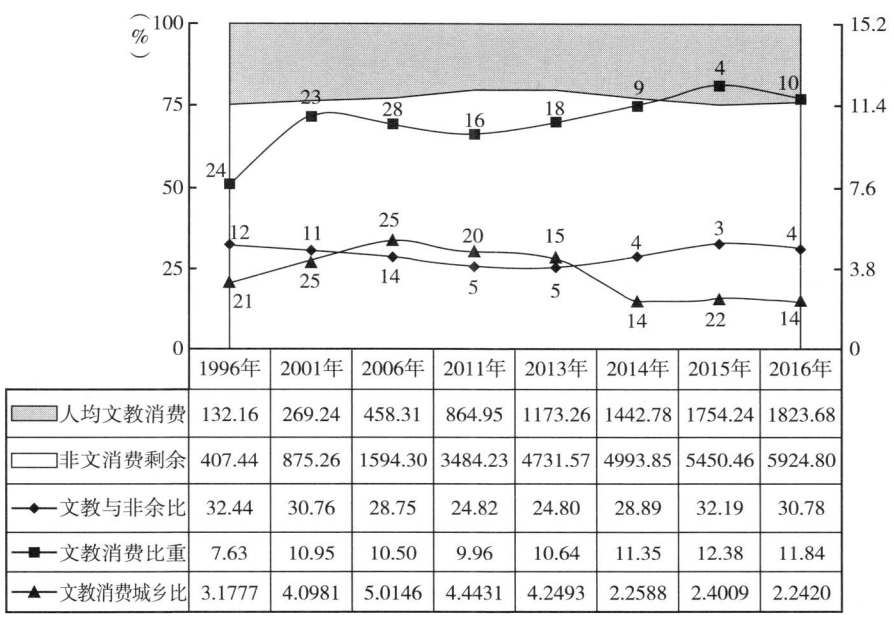

图 4　宁夏城乡人均文教消费、非文消费剩余绝对值及其比值和城乡比变动态势

左轴面积：城乡人均文教消费、非文消费剩余（元转换为%），二者呈直观比例。左轴曲线：二者之比形成文化需求系数（%）。右轴曲线：文教消费比重（%，占总消费比），文教消费城乡比（乡村=1）。

于省域间第21位和第14位。

由此推演出若干假定测算：①如果宁夏城乡文教消费与非文消费剩余比保持2000年最佳水平，那么2016年城乡人均文教消费应为2263.75元，总量可达152.00亿元；②如果取至此三类最佳比值叠加测算，那么城乡人均文教消费应为3180.80元，总量可达213.57亿元；③如果在三项最佳比值基础上再实现2016年人均文教消费最小城乡比，那么城乡人均文教消费应为3180.80元，总量可达213.57亿元（因实现最小城乡比，测算值不变）；④如果进一步弥合城乡比实现均等，那么城乡人均文教消费应为4213.33元，总量可达282.90亿元；⑤如果至此三类城乡比同时实现无差距理想，按宁夏城镇三类比值历年最佳值演算，那么城乡人均文教消费应为7161.03元，总量可达480.82亿元。

三 文化需求增长目标暨文化产业发展空间测算

2016~2021年宁夏城乡人均文教消费需求增长测算见图5。

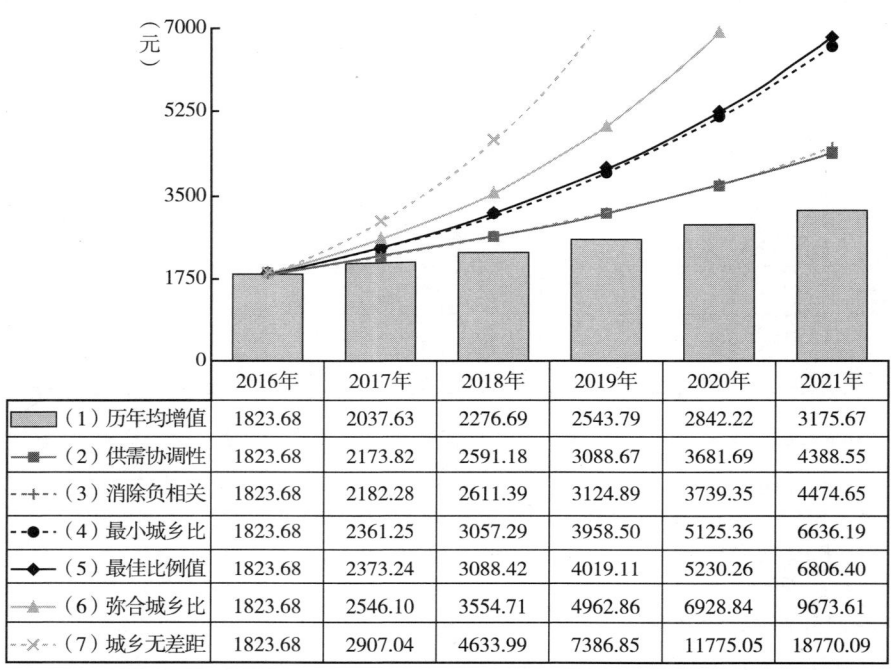

图5 2016~2021年宁夏城乡人均文教消费需求增长测算

作为背景因素，产值按1996~2016年实际年均增长率推算。2016年文教消费与产值比实际值3.86%，2020年测算值：（1）3.66%，（2）4.74%，（3）4.82%，（4）6.60%，（5）6.74%，（6）8.93%，（7）15.17%。2016~2020年人均文教消费年均增长：（1）11.73%（即1996~2016年实际值，以下为测算值），（2）19.20%，（3）19.66%，（4）29.48%，（5）30.13%，（6）39.61%，（7）59.41%。

若产值按年均增长率7%推算，则2020年文教消费（增量、增幅不变）与产值比：（1）4.59%，（3）6.04%。2020年文教消费人均值（与产值比不变）：（2）2934.91元，年增12.63%；（4）4085.75元，年增22.34%；（5）4169.38元，年增22.96%；（6）5523.42元，年增31.92%；（7）9386.65元，年增50.62%。

（1）历年均增值测算：如果2016~2020年宁夏城乡文教消费增长保持1996~2016年平均增长率11.73%（省域间实际增长第4位），那么到2020

年城乡人均文教消费将达到2842.22元。在相关各方面增长均依此推算的情况下，由于宁夏城乡文教消费与产值之比在1996~2016年呈现下降态势，至2020年文教消费增长与产值增长测算值之比将继续降低至3.66%。

（2）供需协调性测算：假设实现文化产业供需协调增长历年最佳关系，并达到"支柱性产业"所需与GDP之比。据此反推，到2020年宁夏城乡人均文教消费应达到3681.69元，年均增长率需达到19.20%，为以往20年实际年均增长率的1.64倍（省域间目标距离第9位）。

由于《文化及相关产业分类》国家标准2004年版仅具指导性，各地多有变通，2012年版方确定为指令性国家标准，多年缺少全国统一标准的各地文化产值数据，一概按全国数据演算。

（3）消除负相关测算：如果到2020年宁夏城乡此项比值实现1996~2016年最佳状态，那么城乡人均文教消费应达到3739.35元，与产值增长测算值之比将上升至4.82%，年均增长率需达到19.66%，为以往20年实际年均增长率的1.68倍（省域间目标距离第8位）。

（4）最小城乡比测算：如果到2020年宁夏城乡同时实现1996~2016年三项最佳比值和文教消费最小城乡比，那么城乡人均文教消费应达到5125.36元，与产值增长测算值之比将上升至6.60%，年均增长率需达到29.48%，为以往20年实际年均增长率的2.51倍（省域间目标距离第8位）。鉴于2016年宁夏文教消费城乡比成为历年最小城乡比，而城乡比缩减动态仍将继续（最佳比例值测算暗含这一动态），取2016年城乡比测算2020年数值反而略小于最佳比例值测算值。就此看来，弥合城乡比测算更为合理，当然难度也更大。

（5）最佳比例值测算：如果到2020年宁夏城乡三项比值同步实现1996~2016年最佳状态，那么城乡人均文教消费应达到5230.26元，与产值增长测算值之比将上升至6.74%，年均增长率需达到30.13%，为以往20年实际年均增长率的2.57倍（省域间目标距离第9位）。

（6）弥合城乡比测算：如果到2020年宁夏城乡同时实现1996~2016年三项最佳比值和乡村人均文教消费绝对值与城镇水平持平，那么城乡人均文

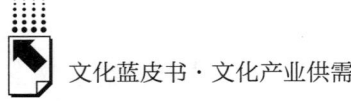

教消费应达到 6928.84 元，与产值增长测算值之比将上升至 8.93%，年均增长率需达到 39.61%，为以往 20 年实际年均增长率的 3.38 倍（省域间目标距离第 8 位）。

（7）城乡无差距测算：如果到 2020 年宁夏在此三个层面消除城乡差距，实现按城镇标准衡量的 1996~2016 年三项最佳比值，那么城乡人均文教消费应达到 11775.05 元，与产值增长测算值之比将上升至 15.17%，年均增长率需达到 59.41%，为以往 20 年实际年均增长率的 5.06 倍（省域间目标距离第 11 位）。

B.15
海南：弥合城乡比增长目标测算第9位

木文娟*

摘　要： 海南文教消费增长目标暨文化产业发展空间检测：1996~2016年历年均增值实际测算为第25位；2016~2020年供需协调性目标测算为第17位；消除负相关目标测算为第17位；最佳比例值目标测算为第14位；最小城乡比目标测算为第13位；弥合城乡比目标测算为第9位；城乡无差距目标测算为第18位。

关键词： 海南　文化产业　供需协调　增长测算

一　城乡文教消费需求及相关方面增长态势

1996~2016年海南城乡文教消费总量和人均值增长态势见图1。

1996~2016年，海南城乡文教消费总量由14.58亿元增至143.38亿元，增加128.80亿元，20年间总增长883.40%，年均增长12.11%。其中，第一个五年年均增长11.04%；第二个五年年均增长10.66%；第三个五年年均增长7.96%；第四个五年年均增长19.08%。

同期，海南城镇人均文教消费由385.35元增至1931.30元，增加

---

* 木文娟，云南省社会科学院图书馆馆员，主要从事图书期刊文献信息分析研究。

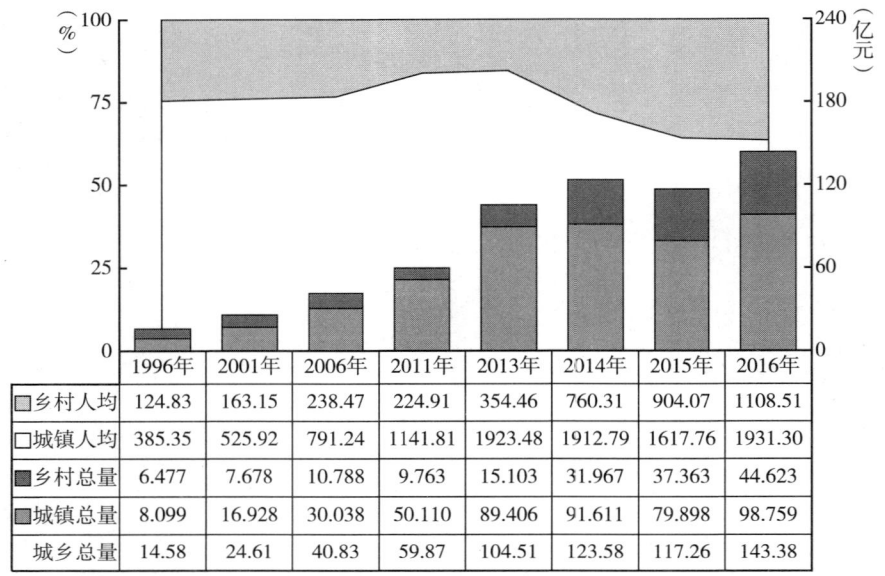

图 1　海南城乡文教消费总量和人均值增长态势

左轴：城乡人均文教消费（元转换为%），城乡间呈直观比例。右轴柱形：文教消费总量（亿元），上下（取3位小数避免合计值小数误差）之和为城乡总量。图中前几个五年时段末年对接，文中描述增长变化包括省略年度，后同。

1545.95元，20年间总增长401.18%，年均增长8.39%。其中，第一个五年年均增长6.42%；第二个五年年均增长8.51%；第三个五年年均增长7.61%；第四个五年年均增长11.08%。

同时，乡村人均文教消费由124.83元增至1108.51元，增加983.68元，20年间总增长788.02%，年均增长11.54%。其中，第一个五年年均增长5.50%；第二个五年年均增长7.89%；第三个五年年均负增长1.16%；第四个五年年均增长37.58%。

海南城镇人均值年均增长在第一个五年高于乡村0.92个百分点，城乡差距略微扩大；第二个五年高于乡村0.62个百分点，城乡差距持续略微扩大；第三个五年高于乡村8.77个百分点，城乡差距持续显著扩大；第四个五年低于乡村26.50个百分点，城乡差距转为极显著缩小。

二 城乡文教消费需求背景的增长协调性分析

（一）民生基础系数检测

1996～2016年海南城乡人均收入、产值绝对值及其比值、城乡比变动态势见图2。图中将居民收入、产值绝对值转换为图形面积比例，二者历年之比形成民生基础系数变动曲线，同时附有文教消费率、收入城乡比变动曲线。

1996～2016年，海南城乡居民人均收入年均增长10.91%，人均产值年均增长11.16%，高于居民收入0.25个百分点。20年间，海南城乡居民收入与产值比的最高（最佳）值为2002年的54.68%，最低值为2011年的43.05%。逐年考察，除了1996～1997年、1999年、2001～2002年、2007年、2012～2016年出现回升以外，海南此项比值逐步下降，由1996年的49.81%降低至2016年的47.66%，前后年度分别处于省域间第18位和第11位。

图2中另附海南居民文教消费率历年变化动态，可见产值增长带动文教消费增长的相关性态势，前后年度分别处于省域间第13位和第15位。

1996～2016年，海南乡村居民人均收入年均增长10.04%，城镇居民人均收入年均增长9.16%，低于乡村0.88个百分点。20年间，海南人均收入城乡比的最大值为2010年的2.9535，最小（最佳）值为2016年的2.4026。逐年考察，除了1999年、2001～2002年、2006～2007年、2009～2010年出现扩增以外，海南此项城乡比逐步缩减，由1996年的2.8214缩小至2016年的2.4026，前后年度处于省域间第21位和第12位。

由此推演出若干假定测算：①如果海南城乡居民收入与产值比保持2002年最佳水平，那么2016年城乡人均收入应为24247.56元；②海南2016年人均收入城乡比为最小值，在最佳比值基础上再实现最小城乡比，演算结果不变；③如果进一步弥合城乡比实现均等，那么城乡人均收入应为32640.79元。

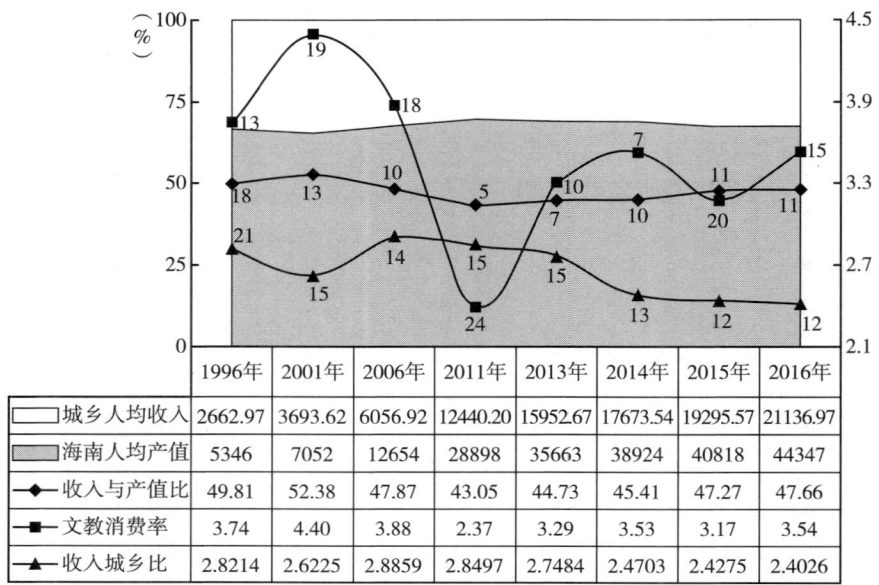

图 2　海南城乡人均收入、产值绝对值及其比值和城乡比变动态势

左轴面积：城乡人均收入、产值（元转换为%），二者呈直观比例。左轴曲线：二者之比形成民生基础系数（%）。右轴曲线：文教消费率（%，与产值比），收入城乡比（乡村=1）。标明历年省域位次，后同。另需说明，近几年年鉴始发布2014年以来城乡人均值数据，但与总量数据之间存在演算误差，对应年鉴同时发布的产值人均值和总量分别演算文教消费率有出入，本报告恢复采用自行演算城乡人均值。

（二）民生消费系数检测

1996～2016年海南城乡人均非文消费、收入绝对值及其比值、城乡比变动态势见图3。图中将非文消费、居民收入绝对值转换为图形面积比例，二者历年之比形成民生消费系数变动曲线，同时附有文教消费比、非文消费城乡比变动曲线。

1996～2016年，海南城乡居民人均非文消费年均增长10.34%，人均收入年均增长10.91%，高于非文消费0.57个百分点。20年间，海南城乡居民非文消费占收入比的最高值为1996年的68.25%，最低（最佳）值为2013年的60.03%。逐年考察，除了1996年、2000年、2002年、2005～2007年、2012年、

海南：弥合城乡比增长目标测算第9位

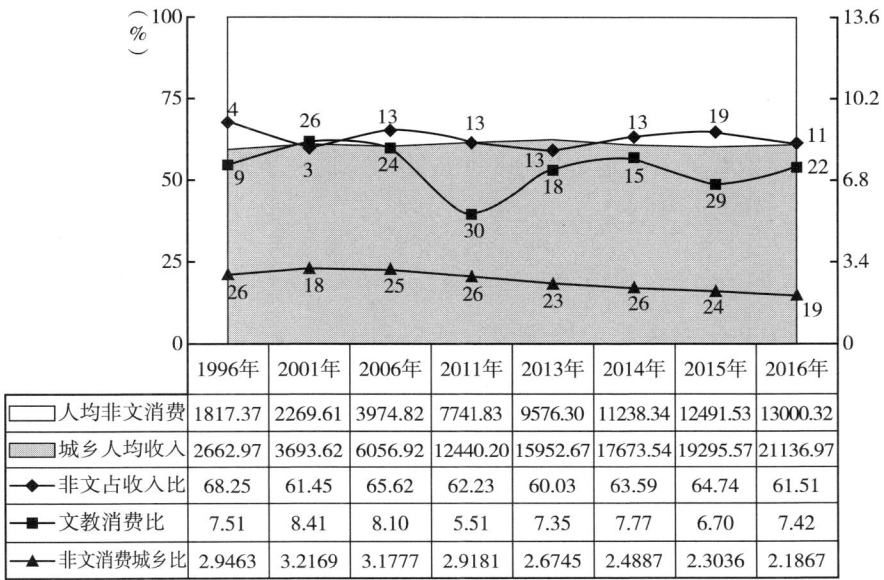

图3 海南城乡人均非文消费、收入绝对值及其比值和城乡比变动态势

左轴面积：城乡人均非文消费、收入（元转换为%），二者呈直观比例。左轴曲线：二者之比形成民生消费系数（%）。右轴曲线：文教消费比（%，占收入比），非文消费城乡比（乡村=1）。

2014~2015年出现回升以外，海南此项比值逐步下降，由1996年的68.25%降低至2016年的61.51%，前后年度分别处于省域间第4位和第11位。

图中另附海南居民文教消费比历年变化动态，可见收入增长带动文教消费增长的相关性态势，前后年度分别处于省域间第9位和第22位。

1996~2016年，海南乡村居民人均非文消费年均增长9.99%，城镇居民人均非文消费年均增长8.36%，低于乡村1.63个百分点。20年间，海南人均非文消费城乡比的最大值为2003年的3.2778，最小（最佳）值为2016年的2.1867。逐年考察，除了1997~1998年、2001~2003年、2006~2008年出现扩增以外，海南此项城乡比逐步缩减，由1996年的2.9463缩小至2016年的2.1867，前后年度分别处于省域间第26位和第19位。

由此推演出若干假定测算：①如果海南城乡居民非文消费占收入比保持2013年最佳水平，那么2016年城乡人均非文消费应为12688.41元，取上一类最佳比值叠加测算，城乡人均非文消费应为14555.68元，收入与之差即非文消费剩余增至9691.88元；②海南2016年人均非文消费城乡比为最小值，在至此两项最佳比值基础上再实现最小城乡比，演算结果不变，收入与之差即非文消费剩余增至9691.88元；③如果进一步弥合城乡比实现均等，那么城乡人均非文消费应为19128.12元，收入与之差即非文消费剩余增至13512.67元。

（三）文化需求系数检测

1996~2016年海南城乡人均文教消费、非文消费剩余绝对值及其比值、城乡比变动态势见图4。图中将文教消费、非文消费剩余绝对值转换为图形面积比例，二者历年之比形成文化需求系数变动曲线，同时附有文教消费比重、文教消费城乡比变动曲线。

1996~2016年，海南城乡居民人均文教消费年均增长10.85%，人均非文消费剩余年均增长11.99%，高于文教消费1.14个百分点。20年间，海南城乡居民文教消费与非文消费剩余比的最高（最佳）值为2002年的27.72%，最低值为2011年的14.60%。逐年考察，除了1996年、2000年、2002年、2006年、2012~2014年、2016年出现回升以外，海南此项比值逐步下降，由1996年的23.64%降低至2016年的19.28%，前后年度分别处于省域间第22位和第25位。

图4中另附海南居民文教消费比重历年变化动态，可见总消费增长带动文教消费增长的相关性态势，前后年度分别处于省域间第7位和第20位。

1996~2016年，海南乡村居民人均文教消费年均增长11.54%，城镇居民人均文教消费年均增长8.39%，低于乡村3.15个百分点。20年间，海南人均文教消费城乡比的最大值为2013年的5.4265，最小（最佳）值为2016年的1.7422。逐年考察，除了1999年、2001~2002年、2004年、2006~2007年、2009年、2011~2013年出现扩增以外，海南此项城乡比逐步缩减，由1996年的3.0870缩小至2016年的1.7422，前后年度分别处于省域间第18位和第3位。

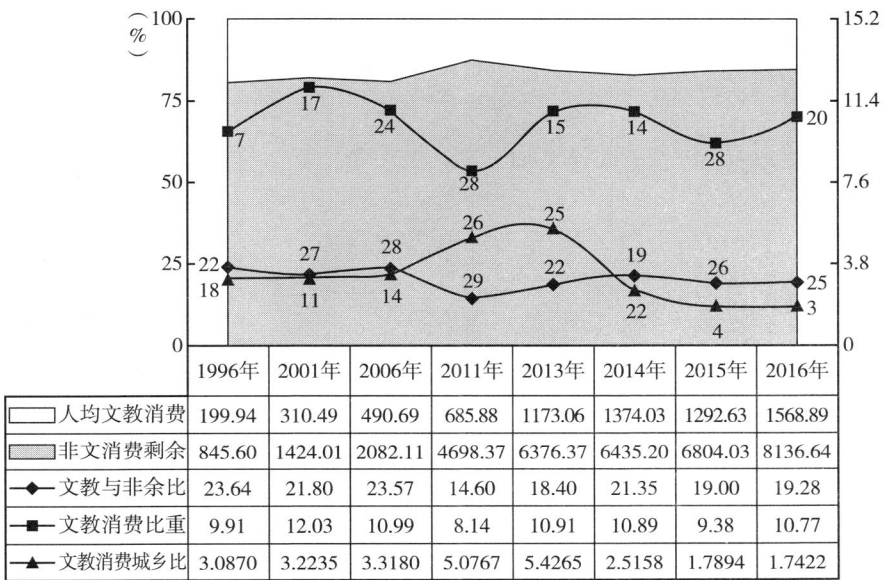

图4 海南城乡人均文教消费、非文消费剩余绝对值及其比值和城乡比变动态势

左轴面积：城乡人均文教消费、非文消费剩余（元转换为%），二者呈直观比例。左轴曲线：二者之比形成文化需求系数（%）。右轴曲线：文教消费比重（%，占总消费比），文教消费城乡比（乡村=1）。

由此推演出若干假定测算：①如果海南城乡文教消费与非文消费剩余比保持2002年最佳水平，那么2016年城乡人均文教消费应为2255.10元，总量可达206.10亿元；②如果取至此三类最佳比值叠加测算，那么城乡人均文教消费应为2686.15元，总量可达245.49亿元；③如果在三项最佳比值基础上再实现2016年人均文教消费最小城乡比，那么城乡人均文教消费应为2686.15元，总量可达245.49亿元（因实现最小城乡比，测算值不变）；④如果进一步弥合城乡比实现均等，那么城乡人均文教消费应为3306.65元，总量可达302.20亿元；⑤如果至此三类城乡比同时实现无差距理想，按海南城镇三类比值历年最佳值演算，那么城乡人均文教消费应为5827.76元，总量可达532.60亿元。

三 文化需求增长目标暨文化产业发展空间测算

2016～2021年海南城乡人均文教消费需求增长测算见图5。

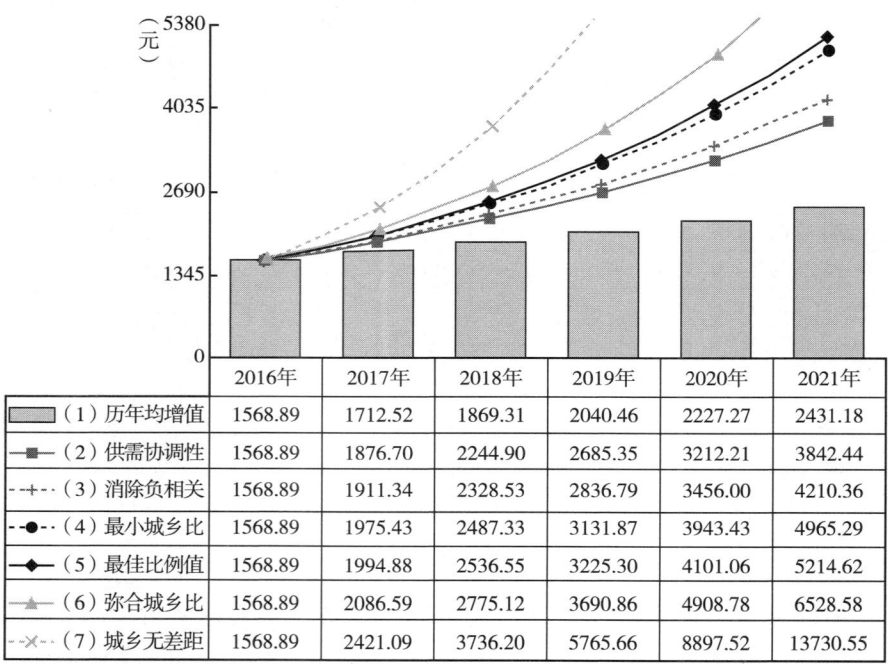

图5 2016～2021年海南城乡人均文教消费需求增长测算

作为背景因素,产值按1996～2016年实际年均增长率推算。2016年文教消费与产值比实际值3.54%,2020年测算值:(1)3.29%,(2)4.74%,(3)5.10%,(4)5.82%,(5)6.06%,(6)7.25%,(7)13.14%。2016~2020年人均文教消费年均增长:(1)9.16%(即1996~2016年实际值,以下为测算值),(2)19.62%,(3)21.83%,(4)25.91%,(5)27.15%,(6)33.00%,(7)54.32%。

若产值按年均增长率7%推算,则2020年文教消费(增量、增幅不变)与产值比:(1)3.83%,(3)5.95%。2020年文教消费人均值(与产值比不变):(2)2757.86元,年增15.15%;(4)3385.65元,年增21.20%;(5)3520.99元,年增22.40%;(6)4214.45元,年增28.02%;(7)7639.00元,年增48.55%。

(1)历年均增值测算:如果2016～2020年海南城乡文教消费增长保持1996～2016年平均增长率9.16%(省域间实际增长第25位),那么到2020

年城乡人均文教消费将达到2227.27元。在相关各方面增长均依此推算的情况下，由于海南城乡文教消费与产值之比在1996~2016年呈现下降态势，至2020年文教消费增长与产值增长测算值之比将继续降低至3.29%。

（2）供需协调性测算：假设实现文化产业供需协调增长历年最佳关系，并达到"支柱性产业"所需与GDP之比。据此反推，到2020年海南城乡人均文教消费应达到3212.21元，年均增长率需达到19.62%，为以往20年实际年均增长率的2.14倍（省域间目标距离第17位）。

由于《文化及相关产业分类》国家标准2004年版仅具指导性，各地多有变通，2012年版方确定为指令性国家标准，多年缺少全国统一标准的各地文化产值数据，一概按全国数据演算。

（3）消除负相关测算：如果到2020年海南城乡此项比值实现1996~2016年最佳状态，那么城乡人均文教消费应达到3456.00元，与产值增长测算值之比将上升至5.10%，年均增长率需达到21.83%，为以往20年实际年均增长率的2.38倍（省域间目标距离第17位）。

（4）最小城乡比测算：如果到2020年海南城乡同时实现1996~2016年三项最佳比值和文教消费最小城乡比，那么城乡人均文教消费应达到3943.43元，与产值增长测算值之比将上升至5.82%，年均增长率需达到25.91%，为以往20年实际年均增长率的2.83倍（省域间目标距离第13位）。鉴于2016年海南文教消费城乡比成为历年最小城乡比，而城乡比缩减动态仍将继续（最佳比例值测算暗含这一动态），取2016年城乡比测算2020年数值反而略小于最佳比例值测算值。就此看来，弥合城乡比测算更为合理，当然难度也更大。

（5）最佳比例值测算：如果到2020年海南城乡三项比值同步实现1996~2016年最佳状态，那么城乡人均文教消费应达到4101.06元，与产值增长测算值之比将上升至6.06%，年均增长率需达到27.15%，为以往20年实际年均增长率的2.96倍（省域间目标距离第14位）。

（6）弥合城乡比测算：如果到2020年海南城乡同时实现1996~2016年

三项最佳比值和乡村人均文教消费绝对值与城镇水平持平,那么城乡人均文教消费应达到4908.78元,与产值增长测算值之比将上升至7.25%,年均增长率需达到33.00%,为以往20年实际年均增长率的3.60倍(省域间目标距离第9位)。

(7)城乡无差距测算:如果到2020年海南在此三个层面消除城乡差距,实现按城镇标准衡量的1996~2016年三项最佳比值,那么城乡人均文教消费应达到8897.52元,与产值增长测算值之比将上升至13.14%,年均增长率需达到54.32%,为以往20年实际年均增长率的5.93倍(省域间目标距离第18位)。

B.16
山西：最小城乡比增长目标测算第2位

沈宗涛*

摘　要： 山西文教消费增长目标暨文化产业发展空间检测：1996～2016年历年均增值实际测算为第8位；2016～2020年供需协调性目标测算为第2位；消除负相关目标测算为第10位；最佳比例值目标测算为第3位；最小城乡比目标测算为第2位；弥合城乡比目标测算为第3位；城乡无差距目标测算为第4位。

关键词： 山西　文化产业　供需协调　增长测算

一　城乡文教消费需求及相关方面增长态势

1996～2016年山西城乡文教消费总量和人均值增长态势见图1。

1996～2016年，山西城乡文教消费总量由48.86亿元增至682.85亿元，增加633.99亿元，20年间总增长1297.56%，年均增长14.10%。其中，第一个五年年均增长14.42%；第二个五年年均增长17.00%；第三个五年年均增长9.38%；第四个五年年均增长15.73%。

同期，山西城镇人均文教消费由316.73元增至2438.96元，增加

---

* 沈宗涛，云南省社会科学院信息中心副主任、助理研究员，主要从事网络信息分析研究。

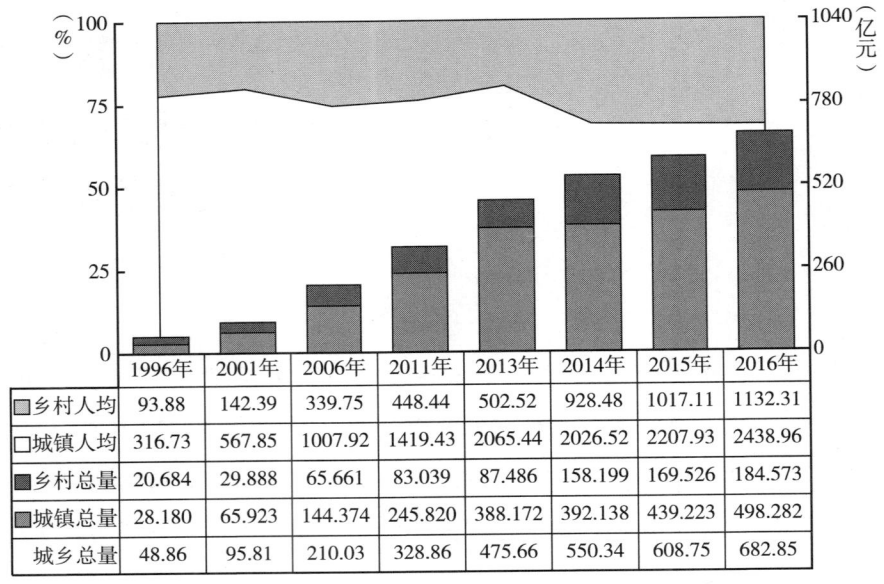

图1 山西城乡文教消费总量和人均值增长态势

左轴：城乡人均文教消费（元转换为%），城乡间呈直观比例。右轴柱形：文教消费总量（亿元），上下（取3位小数避免合计值小数误差）之和为城乡总量。图中前几个五年时段末年对接，文中描述增长变化包括省略年度，后同。

2122.23元，20年间总增长670.04%，年均增长10.75%。其中，第一个五年年均增长12.39%；第二个五年年均增长12.16%；第三个五年年均增长7.09%；第四个五年年均增长11.43%。

同时，乡村人均文教消费由93.88元增至1132.31元，增加1038.43元，20年间总增长1106.12%，年均增长13.26%。其中，第一个五年年均增长8.69%；第二个五年年均增长19.00%；第三个五年年均增长5.71%；第四个五年年均增长20.35%。

山西城镇人均值年均增长在第一个五年高于乡村3.70个百分点，城乡差距明显扩大；第二个五年低于乡村6.84个百分点，城乡差距转为显著缩小；第三个五年高于乡村1.38个百分点，城乡差距转为较明显扩大；第四个五年低于乡村8.92个百分点，城乡差距转为显著缩小。

二 城乡文教消费需求背景的增长协调性分析

（一）民生基础系数检测

1996~2016年山西城乡人均收入、产值绝对值及其比值、城乡比变动态势见图2。图中将居民收入、产值绝对值转换为图形面积比例，二者历年之比形成民生基础系数变动曲线，同时附有文教消费率、收入城乡比变动曲线。

1996~2016年，山西城乡居民人均收入年均增长11.65%，人均产值年均增长11.30%，低于居民收入0.35个百分点。20年间，山西城乡居民收入与产值比的最低值为2011年的037.16%，最高（最佳）值为2016年的55.41%。逐年考察，除了1997~1999年、2003~2005年、2007~2008年、2010~2011年出现回降以外，山西此项比值逐步上升，由1996年的52.06%提高至2016年的55.41%，前后年分别度处于省域间第13位和第3位。

图2中另附山西居民文教消费率历年变化动态，可见产值增长带动文教消费增长的相关性态势，前后年度分别处于省域间第12位和第3位。

1996~2016年，山西乡村居民人均收入年均增长9.79%，城镇居民人均收入年均增长10.52%，高于乡村0.73个百分点。20年间，山西人均收入城乡比的最小（最佳）值为1998年的2.2053，最大值为2010年的3.3038。逐年考察，除了1996~1998年、2011~2016年出现缩减以外，山西此项城乡比逐步扩增，由1996年的2.3778扩大至2016年的2.7129，前后年度分别处于省域间第15位和第21位。

由此推演出若干假定测算：①山西城乡2016年居民收入与产值比为最佳值，演算结果不变；②如果在最佳比值基础上再实现1998年人均收入最小城乡比，那么城乡人均收入应为20718.09元；③如果进一步弥合城乡比实现均等，那么城乡人均收入应为27352.33元。

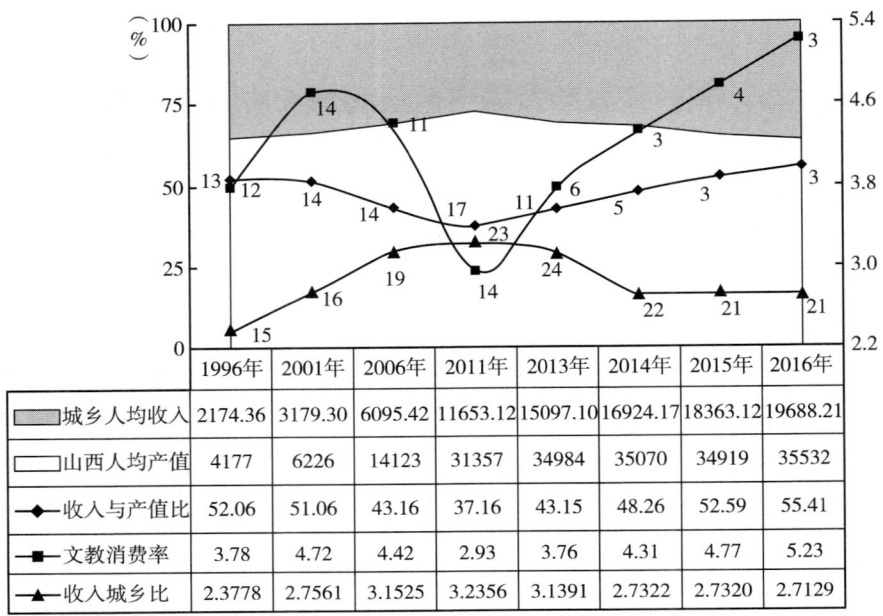

图2 山西城乡人均收入、产值绝对值及其比值和城乡比变动态势

左轴面积：城乡人均收入、产值（元转换为%），二者呈直观比例。左轴曲线：二者之比形成民生基础系数（%）。右轴曲线：文教消费率（%，与产值比），收入城乡比（乡村＝1）。标明历年省域位次，同后。另需说明，近几年年鉴始发布2014年以来城乡人均值数据，但与总量数据之间存在演算误差，对应年鉴同时发布的产值人均值和总量分别演算文教消费率有出入，本报告恢复采用自行演算城乡人均值。

（二）民生消费系数检测

1996~2016年山西城乡人均非文消费、收入绝对值及其比值、城乡比变动态势见图3。图中将非文消费、居民收入绝对值转换为图形面积比例，二者历年之比形成民生消费系数变动曲线，同时附有文教消费比、非文消费城乡比变动曲线。

1996~2016年，山西城乡居民人均非文消费年均增长10.37%，人均收入年均增长11.65%，高于非文消费1.28个百分点。20年间，山西城乡居民非文消费占收入比的最高值为1996年的71.36%，最低（最佳）值为2013年的55.08%。逐年考察，除了1999~2000年、2005~2007年、2009年、2011年、

山西:最小城乡比增长目标测算第2位

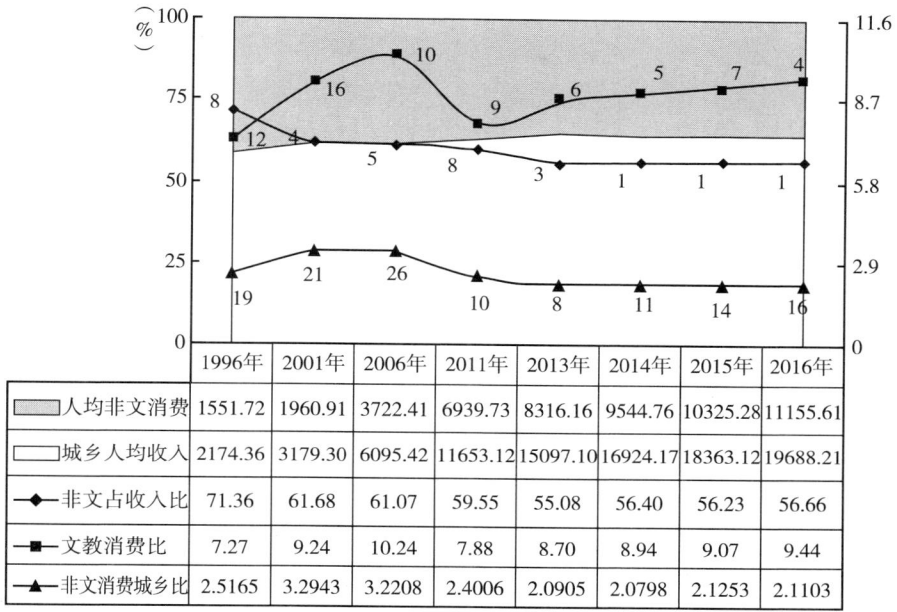

图3 山西城乡人均非文消费、收入绝对值及其比值和城乡比变动态势

左轴面积:城乡人均非文消费、收入(元转换为%),二者呈直观比例。左轴曲线:二者之比形成民生消费系数(%)。右轴曲线:文教消费比(%,占收入比),非文消费城乡比(乡村=1)。

2014年、2016年出现回升以外,山西此项比值逐步下降,由1996年的71.36%降低至2016年的56.66%,前后年度分别处于省域间第8位和第1位。

图3中另附山西居民文教消费比历年变化动态,可见收入增长带动文教消费增长的相关性态势,前后年度分别处于省域间第12位和第4位。

1996~2016年,山西乡村居民人均非文消费年均增长9.71%,城镇居民人均非文消费年均增长8.75%,低于乡村0.96个百分点。20年间,山西人均非文消费城乡比的最大值为2003年的3.5259,最小(最佳)值为2014年的2.0798。逐年考察,除了1997~2000年、2002~2003年、2009年、2015年出现扩增以外,山西此项城乡比逐步缩减,由1996年的2.5165缩小至2016年的2.1103,前后年度分别处于省域间第19位和第16位。

由此推演出若干假定测算:①如果山西城乡居民非文消费占收入比保持

2013年最佳水平，那么2016年城乡人均非文消费应为10845.16元，取上一类最佳比值即现有值叠加测算，演算结果不变，收入与之差即非文消费剩余增至8843.05元；②如果在至此两项最佳比值基础上再实现2014年人均非文消费最小城乡比，那么城乡人均非文消费应为10888.82元，收入与之差即非文消费剩余增至9829.26元；③如果进一步弥合城乡比实现均等，那么城乡人均非文消费应为14148.83元，收入与之差即非文消费剩余增至13203.50元。

（三）文化需求系数检测

1996~2016年山西城乡人均文教消费、非文消费剩余绝对值及其比值、城乡比变动态势见图4。图中将文教消费、非文消费剩余绝对值转换为图形面积比例，二者历年之比形成文化需求系数变动曲线，同时附有文教消费比重、文教消费城乡比变动曲线。

1996~2016年，山西城乡居民人均文教消费年均增长13.12%，人均非文消费剩余年均增长13.98%，高于文教消费0.86个百分点。20年间，山西城乡居民文教消费与非文消费剩余比的最高（最佳）值为2002年27.34%，最低值为2012年18.18%。逐年考察，除了1996年、1999~2000年、2002年、2006年、2011年、2013~2016年出现回升以外，山西此项比值逐步下降，由1996年的25.37%降低至2016年的21.79%，前后年度处于省域间第20位和第19位。

图4中另附山西居民文教消费比重历年变化动态，可见总消费增长带动文教消费增长的相关性态势，前后年度分别处于省域间第9位和第2位。

1996~2016年，山西乡村居民人均文教消费年均增长13.26%，城镇居民人均文教消费年均增长10.75%，低于乡村2.51个百分点。20年间，山西人均文教消费城乡比的最大值为2002年的4.4260，最小（最佳）值为2016年的2.1540。逐年考察，除了1997~1998年、2000~2002年、2004年、2010~2011年、2013年出现扩增以外，山西此项城乡比逐步缩减，由1996年的3.3738缩小至2016年的2.1540，前后年度分别处于省域间第24

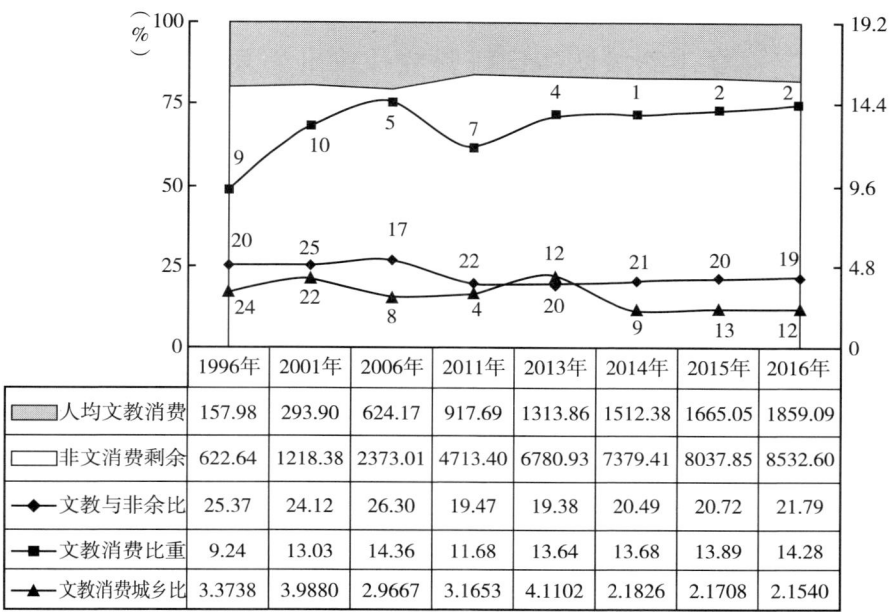

图4 山西城乡人均文教消费、非文消费剩余绝对值及其比值和城乡比变动态势

左轴面积：城乡人均文教消费、非文消费剩余（元转换为%），二者呈直观比例。左轴曲线：二者之比形成文化需求系数（%）。右轴曲线：文教消费比重（%，占总消费比），文教消费城乡比（乡村=1）。

位和第12位。

由此推演出若干假定测算：①如果山西城乡文教消费与非文消费剩余比保持2002年最佳水平，那么2016年城乡人均文教消费应为2332.96元，总量可达856.91亿元；②如果取至此三类最佳比值叠加测算，那么城乡人均文教消费应为2417.84元，总量可达888.09亿元；③如果在三项最佳比值基础上再实现2016年人均文教消费最小城乡比，那么城乡人均文教消费应为2417.84元，总量可达888.09亿元（因实现最小城乡比，测算值不变）；④如果进一步弥合城乡比实现均等，那么城乡人均文教消费应为3172.00元，总量可达1165.09亿元；⑤如果至此三类城乡比同时实现无差距理想，按山西城镇三类比值历年最佳值演算，那么城乡人均文教消费应为6224.03元，总量可达2286.12亿元。

三 文化需求增长目标暨文化产业发展空间测算

2016～2021年山西城乡人均文教消费需求增长测算见图5。

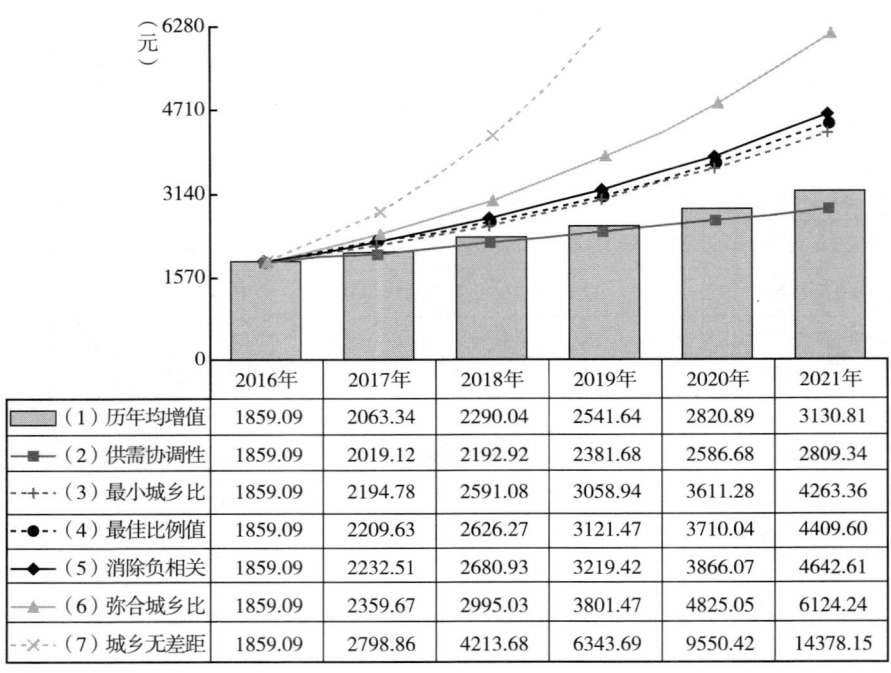

图5 2016～2021年山西城乡人均文教消费需求增长测算

作为背景因素，产值按1996～2016年实际年均增长率推算。2016年文教消费与产值比实际值5.23%，2020年测算值：（1）5.17%，（2）4.74%，（3）6.62%，（4）6.80%，（5）7.09%，（6）8.85%，（7）17.52%。2016～2020年人均文教消费年均增长：（1）10.99%（即1996～2016年实际值，以下为测算值），（2）8.61%，（3）18.06%，（4）18.86%，（5）20.09%，（6）26.93%，（7）50.55%。

若产值按年均增长率7%推算，则2020年文教消费（增量、增幅不变）与产值比：（1）6.06%，（5）8.30%。2020年文教消费人均值（与产值比不变）：（2）2209.67元，年增4.41%；（3）3084.93元，年增13.50%；（4）3169.30元，年增14.27%；（6）4121.79元，年增22.02%；（7）8158.43元，年增44.74%。

（1）历年均增值测算：如果2016～2020年山西城乡文教消费增长保持1996～2016年平均增长率10.99%（省域间实际增长第8位），那么到

2020年城乡人均文教消费将达到2820.89元。在相关各方面增长均依此推算的情况下，由于山西城乡文教消费与产值之比在1996~2016年呈现下降态势，至2020年文教消费增长与产值增长测算值之比将继续降低至5.17%。

（2）供需协调性测算：假设实现文化产业供需协调增长历年最佳关系，并达到"支柱性产业"所需与GDP之比。据此反推，到2020年山西城乡人均文教消费应达到2586.68元，年均增长率需达到8.61%，为以往20年实际年均增长率的0.78倍（即低于历年均增值测算，省域间目标距离第2位）。

由于《文化及相关产业分类》国家标准2004年版仅具指导性，各地多有变通，2012年版方确定为指令性国家标准，多年缺少全国统一标准的各地文化产值数据，一概按全国数据演算。

（3）最小城乡比测算：如果到2020年山西城乡同时实现1996~2016年三项最佳比值和文教消费最小城乡比，那么城乡人均文教消费应达到3611.28元，与产值增长测算值之比将上升至6.62%，年均增长率需达到18.06%，为以往20年实际年均增长率的1.64倍（省域间目标距离第2位）。鉴于2016年山西文教消费城乡比成为历年最小城乡比，而城乡比缩减动态仍将继续（最佳比例值测算暗含这一动态），取2016年城乡比测算2020年数值反而略小于最佳比例值测算值。就此看来，弥合城乡比测算更为合理，当然难度也更大。

（4）最佳比例值测算：如果到2020年山西城乡三项比值同步实现1996~2016年最佳状态，那么城乡人均文教消费应达到3710.04元，与产值增长测算值之比将上升至6.80%，年均增长率需达到18.86%，为以往20年实际年均增长率的1.72倍（省域间目标距离第3位）。

（5）消除负相关测算：如果到2020年山西城乡此项比值实现1996~2016年最佳状态，那么城乡人均文教消费应达到3866.07元，与产值增长测算值之比将上升至7.09%，年均增长率需达到20.09%，为以往20年实际年均增长率的1.83倍（省域间目标距离第10位）。由于2016山西已出现最佳比值发生正面抵扣作用,这一单项比值测算的目标距离反而大于三项比值测算。

(6)弥合城乡比测算:如果到2020年山西城乡同时实现1996~2016年三项最佳比值和乡村人均文教消费绝对值与城镇水平持平,那么城乡人均文教消费应达到4825.05元,与产值增长测算值之比将上升至8.85%,年均增长率需达到26.93%,为以往20年实际年均增长率的2.45倍(省域间目标距离第3位)。

(7)城乡无差距测算:如果到2020年山西在此三个层面消除城乡差距,实现按城镇标准衡量的1996~2016年三项最佳比值,那么城乡人均文教消费应达到9550.42元,与产值增长测算值之比将上升至17.52%,年均增长率需达到50.55%,为以往20年实际年均增长率的4.60倍(省域间目标距离第4位)。

B.17
云南：最小城乡比增长目标测算第10位

刘 兵*

摘　要： 云南文教消费增长目标暨文化产业发展空间检测：1996～2016年历年均增值实际测算为第9位；2016～2020年供需协调性目标测算为第5位；消除负相关目标测算为第23位；最佳比例值目标测算为第12位；最小城乡比目标测算为第10位；弥合城乡比目标测算为第14位；城乡无差距目标测算为第16位。

关键词： 云南　文化产业　供需协调　增长测算

一　城乡文教消费需求及相关方面增长态势

1996～2016年云南城乡文教消费总量和人均值增长态（亿元）势见图1。

1996～2016年，云南城乡文教消费总量由51.79亿元增至710.14亿元，增加658.35亿元，20年间总增长1271.19%，年均增长13.99%。其中，第一个五年年均增长12.57%；第二个五年年均增长10.85%；第三个五年年均增长13.53%；第四个五年年均增长19.16%。

---

* 刘兵，云南省社会科学院民族文学研究所助理研究员，主要从事文化研究。

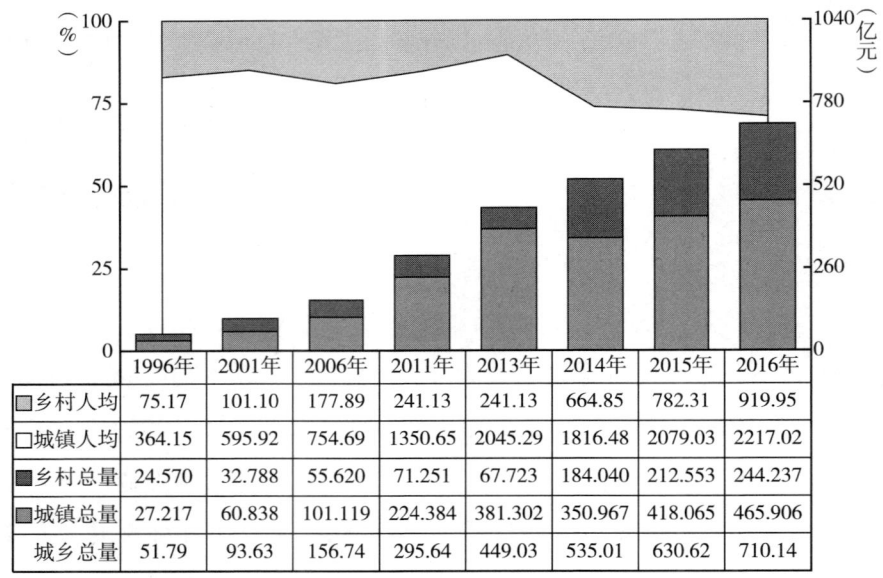

图 1　云南城乡文教消费总量和人均值增长态势

左轴：城乡人均文教消费（元转换为%），城乡间呈直观比例。右轴柱形：文教消费总量（亿元），上下（取3位小数避免合计值小数误差）之和为城乡总量。图中前几个五年时段末年对接，文中描述增长变化包括省略年度，后同。

同期，云南城镇人均文教消费由 364.15 元增至 2217.02 元，增加 1852.87 元，20 年间总增长 508.82%，年均增长 9.45%。其中，第一个五年年均增长 10.35%；第二个五年年均增长 4.84%；第三个五年年均增长 12.35%；第四个五年年均增长 10.42%。

同时，乡村人均文教消费由 75.17 元增至 919.95 元，增加 844.78 元，20 年间总增长 1123.83%，年均增长 13.34%。其中，第一个五年年均增长 6.11%；第二个五年年均增长 11.96%；第三个五年年均增长 6.27%；第四个五年年均增长 30.71%。

云南城镇人均值年均增长在第一个五年高于乡村 4.24 个百分点，城乡差距明显扩大；第二个五年低于乡村 7.12 个百分点，城乡差距转为显著缩小；第三个五年高于乡村 6.08 个百分点，城乡差距转为显著扩大；第四个五年低于乡村 20.29 个百分点，城乡差距转为极显著缩小。

二 城乡文教消费需求背景的增长协调性分析

（一）民生基础系数检测

1996~2016年云南城乡人均收入、产值绝对值及其比值、城乡比变动态势见图2。图中将居民收入、产值绝对值转换为图形面积比例，二者历年之比形成民生基础系数变动曲线，同时附有文教消费率、收入城乡比变动曲线。

1996~2016年，云南城乡居民人均收入年均增长11.72%，人均产值年均增长11.11%，低于居民收入0.61个百分点。20年间，云南城乡居民收入与产值比的最低值为2011年的50.39%，最高（最佳）值为2016年的56.85%。逐年考察，除了1998年、2003~2008年、2010~2011年、2013年出现回降以外，云南此项比值逐步上升，由1996年的50.99%提高至2016年的56.85%，前后年度分别处于省域间第17位和第1位。

图2另附云南居民文教消费率历年变化动态，可见产值增长带动文教消费增长的相关性态势，前后年度分别处于省域间第18位和第6位。

1996~2016年，云南乡村居民人均收入年均增长10.48%，城镇居民人均收入年均增长9.14%，低于乡村1.34个百分点。20年间，云南人均收入城乡比的最大值为2004年的4.7586，最小（最佳）值为2016年的3.1720。逐年考察，除了1996年、1998年、2001~2004年、2009年出现扩增以外，云南此项城乡比逐步缩减，由1996年的4.0495缩小至2016年的3.1720，前后年度分别处于省域间第29位和第29位。

由此推演出若干假定测算：①云南城乡2016年居民收入与产值比为最佳值，演算结果不变；②云南2016年人均收入城乡比为最小值，在最佳比值基础上再实现最小城乡比，演算结果不变；③如果进一步弥合城乡比实现均等，那么城乡人均收入应为28610.57元。

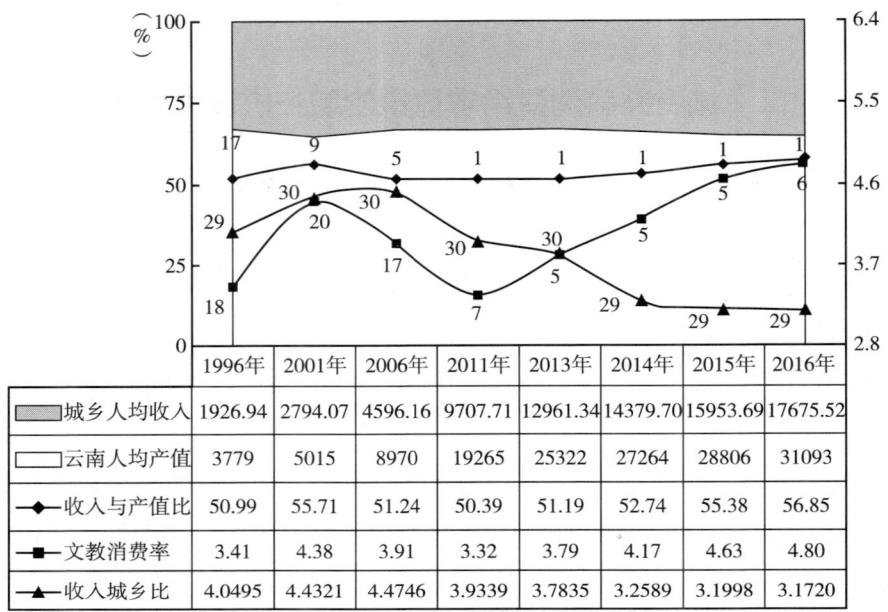

图2 云南城乡人均收入、产值绝对值及其比值和城乡比变动态势

左轴面积：城乡人均收入、产值（元转换为%），二者呈直观比例。左轴曲线：二者之比形成民生基础系数（%）。右轴曲线：文教消费率（%，与产值比），收入城乡比（乡村=1）。标明历年省域位次，同后。另需说明，近几年年鉴始发布2014年以来城乡人均值数据，但与总量数据之间存在演算误差，对应年鉴同时发布的产值人均值和总量分别演算文教消费率有出入，本报告恢复采用自行演算城乡人均值。

（二）民生消费系数检测

1996~2016年云南城乡人均非文消费、收入绝对值及其比值、城乡比变动态势见图3。图中将非文消费、居民收入绝对值转换为图形面积比例，二者历年之比形成民生消费系数变动曲线，同时附有文教消费比、非文消费城乡比变动曲线。

1996~2016年，云南城乡居民人均非文消费年均增长10.03%，人均收入年均增长11.72%，高于非文消费1.69个百分点。20年间，云南城乡居民非文消费占收入比的最高值为1996年的83.09%，最低（最佳）值为2013年的61.24%。逐年考察，除了2004年、2006年、2014~2015年出现

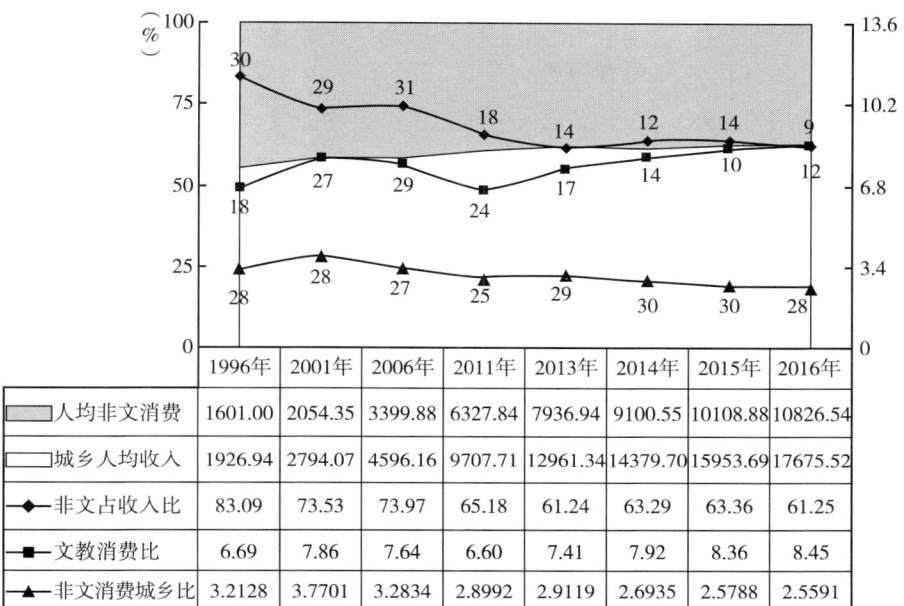

图3 云南城乡人均非文消费、收入绝对值及其比值和城乡比变动态势

左轴面积：城乡人均非文消费、收入（元转换为%），二者呈直观比例。左轴曲线：二者之比形成民生消费系数（%）。右轴曲线：文教消费比（%，占收入比），非文消费城乡比（乡村=1）。

回升以外，云南此项比值逐步下降，由1996年的83.09%降低至2016年的61.25%，前后年度分别处于省域间第30位和第9位。

图中另附云南居民文教消费比历年变化动态，可见收入增长带动文教消费增长的相关性态势，前后年度分别处于省域间第18位和第12位。

1996~2016年，云南乡村居民人均非文消费年均增长9.05%，城镇居民人均非文消费年均增长7.81%，低于乡村1.24个百分点。20年间，云南人均非文消费城乡比的最大值为2004年的4.2805，最小（最佳）值为2016年的2.5591。逐年考察，除了1997~2000年、2002~2004年、2008~2009年、2012年出现扩增以外，云南此项城乡比逐步缩减，由1996年的3.2128缩小至2016年的2.5591，前后年度分别处于省域间第28位和第28位。

由此推演出若干假定测算：①如果云南城乡居民非文消费占收入比保

持2013年最佳水平,那么2016年城乡人均非文消费应为10823.69元,取上一类最佳比值即现有值叠加测算,演算结果不变,收入与之差即非文消费剩余增至6851.83元;②云南2016年人均非文消费城乡比为最小值,在至此两项最佳比值基础上再实现最小城乡比,演算结果不变,收入与之差即非文消费剩余增至6851.83元;③如果进一步弥合城乡比实现均等,那么城乡人均非文消费应为16401.07元,收入与之差即非文消费剩余增至12209.50元。

(三)文化需求系数检测

1996~2016年云南城乡人均文教消费、非文消费剩余绝对值及其比值、城乡比变动态势见图4。图中将文教消费、非文消费剩余绝对值转换为图形面积比例,二者历年之比形成文化需求系数变动曲线,同时附有文教消费比重、文教消费城乡比变动曲线。

1996~2016年,云南城乡居民人均文教消费年均增长13.03%,人均非文消费剩余年均增长16.45%,高于文教消费3.42个百分点。20年间,云南城乡居民文教消费与非文消费剩余比的最高(最佳)值为1998年的42.42%,最低值为2012年的18.16%。逐年考察,除了1997~1998年、2000年、2002年、2005年、2010~2011年、2013~2015年出现回升以外,云南此项比值逐步下降,由1996年的39.56%降低至2016年的21.80%,前后年度分别处于省域间第5位和第18位。

图4中另附云南居民文教消费比重历年变化动态,可见总消费增长带动文教消费增长的相关性态势,前后年度分别处于省域间第25位和第8位。

1996~2016年,云南乡村居民人均文教消费年均增长13.34%,城镇居民人均文教消费年均增长9.45%,低于乡村3.89个百分点。20年间,云南人均文教消费城乡比的最大值为2013年的8.4820,最小(最佳)值为2016年的2.4099。逐年考察,除了1997年、2000年、2002年、2008~2011年、2013年出现扩增以外,云南此项城乡比逐步缩减,由1996年的4.8444缩小至2016年的2.4099,前后年度处于省域间第28位和第24位。

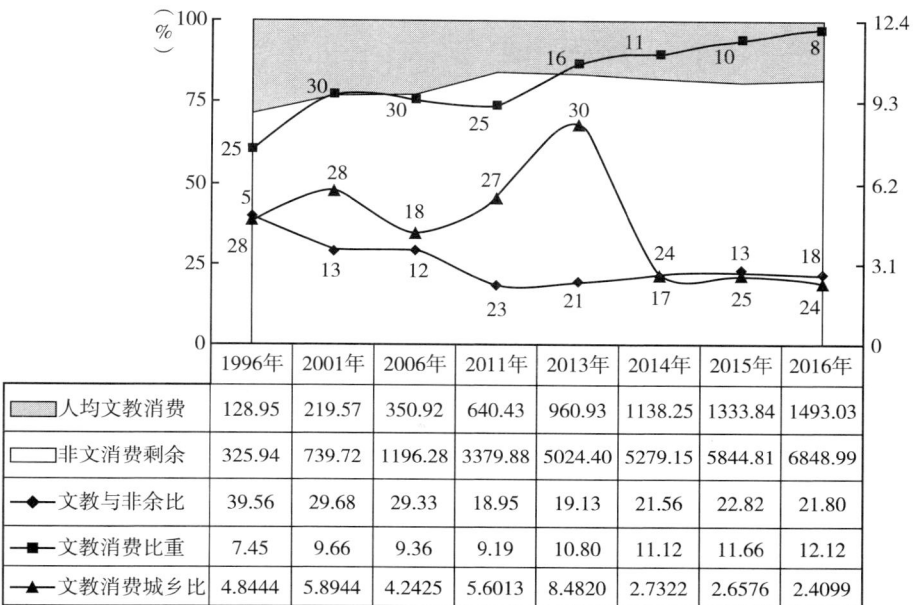

图4 云南城乡人均文教消费、非文消费剩余绝对值及其比值和城乡比变动态势

左轴面积：城乡人均文教消费、非文消费剩余（元转换为%），二者呈直观比例。左轴曲线：二者之比形成文化需求系数（%）。右轴曲线：文教消费比重（%，占总消费比），文教消费城乡比（乡村=1）。

由此推演出若干假定测算：①如果云南城乡文教消费与非文消费剩余比保持1998年最佳水平，那么2016年城乡人均文教消费应为2905.22元，总量可达1381.84亿元；②如果取至此三类最佳比值叠加测算，那么城乡人均文教消费应为2906.43元，总量可达1382.41亿元；③如果在三项最佳比值基础上再实现2016年人均文教消费最小城乡比，那么城乡人均文教消费应为2906.43元，总量可达1382.41亿元（因实现最小城乡比，测算值不变）；④如果进一步弥合城乡比实现均等，那么城乡人均文教消费应为4315.80元，总量可达2052.77亿元；⑤如果至此三类城乡比同时实现无差距理想，按云南城镇三类比值历年最佳值演算，那么城乡人均文教消费应为6943.05元，总量可达3302.39亿元。

三 文化需求增长目标暨文化产业发展空间测算

2016~2021年云南城乡人均文教消费需求增长测算见图5。

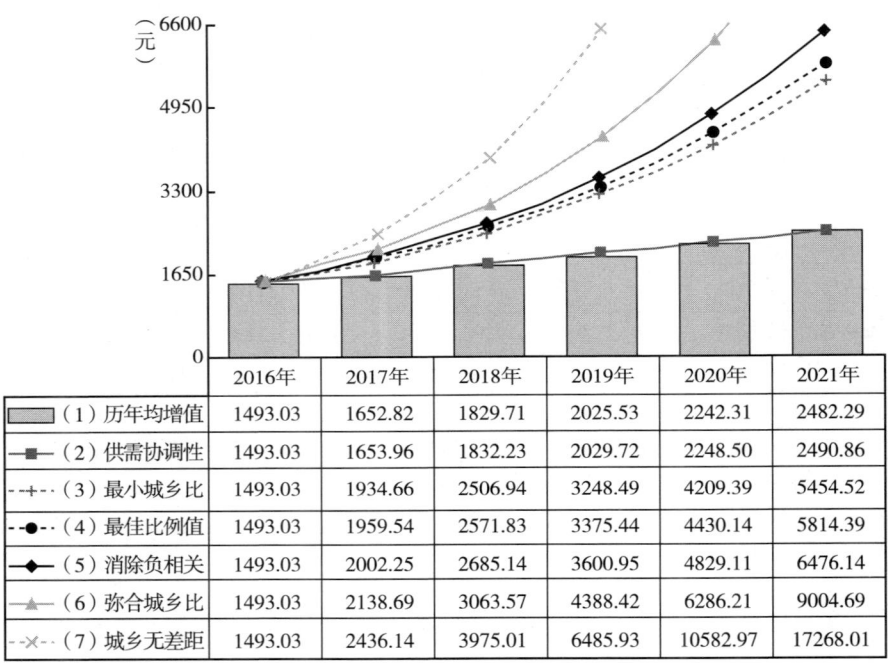

图5 2016~2021年云南城乡人均文教消费需求增长测算

作为背景因素，产值按1996~2016年实际年均增长率推算。2016年文教消费与产值比实际值4.80%，2020年测算值：（1）4.73%，（2）4.74%，（3）8.88%，（4）9.35%，（5）10.19%，（6）13.26%，（7）22.33%。2016~2020年人均文教消费年均增长：（1）10.70%（即1996~2016年实际值，以下为测算值），（2）10.78%，（3）29.58%，（4）31.25%，（5）34.11%，（6）43.25%，（7）63.17%。

若产值按年均增长率7%推算，则2020年文教消费（增量、增幅不变）与产值比：（1）5.50%，（5）11.85%。2020年文教消费人均值（与产值比不变）：（2）1933.62元，年增6.68%；（3）3619.90元，年增24.78%；（4）3809.74元，年增26.39%；（6）5405.88元，年增37.94%；（7）9100.92元，年增57.13%。

（1）历年均增值测算：如果2016~2020年云南城乡文教消费增长保持1996~2016年平均增长率10.70%（省域间实际增长第9位），那么到2020

年城乡人均文教消费将达到2242.31元。在相关各方面增长均依此推算的情况下，由于云南城乡文教消费与产值之比在1996~2016年呈现下降态势，至2020年文教消费增长与产值增长测算值之比将继续降低至4.73%。

（2）供需协调性测算：假设实现文化产业供需协调增长历年最佳关系，并达到"支柱性产业"所需与GDP之比。据此反推，到2020年云南城乡人均文教消费应达到2248.50元，年均增长率需达到10.78%，为以往20年实际年均增长率的1.01倍（省域间目标距离第5位）。

由于《文化及相关产业分类》国家标准2004年版仅具指导性，各地多有变通，2012年版方确定为指令性国家标准，多年缺少全国统一标准的各地文化产值数据，一概按全国数据演算。

（3）最小城乡比测算：如果到2020年云南城乡同时实现1996~2016年三项最佳比值和文教消费最小城乡比，那么城乡人均文教消费应达到4209.39元，与产值增长测算值之比将上升至8.88%，年均增长率需达到29.58%，为以往20年实际年均增长率的2.76倍（省域间目标距离第10位）。鉴于2016年云南文教消费城乡比成为历年最小城乡比，而城乡比缩减动态仍将继续（最佳比例值测算暗含这一动态），取2016年城乡比测算2020年数值反而略小于最佳比例值测算值。就此看来，弥合城乡比测算更为合理，当然难度也更大。

（4）最佳比例值测算：如果到2020年云南城乡三项比值同步实现1996~2016年最佳状态，那么城乡人均文教消费应达到4430.14元，与产值增长测算值之比将上升至9.35%，年均增长率需达到31.25%，为以往20年实际年均增长率的2.92倍（省域间目标距离第12位）。

（5）消除负相关测算：如果到2020年云南城乡此项比值实现1996~2016年最佳状态，那么城乡人均文教消费应达到4829.11元，与产值增长测算值之比将上升至10.19%，年均增长率需达到34.11%，为以往20年实际年均增长率的3.19倍（省域间目标距离第23位）。由于2016云南已出现最佳比值发生正面抵扣作用，这一单项比值测算的目标距离反而大于三项比值测算。

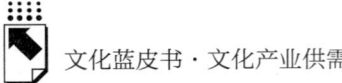

（6）弥合城乡比测算：如果到2020年云南城乡同时实现1996~2016年三项最佳比值和乡村人均文教消费绝对值与城镇水平持平，那么城乡人均文教消费应达到6286.21元，与产值增长测算值之比将上升至13.26%，年均增长率需达到43.25%，为以往20年实际年均增长率的4.04倍（省域间目标距离第14位）。

（7）城乡无差距测算：如果到2020年云南在此三个层面消除城乡差距，实现按城镇标准衡量的1996~2016年三项最佳比值，那么城乡人均文教消费应达到10582.97元，与产值增长测算值之比将上升至22.33%，年均增长率需达到63.17%，为以往20年实际年均增长率的5.90倍（省域间目标距离第16位）。

B.18
山东：最小城乡比增长目标测算第17位

徐何珊*

摘　要： 山东文教消费增长目标暨文化产业发展空间检测：1996～2016年历年均增值实际测算为第20位；2016～2020年供需协调性目标测算为第29位；消除负相关目标测算为第21位；最佳比例值目标测算为第17位；最小城乡比目标测算为第17位；弥合城乡比目标测算为第18位；城乡无差距目标测算为第23位。

关键词： 山东　文化产业　供需协调　增长测算

一　城乡文教消费需求及相关方面增长态势

1996～2016年山东城乡文教消费总量和人均值增长态势见图1。

1996～2016年，山东城乡文教消费总量由181.79亿元增至1798.57亿元，增加1616.78亿元，20年间总增长889.37%，年均增长12.14%。其中，第一个五年年均增长16.81%；第二个五年年均增长12.57%；第三个五年年均增长6.35%；第四个五年年均增长13.10%。

同期，山东城镇人均文教消费由377.95元增至2399.25元，增加

---

* 徐何珊，云南省社会科学院民族学研究所助理研究员，主要从事民族学、艺术人类学和影视人类学研究。

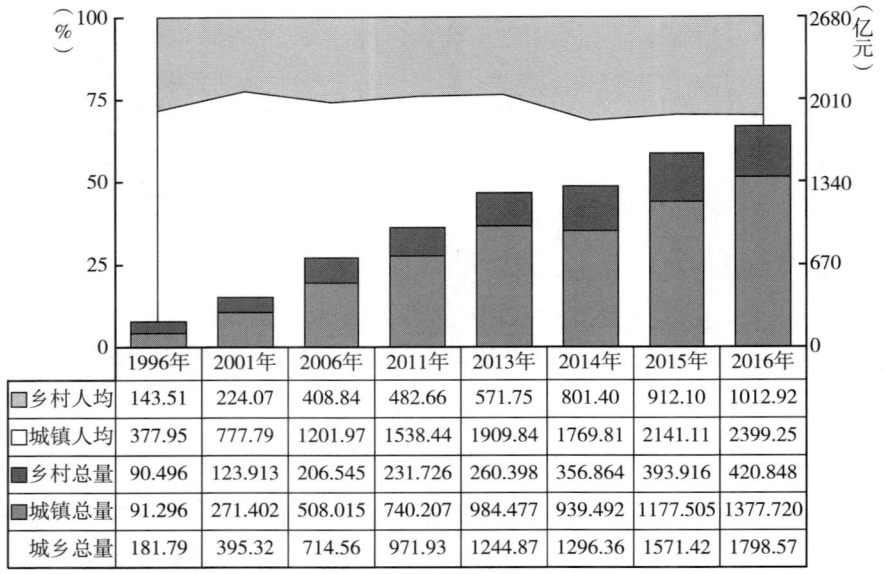

图1 山东城乡文教消费总量和人均值增长态势

左轴：城乡人均文教消费（元转换为%），城乡间呈直观比例。右轴柱形：文教消费总量（亿元），上下（取3位小数避免合计值小数误差）之和为城乡总量。图中前几个五年时段末年对接，文中描述增长变化包括省略年度，后同。

2021.30元，20年间总增长534.81%，年均增长9.68%。其中，第一个五年年均增长15.53%；第二个五年年均增长9.10%；第三个五年年均增长5.06%；第四个五年年均增长9.29%。

同时，乡村人均文教消费由143.51元增至1012.92元，增加869.41元，20年间总增长605.82%，年均增长10.26%。其中，第一个五年年均增长9.32%；第二个五年年均增长12.78%；第三个五年年均增长3.38%；第四个五年年均增长15.98%。

山东城镇人均值年均增长在第一个五年高于乡村6.21个百分点，城乡差距显著扩大；第二个五年低于乡村3.68个百分点，城乡差距转为明显缩小；第三个五年高于乡村1.68个百分点，城乡差距转为较明显扩大；第四个五年低于乡村6.69个百分点，城乡差距转为显著缩小。

二 城乡文教消费需求背景的增长协调性分析

（一）民生基础系数检测

1996～2016年山东城乡人均收入、产值绝对值及其比值、城乡比变动态势见图2。图中将居民收入、产值绝对值转换为图形面积比例，二者历年之比形成民生基础系数变动曲线，同时附有文教消费率、收入城乡比变动曲线。

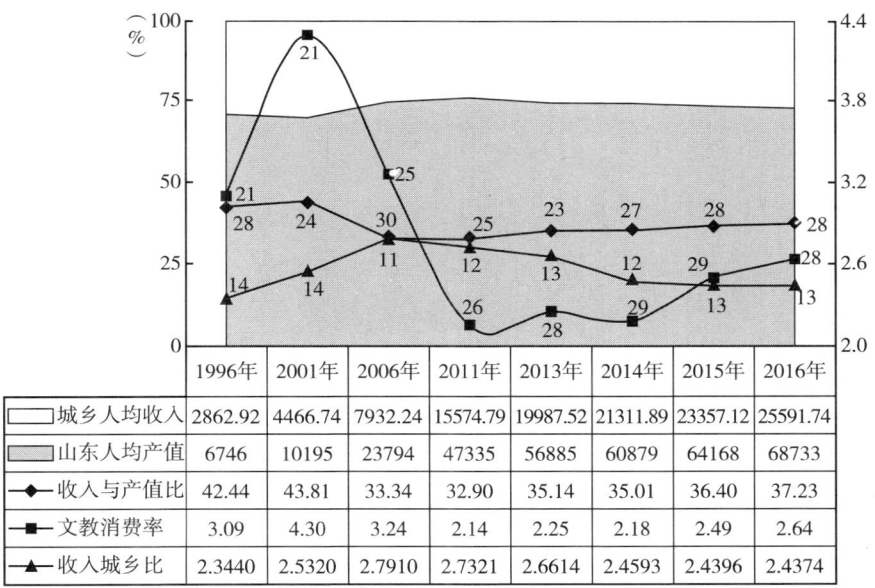

图 2　山东城乡人均收入、产值绝对值及其比值和城乡比变动态势

左轴面积：城乡人均收入、产值（元转换为%），二者呈直观比例。左轴曲线：二者之比形成民生基础系数（%）。右轴曲线：文教消费率（%，与产值比），收入城乡比（乡村=1）。标明历年省域位次，后同。另需说明，近几年年鉴始发布2014年以来城乡人均值数据，但与总量数据之间存在演算误差，对应年鉴同时发布的产值人均值和总量分别演算文教消费率有出入，本报告恢复采用自行演算城乡人均值。

1996～2016年，山东城乡居民人均收入年均增长11.57%，人均产值年均增长12.31%，高于居民收入0.74个百分点。20年间，山东城乡居民收入与产值比的最高（最佳）值为2001年的43.81%，最低值为2008年的32.26%。逐年考察，除了1996年、1998~2001年、2007年、2009年、2011~2013年、2015~2016年出现回升以外，山东此项比值逐步下降，由1996年的42.44%降低至2016年的37.23%，前后年度分别处于省域间第28位和第28位。

图2中另附山东居民文教消费率历年变化动态，可见产值增长带动文教消费增长的相关性态势，前后年度分别处于省域间第21位和第28位。

1996~2016年，山东乡村居民人均收入年均增长9.97%，城镇居民人均收入年均增长10.18%，高于乡村0.21个百分点。20年间，山东人均收入城乡比的最小（最佳）值为1998年的2.1934，最大值为2009年的2.9109。逐年考察，除了1996~1998年、2010~2016年出现缩减以外，山东此项城乡比逐步扩增，由1996年的2.3440扩大至2016年的2.4374，前后年度分别处于省域间第14位和第13位。

由此推演出若干假定测算：①如果山东城乡居民收入与产值比保持2001年最佳水平，那么2016年城乡人均收入应为30113.99元；②如果在最佳比值基础上再实现1998年人均收入最小城乡比，那么城乡人均收入应为30880.83元；③如果进一步弥合城乡比实现均等，那么城乡人均收入应为40022.27元。

（二）民生消费系数检测

1996~2016年山东城乡人均非文消费、收入绝对值及其比值、城乡比变动态势见图3。图中将非文消费、居民收入绝对值转换为图形面积比例，二者历年之比形成民生消费系数变动曲线，同时附有文教消费比、非文消费城乡比变动曲线。

1996~2016年，山东城乡居民人均非文消费年均增长10.38%，人均收入年均增长11.57%，高于非文消费1.19个百分点。20年间，山东城乡居民非文消费占收入比的最高值为1996年的70.94%，最低（最佳）值为2013年的56.39%。逐年考察，除了1999年、2006~2009年、2014年、

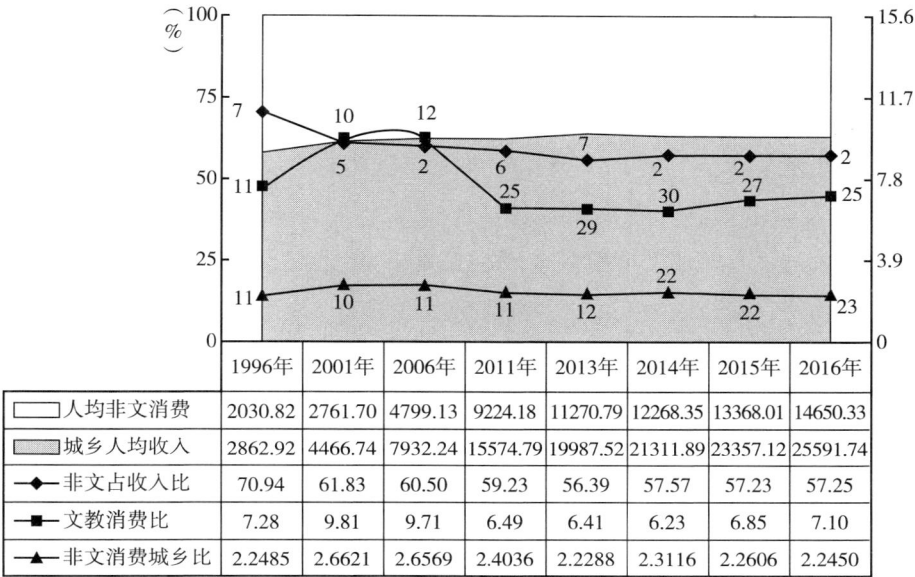

图3 山东城乡人均非文消费、收入绝对值及其比值和城乡比变动态势

左轴面积：城乡人均非文消费、收入（元转换为%），二者呈直观比例。左轴曲线：二者之比形成民生消费系数（%）。右轴曲线：文教消费比（%，占收入比），非文消费城乡比（乡村=1）。

2016年出现回升以外，山东此项比值逐步下降，由1996年的70.94%降低至2016年的57.25%，前后年度分别处于省域间第7位和第2位。

图3中另附山东居民文教消费比历年变化动态，可见收入增长带动文教消费增长的相关性态势，前后年度分别处于省域间第11位和第25位。

1996~2016年，山东乡村居民人均非文消费年均增长9.03%，城镇居民人均非文消费年均增长9.02%，低于乡村0.01个百分点。20年间，山东人均非文消费城乡比的最大值为2003年的2.7895，最小（最佳）值为2013年的2.2288。逐年考察，除了1997~2000年、2002~2003年、2008~2010年、2014年出现扩增以外，山东此项城乡比逐步缩减，由1996年的2.2485缩小至2016年的2.2450，前后年度分别处于省域间第11位和第23位。

由此推演出若干假定测算：①如果山东城乡居民非文消费占收入比保持2013年最佳水平，那么2016年城乡人均非文消费应为14430.96元，取上一类最佳比值叠加测算，城乡人均非文消费应为16981.01元，收入与之差即非文消费剩余增至13132.97元；②如果在至此两项最佳比值基础上再实现2013年人均非文消费最小城乡比，那么城乡人均非文消费应为17011.15元，收入与之差即非文消费剩余增至13869.68元；③如果进一步弥合城乡比实现均等，那么城乡人均非文消费应为22133.98元，收入与之差即非文消费剩余增至17888.29元。

（三）文化需求系数检测

1996~2016年山东城乡人均文教消费、非文消费剩余绝对值及其比值、城乡比变动态势见图4。图中将文教消费、非文消费剩余绝对值转换为图形面积比例，二者历年之比形成文化需求系数变动曲线，同时附有文教消费比重、文教消费城乡比变动曲线。

1996~2016年，山东城乡居民人均文教消费年均增长11.44%，人均非文消费剩余年均增长13.75%，高于文教消费2.31个百分点。20年间，山东城乡居民文教消费与非文消费剩余比的最高（最佳）值为2002年的27.62%，最低值为2012年的14.55%。逐年考察，除了1996年、1999~2000年、2002年、2006年、2013年、2015~2016年出现回升以外，山东此项比值逐步下降，由1996年的25.05%降低至2016年的16.61%，前后年度分别处于省域间第21位和第30位。

图4中另附山东居民文教消费比重历年变化动态，可见总消费增长带动文教消费增长的相关性态势，前后年度分别处于省域间第8位和第16位。

1996~2016年，山东乡村居民人均文教消费年均增长10.26%，城镇居民人均文教消费年均增长9.68%，低于乡村0.58个百分点。20年间，山东人均文教消费城乡比的最大值为2002年的3.6256，最小（最佳）值为2014年的2.2084。逐年考察，除了1996~1998年、2000~2002年、2004年、2006年、2008~2009年、2012~2013年、2015~2016年出现扩增以外，山

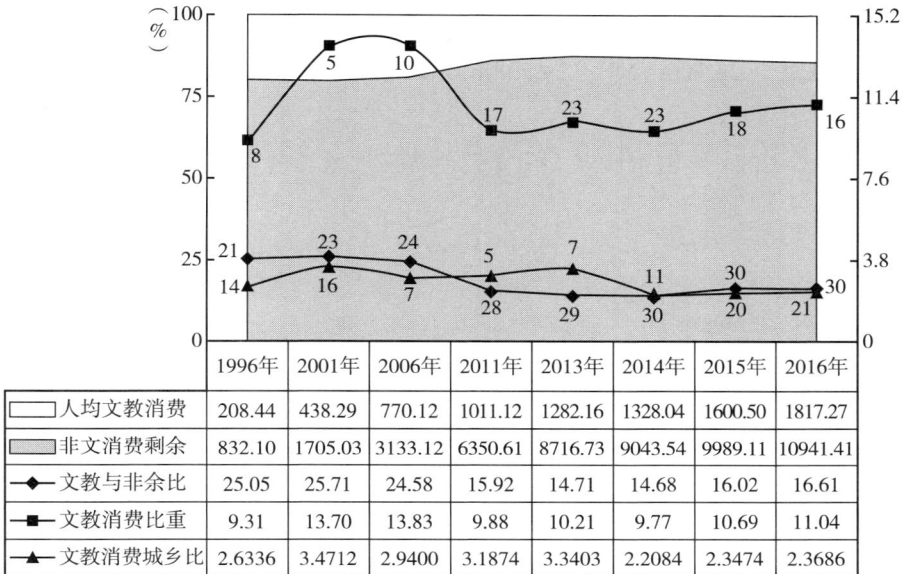

图 4　山东城乡人均文教消费、非文消费剩余绝对值及其比值和城乡比变动态势

左轴面积：城乡人均文教消费、非文消费剩余（元转换为%），二者呈直观比例。左轴曲线：二者之比形成文化需求系数（%）。右轴曲线：文教消费比重（%，占总消费比），文教消费城乡比（乡村=1）。

东此项城乡比逐步缩减，由 1996 年的 2.6336 缩小至 2016 年的 2.3686，前后年度分别处于省域间第 14 位和第 21 位。

由此推演出若干假定测算：①如果山东城乡文教消费与非文消费剩余比保持 2002 年最佳水平，那么 2016 年城乡人均文教消费应为 3022.47 元，总量可达 2991.37 亿元；②如果取至此三类最佳比值叠加测算，那么城乡人均文教消费应为 3627.88 元，总量可达 3590.54 亿元；③如果在三项最佳比值基础上再实现 2014 年人均文教消费最小城乡比，那么城乡人均文教消费应为 3689.48 元，总量可达 3651.50 亿元；④如果进一步弥合城乡比实现均等，那么城乡人均文教消费应为 4789.70 元，总量可达 4740.40 亿元；⑤如果至此三类城乡比同时实现无差距理想，按山东城镇三类比值历年最佳值演算，那么城乡人均文教消费应为 7523.49 元，总量可达 7446.05 亿元。

三 文化需求增长目标暨文化产业发展空间测算

2016~2021年山东城乡人均文教消费需求增长测算见图5。

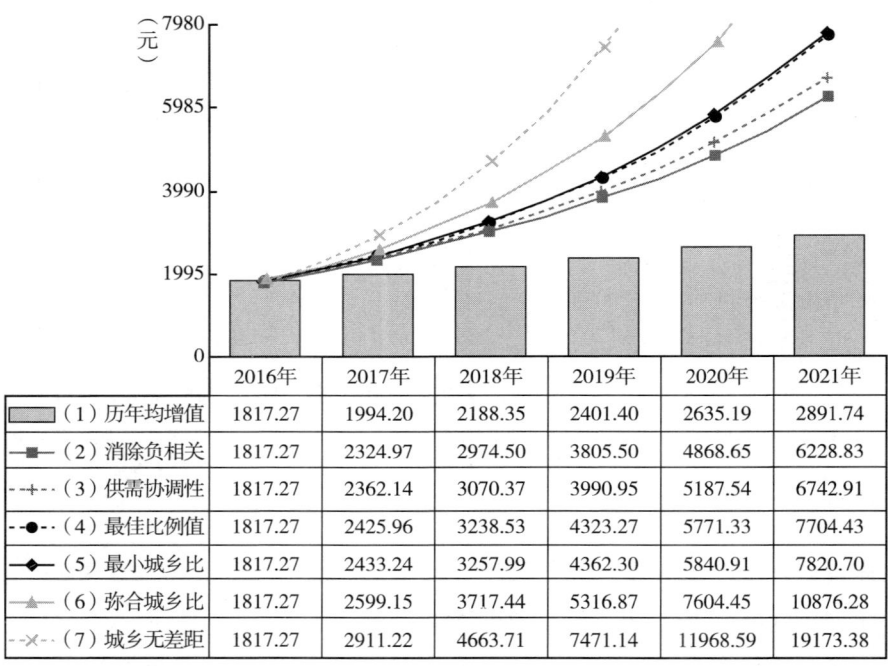

	2016年	2017年	2018年	2019年	2020年	2021年
（1）历年均增值	1817.27	1994.20	2188.35	2401.40	2635.19	2891.74
（2）消除负相关	1817.27	2324.97	2974.50	3805.50	4868.65	6228.83
（3）供需协调性	1817.27	2362.14	3070.37	3990.95	5187.54	6742.91
（4）最佳比例值	1817.27	2425.96	3238.53	4323.27	5771.33	7704.43
（5）最小城乡比	1817.27	2433.24	3257.99	4362.30	5840.91	7820.70
（6）弥合城乡比	1817.27	2599.15	3717.44	5316.87	7604.45	10876.28
（7）城乡无差距	1817.27	2911.22	4663.71	7471.14	11968.59	19173.38

图5 2016~2021年山东城乡人均文教消费需求增长测算

作为背景因素，产值按1996~2016年实际年均增长率推算。2016年文教消费与产值比实际值2.64%，2020年测算值：（1）2.41%，（2）4.45%，（3）4.74%，（4）5.28%，（5）5.34%，（6）6.95%，（7）10.95%。2016~2020年人均文教消费年均增长：（1）9.74%（即1996~2016年实际值，以下为测算值），（2）27.94%，（3）29.98%，（4）33.49%，（5）33.90%，（6）43.03%，（7）60.20%。

若产值按年均增长率7%推算，则2020年文教消费（增量、增幅不变）与产值比：（1）2.92%，（2）5.40%。2020年文教消费人均值（与产值比不变）：（3）4274.38元，年增23.84%；（4）4755.41元，年增27.19%；（5）4812.73元，年增27.57%；（6）6265.84元，年增36.27%；（7）9861.76元，年增52.63%。

（1）历年均增值测算：如果2016~2020年山东城乡文教消费增长保持1996~2016年平均增长率9.74%（省域间实际增长第20位），那么到2020

年城乡人均文教消费将达到2635.19元。在相关各方面增长均依此推算的情况下，由于山东城乡文教消费与产值之比在1996~2016年呈现下降态势，至2020年文教消费增长与产值增长测算值之比将继续降低至2.41%。

（2）消除负相关测算：如果到2020年山东城乡此项比值实现1996~2016年最佳状态，那么城乡人均文教消费应达到4868.65元，与产值增长测算值之比将上升至4.45%，年均增长率需达到27.94%，为以往20年实际年均增长率的2.87倍（省域间目标距离第21位）。

（3）供需协调性测算：假设实现文化产业供需协调增长历年最佳关系，并达到"支柱性产业"所需与GDP之比。据此反推，到2020年山东城乡人均文教消费应达到5187.54元，年均增长率需达到29.98%，为以往20年实际年均增长率的3.08倍（省域间目标距离第29位）。

由于《文化及相关产业分类》国家标准2004年版仅具指导性，各地多有变通，2012年版方确定为指令性国家标准，多年缺少全国统一标准的各地文化产值数据，一概按全国数据演算。

（4）最佳比例值测算：如果到2020年山东城乡三项比值同步实现1996~2016年最佳状态，那么城乡人均文教消费应达到5771.33元，与产值增长测算值之比将上升至5.28%，年均增长率需达到33.49%，为以往20年实际年均增长率的3.44倍（省域间目标距离第17位）。

（5）最小城乡比测算：如果到2020年山东城乡同时实现1996~2016年三项最佳比值和文教消费最小城乡比，那么城乡人均文教消费应达到5840.91元，与产值增长测算值之比将上升至5.34%，年均增长率需达到33.90%，为以往20年实际年均增长率的3.48倍（省域间目标距离第17位）。

（6）弥合城乡比测算：如果到2020年山东城乡同时实现1996~2016年三项最佳比值和乡村人均文教消费绝对值与城镇水平持平，那么城乡人均文教消费应达到7604.45元，与产值增长测算值之比将上升至6.95%，年均增长率需达到43.03%，为以往20年实际年均增长率的4.42倍（省域间目标距离第18位）。

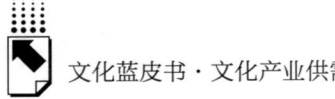

（7）城乡无差距测算：如果到2020年山东在此三个层面消除城乡差距，实现按城镇标准衡量的1996~2016年三项最佳比值，那么城乡人均文教消费应达到11968.59元，与产值增长测算值之比将上升至10.95%，年均增长率需达到60.20%，为以往20年实际年均增长率的6.18倍（省域间目标距离第23位）。

B.19
新疆：最佳比例值增长目标测算第7位

杜 娟*

摘 要： 新疆文教消费增长目标暨文化产业发展空间检测：1996～2016年历年均增值实际测算为第19位；2016～2020年供需协调性目标测算为第11位；消除负相关目标测算为第16位；最佳比例值目标测算为第7位；最小城乡比目标测算为第9位；弥合城乡比目标测算为第13位；城乡无差距目标测算为第13位。

关键词： 新疆 文化产业 供需协调 增长测算

一 城乡文教消费需求及相关方面增长态势

1996～2016年新疆城乡文教消费总量和人均值增长态势见图1。

1996～2016年，新疆城乡文教消费总量由28.20亿元增至362.40亿元，增加334.20亿元，20年间总增长1185.11%，年均增长13.62%。其中，第一个五年年均增长13.19%；第二个五年年均增长9.48%；第三个五年年均增长10.03%；第四个五年年均增长22.22%。

同期，新疆城镇人均文教消费由323.24元增至2404.95元，增加

---

* 杜娟，云南省社会科学院国际学术交流中心助理研究员，主要从事语言学、文化交流研究。

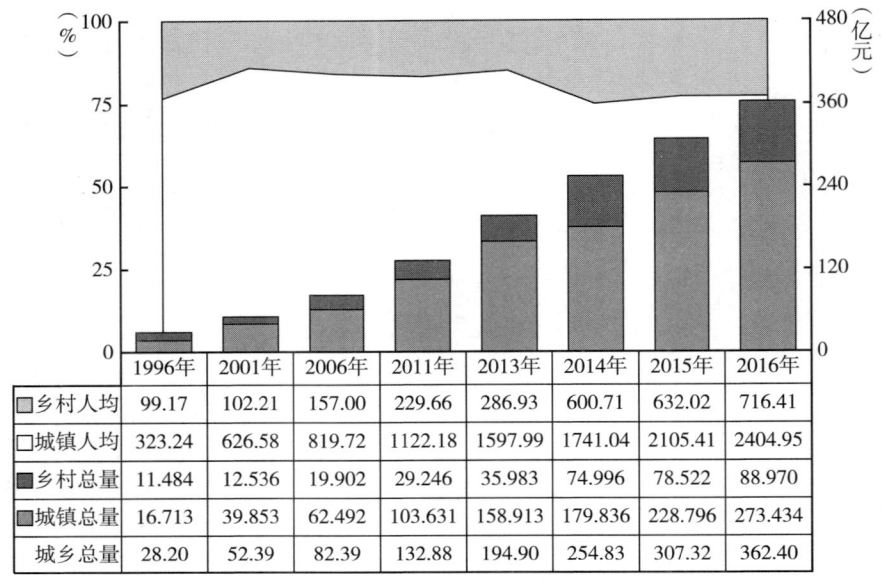

图1 新疆城乡文教消费总量和人均值增长态势

左轴：城乡人均文教消费（元转换为%），城乡间呈直观比例。右轴柱形：文教消费总量（亿元），上下（取3位小数避免合计值小数误差）之和为城乡总量。图中前几个五年时段末年对接，报告描述增长变化包括省略年度，后同。

2081.71元，20年间总增长644.01%，年均增长10.56%。其中，第一个五年年均增长14.15%；第二个五年年均增长5.52%；第三个五年年均增长6.48%；第四个五年年均增长16.47%。

同时，乡村人均文教消费由99.17元增至716.41元，增加617.24元，20年间总增长622.41%，年均增长10.39%。其中，第一个五年年均增长0.61%；第二个五年年均增长8.96%；第三个五年年均增长7.90%；第四个五年年均增长25.55%。

新疆城镇人均值年均增长在第一个五年高于乡村13.54个百分点，城乡差距极显著扩大；第二个五年低于乡村3.44个百分点，城乡差距转为明显缩小；第三个五年低于乡村1.42个百分点，城乡差距持续较明显缩小；第四个五年低于乡村9.08个百分点，城乡差距持续显著缩小。

二 城乡文教消费需求背景的增长协调性分析

(一)民生基础系数检测

1996~2016年新疆城乡人均收入、产值绝对值及其比值、城乡比变动态势见图2。图中将居民收入、产值绝对值转换为图形面积比例,二者历年之比形成民生基础系数变动曲线,同时附有文教消费率、收入城乡比变动曲线。

1996~2016年,新疆城乡居民人均收入年均增长11.05%,人均产值年均增长10.92%,低于居民收入0.13个百分点。20年间,新疆城乡居民收入与产值比的最低值为2011年的32.16%,最高(最佳)值为2016年的46.64%。逐年考察,除了1997~2000年、2003~2006年、2008年、2010~2011年出现回降以外,新疆此项比值逐步上升,由1996年的45.61%提高至2016年的46.64%,前后年度分别处于省域间第23位和第14位。

图2中另附新疆居民文教消费率历年变化动态,可见产值增长带动文教消费增长的相关性态势,前后年度处于省域间第20位和第11位。

1996~2016年,新疆乡村居民人均收入年均增长10.88%,城镇居民人均收入年均增长9.48%,低于乡村1.40个百分点。20年间,新疆人均收入城乡比的最大值为2001年的3.7388,最小(最佳)值为2014年的2.6610。逐年考察,除了1999年、2001年、2006年、2008年、2015~2016年出现扩增以外,新疆此项城乡比逐步缩减,由1996年的3.6045缩小至2016年的2.7951,前后年度处于省域间第28位和第24位。

由此推演出若干假定测算:①新疆城乡2016年居民收入与产值比为最佳值,演算结果不变;②如果在最佳比值基础上再实现2014年人均收入最小城乡比,那么城乡人均收入应为19188.14元;③如果进一步弥合城乡比实现均等,那么城乡人均收入应为28463.43元。

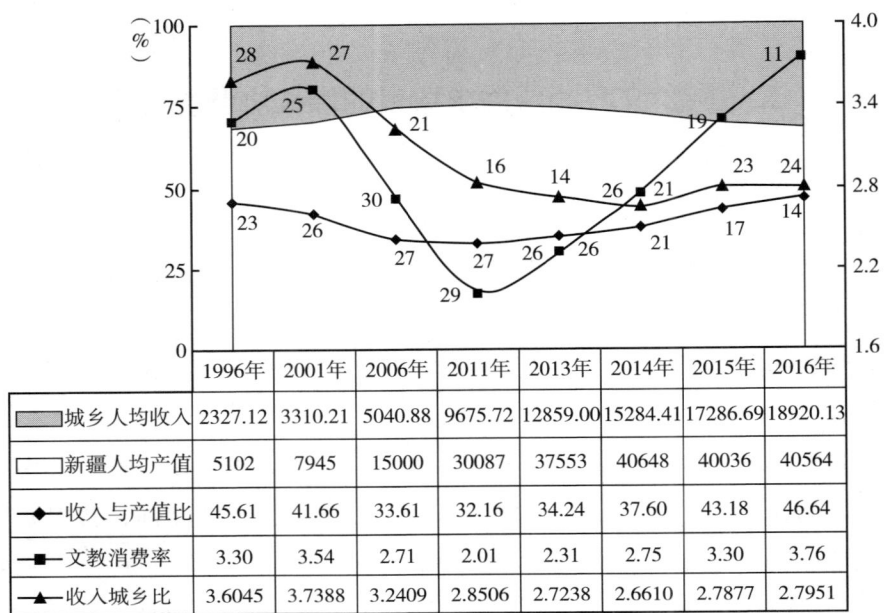

图2　新疆城乡人均收入、产值绝对值及其比值和城乡比变动态势

左轴面积：城乡人均收入、产值（元转换为%），二者呈直观比例。左轴曲线：二者之比形成民生基础系数（%）。右轴曲线：文教消费率（%，与产值比），收入城乡比（乡村=1）。标明历年省域位次，后同。另需说明，近几年年鉴始发布2014年以来城乡人均值数据，但与总量数据之间存在演算误差，对应年鉴同时发布的产值人均值和总量分别演算文教消费率有出入，本报告恢复采用自行演算城乡人均值。

（二）民生消费系数检测

1996～2016年新疆城乡人均非文消费、收入绝对值及其比值、城乡比变动态势见图3。图中将非文消费、居民收入绝对值转换为图形面积比例，二者历年之比形成民生消费系数变动曲线，同时附有文教消费比、非文消费城乡比变动曲线。

图3中另附新疆居民文教消费比历年变化动态，可见收入增长带动文教消费增长的相关性态势，前后年度分别处于省域间第13位和第14位。

1996～2016年，新疆乡村居民人均非文消费年均增长9.43%，城镇居民人均非文消费年均增长9.38%，低于乡村0.05个百分点。20年间，新疆

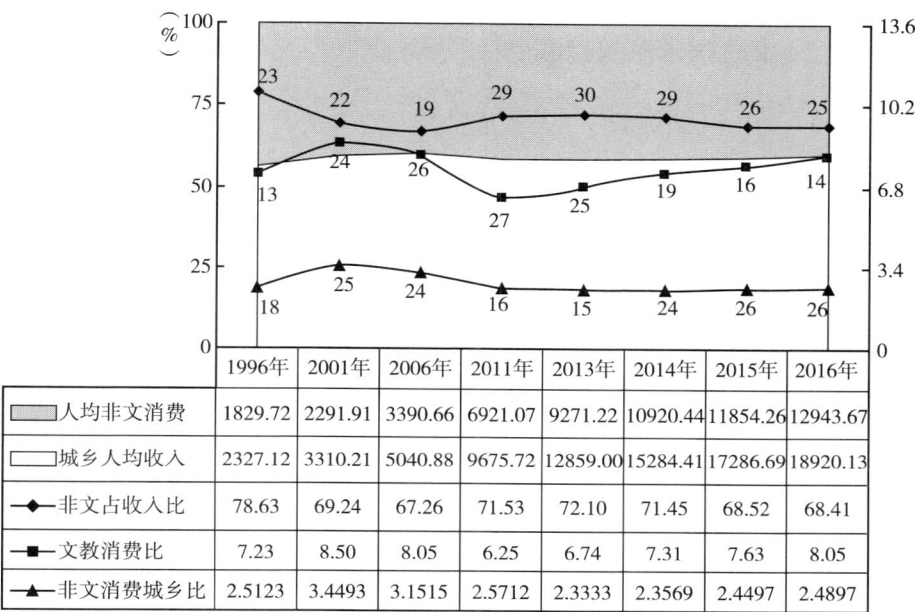

图3 新疆城乡人均非文消费、收入绝对值及其比值和城乡比变动态势

左轴面积：城乡人均非文消费、收入（元转换为%），二者呈直观比例。左轴曲线：二者之比形成民生消费系数（%）。右轴曲线：文教消费比（%，占收入比），非文消费城乡比（乡村=1）。

人均非文消费城乡比的最大值为2002年的3.6416，最小（最佳）值为2013年的2.3333。逐年考察，除了1997年、1999~2002年、2006~2007年、2014~2016年出现扩增以外，新疆此项城乡比逐步缩减，由1996年的2.5123缩小至2016年的2.4897，前后年度处于省域间第18位和第26位。

由此推演出若干假定测算：①如果新疆城乡居民非文消费占收入比保持2003年最佳水平，那么2016年城乡人均非文消费应为12368.57元，取上一类最佳比值即现有值叠加测算，演算结果不变，收入与之差即非文消费剩余增至6551.56元；②如果在至此两项最佳比值基础上再实现2013年人均非文消费最小城乡比，那么城乡人均非文消费应为12621.36元，收入与之差即非文消费剩余增至6566.78元；③如果进一步弥合城乡比实现均等，那么城乡人均非文消费应为17987.21元，收入与之差即非文消费剩余增至10476.22元。

（三）文化需求系数检测

1996~2016年新疆城乡人均文教消费、非文消费剩余绝对值及其比值、城乡比变动态势见图4。图中将文教消费、非文消费剩余绝对值转换为图形面积比例，二者历年之比形成文化需求系数变动曲线，同时附有文教消费比重、文教消费城乡比变动曲线。

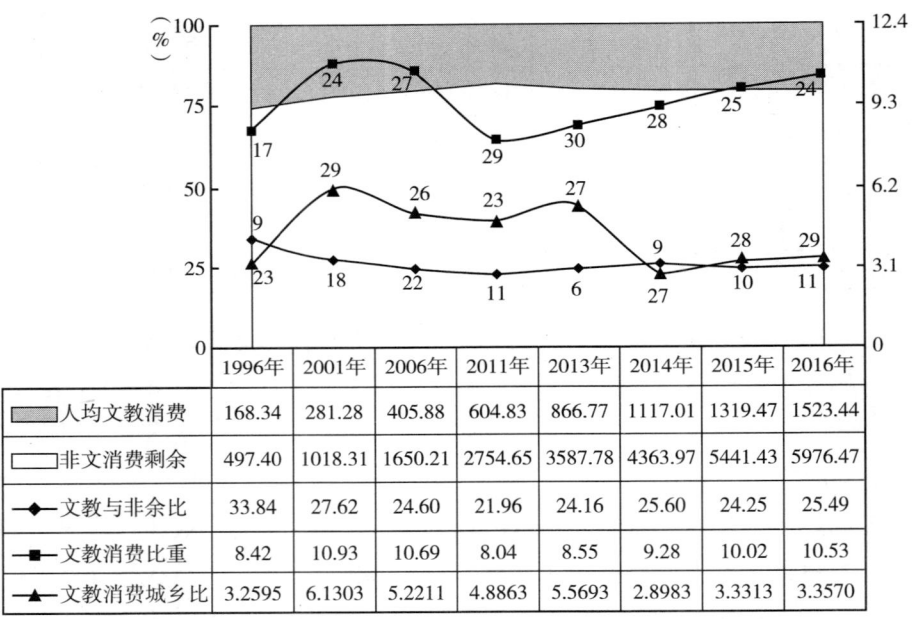

图4 新疆城乡人均文教消费、非文消费剩余绝对值及其比值和城乡比变动态势

左轴面积：城乡人均文教消费、非文消费剩余（元转换为%），二者呈直观比例。左轴曲线：二者之比形成文化需求系数（%）。右轴曲线：文教消费比重（%，占总消费比），文教消费城乡比（乡村=1）。

1996~2016年，新疆城乡居民人均文教消费年均增长11.64%，人均非文消费剩余年均增长13.24%，高于文教消费1.60个百分点。20年间，新疆城乡居民文教消费与非文消费剩余比的最高（最佳）值为1997年的35.71%，最低值为2010年的19.54%。逐年考察，除了1996~1997年、

1999年、2002年、2004年、2011~2014年、2016年出现回升以外,新疆此项比值逐步下降,由1996年的33.84%降低至2016年的25.49%,前后年度分别处于省域间第9位和第11位。

图4中另附新疆居民文教消费比重历年变化动态,可见总消费增长带动文教消费增长的相关性态势,前后年度处于省域间第17位和第24位。

1996~2016年,新疆乡村居民人均文教消费年均增长10.39%,城镇居民人均文教消费年均增长10.56%,高于乡村0.17个百分点。20年间,新疆人均文教消费城乡比的最小(最佳)值为2014年的2.8983,最大值为2002年的8.3223。逐年考察,除了1996年、1998年、2003~2005年、2008年、2011年、2014年出现缩减以外,新疆此项城乡比逐步扩增,由1996年的3.2595扩大至2016年的3.3570,前后年度分别处于省域间第23位和第29位。

由此推演出若干假定测算:①如果新疆城乡文教消费与非文消费剩余比保持1997年最佳水平,那么2016年城乡人均文教消费应为2134.07元,总量可达507.67亿元;②如果取至此三类最佳比值叠加测算,那么城乡人均文教消费应为2339.42元,总量可达556.52亿元;③如果在三项最佳比值基础上再实现2014年人均文教消费最小城乡比,那么城乡人均文教消费应为2430.31元,总量可达578.14亿元;④如果进一步弥合城乡比实现均等,那么城乡人均文教消费应为3693.09元,总量可达878.54亿元;⑤如果至此三类城乡比同时实现无差距理想,按新疆城镇三类比值历年最佳值演算,那么城乡人均文教消费应为5292.26元,总量可达1258.96亿元。

三 文化需求增长目标暨文化产业发展空间测算

2016~2021年新疆城乡人均文教消费需求增长测算见图5。

(1)历年均增值测算:如果2016~2020年新疆城乡文教消费增长保持1996~2016年平均增长率10.89%(省域间实际增长第19位),那么到2020年城乡人均文教消费将达到2303.77元。在相关各方面增长均依此推

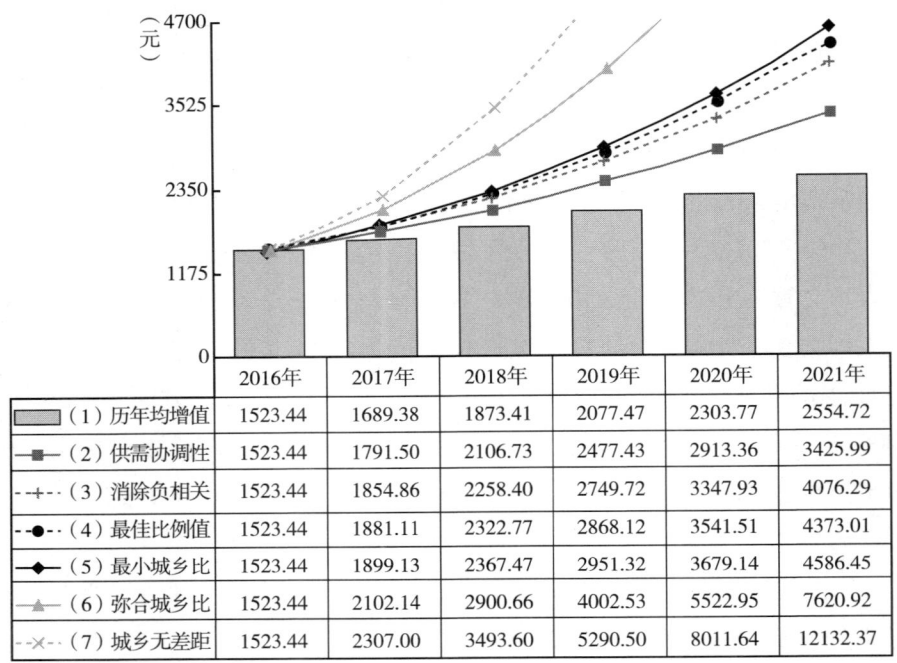

图5　2016～2021年新疆城乡人均文教消费需求增长测算

作为背景因素,产值按1996～2016年实际年均增长率推算。2016年文教消费与产值比实际值3.76%,2020年测算值:(1)3.75%,(2)4.74%,(3)5.45%,(4)5.77%,(5)5.99%,(6)8.99%,(7)13.05%。2016～2020年人均文教消费年均增长:(1)10.89%(即1996～2016年实际值,以下为测算值),(2)17.60%,(3)21.76%,(4)23.48%,(5)24.66%,(6)37.99%,(7)51.43%。

若产值按年均增长率7%推算,则2020年文教消费(增量、增幅不变)与产值比:(1)4.33%,(3)6.30%。2020年文教消费人均值(与产值比不变):(2)2522.60元,年增13.44%;(4)3066.51元,年增19.11%;(5)3185.68元,年增20.25%;(6)4782.18元,年增33.11%;(7)6937.07元,年增46.08%。

算的情况下,由于新疆城乡文教消费与产值之比在1996～2016年呈现下降态势,至2020年文教消费增长与产值增长测算值之比将继续降低至3.75%。

(2)供需协调性测算:假设实现文化产业供需协调增长历年最佳关系,并达到"支柱性产业"所需与GDP之比。据此反推,到2020年新疆城乡人均文教消费应达到2913.36元,年均增长率需达到17.60%,为以往20年实际年均增长率的1.62倍（省域间目标距离第11位）。

由于《文化及相关产业分类》国家标准2004年版仅具指导性，各地多有变通，2012年版方确定为指令性国家标准，多年缺少全国统一标准的各地文化产值数据，一概按全国数据演算。

（3）消除负相关测算：如果到2020年新疆城乡此项比值实现1996~2016年最佳状态，那么城乡人均文教消费应达到3347.93元，与产值增长测算值之比将上升至5.45%，年均增长率需达到21.76%，为以往20年实际年均增长率的2.00倍（省域间目标距离第16位）。

（4）最佳比例值测算：如果到2020年新疆城乡三项比值同步实现1996~2016年最佳状态，那么城乡人均文教消费应达到3541.51元，与产值增长测算值之比将上升至5.77%，年均增长率需达到23.48%，为以往20年实际年均增长率的2.16倍（省域间目标距离第7位）。

（5）最小城乡比测算：如果到2020年新疆城乡同时实现1996~2016年三项最佳比值和文教消费最小城乡比，那么城乡人均文教消费应达到3679.14元，与产值增长测算值之比将上升至5.99%，年均增长率需达到24.66%，为以往20年实际年均增长率的2.26倍（省域间目标距离第9位）。

（6）弥合城乡比测算：如果到2020年新疆城乡同时实现1996~2016年三项最佳比值和乡村人均文教消费绝对值与城镇水平持平，那么城乡人均文教消费应达到5522.95元，与产值增长测算值之比将上升至8.99%，年均增长率需达到37.99%，为以往20年实际年均增长率的3.49倍（省域间目标距离第13位）。

（7）城乡无差距测算：如果到2020年新疆在此三个层面消除城乡差距，实现按城镇标准衡量的1996~2016年三项最佳比值，那么城乡人均文教消费应达到8011.64元，与产值增长测算值之比将上升至13.05%，年均增长率需达到51.43%，为以往20年实际年均增长率的4.72倍（省域间目标距离第13位）。

B.20
安徽：最佳比例值增长目标测算第10位

李 月*

摘 要： 安徽文教消费增长目标暨文化产业发展空间检测：1996～2016年历年均增值实际测算为第12位；2016～2020年供需协调性目标测算为第10位；消除负相关目标测算为第13位；最佳比例值目标测算为第10位；最小城乡比目标测算为第11位；弥合城乡比目标测算为第11位；城乡无差距目标测算为第22位。

关键词： 安徽 文化产业 供需协调 增长测算

一 城乡文教消费需求及相关方面增长态势

1996～2016年安徽城乡文教消费总量和人均值增长态势见图1。

1996～2016年，安徽城乡文教消费总量由91.89亿元增至991.63亿元，增加899.74亿元，20年间总增长979.15%，年均增长12.63%。其中，第一个五年年均增长13.51%；第二个五年年均增长12.07%；第三个五年年均增长12.67%；第四个五年年均增长12.27%。

同期，安徽城镇人均文教消费由302.37元增至2233.35元，增加

---

* 李月，云南省社会科学院信息中心助理研究员，主要从事行政管理相关研究。

安徽：最佳比例值增长目标测算第10位

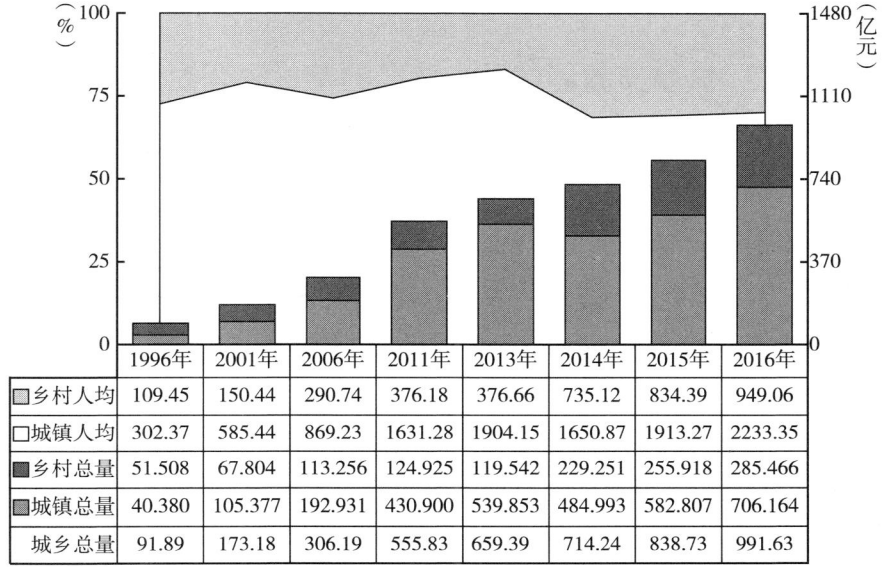

图1　安徽城乡文教消费总量和人均值增长态势

左轴：城乡人均文教消费（元转换为%），城乡间呈直观比例。右轴柱形：文教消费总量（亿元），上下（取3位小数避免合计值小数误差）之和为城乡总量。图中前几个五年时段末年对接，报告中描述增长变化包括省略年度，后同。

1930.98元，20年间总增长638.61%，年均增长10.51%。其中，第一个五年年均增长14.13%；第二个五年年均增长8.23%；第三个五年年均增长13.42%；第四个五年年均增长6.48%。

同时，乡村人均文教消费由109.45元增至949.06元，增加839.61元，20年间总增长767.12%，年均增长11.40%。其中，第一个五年年均增长6.57%；第二个五年年均增长14.08%；第三个五年年均增长5.29%；第四个五年年均增长20.33%。

安徽城镇人均值年均增长在第一个五年高于乡村7.56个百分点，城乡差距显著扩大；第二个五年低于乡村5.85个百分点，城乡差距转为明显缩小；第三个五年高于乡村8.13个百分点，城乡差距转为显著扩大；第四个五年低于乡村13.85个百分点，城乡差距转为极显著缩小。

二 城乡文教消费需求背景的增长协调性分析

（一）民生基础系数检测

1996～2016年安徽城乡人均收入、产值绝对值及其比值、城乡比变动态势见图2。图中将居民收入、产值绝对值转换为图形面积比例，二者历年之比形成民生基础系数变动曲线，同时附有文教消费率、收入城乡比变动曲线。

1996～2016年，安徽城乡居民人均收入年均增长11.72%，人均产值年均增长12.85%，高于居民收入1.13个百分点。20年间，安徽城乡居民收入与产值比的最高（最佳）值为1996年的63.84%，最低值为2011年的45.65%。逐年考察，除了1996年、2006～2007年、2012～2015年出现回升以外，安徽此项比值逐步下降，由1996年的63.84%降低至2016年的52.21%，前后年度分别处于省域间第6位和第4位。

图2另附安徽居民文教消费率历年变化动态，可见产值增长带动文教消费增长的相关性态势，前后年度分别处于省域间第9位和第8位。

1996～2016年，安徽乡村居民人均收入年均增长10.44%，城镇居民人均收入年均增长9.78%，低于乡村0.66个百分点。20年间，安徽人均收入城乡比的最大值为2006年的3.2909，最小（最佳）值为2016年的2.4876。逐年考察，除了1998～2003年、2005～2006年、2009年出现扩增以外，安徽此项城乡比逐步缩减，由1996年的2.8069缩小至2016年的2.4876，前后年度分别处于省域间第19位和第14位。

由此推演出若干假定测算：①如果安徽城乡居民收入与产值比保持1996年最佳水平，那么2016年城乡人均收入应为25257.35元；②安徽2016年人均收入城乡比为最小值，在最佳比值基础上再实现最小城乡比，演算结果不变；③如果进一步弥合城乡比实现均等，那么城乡人均收入应为35651.05元。

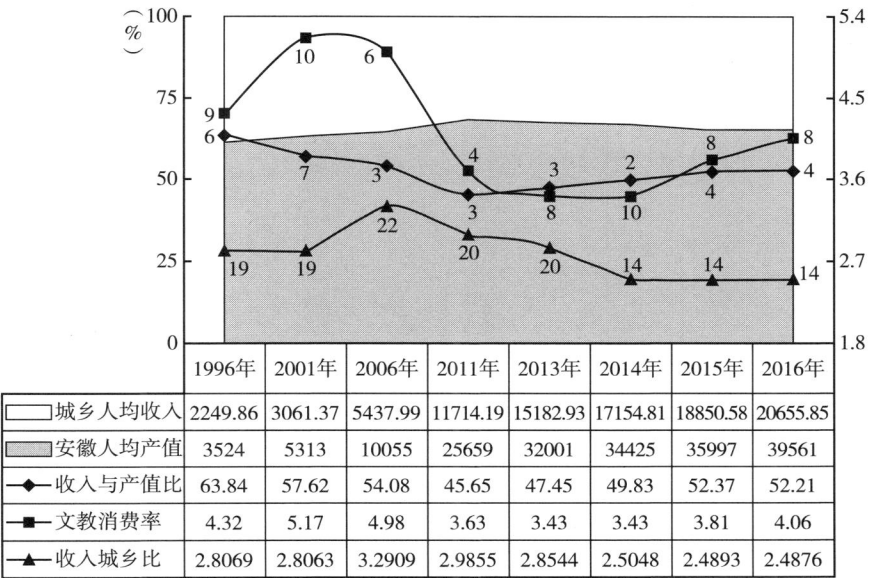

图 2　安徽城乡人均收入、产值绝对值及其比值和城乡比变动态势

左轴面积：城乡人均收入、产值（元转换为%），二者呈直观比例。左轴曲线：二者之比形成民生基础系数（%）。右轴曲线：文教消费率（%，与产值比），收入城乡比（乡村=1）。标明历年省域位次，后同。另需说明，近几年年鉴始发布2014年以来城乡人均值数据，但与总量数据之间存在演算误差，对应年鉴同时发布的产值人均值和总量分别演算文教消费率有出入，本报告恢复采用自行演算城乡人均值。

（二）民生消费系数检测

1996~2016年安徽城乡人均非文消费、收入绝对值及其比值、城乡比变动态势见图3。图中将非文消费、居民收入绝对值转换为图形面积比例，二者历年之比形成民生消费系数变动曲线，同时附有文教消费比、非文消费城乡比变动曲线。

1996~2016年，安徽城乡居民人均非文消费年均增长11.01%，人均收入年均增长11.72%，高于非文消费0.71个百分点。20年间，安徽城乡居民非文消费占收入比的最高值为1996年的74.01%，最低（最佳）值为2015年的62.16%。逐年考察，除了2000~2002年、2005年、

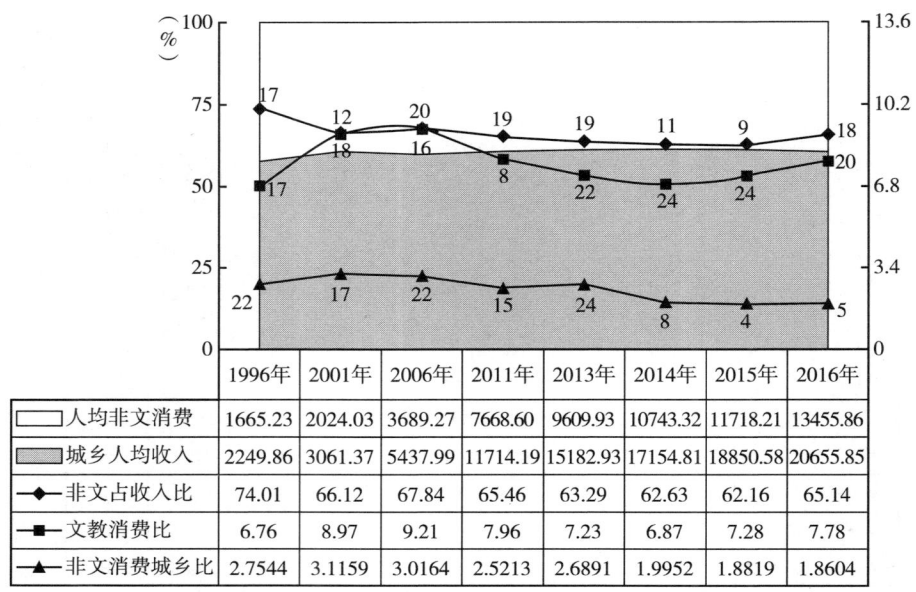

图3 安徽城乡人均非文消费、收入绝对值及其比值和城乡比变动态势

左轴面积：城乡人均非文消费、收入（元转换为%），二者呈直观比例。左轴曲线：二者之比形成民生消费系数（%）。右轴曲线：文教消费比（%，占收入比），非文消费城乡比（乡村=1）。

2008~2009年、2011年、2016年出现回升以外，安徽此项比值逐步下降，由1996年的74.01%降低至2016年的65.14%，前后年度分别处于省域间第16位和第20位。

图3另附安徽居民文教消费比历年变化动态，可见收入增长带动文教消费增长的相关性态势，前后年度分别处于省域间第17位和第20位。

1996~2016年，安徽乡村居民人均非文消费年均增长10.80%，城镇居民人均非文消费年均增长8.65%，低于乡村2.15个百分点。20年间，安徽人均非文消费城乡比的最大值为2002年的3.2331，最小（最佳）值为2016年的1.8604。逐年考察，除了1997~2000年、2002年、2006年、2010年、2012~2013年出现扩增以外，安徽此项城乡比逐步缩减，由1996年的2.7544缩小至2016年的1.8604，前后年度处于省域间第22位和第5位。

由此推演出若干假定测算：①如果安徽城乡居民非文消费占收入比保持

2015年最佳水平，那么2016年城乡人均非文消费应为12840.44元，取上一类最佳比值叠加测算，城乡人均非文消费应为15700.89元，收入与之差即非文消费剩余增至9556.45元；②安徽2016年人均非文消费城乡比为最小值，在至此两项最佳比值基础上再实现最小城乡比，演算结果不变，收入与之差即非文消费剩余增至9556.45元；③如果进一步弥合城乡比实现均等，那么城乡人均非文消费应为20271.48元，收入与之差即非文消费剩余增至15379.58元。

（三）文化需求系数检测

1996~2016年安徽城乡人均文教消费、非文消费剩余绝对值及其比值、城乡比变动态势见图4。图中将文教消费、非文消费剩余绝对值转换为图形面积比例，二者历年之比形成文化需求系数变动曲线，同时附有文教消费比重、文教消费城乡比变动曲线。

1996~2016年，安徽城乡居民人均文教消费年均增长12.51%，人均非文消费剩余年均增长13.38%，高于文教消费0.87个百分点。20年间，安徽城乡居民文教消费与非文消费剩余比的最高（最佳）值为2006年的28.63%，最低值为2014年的18.39%。逐年考察，除了1998年、2000~2001年、2003年、2005~2006年、2012年、2015~2016年出现回升以外，安徽此项比值逐步下降，由1996年的26.02%降低至2016年的22.32%，前后年度分别处于省域间第17位和第17位。

图4中另附安徽居民文教消费比重历年变化动态，可见总消费增长带动文教消费增长的相关性态势，前后年度分别处于省域间第19位和第22位。

1996~2016年，安徽乡村居民人均文教消费年均增长11.40%，城镇居民人均文教消费年均增长10.51%，低于乡村0.89个百分点。20年间，安徽人均文教消费城乡比的最大值为2013年的5.0554，最小（最佳）值为2014年的2.2457。逐年考察，除了1997~1999年、2001年、2004年、2006~2007年、2010~2013年、2015~2016年出现扩增以外，安徽此项城乡比逐步缩减，由1996年的2.7626缩小至2016年的2.3532，前后年度分

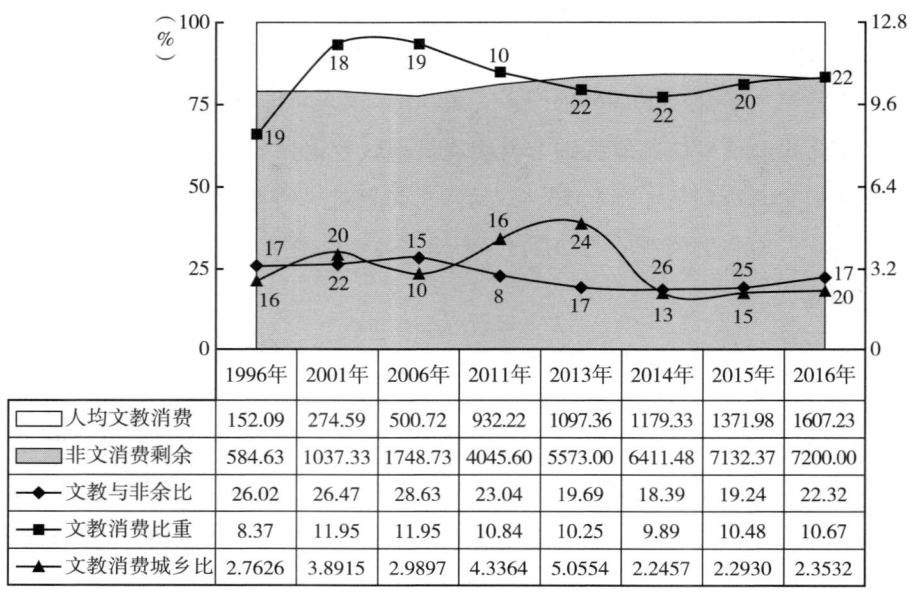

图4 安徽城乡人均文教消费、非文消费剩余绝对值及其比值和城乡比变动态势

左轴面积：城乡人均文教消费、非文消费剩余（元转换为%），二者呈直观比例。左轴曲线：二者之比形成文化需求系数（%）。右轴曲线：文教消费比重（%，占总消费比），文教消费城乡比（乡村=1）。

别处于省域间第16位和第20位。

由此推演出若干假定测算：①如果安徽城乡文教消费与非文消费剩余比保持2006年最佳水平，那么2016年城乡人均文教消费应为2061.58元，总量可达1271.96亿元；②如果取至此三类最佳比值叠加测算，那么城乡人均文教消费应为2736.31元，总量可达1688.25亿元；③如果在三项最佳比值基础上再实现2014年人均文教消费最小城乡比，那么城乡人均文教消费应为2774.03元，总量可达1711.52亿元；④如果进一步弥合城乡比实现均等，那么城乡人均文教消费应为3802.27元，总量可达2345.93亿元；⑤如果至此三类城乡比同时实现无差距理想，按安徽城镇三类比值历年最佳值演算，那么城乡人均文教消费应为7364.93元，总量可达4544.01亿元。

三 文化需求增长目标暨文化产业发展空间测算

2016～2021年安徽城乡人均文教消费需求增长测算见图5。

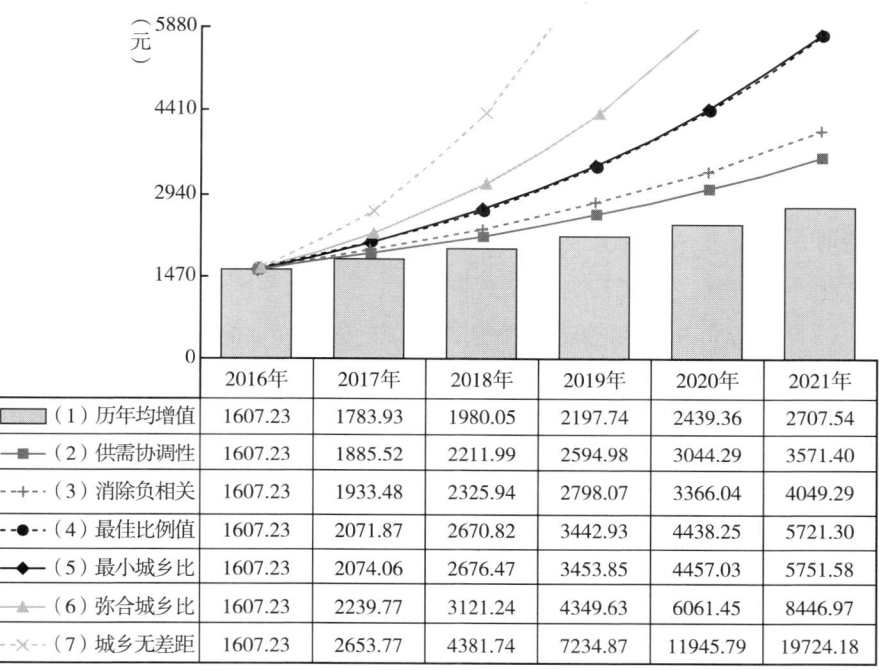

图5　2016～2021年安徽城乡人均文教消费需求增长测算

作为背景因素，产值按1996～2016年实际年均增长率推算。2016年文教消费与产值比实际值4.06%，2020年测算值：（1）3.80%，（2）4.74%，（3）5.25%，（4）6.92%，（5）6.95%，（6）9.45%，（7）18.62%。2016～2020年人均文教消费年均增长：（1）10.99%（即1996～2016年实际值，以下为测算值），（2）17.31%，（3）20.30%，（4）28.91%，（5）29.05%，（6）39.36%，（7）65.11%。

若产值按年均增长率7%推算，则2020年文教消费（增量、增幅不变）与产值比：（1）4.70%，（3）6.49%。2020年文教消费人均值（与产值比不变）：（2）2460.23元，年增11.23%；（4）3586.75元，年增22.22%；（5）3601.92元，年增22.35%；（6）4898.52元，年增32.13%；（7）9653.92元，年增56.55%。

（1）历年均增值测算：如果2016～2020年安徽城乡文教消费增长保持1996～2016年平均增长率10.99%（省域间实际增长第12位），那么到

2020年城乡人均文教消费将达到2439.36元。在相关各方面增长均依此推算的情况下,由于安徽城乡文教消费与产值之比在1996~2016年呈现下降态势,至2020年文教消费增长与产值增长测算值之比将继续降低至3.80%。

(2)供需协调性测算:假设实现文化产业供需协调增长历年最佳关系,并达到"支柱性产业"所需与GDP之比。据此反推,到2020年安徽城乡人均文教消费应达到3044.29元,年均增长率需达到17.31%,为以往20年实际年均增长率的1.58倍(省域间目标距离第10位)。

由于《文化及相关产业分类》国家标准2004年版仅具指导性,各地多有变通,2012年版方确定为指令性国家标准,多年缺少全国统一标准的各地文化产值数据,一概按全国数据演算。

(3)消除负相关测算:如果到2020年安徽城乡此项比值实现1996~2016年最佳状态,那么城乡人均文教消费应达到3366.04元,与产值增长测算值之比将上升至5.25%,年均增长率需达到20.30%,为以往20年实际年均增长率的1.85倍(省域间目标距离第13位)。

(4)最佳比例值测算:如果到2020年安徽城乡三项比值同步实现1996~2016年最佳状态,那么城乡人均文教消费应达到4438.25元,与产值增长测算值之比将上升至6.92%,年均增长率需达到28.91%,为以往20年实际年均增长率的2.63倍(省域间目标距离第10位)。

(5)最小城乡比测算:如果到2020年安徽城乡同时实现1996~2016年三项最佳比值和文教消费最小城乡比,那么城乡人均文教消费应达到4457.03元,与产值增长测算值之比将上升至6.95%,年均增长率需达到29.05%,为以往20年实际年均增长率的2.64倍(省域间目标距离第11位)。

(6)弥合城乡比测算:如果到2020年安徽城乡同时实现1996~2016年三项最佳比值和乡村人均文教消费绝对值与城镇水平持平,那么城乡人均文教消费应达到6061.45元,与产值增长测算值之比将上升至9.45%,年均增长率需达到39.36%,为以往20年实际年均增长率的3.58倍(省域间目标距离第 11 位)。

(7) 城乡无差距测算：如果到 2020 年安徽在此三个层面消除城乡差距，实现按城镇标准衡量的 1996~2016 年三项最佳比值，那么城乡人均文教消费应达到 11945.79 元，与产值增长测算值之比将上升至 18.62%，年均增长率需达到 65.11%，为以往 20 年实际年均增长率的 5.92 倍（省域间目标距离第 22 位）。

B.21
贵州：消除负相关增长目标测算第1位

范玉金*

摘　要： 贵州文教消费增长目标暨文化产业发展空间检测：1996～2016年历年均增值实际测算为第2位；2016～2020年供需协调性目标测算为第6位；消除负相关目标测算为第1位；最佳比例值目标测算为第13位；最小城乡比目标测算为第12位；弥合城乡比目标测算为第15位；城乡无差距目标测算为第24位。

关键词： 贵州　文化产业　供需协调　增长测算

一　城乡文教消费需求及相关方面增长态势

1996～2016年贵州城乡文教消费总量和人均值增长态势见图1。

1996～2016年，贵州城乡文教消费总量由37.00亿元增至594.94亿元，增加557.94亿元，20年间总增长1507.95%，年均增长14.90%。其中，第一个五年年均增长15.46%；第二个五年年均增长11.88%；第三个五年年均增长7.88%；第四个五年年均增长25.06%。

同期，贵州城镇人均文教消费由287.60元增至2493.55元，增加

---

* 范玉金，云南省社会科学院助理研究员，主要从事传播学相关研究。

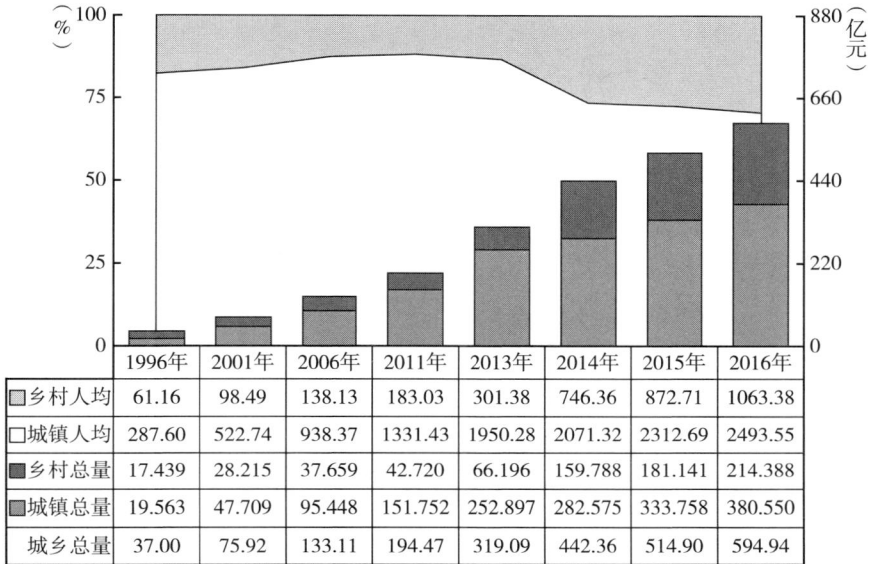

图 1　贵州城乡文教消费总量和人均值增长态势

左轴：城乡人均文教消费（元转换为%），城乡间呈直观比例。右轴柱形：文教消费总量（亿元），上下（取3位小数避免合计值小数误差）之和为城乡总量。图中前几个五年时段末年对接，报告中描述增长变化包括省略年度，后同。

2205.95元，20年间总增长767.02%，年均增长11.40%。其中，第一个五年年均增长12.69%；第二个五年年均增长12.41%；第三个五年年均增长7.25%；第四个五年年均增长13.37%。

同时，乡村人均文教消费由61.16元增至1063.38元，增加1002.22元，20年间总增长1638.69%，年均增长15.35%。其中，第一个五年年均增长10.00%；第二个五年年均增长7.00%；第三个五年年均增长5.79%；第四个五年年均增长42.18%。

贵州城镇人均值年均增长在第一个五年高于乡村2.69个百分点，城乡差距较明显扩大；第二个五年高于乡村5.41个百分点，城乡差距持续明显扩大；第三个五年高于乡村1.46个百分点，城乡差距持续较明显扩大；第四个五年低于乡村28.81个百分点，城乡差距转为极显著缩小。

二 城乡文教消费需求背景的增长协调性分析

(一)民生基础系数检测

1996~2016年贵州城乡人均收入、产值绝对值及其比值、城乡比变动态势见图2。图中将居民收入、产值绝对值转换为图形面积比例,二者历年之比形成民生基础系数变动曲线,同时附有文教消费率、收入城乡比变动曲线。

1996~2016年,贵州城乡居民人均收入年均增长11.45%,人均产值年均增长14.95%,高于居民收入3.50个百分点。20年间,贵州城乡居民收入与产值比的最高(最佳)值为1996年的90.03%,最低值为2013年的47.90%。逐年考察,除了1996年、2014年、2016年出现回升以外,贵州此项比值逐步下降,由1996年的90.03%降低至2016年的48.51%,前后年度分别处于省域间第1位和第10位。

图2另附贵州居民文教消费率历年变化动态,可见产值增长带动文教消费增长的相关性态势,前后年度分别处于省域间第5位和第4位。

1996~2016年,贵州乡村居民人均收入年均增长9.6716%,城镇居民人均收入年均增长9.6701%,低于乡村0.0015个百分点。20年间,贵州人均收入城乡比的最大值为2006年的4.5936,最小(最佳)值为2016年的3.3055。逐年考察,除了1997~2006年、2009年出现扩增以外,贵州此项城乡比逐步缩减,由1996年的3.3064缩小至2016年的3.3055,前后年度分别处于省域间第27位和第30位。

由此推演出若干假定测算:①如果贵州城乡居民收入与产值比保持1996年最佳水平,那么2016年城乡人均收入应为29931.59元;②贵州2016年人均收入城乡比为最小值,在最佳比值基础上再实现最小城乡比,演算结果不变;③如果进一步弥合城乡比实现均等,那么城乡人均收入应为49635.85元。

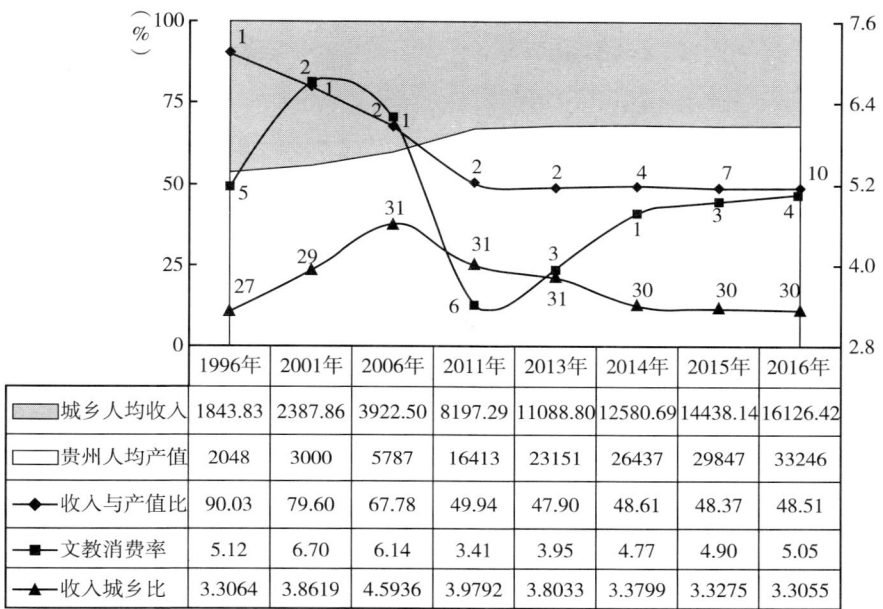

图 2 贵州城乡人均收入、产值绝对值及其比值和城乡比变动态势

左轴面积：城乡人均收入、产值（元转换为%），二者呈直观比例。左轴曲线：二者之比形成民生基础系数（%）。右轴曲线：文教消费率（%，与产值比），收入城乡比（乡村=1）。标明历年省域位次，后同。另需说明，近几年年鉴始发布2014年以来城乡人均值数据，但与总量数据之间存在演算误差，对应年鉴同时发布的产值人均值和总量分别演算文教消费率有出入，本报告恢复采用自行演算城乡人均值。

（二）民生消费系数检测

1996~2016年贵州城乡人均非文消费、收入绝对值及其比值、城乡比变动态势见图3。图中将非文消费、居民收入绝对值转换为图形面积比例，二者历年之比形成民生消费系数变动曲线，同时附有文教消费比、非文消费城乡比变动曲线。

1996~2016年，贵州城乡居民人均非文消费年均增长10.62%，人均收入年均增长11.45%，高于非文消费0.83个百分点。20年间，贵州城乡居民非文消费占收入比的最高值为1996年的78.41%，最低（最佳）值为2013年的64.51%。逐年考察，除了1998年、2000年、2005年、2010年、

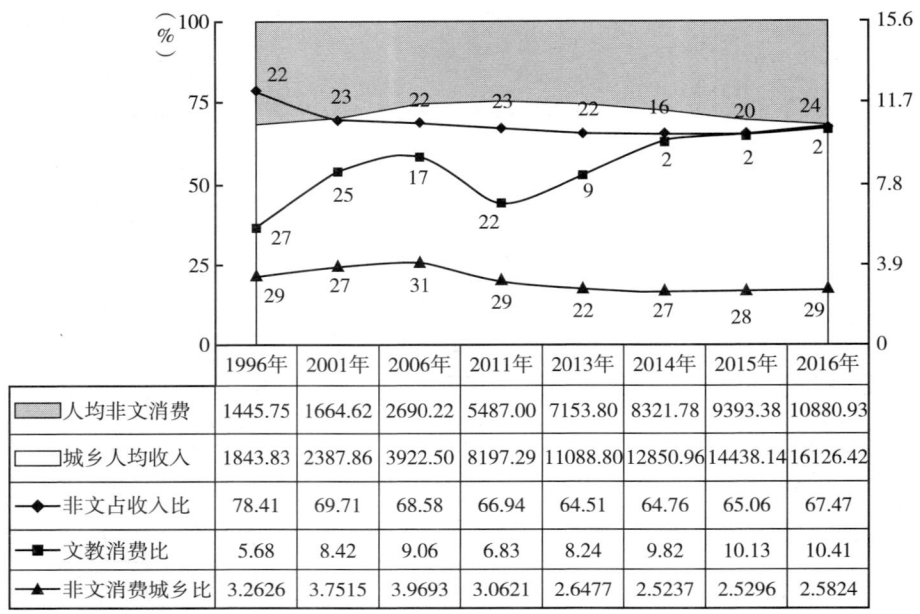

图 3　贵州城乡人均非文消费、收入绝对值及其比值和城乡比变动态势

左轴面积：城乡人均非文消费、收入（元转换为%），二者呈直观比例。左轴曲线：二者之比形成民生消费系数（%）。右轴曲线：文教消费比（%，占收入比），非文消费城乡比（乡村=1）。

2014~2016 年出现回升以外，贵州此项比值逐步下降，由 1996 年的 78.41% 降低至 2016 年的 67.47%，前后年度处于省域间第 22 位和第 24 位。

图中另附贵州居民文教消费比历年变化动态，可见收入增长带动文教消费增长的相关性态势，前后年度处于省域间第 27 位和第 2 位。

1996~2016 年，贵州乡村居民人均非文消费年均增长 9.75%，城镇居民人均非文消费年均增长 8.47%，低于乡村 1.28 个百分点。20 年间，贵州人均非文消费城乡比的最大值为 2004 年 4.0662，最小（最佳）值为 2014 年的 2.5237。逐年考察，除了 1998~2000 年、2002~2004 年、2006 年、2015~2016 年出现扩增以外，贵州此项城乡比逐步缩减，由 1996 年的 3.2626 缩小至 2016 年的 2.5824，前后年度处于省域间第 29 位和第 29 位。

由此推演出若干假定测算：①如果贵州城乡居民非文消费占收入比保持

2013年最佳水平，那么2016年城乡人均非文消费应为10403.76元，取上一类最佳比值叠加测算，城乡人均非文消费应为19309.99元，收入与之差即非文消费剩余增至10621.59元；②如果在至此两项最佳比值基础上再实现2014年人均非文消费最小城乡比，那么城乡人均非文消费应为19462.20元，收入与之差即非文消费剩余增至10469.38元；③如果进一步弥合城乡比实现均等，那么城乡人均非文消费应为29651.31元，收入与之差即非文消费剩余增至19984.54元。

（三）文化需求系数检测

1996~2016年贵州城乡人均文教消费、非文消费剩余绝对值及其比值、城乡比变动态势见图4。图中将文教消费、非文消费剩余绝对值转换为图形面积比例，二者历年之比形成文化需求系数变动曲线，同时附有文教消费比重、文教消费城乡比变动曲线。

1996~2016年，贵州城乡居民人均文教消费年均增长14.88%，人均非文消费剩余年均增长13.76%，低于文教消费1.12个百分点。20年间，贵州城乡居民文教消费与非文消费剩余比的最低值为2012年的19.08%，最高（最佳）值为2016年的32.02%。逐年考察，除了1997年、1999年、2001年、2003~2004年、2006~2008年、2011~2012年出现回降以外，贵州此项比值逐步上升，由1996年的26.32%提高至2016年的32.02%，前后年度分别处于省域间第16位和第3位。

图4另附贵州居民文教消费比重历年变化动态，可见总消费增长带动文教消费增长的相关性态势，前后年度分别处于省域间第28位和第3位。

1996~2016年，贵州乡村居民人均文教消费年均增长15.35%，城镇居民人均文教消费年均增长11.40%，低于乡村3.95个百分点。20年间，贵州人均文教消费城乡比的最大值为2008年7.6554，最小（最佳）值为2016年的2.3449。逐年考察，除了1997年、1999年、2001~2002年、2004年、2006~2008年、2011年、2013年出现扩增以外，贵州此项城乡比逐步缩减，由1996年的4.7024缩小至2016年的2.3449，前后年度分别处于省域

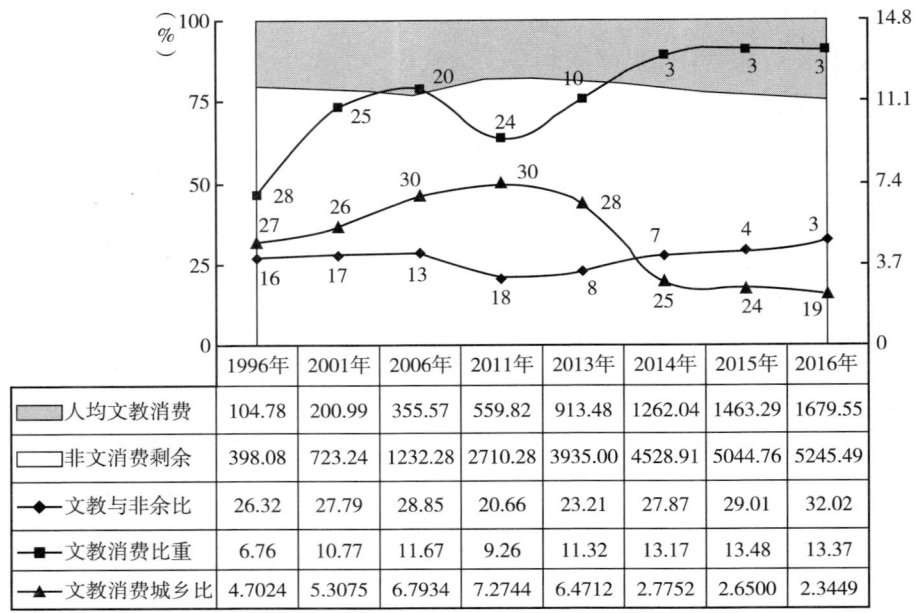

图4 贵州城乡人均文教消费、非文消费剩余绝对值及其比值和城乡比变动态势

左轴面积：城乡人均文教消费、非文消费剩余（元转换为%），二者呈直观比例。左轴曲线：二者之比形成文化需求系数（%）。右轴曲线：文教消费比重（%，占总消费比），文教消费城乡比（乡村=1）。

间第27位和第19位。

由此推演出若干假定测算：①如果贵州城乡文教消费与非文消费剩余比保持2016年最佳水平，那么2016年城乡人均文教消费应为1679.55元，总量可达594.94亿元；②如果取至此三类最佳比值叠加测算，那么城乡人均文教消费应为3400.92元，总量可达1204.69亿元；③如果在三项最佳比值基础上再实现2016年人均文教消费最小城乡比，那么城乡人均文教消费应为3400.92元，总量可达1204.69亿元（因实现最小城乡比，测算值不变）；④如果进一步弥合城乡比实现均等，那么城乡人均文教消费应为5049.19元，总量可达1788.55亿元；⑤如果至此三类城乡比同时实现无差距理想，按贵州城镇三类比值历年最佳值演算，那么城乡人均文教消费应为10433.72元，总量可达3695.88亿元。

三 文化需求增长目标暨文化产业发展空间测算

2016~2021年贵州城乡人均文教消费需求增长测算见图5。

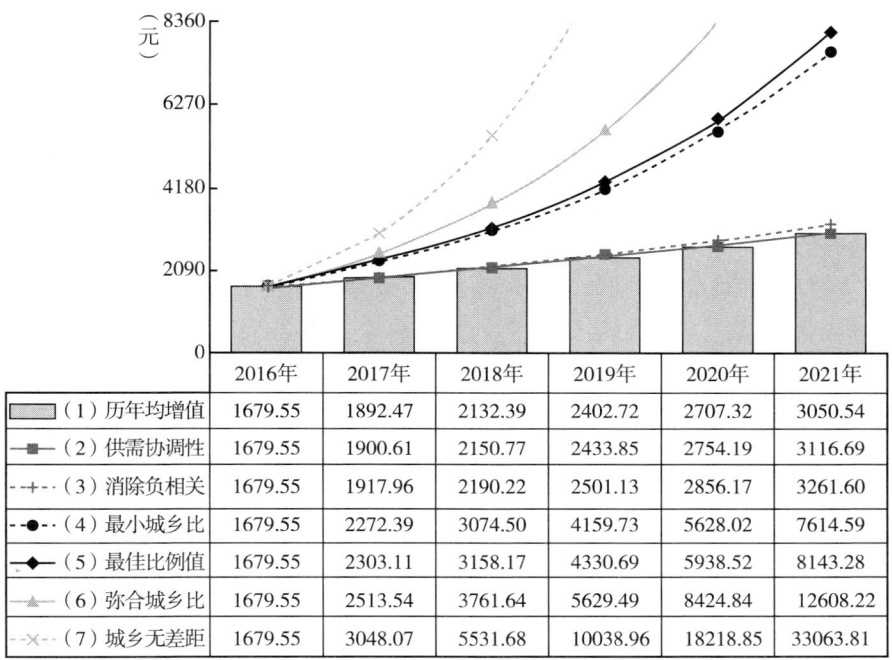

图5 2016~2021年贵州城乡人均文教消费需求增长测算

作为背景因素,产值按1996~2016年实际年均增长率推算。2016年文教消费与产值比实际值5.05%,2020年测算值:(1)4.66%,(2)4.74%,(3)4.92%,(4)9.69%,(5)10.23%,(6)14.51%,(7)31.38%。2016~2020年人均文教消费年均增长:(1)12.68%(即1996~2016年实际值,以下为测算值),(2)13.16%,(3)14.20%,(4)35.30%,(5)37.13%,(6)49.66%,(7)81.48%。

若产值按年均增长率7%推算,则2020年文教消费(增量、增幅不变)与产值比:(1)6.21%,(3)6.55%。2020年文教消费人均值(与产值比不变):(2)2067.51元,年增5.33%;(4)4224.83元,年增25.94%;(5)4457.91元,年增27.64%;(6)6324.33元,年增39.30%;(7)13676.47元,年增68.93%。

(1)历年均增值测算:如果2016~2020年贵州城乡文教消费增长保持1996~2016年平均增长率12.68%(省域间实际增长第2位),那么到2020

年城乡人均文教消费将达到2707.32元。在相关各方面增长均依此推算的情况下,由于贵州城乡文教消费与产值之比在1996~2016年呈现下降态势,至2020年文教消费增长与产值增长测算值之比将继续降低至4.66%。

(2)供需协调性测算:假设实现文化产业供需协调增长历年最佳关系,并达到"支柱性产业"所需与GDP之比。据此反推,到2020年贵州城乡人均文教消费应达到2754.19元,年均增长率需达到13.16%,为以往20年实际年均增长率的1.04倍(省域间目标距离第6位)。

由于《文化及相关产业分类》国家标准2004年版仅具指导性,各地多有变通,2012年版方确定为指令性国家标准,多年缺少全国统一标准的各地文化产值数据,一概按全国数据演算。

(3)消除负相关测算:如果到2020年贵州城乡此项比值实现1996~2016年最佳状态,那么城乡人均文教消费应达到2856.17元,与产值增长测算值之比将上升至4.92%,年均增长率需达到14.20%,为以往20年实际年均增长率的1.12倍(省域间目标距离第1位)。

(4)最小城乡比测算:如果到2020年贵州城乡同时实现1996~2016年三项最佳比值和文教消费最小城乡比,那么城乡人均文教消费应达到5628.02元,与产值增长测算值之比将上升至9.69%,年均增长率需达到35.30%,为以往20年实际年均增长率的2.78倍(省域间目标距离第12位)。鉴于2016年贵州文教消费城乡比成为历年最小城乡比,而城乡比缩减动态仍将继续(最佳比例值测算暗含这一动态),取2016年城乡比测算2020年数值反而略小于最佳比例值测算值。就此看来,弥合城乡比测算更为合理,当然难度也更大。

(5)最佳比例值测算:如果到2020年贵州城乡三项比值同步实现1996~2016年最佳状态,那么城乡人均文教消费应达到5938.52元,与产值增长测算值之比将上升至10.23%,年均增长率需达到37.13%,为以往20年实际年均增长率的2.93倍(省域间目标距离第13位)。

(6)弥合城乡比测算:如果到2020年贵州城乡同时实现1996~2016年三项最佳比值和乡村人均文教消费绝对值与城镇水平持平,那么城乡人均文教消费应达到8424.84元,与产值增长测算值之比将上升至14.51%,年均增长率需达到49.66%,为以往20年实际年均增长率的3.92倍(省域间目标距离第15位)。

(7)城乡无差距测算:如果到2020年贵州在此三个层面消除城乡差距,实现按城镇标准衡量的1996~2016年三项最佳比值,那么城乡人均文教消费应达到18218.85元,与产值增长测算值之比将上升至31.38%,年均增长率需达到81.48%,为以往20年实际年均增长率的6.43倍(省域间目标距离第24位)。

B.22
河北：消除负相关增长目标
测算第2位

黄海涛[*]

摘　要： 河北文教消费增长目标暨文化产业发展空间检测：1996~2016年历年均增值实际测算为第18位；2016~2020年供需协调性目标测算为第13位；消除负相关目标测算为第2位；最佳比例值目标测算为第4位；最小城乡比目标测算为第3位；弥合城乡比目标测算为第4位；城乡无差距目标测算为第10位。

关键词： 河北　文化产业　供需协调　增长测算

一　城乡文教消费需求及相关方面增长态势

1996~2016年河北城乡文教消费总量和人均值增长态势见图1。

1996~2016年，河北城乡文教消费总量由99.90亿元增至1114.32亿元，增加1014.42亿元，20年间总增长1015.44%，年均增长12.82%。其中，第一个五年年均增长9.63%；第二个五年年均增长15.81%；第三个五年年均增长9.38%；第四个五年年均增长16.64%。

同期，河北城镇人均文教消费由336.37元增至1991.28元，增加

---

[*] 黄海涛，云南省社会科学院副研究员，主要从事民族文化、中国史研究。

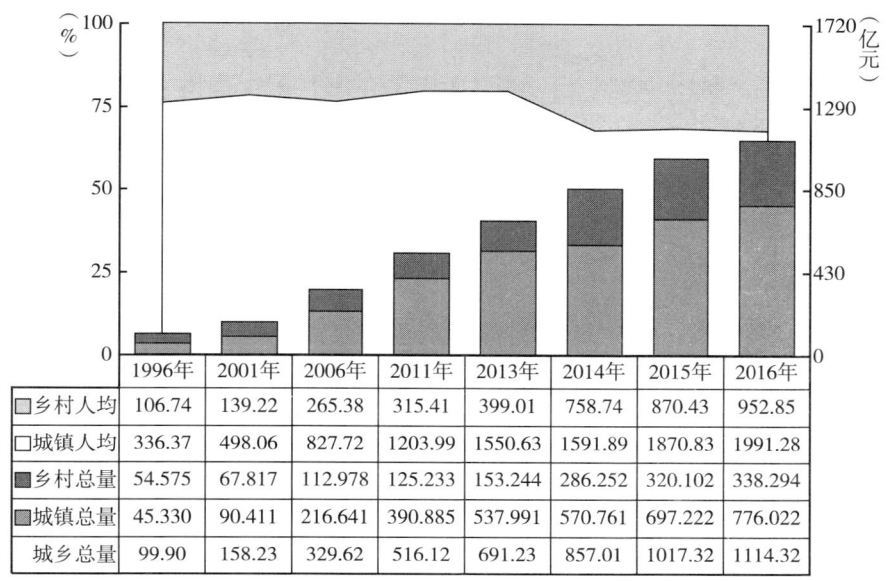

图1 河北城乡文教消费总量和人均值增长态势

左轴：城乡人均文教消费（元转换为%），城乡间呈直观比例。右轴柱形：文教消费总量（亿元），上下（取3位小数避免合计值小数误差）之和为城乡总量。图中前几个五年时段末年对接，报告中描述增长变化包括省略年度，后同。

1654.91元，20年间总增长491.99%，年均增长9.30%。其中，第一个五年年均增长8.17%；第二个五年年均增长10.69%；第三个五年年均增长7.78%；第四个五年年均增长10.59%。

同时，乡村人均文教消费由106.74元增至952.85元，增加846.11元，20年间总增长792.68%，年均增长11.57%。其中，第一个五年年均增长5.46%；第二个五年年均增长13.77%；第三个五年年均增长3.51%；第四个五年年均增长24.75%。

河北城镇人均值年均增长在第一个五年高于乡村2.71个百分点，城乡差距较明显扩大；第二个五年低于乡村3.08个百分点，城乡差距转为明显缩小；第三个五年高于乡村4.27个百分点，城乡差距转为明显扩大；第四个五年低于乡村14.16个百分点，城乡差距转为极显著缩小。

二 城乡文教消费需求背景的增长协调性分析

（一）民生基础系数检测

1996~2016年河北城乡人均收入、产值绝对值及其比值、城乡比变动态势见图2。图中将居民收入、产值绝对值转换为图形面积比例，二者历年之比形成民生基础系数变动曲线，同时附有文教消费率、收入城乡比变动曲线。

1996~2016年，河北城乡居民人均收入年均增长10.97%，人均产值年均增长11.00%，高于居民收入0.03个百分点。20年间，河北城乡居民收入与产值比的最高（最佳）值为1996年的47.77%，最低值为2011年的35.76%。逐年考察，除了1996年、2002年、2009年、2012~2016年出现回升以外，河北此项比值逐步下降，由1996年的47.77%降低至2016年的47.52%，前后年度分别处于省域间第21位和第12位。

图2中另附河北居民文教消费率历年变化动态，可见产值增长带动文教消费增长的相关性态势，前后年度处于省域间第23位和第18位。

1996~2016年，河北乡村居民人均收入年均增长9.19%，城镇居民人均收入年均增长9.69%，高于乡村0.50个百分点。20年间，河北人均收入城乡比的最小（最佳）值为1998年的2.1139，最大值为2009年的2.8581。逐年考察，除了1996年、1998年、2004年、2010~2015年出现缩减以外，河北此项城乡比逐步扩增，由1996年的2.1620扩大至2016年的2.3700，前后年度分别处于省域间第12位和第10位。

由此推演出若干假定测算：①如果河北城乡居民收入与产值比保持1996年最佳水平，那么2016年城乡人均收入应为20568.58元；②如果在最佳比值基础上再实现1998年人均收入最小城乡比，那么城乡人均收入应为21260.56元；③如果进一步弥合城乡比实现均等，那么城乡人均收入应为28393.01元。

河北：消除负相关增长目标测算第2位

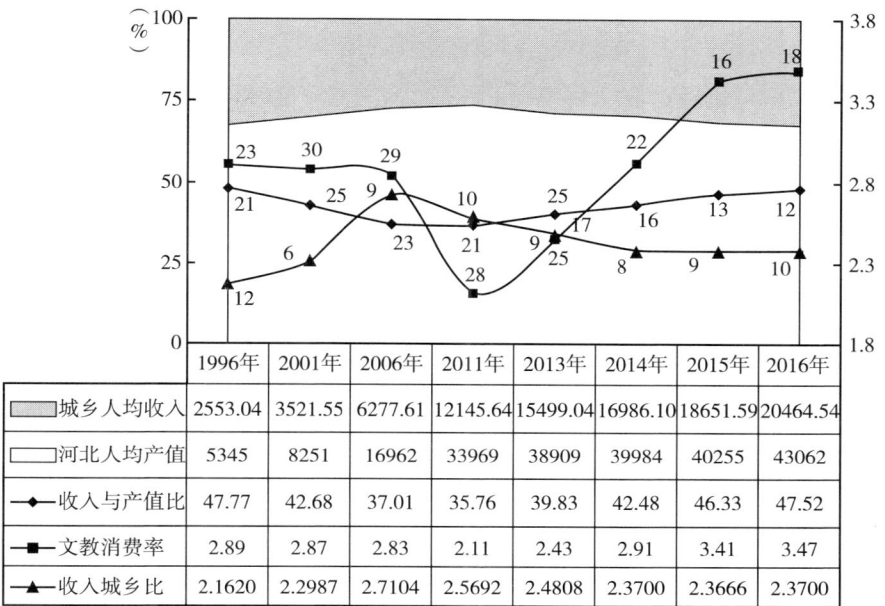

图 2　河北城乡人均收入、产值绝对值及其比值和城乡比变动态势

左轴面积：城乡人均收入、产值（元转换为%），二者呈直观比例。左轴曲线：二者之比形成民生基础系数（%）。右轴曲线：文教消费率（%，与产值比），收入城乡比（乡村=1）。标明历年省域位次，后同。另需说明，近几年年鉴始发布2014年以来城乡人均值数据，但与总量数据之间存在演算误差，对应年鉴同时发布的产值人均值和总量分别演算文教消费率有出入，本报告恢复采用自行演算城乡人均值。

（二）民生消费系数检测

1996～2016年河北城乡人均非文消费、收入绝对值及其比值、城乡比变动态势见图3。图中将非文消费、居民收入绝对值转换为图形面积比例，二者历年之比形成民生消费系数变动曲线，同时附有文教消费比、非文消费城乡比变动曲线。

1996～2016年，河北城乡居民人均非文消费年均增长10.89%，人均收入年均增长10.97%，高于非文消费0.08个百分点。20年间，河北城乡居民非文消费占收入比的最高值为1996年的65.29%，最低（最佳）值为1998年的55.66%。逐年考察，除了1999～2000年、2002～2006年、2011年、2014年、

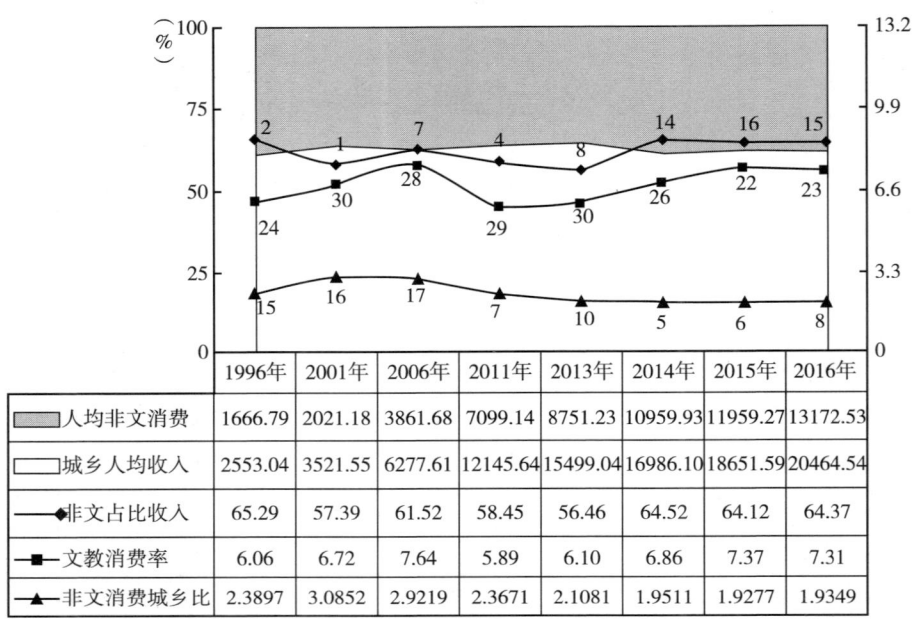

图3 河北城乡人均非文消费、收入绝对值及其比值和城乡比变动态势

左轴面积：城乡人均非文消费、收入（元转换为%），二者呈直观比例。左轴曲线：二者之比形成民生消费系数（%）。右轴曲线：文教消费比（%，占收入比），非文消费城乡比（乡村=1）。

2016年出现回升以外，河北此项比值逐步下降，由1996年的65.29%降低至2016年的64.37%，前后年度分别处于省域间第2位和第15位。

图中另附河北居民文教消费比历年变化动态，可见收入增长带动文教消费增长的相关性态势，前后年度处于省域间第24位和第23位。

1996~2016年，河北乡村居民人均非文消费年均增长10.10%，城镇居民人均非文消费年均增长8.94%，低于乡村1.16个百分点。20年间，河北人均非文消费城乡比的最大值为2002年的3.3843，最小（最佳）值为2015年的1.9277。逐年考察，除了1997~1998年、2000年、2002年、2016年出现扩增以外，河北此项城乡比逐步缩减，由1996年的2.3897缩小至2016年的1.9349，前后年度分别处于省域间第15位和第8位。

由此推演出若干假定测算：①如果河北城乡居民非文消费占收入比保持

1998年最佳水平，那么2016年城乡人均非文消费应为11389.74元，取上一类最佳比值叠加测算，城乡人均非文消费应为11447.65元，收入与之差即非文消费剩余增至9120.93元；②如果在至此两项最佳比值基础上再实现2015年人均非文消费最小城乡比，那么城乡人均非文消费应为11461.15元，收入与之差即非文消费剩余增至9799.40元；③如果进一步弥合城乡比实现均等，那么城乡人均非文消费应为14873.53元，收入与之差即非文消费剩余增至13519.48元。

（三）文化需求系数检测

1996~2016年河北城乡人均文教消费、非文消费剩余绝对值及其比值、城乡比变动态势见图4。图中将文教消费、非文消费剩余绝对值转换为图形面积比例，二者历年之比形成文化需求系数变动曲线，同时附有文教消费比重、文教消费城乡比变动曲线。

1996~2016年，河北城乡居民人均文教消费年均增长12.02%，人均非文消费剩余年均增长11.11%，低于文教消费0.91个百分点。20年间，河北城乡居民文教消费与非文消费剩余比的最低值为2012年的12.67%，最高（最佳）值为2015年的20.53%。逐年考察，除了1997~1998年、2000~2001年、2004年、2006~2010年、2012年、2016年出现回降以外，河北此项比值逐步上升，由1996年的17.45%提高至2016年的20.52%，前后年度分别处于省域间第29位和第20位。

图4中另附河北居民文教消费比重历年变化动态，可见总消费增长带动文教消费增长的相关性态势，前后年度分别处于省域间第15位和第27位。

1996~2016年，河北乡村居民人均文教消费年均增长11.57%，城镇居民人均文教消费年均增长9.30%，低于乡村2.27个百分点。20年间，河北人均文教消费城乡比的最大值为2000年的4.0498，最小（最佳）值为2016年的2.0898。逐年考察，除了1997~2000年、2002年、2004年、2007~2008年、2011年、2013年、2015年出现扩增以外，河北此项城乡比逐步缩减，由1996年的3.1513缩小至2016年的2.0898，前后年度分别处于省域

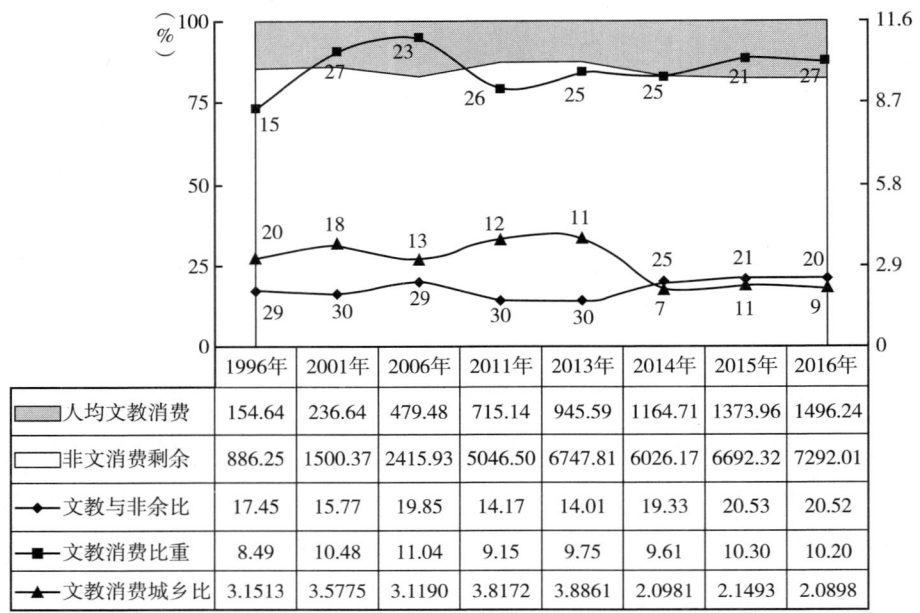

图4 河北城乡人均文教消费、非文消费剩余绝对值及其比值和城乡比变动态势

左轴面积：城乡人均文教消费、非文消费剩余（元转换为%），二者呈直观比例。左轴曲线：二者之比形成文化需求系数（%）。右轴曲线：文教消费比重（%，占总消费比），文教消费城乡比（乡村=1）。

间第20位和第9位。

由此推演出若干假定测算：①如果河北城乡文教消费与非文消费剩余比保持2015年最佳水平，那么2016年城乡人均文教消费应为1497.07元，总量可达1114.94亿元；②如果取至此三类最佳比值叠加测算，那么城乡人均文教消费应为1872.56元，总量可达1394.58亿元；③如果在三项最佳比值基础上再实现2016年人均文教消费最小城乡比，那么城乡人均文教消费应为1872.56元，总量可达1394.58亿元（因实现最小城乡比，测算值不变）；④如果进一步弥合城乡比实现均等，那么城乡人均文教消费应为2492.11元，总量可达1855.99亿元；⑤如果至此三类城乡比同时实现无差距理想，按河北城镇三类比值历年最佳值演算，那么城乡人均文教消费应为4940.64元，总量可达3679.52亿元。

三 文化需求增长目标暨文化产业发展空间测算

2016～2021年河北城乡人均文教消费需求增长测算见图5。

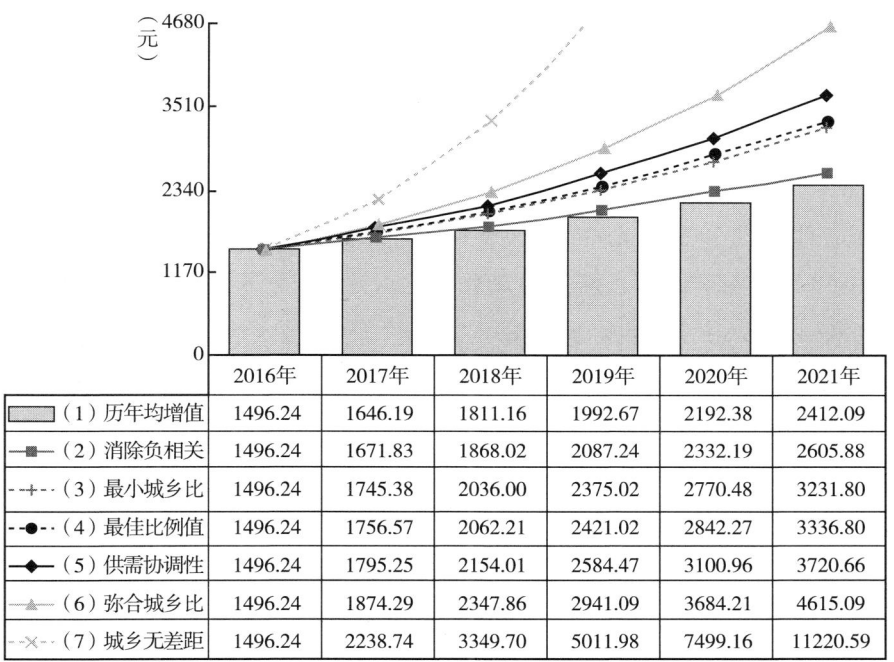

图5 2016～2021年河北城乡人均文教消费需求增长测算

作为背景因素，产值按1996～2016年实际年均增长率推算。2016年文教消费与产值比实际值3.47%，2020年测算值：（1）3.35%，（2）3.57%，（3）4.24%，（4）4.35%，（5）4.74%，（6）5.64%，（7）11.47%。2016～2020年人均文教消费年均增长：（1）10.02%（即1996～2016年实际值，以下为测算值），（2）11.74%，（3）16.65%，（4）17.40%，（5）19.98%，（6）25.27%，（7）49.62%。

若产值按年均增长率7%推算，则2020年文教消费（增量、增幅不变）与产值比：（1）3.88%，（2）4.13%。2020年文教消费人均值（与产值比不变）：（3）2392.55元，年增12.45%；（4）2454.54元，年增13.17%；（5）2677.95元，年增15.66%；（6）3181.63元，年增20.76%；（7）6476.17元，年增44.24%。

（1）历年均增值测算：如果2016～2020年河北城乡文教消费增长保持1996～2016年平均增长率10.02%（省域间实际增长第18位），那么到

2020年城乡人均文教消费将达到2192.38元。在相关各方面增长均依此推算的情况下，由于河北城乡文教消费与产值之比在1996~2016年呈现下降态势，至2020年文教消费增长与产值增长测算值之比将继续降低至3.35%。

（2）消除负相关测算：如果到2020年河北城乡此项比值实现1996~2016年最佳状态，那么城乡人均文教消费应达到2332.19元，与产值增长测算值之比将上升至3.57%，年均增长率需达到11.74%，为以往20年实际年均增长率的1.17倍（省域间目标距离第2位）。

（3）最小城乡比测算：如果到2020年河北城乡同时实现1996~2016年三项最佳比值和文教消费最小城乡比，那么城乡人均文教消费应达到2770.48元，与产值增长测算值之比将上升至4.24%，年均增长率需达到16.65%，为以往20年实际年均增长率的1.66倍（省域间目标距离第3位）。鉴于2016年河北文教消费城乡比成为历年最小城乡比，而城乡比缩减动态仍将继续（最佳比例值测算暗含这一动态），取2016年城乡比测算2020年数值反而略小于最佳比例值测算值。就此看来，弥合城乡比测算更为合理，当然难度也更大。

（4）最佳比例值测算：如果到2020年河北城乡三项比值同步实现1996~2016年最佳状态，那么城乡人均文教消费应达到2842.27元，与产值增长测算值之比将上升至4.35%，年均增长率需达到17.40%，为以往20年实际年均增长率的1.74倍（省域间目标距离第4位）。

（5）供需协调性测算：假设实现文化产业供需协调增长历年最佳关系，并达到"支柱性产业"所需与GDP之比。据此反推，到2020年河北城乡人均文教消费应达到3100.96元，年均增长率需达到19.98%，为以往20年实际年均增长率的1.99倍（省域间目标距离第13位）。

由于《文化及相关产业分类》国家标准2004年版仅具指导性，各地多有变通，2012年版方确定为指令性国家标准，多年缺少全国统一标准的各地文化产值数据，一概按全国数据演算。

（6）弥合城乡比测算：如果到2020年河北城乡同时实现1996~2016年

三项最佳比值和乡村人均文教消费绝对值与城镇水平持平,那么城乡人均文教消费应达到3684.21元,与产值增长测算值之比将上升至5.64%,年均增长率需达到25.27%,为以往20年实际年均增长率的2.52倍(省域间目标距离第4位)。

(7)城乡无差距测算:如果到2020年河北在此三个层面消除城乡差距,实现按城镇标准衡量的1996~2016年三项最佳比值,那么城乡人均文教消费应达到7499.16元,与产值增长测算值之比将上升至11.47%,年均增长率需达到49.62%,为以往20年实际年均增长率的4.95倍(省域间目标距离第10位)。

B.23
青海：消除负相关增长目标测算第3位

范 华*

摘 要： 青海文教消费增长目标暨文化产业发展空间检测：1996～2016年历年均增值实际测算为第1位；2016～2020年供需协调性目标测算为第8位；消除负相关目标测算为第3位；最佳比例值目标测算为第8位；最小城乡比目标测算为第7位；弥合城乡比目标测算为第7位；城乡无差距目标测算为第6位。

关键词： 青海 文化产业 供需协调 增长测算

一 城乡文教消费需求及相关方面增长态势

1996～2016年青海城乡文教消费总量和人均值增长态势见图1。

1996～2016年，青海城乡文教消费总量由4.74亿元增至95.50亿元，增加90.76亿元，20年间总增长1914.77%，年均增长16.20%。其中，第一个五年年均增长24.13%；第二个五年年均增长8.41%；第三个五年年均增长9.31%；第四个五年年均增长23.94%。

同期，青海城镇人均文教消费由244.39元增至2352.94元，增加

---

* 范华，云南省社会科学院办公室科长，主要从事文化产业与行政管理研究。

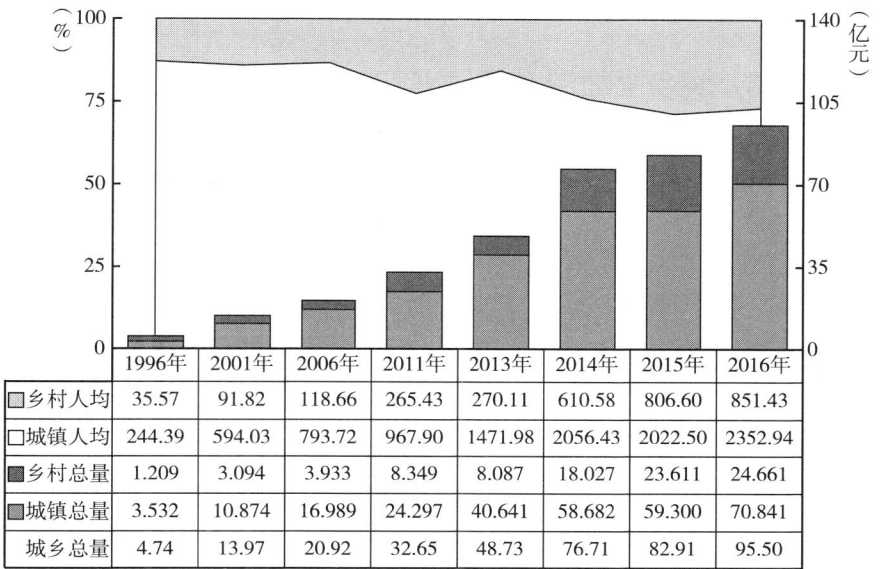

图 1　青海城乡文教消费总量和人均值增长态势

左轴（元转换为%）：城乡人均文教消费，城乡间呈直观比例。右轴柱形（亿元）：文教消费总量，上下（取3位小数避免合计值小数误差）之和为城乡总量。图中前几个五年时段末年对接，文中描述增长变化包括省略年度，后同。

2108.55元，20年间总增长862.78%，年均增长11.99%。其中，第一个五年年均增长19.44%；第二个五年年均增长5.97%；第三个五年年均增长4.05%；第四个五年年均增长19.44%。

同时，乡村人均文教消费由35.57元增至851.43元，增加815.86元，20年间总增长2293.67%，年均增长17.21%。其中，第一个五年年均增长20.88%；第二个五年年均增长5.26%；第三个五年年均增长17.47%；第四个五年年均增长26.25%。

青海城镇人均值年均增长在第一个五年低于乡村1.44个百分点，城乡差距较明显缩小；第二个五年高于乡村0.71个百分点，城乡差距转为略微扩大；第三个五年低于乡村13.42个百分点，城乡差距转为极显著缩小；第四个五年低于乡村6.81个百分点，城乡差距持续显著缩小。

二 城乡文教消费需求背景的增长协调性分析

（一）民生基础系数检测

1996～2016年青海城乡人均收入、产值绝对值及其比值、城乡比变动态势见图2。图中将居民收入、产值绝对值转换为图形面积比例，二者历年之比形成民生基础系数变动曲线，同时附有文教消费率、收入城乡比变动曲线。

1996～2016年，青海城乡居民人均收入年均增长11.67%，人均产值年均增长12.97%，高于居民收入1.30个百分点。20年间，青海城乡居民收入与产值比的最高（最佳）值为1999年的53.67%，最低值为2011年的32.14%。逐年考察，除了1996～1999年、2012～2016年出现回升以外，青海此项比值逐步下降，由1996年的51.79%降低至2016年的41.09%，前后年度分别处于省域间第14位和第21位。

图2中另附青海居民文教消费率历年变化动态，可见产值增长带动文教消费增长的相关性态势，前后年度分别处于省域间第28位和第12位。

1996～2016年，青海乡村居民人均收入年均增长10.51%，城镇居民人均收入年均增长10.20%，低于乡村0.31个百分点。20年间，青海人均收入城乡比的最大值为2007年的3.8290，最小（最佳）值为1998年的2.9760。逐年考察，除了1996年、1999～2001年、2003年、2005～2007年、2015年出现扩增以外，青海此项城乡比逐步缩减，由1996年的3.2665缩小至2016年的3.0882，前后年度分别处于省域间第25位和第28位。

由此推演出若干假定测算：①如果青海城乡居民收入与产值比保持1999年最佳水平，那么2016年城乡人均收入应为23361.00元；②如果在最佳比值基础上再实现1998年人均收入最小城乡比，那么城乡人均收入应为23570.28元；③如果进一步弥合城乡比实现均等，那么城乡人均收入应为34948.09元。

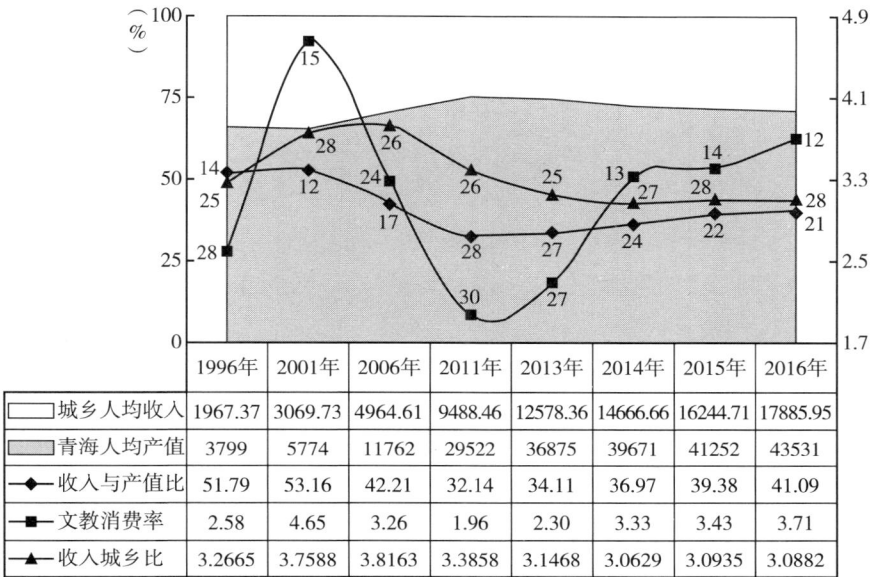

图 2　青海城乡人均收入、产值绝对值及其比值和城乡比变动态势

左轴面积：城乡人均收入、产值（元转换为%），二者呈直观比例。左轴曲线：二者之比形成民生基础系数（%）。右轴曲线：文教消费率（%，与产值比），收入城乡比（乡村=1）。标明历年省域位次，后同。另需说明，近几年年鉴始发布2014年以来城乡人均值数据，但与总量数据之间存在演算误差，对应年鉴同时发布的产值人均值和总量分别演算文教消费率有出入，本报告恢复采用自行演算城乡人均值。

（二）民生消费系数检测

1996～2016年青海城乡人均非文消费、收入绝对值及其比值、城乡比变动态势见图3。图中将非文消费、居民收入绝对值转换为图形面积比例，二者历年之比形成民生消费系数变动曲线，同时附有文教消费比、非文消费城乡比变动曲线。

1996～2016年，青海城乡居民人均非文消费年均增长11.31%，人均收入年均增长11.67%，高于非文消费0.36个百分点。20年间，青海城乡居民非文消费占收入比的最高值为1996年的80.74%，最低（最佳）值为2009年的69.97%。逐年考察，除了2001年、2003年、2005

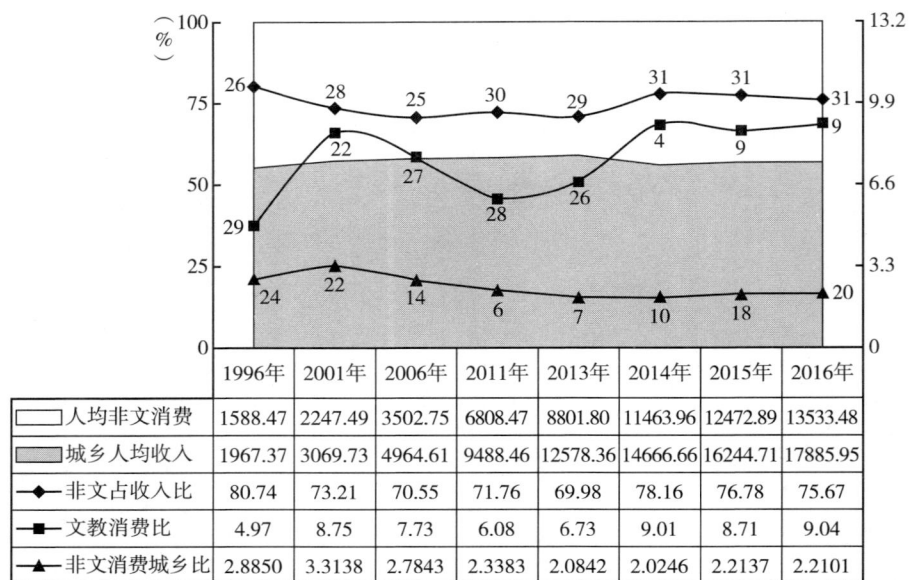

图3 青海城乡人均非文消费、收入绝对值及其比值和城乡比变动态势

左轴面积：城乡人均非文消费、收入（元转换为%），二者呈直观比例。左轴曲线：二者之比形成民生消费系数（%）。右轴曲线：文教消费比（%，占收入比），非文消费城乡比（乡村=1）。

年、2008年、2010~2012年、2014年出现回升以外，青海此项比值逐步下降，由1996年的80.74%降低至2016年的75.67%，前后年度分别处于省域间第26位和第31位。

图3另附青海居民文教消费比历年变化动态，可见收入增长带动文教消费增长的相关性态势，前后年度处于省域间第29位和第9位。

1996~2016年，青海乡村居民人均非文消费年均增长11.12%，城镇居民人均非文消费年均增长9.65%，低于乡村1.47个百分点。20年间，青海人均非文消费城乡比的最大值为2002年的3.4104，最小（最佳）值为2014年的2.0246。逐年考察，除了1998~2002年、2007年、2015年出现扩增以外，青海此项城乡比逐步缩减，由1996年的2.8850缩小至2016年的2.2101，前后年度分别处于省域间第24位和第20位。

由此推演出若干假定测算：①如果青海城乡居民非文消费占收入比保持

2009年最佳水平，那么2016年城乡人均非文消费应为12514.16元，取上一类最佳比值叠加测算，城乡人均非文消费应为16344.86元，收入与之差即非文消费剩余增至7016.14元；②如果在至此两项最佳比值基础上再实现2014年人均非文消费最小城乡比，那么城乡人均非文消费应为16799.15元，收入与之差即非文消费剩余增至6771.14元；③如果进一步弥合城乡比实现均等，那么城乡人均非文消费应为22343.37元，收入与之差即非文消费剩余增至12604.72元。

（三）文化需求系数检测

1996～2016年青海城乡人均文教消费、非文消费剩余绝对值及其比值、城乡比变动态势见图4。图中将文教消费、非文消费剩余绝对值转换为图形面积比例，二者历年之比形成文化需求系数变动曲线，同时附有文教消费比重、文教消费城乡比变动曲线。

1996～2016年，青海城乡居民人均文教消费年均增长15.05%，人均非文消费剩余年均增长12.98%，低于文教消费2.07个百分点。20年间，青海城乡居民文教消费与非文消费剩余比的最低值为2012年的21.28%，最高（最佳）值为2014年的41.25%。逐年考察，除了1996～1997年、2004年、2006年、2008～2010年、2012年、2015～2016年出现回降以外，青海此项比值逐步上升，由1996年的25.83%提高至2016年的37.14%，前后年度分别处于省域间第18位和第1位。

图4中另附青海居民文教消费比重历年变化动态，可见总消费增长带动文教消费增长的相关性态势，前后年度分别处于省域间第29位和第21位。

1996～2016年，青海乡村居民人均文教消费年均增长17.21%，城镇居民人均文教消费年均增长11.99%，低于乡村5.22个百分点。20年间，青海人均文教消费城乡比的最大值为1999年9.5581，最小（最佳）值为2015年的2.5074。逐年考察，除了1997～1999年、2001年、2004～2005年、2007年、2012～2013年、2016年出现扩增以外，青海此项城乡比逐步缩减，由1996年的6.8707缩小至2016年的2.7635，前后年度分别处于省

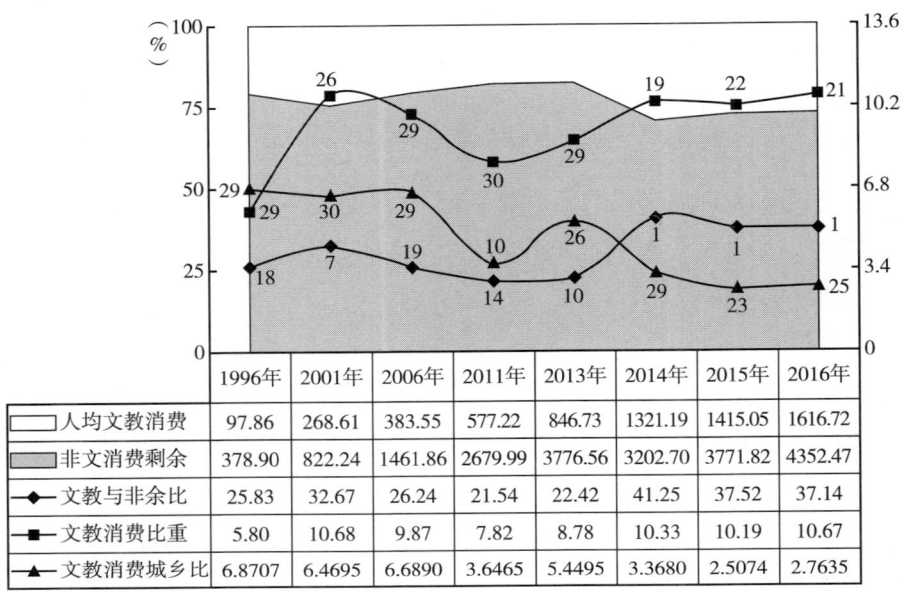

图 4　青海城乡人均文教消费、非文消费剩余绝对值及其比值和城乡比变动态势

左轴面积：城乡人均文教消费、非文消费剩余（元转换为%），二者呈直观比例。左轴曲线：二者之比形成文化需求系数（%）。右轴曲线：文教消费比重（%，占总消费比），文教消费城乡比（乡村=1）。

域间第 29 位和第 25 位。

由此推演出若干假定测算：①如果青海城乡文教消费与非文消费剩余比保持 2014 年最佳水平，那么 2016 年城乡人均文教消费应为 1795.50 元，总量可达 106.06 亿元；②如果取至此三类最佳比值叠加测算，那么城乡人均文教消费应为 2894.33 元，总量可达 170.97 亿元；③如果在三项最佳比值基础上再实现 2015 年人均文教消费最小城乡比，那么城乡人均文教消费应为 2970.65 元，总量可达 175.48 亿元；④如果进一步弥合城乡比实现均等，那么城乡人均文教消费应为 4212.35 元，总量可达 248.83 亿元；⑤如果至此三类城乡比同时实现无差距理想，按青海城镇三类比值历年最佳值演算，那么城乡人均文教消费应为 6403.19 元，总量可达 378.25 亿元。

三 文化需求增长目标暨文化产业发展空间测算

2016~2021年青海城乡人均文教消费需求增长测算见图5。

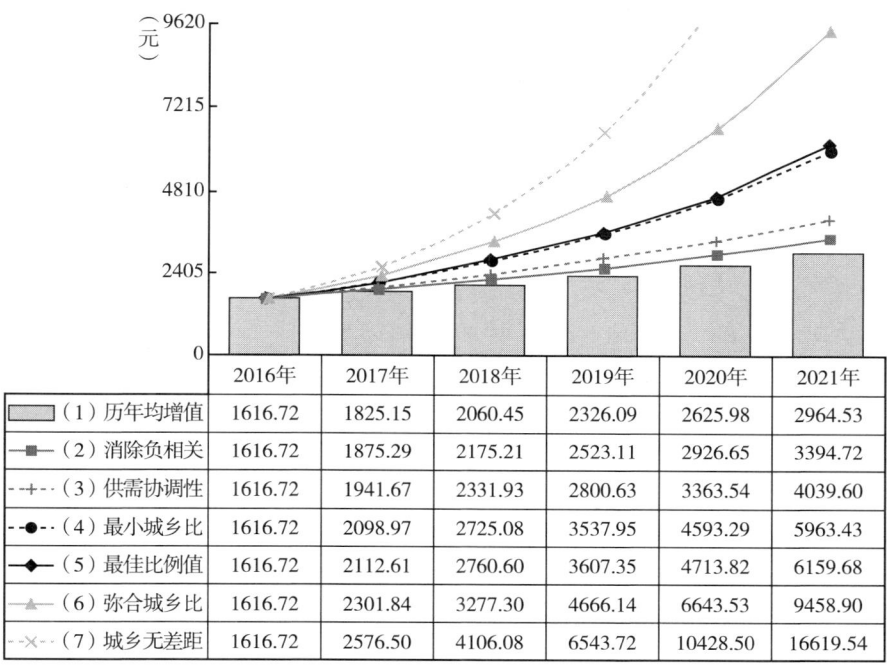

图5 2016~2021年青海城乡人均文教消费需求增长测算

作为背景因素，产值按1996~2016年实际年均增长率推算。2016年文教消费与产值比实际值3.71%，2020年测算值：（1）3.70%，（2）4.13%，（3）4.74%，（4）6.48%，（5）6.65%，（6）9.37%，（7）14.71%。2016~2020年人均文教消费年均增长：（1）12.89%（即1996~2016年实际值，以下为测算值），（2）15.99%，（3）20.10%，（4）29.83%，（5）30.67%，（6）42.38%，（7）59.37%。

若产值按年均增长率7%推算，则2020年文教消费（增量、增幅不变）与产值比：（1）4.60%，（2）5.13%。2020年文教消费人均值（与产值比不变）：（3）2707.11元，年增13.75%；（4）3696.86元，年增22.97%；（5）3793.87元，年增23.77%；（6）5346.98元，年增34.86%；（7）8393.27元，年增50.95%。

（1）历年均增值测算：如果2016~2020年青海城乡文教消费增长保持1996~2016年间平均增长率12.89%（省域间实际增长第1位），那么到

2020年城乡人均文教消费将达到2625.98元。在相关各方面增长均依此推算的情况下，由于青海城乡文教消费与产值之比在1996~2016年呈现下降态势，至2020年文教消费增长与产值增长测算值之比将继续降低至3.70%。

（2）消除负相关测算：如果到2020年青海城乡此项比值实现1996~2016年最佳状态，那么城乡人均文教消费应达到2926.65元，与产值增长测算值之比将上升至4.13%，年均增长率需达到15.99%，为以往20年实际年均增长率的1.24倍（省域间目标距离第3位）。

（3）供需协调性测算：假设实现文化产业供需协调增长历年最佳关系，并达到"支柱性产业"所需与GDP之比。据此反推，到2020年青海城乡人均文教消费应达到3363.54元，年均增长率需达到20.10%，为以往20年实际年均增长率的1.56倍（省域间目标距离第8位）。

由于《文化及相关产业分类》国家标准2004年版仅具指导性，各地多有变通，2012年版方确定为指令性国家标准，多年缺少全国统一标准的各地文化产值数据，一概按全国数据演算。

（4）最小城乡比测算：如果到2020年青海城乡同时实现1996~2016年三项最佳比值和文教消费最小城乡比，那么城乡人均文教消费应达到4593.29元，与产值增长测算值之比将上升至6.48%，年均增长率需达到29.83%，为以往20年实际年均增长率的2.31倍（省域间目标距离第7位）。鉴于2015年青海文教消费城乡比成为历年最小城乡比，而城乡比缩减动态仍将继续（最佳比例值测算暗含这一动态），取2015年城乡比测算2020年数值反而略小于最佳比例值测算值。就此看来，弥合城乡比测算更为合理，当然难度也更大。

（5）最佳比例值测算：如果到2020年青海城乡三项比值同步实现1996~2016年最佳状态，那么城乡人均文教消费应达到4713.82元，与产值增长测算值之比将上升至6.65%，年均增长率需达到30.67%，为以往20年实际年均增长率的2.38倍（省域间目标距离第8位）。

（6）弥合城乡比测算：如果到2020年青海城乡同时实现1996~2016年

三项最佳比值和乡村人均文教消费绝对值与城镇水平持平,那么城乡人均文教消费应达到6643.53元,与产值增长测算值之比将上升至9.37%,年均增长率需达到42.38%,为以往20年实际年均增长率的3.29倍(省域间目标距离第7位)。

(7)城乡无差距测算:如果到2020年青海在此三个层面消除城乡差距,实现按城镇标准衡量的1996~2016年三项最佳比值,那么城乡人均文教消费应达到10428.50元,与产值增长测算值之比将上升至14.71%,年均增长率需达到59.37%,为以往20年实际年均增长率的4.61倍(省域间目标距离第6位)。

B.24
河南：消除负相关增长目标测算第4位

秦瑞婧*

摘　要： 河南文教消费增长目标暨文化产业发展空间检测：1996～2016年历年均增值实际测算为第5位；2016～2020年供需协调性目标测算为第12位；消除负相关目标测算为第4位；最佳比例值目标测算为第5位；最小城乡比目标测算为第5位；弥合城乡比目标测算为第5位；城乡无差距目标测算为第7位。

关键词： 河南　文化产业　供需协调　增长测算

一　城乡文教消费需求及相关方面增长态势

1996～2016年河南城乡文教消费总量和人均值增长态势见图1。

1996～2016年，河南城乡文教消费总量由103.51亿元增至1414.04亿元，增加1310.53亿元，20年间总增长1266.09%，年均增长13.97%。其中，第一个五年年均增长13.33%；第二个五年年均增长14.36%；第三个五年年均增长12.23%；第四个五年年均增长15.97%。

同期，河南城镇人均文教消费由211.41元增至2078.78元，增加

---

* 秦瑞婧，云南省社会科学院助理研究员，主要从事中国传统文化相关研究。

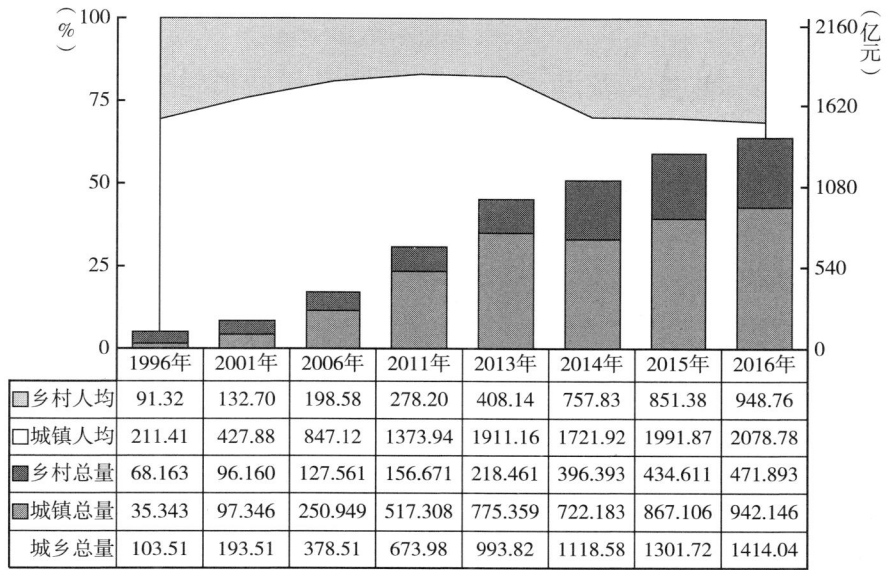

图1 河南城乡文教消费总量和人均值增长态势

左轴：城乡人均文教消费（元转换为%），城乡间呈直观比例。右轴柱形：文教消费总量（亿元），上下（取3位小数避免合计值小数误差）之和为城乡总量。图中前几个五年时段末年对接，报告中描述增长变化包括省略年度，后同。

1867.37元，20年间总增长883.29%，年均增长12.11%。其中，第一个五年年均增长15.14%；第二个五年年均增长14.64%；第三个五年年均增长10.16%；第四个五年年均增长8.63%。

同时，乡村人均文教消费由91.32元增至948.76元，增加857.44元，20年间总增长938.94%，年均增长12.42%。其中，第一个五年年均增长7.76%；第二个五年年均增长8.40%；第三个五年年均增长6.98%；第四个五年年均增长27.81%。

河南城镇人均值年均增长在第一个五年高于乡村7.38个百分点，城乡差距显著扩大；第二个五年高于乡村6.24个百分点，城乡差距持续显著扩大；第三个五年高于乡村3.18个百分点，城乡差距持续明显扩大；第四个五年低于乡村19.18个百分点，城乡差距转为极显著缩小。

二 城乡文教消费需求背景的增长协调性分析

（一）民生基础系数检测

1996~2016年河南城乡人均收入、产值绝对值及其比值、城乡比变动态势见图2。图中将居民收入、产值绝对值转换为图形面积比例，二者历年之比形成民生基础系数变动曲线，同时附有文教消费率、收入城乡比变动曲线。

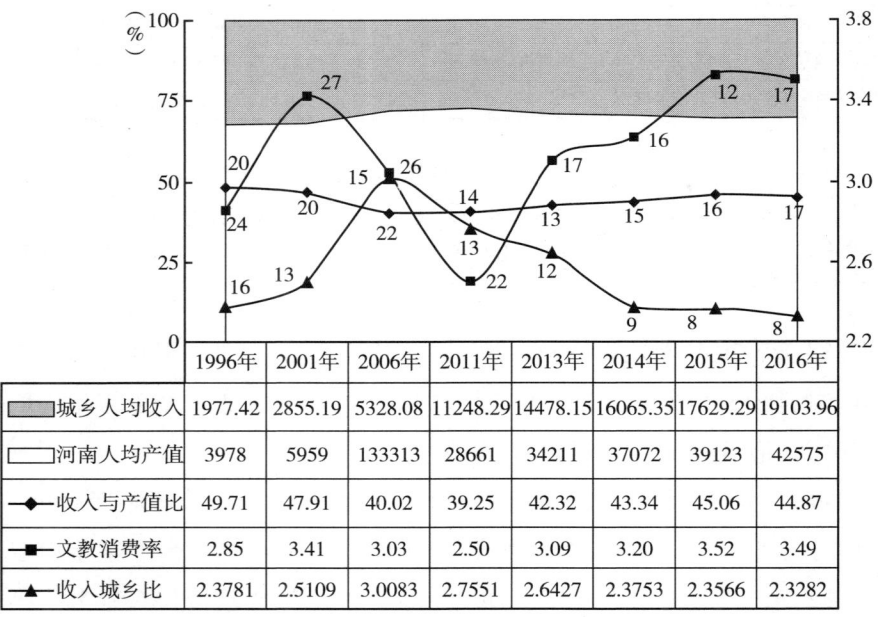

图2 河南城乡人均收入、产值绝对值及其比值和城乡比变动态势

左轴面积：城乡人均收入、产值（元转换为%），二者呈直观比例。左轴曲线：二者之比形成民生基础系数（%）。右轴曲线：文教消费率（%，与产值比），收入城乡比（乡村=1）。标明历年省域位次，同后。另需说明，近几年年鉴始发布2014年以来城乡人均值数据，但与总量数据之间存在演算误差，对应年鉴同时发布的产值人均值和总量分别演算文教消费率有出入，本报告恢复采用自行演算城乡人均值。

1996~2016年，河南城乡居民人均收入年均增长12.01%，人均产值年均增长12.58%，高于居民收入0.57个百分点。20年间，河南城乡居民收入与产值比的最高（最佳）值为1999年的51.81%，最低值为2008年的38.50%。逐年考察，除了1996~1999年、2002年、2009年、2011~2015年出现回升以外，河南此项比值逐步下降，由1996年的49.71%降低至2016年的44.87%，前后年度处于省域间第20位和第17位。

图2另附河南居民文教消费率历年变化动态，可见产值增长带动文教消费增长的相关性态势，前后年度处于省域间第24位和第17位。

1996~2016年，河南乡村居民人均收入年均增长10.53%，城镇居民人均收入年均增长10.41%，低于乡村0.12个百分点。20年间，河南人均收入城乡比的最大值为2003年的3.0980，最小（最佳）值为1998年的2.2636。逐年考察，除了1999~2003年、2005年、2009年出现扩增以外，河南此项城乡比逐步缩减，由1996年的2.3781缩小至2016年的2.3282，前后年度处于省域间第16位和第8位。

由此推演出若干假定测算：①如果河南城乡居民收入与产值比保持1999年最佳水平，那么2016年城乡人均收入应为22056.60元；②如果在最佳比值基础上再实现1998年人均收入最小城乡比，那么城乡人均收入应为22258.49元；③如果进一步弥合城乡比实现均等，那么城乡人均收入应为31441.94元。

（二）民生消费系数检测

1996~2016年河南城乡人均非文消费、收入绝对值及其比值、城乡比变动态势见图3。图中将非文消费、居民收入绝对值转换为图形面积比例，二者历年之比形成民生消费系数变动曲线，同时附有文教消费比、非文消费城乡比变动曲线。

1996~2016年，河南城乡居民人均非文消费年均增长11.07%，人均收入年均增长12.01%，高于非文消费0.94个百分点。20年间，河南城乡居民非文消费占收入比的最高值为1996年的71.96%，最低（最佳）值为

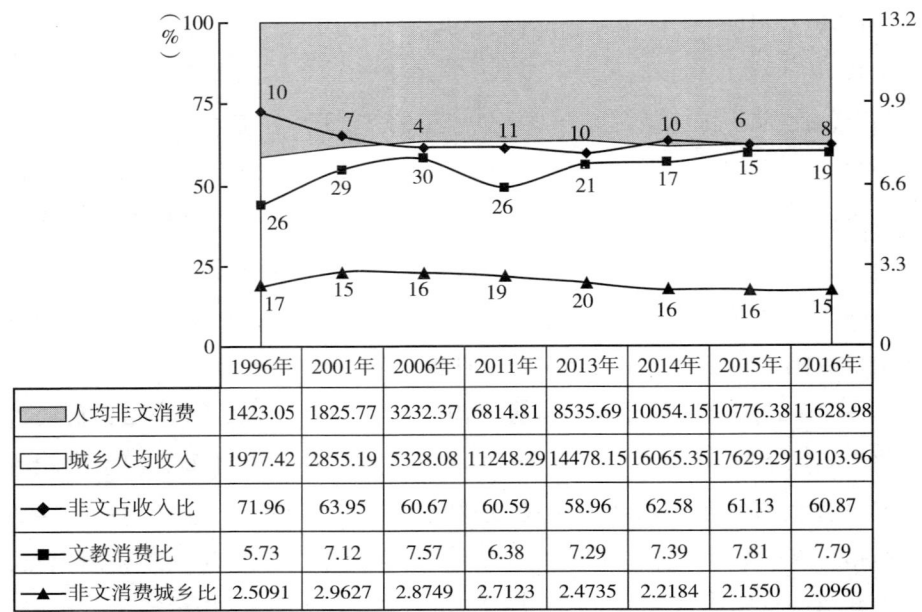

图3 河南城乡人均非文消费、收入绝对值及其比值和城乡比变动态势

左轴面积：城乡人均非文消费、收入（元转换为%），二者呈直观比例。左轴曲线：二者之比形成民生消费系数（%）。右轴曲线：文教消费比（%，占收入比），非文消费城乡比（乡村=1）。

2013年的58.96%。逐年考察，除了2000年、2003年、2005～2007年、2009年、2012年、2014年出现回升以外，河南此项比值逐步下降，由1996年的71.96%降低至2016年的60.87%，前后年度分别处于省域间第10位和第8位。

图3另附河南居民文教消费比历年变化动态，可见收入增长带动文教消费增长的相关性态势，前后年度分别处于省域间第26位和第19位。

1996～2016年，河南乡村居民人均非文消费年均增长10.10%，城镇居民人均非文消费年均增长9.11%，低于乡村0.99个百分点。20年间，河南人均非文消费城乡比的最大值为2003年的3.1992，最小（最佳）值为2016年的2.0960。逐年考察，除了1997～1999年、2001～2003年、2010年出现扩增以外，河南此项城乡比逐步缩减，由1996年的2.5091缩小至2016年的 2.0960，前后年度处于省域间第 17 位和第 15 位。

由此推演出若干假定测算：①如果河南城乡居民非文消费占收入比保持 2013 年最佳水平，那么 2016 年城乡人均非文消费应为 11262.87 元，取上一类最佳比值叠加测算，城乡人均非文消费应为 13003.62 元，收入与之差即非文消费剩余增至 9052.98 元；②河南 2016 年人均非文消费城乡比为最小值，在至此两项最佳比值基础上再实现最小城乡比，演算结果不变，收入与之差即非文消费剩余增至 9254.86 元；③如果进一步弥合城乡比实现均等，那么城乡人均非文消费应为 17901.41 元，收入与之差即非文消费剩余增至 13540.54 元。

（三）文化需求系数检测

1996~2016 年河南城乡人均文教消费、非文消费剩余绝对值及其比值、城乡比变动态势见图 4。图中将文教消费、非文消费剩余绝对值转换为图形面积比例，二者历年之比形成文化需求系数变动曲线，同时附有文教消费比重、文教消费城乡比变动曲线。

1996~2016 年，河南城乡居民人均文教消费年均增长 13.74%，人均非文消费剩余年均增长 13.89%，高于文教消费 0.15 个百分点。20 年间，河南城乡居民文教消费与非文消费剩余比的最高（最佳）值为 1997 年的 21.60%，最低值为 1999 年的 15.65%。逐年考察，除了 1996~1997 年、2000 年、2003 年、2005 年、2009 年、2011~2015 年出现回升以外，河南此项比值逐步下降，由 1996 年的 20.44% 降低至 2016 年的 19.90%，前后年度分别处于省域间第 28 位和第 23 位。

图 4 另附河南居民文教消费比重历年变化动态，可见总消费增长带动文教消费增长的相关性态势，前后年度处于省域间第 26 位和第 14 位。

1996~2016 年，河南乡村居民人均文教消费年均增长 12.42%，城镇居民人均文教消费年均增长 12.11%，低于乡村 0.31 个百分点。20 年间，河南人均文教消费城乡比的最大值为 2011 年的 4.9387，最小（最佳）值为 2016 年的 2.1911。逐年考察，除了 1997 年、1999 年、2001~2002 年、

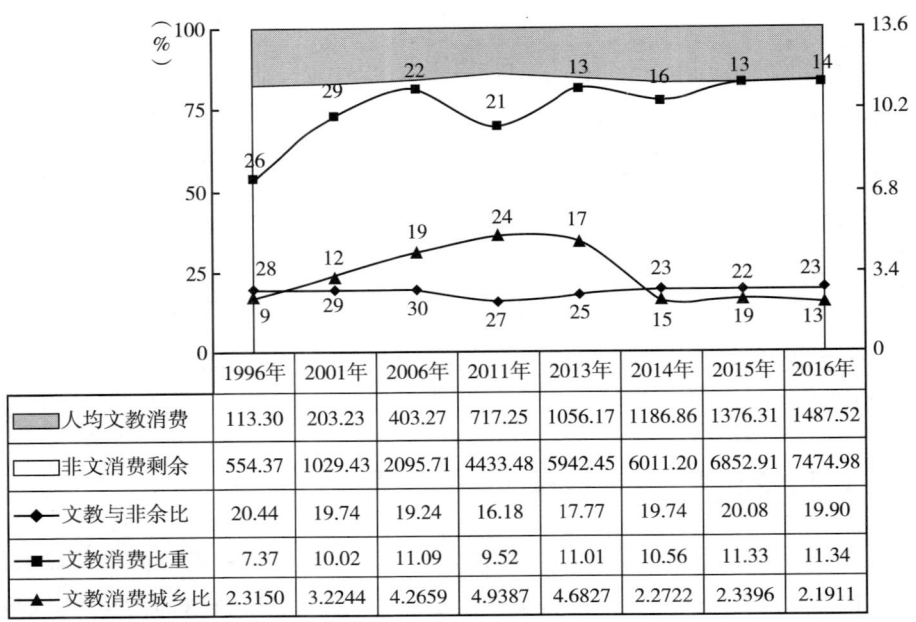

图 4　河南城乡人均文教消费、非文消费剩余绝对值及其比值和城乡比变动态势

左轴面积：城乡人均文教消费、非文消费剩余（元转换为%），二者呈直观比例。左轴曲线：二者之比形成文化需求系数（%）。右轴曲线：文教消费比重（%，占总消费比），文教消费城乡比（乡村=1）。

2004~2005年、2007~2008年、2010~2011年、2013年、2015年出现扩增以外，河南此项城乡比逐步缩减，由1996年的2.3150缩小至2016年的2.1911，前后年度分别处于省域间第9位和第13位。

由此推演出若干假定测算：①如果河南城乡文教消费与非文消费剩余比保持1997年最佳水平，那么2016年城乡人均文教消费应为1614.51元，总量可达1534.76亿元；②如果取至此三类最佳比值叠加测算，那么城乡人均文教消费应为1955.34元，总量可达1858.75亿元；③如果在三项最佳比值基础上再实现2016年人均文教消费最小城乡比，那么城乡人均文教消费应为1955.34元，总量可达1858.75亿元（因实现最小城乡比，测算值不变）；④如果进一步弥合城乡比实现均等，那么城乡人均文教消费应为2732.55元，总量可达2597.56亿元；⑤如果至此三类城乡比同时实现无差距理想,按河南城镇三类比值历年最佳值演算,那么城乡人均文教消费应为5265.71元,总量可达5005.58亿元。

三 文化需求增长目标暨文化产业发展空间测算

2016~2021年河南城乡人均文教消费需求增长测算见图5。

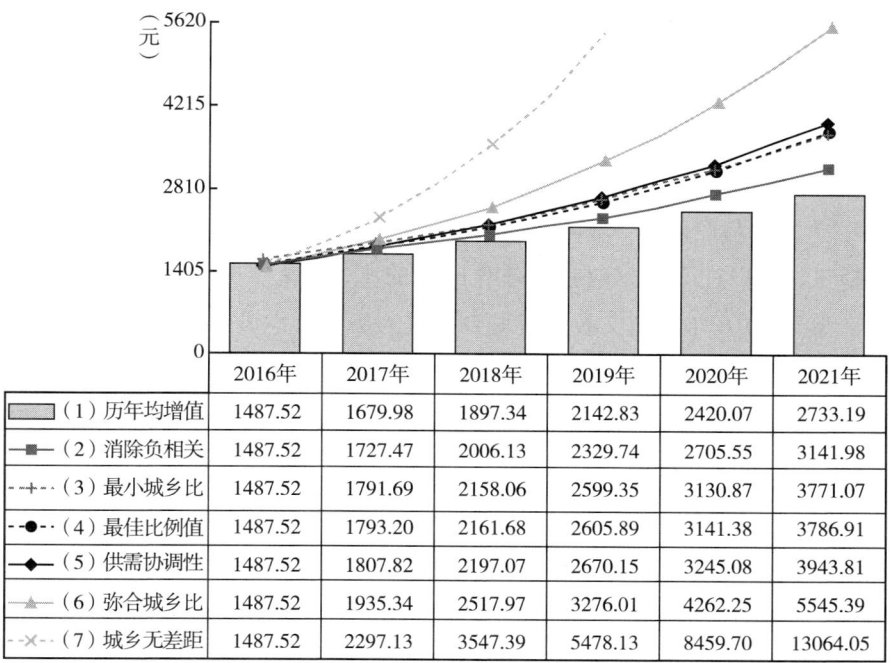

图5 2016~2021年河南城乡人均文教消费需求增长测算

作为背景因素,产值按1996~2016年实际年均增长率推算。2016年文教消费与产值比实际值3.49%,2020年测算值:(1)3.54%,(2)3.96%,(3)4.58%,(4)4.59%,(5)4.74%,(6)6.23%,(7)12.37%。2016~2020年人均文教消费年均增长:(1)12.94%(即1996~2016年实际值,以下为测算值),(2)16.13%,(3)20.45%,(4)20.55%,(5)21.53%,(6)30.10%,(7)54.43%。

若产值按年均增长率7%推算,则2020年文教消费(增量、增幅不变)与产值比:(1)4.34%,(2)4.85%。2020年文教消费人均值(与产值比不变):(3)2554.48元,年增14.47%;(4)2563.06元,年增14.57%;(5)2647.66元,年增15.50%;(6)3477.57元,年增23.65%;(7)6902.27元,年增46.77%。

（1）历年均增值测算：如果2016~2020年河南城乡文教消费增长保持1996~2016年平均增长率12.94%（省域间实际增长第5位），那么到2020年城乡人均文教消费将达到2420.07元。在相关各方面增长均依此推算的情况下，由于河南城乡文教消费与产值之比在1996~2016年呈现上升态势，至2020年文教消费增长与产值增长测算值之比将继续升高至3.54%。

（2）消除负相关测算：如果到2020年河南城乡此项比值实现1996~2016年最佳状态，那么城乡人均文教消费应达到2705.55元，与产值增长测算值之比将上升至3.96%，年均增长率需达到16.13%，为以往20年实际年均增长率的1.25倍（省域间目标距离第4位）。

（3）最小城乡比测算：如果到2020年河南城乡同时实现1996~2016年三项最佳比值和文教消费最小城乡比，那么城乡人均文教消费应达到3130.87元，与产值增长测算值之比将上升至4.58%，年均增长率需达到20.45%，为以往20年实际年均增长率的1.58倍（省域间目标距离第5位）。鉴于2016年河南文教消费城乡比成为历年最小城乡比，而城乡比缩减动态仍将继续（最佳比例值测算暗含这一动态），取2016年城乡比测算2020年数值反而略小于最佳比例值测算值。就此看来，弥合城乡比测算更为合理，当然难度也更大。

（4）最佳比例值测算：如果到2020年河南城乡三项比值同步实现1996~2016年最佳状态，那么城乡人均文教消费应达到3141.38元，与产值增长测算值之比将上升至4.59%，年均增长率需达到20.55%，为以往20年实际年均增长率的1.59倍（省域间目标距离第5位）。

（5）供需协调性测算：假设实现文化产业供需协调增长历年最佳关系，并达到"支柱性产业"所需与GDP之比。据此反推，到2020年河南城乡人均文教消费应达到3245.08元，年均增长率需达到21.53%，为以往20年实际年均增长率的1.66倍（省域间目标距离第12位）。

由于《文化及相关产业分类》国家标准2004年版仅具指导性，各地多有变通，2012年版方确定为指令性国家标准，多年缺少全国统一标准的各地文化产值数据，一概按全国数据演算。

（6）弥合城乡比测算：如果到2020年河南城乡同时实现1996~2016年三项最佳比值和乡村人均文教消费绝对值与城镇水平持平，那么城乡人均文教消费应达到4262.25元，与产值增长测算值之比将上升至6.23%，年均增长率需达到30.10%，为以往20年实际年均增长率的2.33倍（省域间目标距离第5位）。

（7）城乡无差距测算：如果到2020年河南在此三个层面消除城乡差距，实现按城镇标准衡量的1996~2016年三项最佳比值，那么城乡人均文教消费应达到8459.70元，与产值增长测算值之比将上升至12.37%，年均增长率需达到54.43%，为以往20年实际年均增长率的4.21倍（省域间目标距离第7位）。

B.25
天津：消除负相关增长目标测算第14位

蒋昂妤*

摘　要： 天津文教消费增长目标暨文化产业发展空间检测：1996～2016年历年均增值实际测算为第26位；2016～2020年供需协调性目标测算为第30位；消除负相关目标测算为第14位；最佳比例值目标测算为第25位；最小城乡比目标测算为第24位；弥合城乡比目标测算为第22位；城乡无差距目标测算为第19位。

关键词： 天津　文化产业　供需协调　增长测算

一　城乡文教消费需求及相关方面增长态势

1996～2016年天津城乡文教消费总量和人均值增长态势见图1。

1996～2016年，天津城乡文教消费总量由32.13亿元增至374.95亿元，增加342.82亿元，20年间总增长1066.98%，年均增长13.07%。其中，第一个五年年均增长17.32%；第二个五年年均增长11.70%；第三个五年年均增长13.92%；第四个五年年均增长9.49%。

同期，天津城镇人均文教消费由435.56元增至2643.57元，增加

---

* 蒋昂妤，云南省社会科学院国际学术交流中心助理研究员，主要从事旅游文化与国际政策研究。

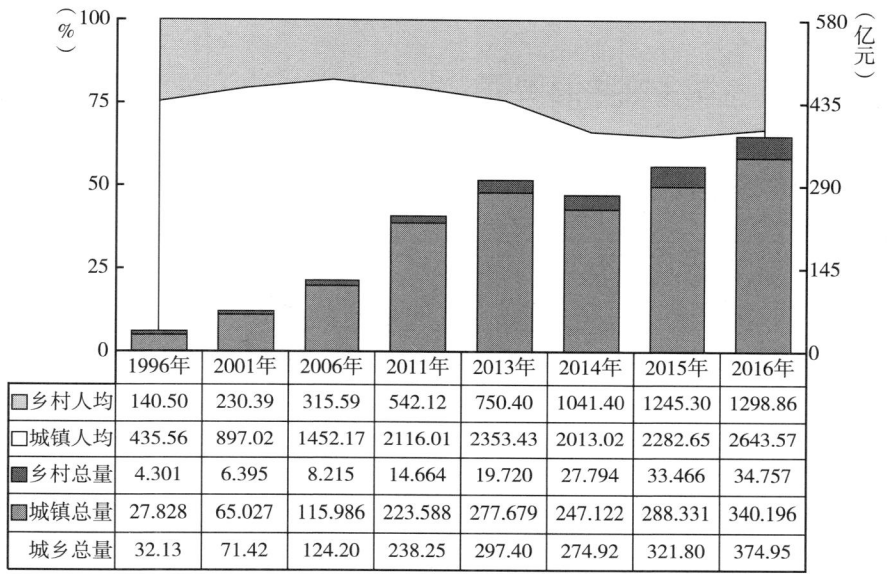

图1 天津城乡文教消费总量和人均值增长态势

左轴：城乡人均文教消费（元转换为%），城乡间呈直观比例。右轴柱形：文教消费总量（亿元），上下（取3位小数避免合计值小数误差）之和为城乡总量。图中前几个五年时段末年对接，报告中描述增长变化包括省略年度，后同。

2208.01元，20年间总增长506.94%，年均增长9.44%。其中，第一个五年年均增长15.54%；第二个五年年均增长10.11%；第三个五年年均增长7.82%；第四个五年年均增长4.55%。

同时，乡村人均文教消费由140.50元增至1298.86元，增加1158.36元，20年间总增长824.46%，年均增长11.76%。其中，第一个五年年均增长10.40%；第二个五年年均增长6.50%；第三个五年年均增长11.43%；第四个五年年均增长19.09%。

天津城镇人均值年均增长在第一个五年高于乡村5.14个百分点，城乡差距明显扩大；第二个五年高于乡村3.61个百分点，城乡差距持续明显扩大；第三个五年低于乡村3.61个百分点，城乡差距转为明显缩小；第四个五年低于乡村14.54个百分点，城乡差距持续极显著缩小。

二 城乡文教消费需求背景的增长协调性分析

(一)民生基础系数检测

1996~2016年天津城乡人均收入、产值绝对值及其比值、城乡比变动态势见图2。图中将居民收入、产值绝对值转换为图形面积比例,二者历年之比形成民生基础系数变动曲线,同时附有文教消费率、收入城乡比变动曲线。

1996~2016年,天津城乡居民人均收入年均增长10.08%,人均产值年均增长12.09%,高于居民收入2.01个百分点。20年间,天津城乡居民收入与产值比的最高(最佳)值为1996年的42.67%,最低值为2014年的27.48%。逐年考察,除了1996年、2001年、2007年、2012~2013年、2015~2016年出现回升以外,天津此项比值逐步下降,由1996年的42.67%降低至2016年的29.71%,前后年度处于省域间第27位和第31位。

图2另附天津居民文教消费率历年变化动态,可见产值增长带动文教消费增长的相关性态势,前后年度处于省域间第22位和第30位。

1996~2016年,天津乡村居民人均收入年均增长9.97%,城镇居民人均收入年均增长9.57%,低于乡村0.40个百分点。20年间,天津人均收入城乡比的最大值为2009年的2.4635,最小(最佳)值为2015年的1.8451。逐年考察,除了1997~2001年、2003~2004年、2006~2009年、2016年出现扩增以外,天津此项城乡比逐步缩减,由1996年的1.9894缩小至2016年的1.8485,前后年度处于省域间第6位和第1位。

由此推演出若干假定测算:①如果天津城乡居民收入与产值比保持1996年最佳水平,那么2016年城乡人均收入应为49087.85元;②如果在最佳比值基础上再实现2015年人均收入最小城乡比,那么城乡人均收入应为49096.84元;③如果进一步弥合城乡比实现均等,那么城乡人均收入应为53299.39元。

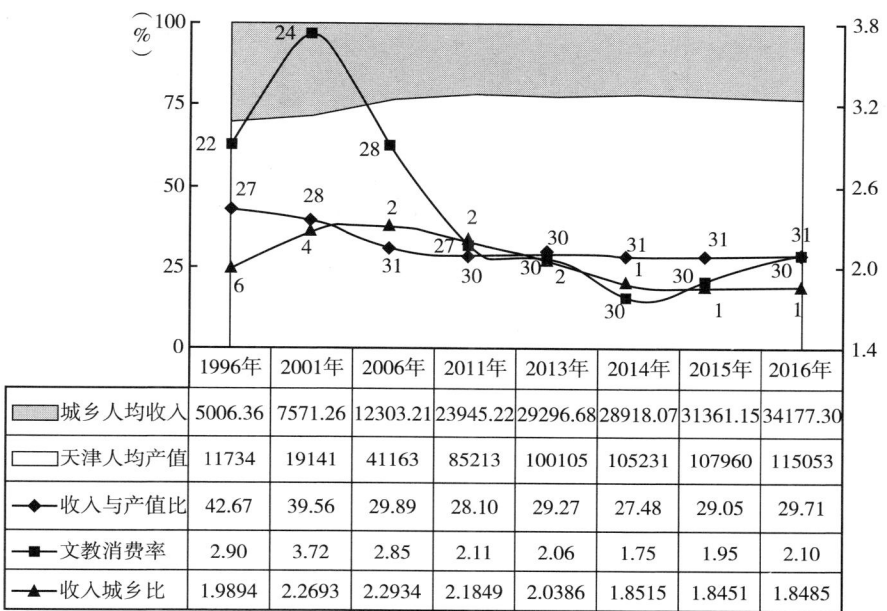

图 2 天津城乡人均收入、产值绝对值及其比值和城乡比变动态势

左轴面积：城乡人均收入、产值（元转换为%），二者呈直观比例。左轴曲线：二者之比形成民生基础系数（%）。右轴曲线：文教消费率（%，与产值比），收入城乡比（乡村＝1）。标明历年省域位次，后同。另需说明，近几年年鉴始发布2014年以来城乡人均值数据，但与总量数据之间存在演算误差，对应年鉴同时发布的产值人均值和总量分别演算文教消费率有出入，本报告恢复采用自行演算城乡人均值。

（二）民生消费系数检测

1996～2016年天津城乡人均非文消费、收入绝对值及其比值、城乡比变动态势见图3。图中将非文消费、居民收入绝对值转换为图形面积比例，二者历年之比形成民生消费系数变动曲线，同时附有文教消费比、非文消费城乡比变动曲线。

1996～2016年，天津城乡居民人均非文消费年均增长10.12%，人均收入年均增长10.08%，低于非文消费0.04个百分点。20年间，天津城乡居民非文消费占收入比的最低（最佳）值为2010年的58.72%，最高值为2014年的71.12%。逐年考察，除了1996～2000年、2002年、2006～2008

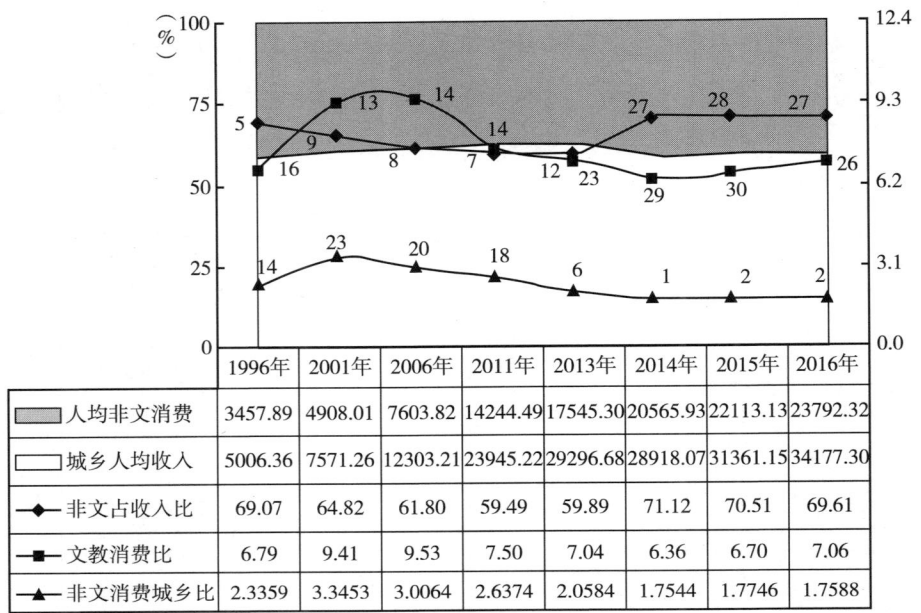

图3　天津城乡人均非文消费、收入绝对值及其比值和城乡比变动态势

左轴面积：城乡人均非文消费、收入（元转换为%），二者呈直观比例。左轴曲线：二者之比形成民生消费系数（%）。右轴曲线：文教消费比（%，占收入比），非文消费城乡比（乡村=1）。

年、2010年、2012年、2015~2016年出现回降以外，天津此项比值逐步上升，由1996年的69.07%提高至2016年的69.61%，前后年度处于省域间第5位和第27位。

图3中另附天津居民文教消费比历年变化动态，可见收入增长带动文教消费增长的相关性态势，前后年度处于省域间第16位和第26位。

1996~2016年，天津乡村居民人均非文消费年均增长10.99%，城镇居民人均非文消费年均增长9.42%，低于乡村1.57个百分点。20年间，天津人均非文消费城乡比的最大值为2003年的3.4966，最小（最佳）值为2014年的1.7544。逐年考察，除了1997年、1999~2001年、2003年、2007~2008年、2015年出现扩增以外，天津此项城乡比逐步缩减，由1996年的2.3359缩小至2016年的1.7588，前后年度处于省域间第14位和第2位。

由此推演出若干假定测算：①如果天津城乡居民非文消费占收入比保持2010年最佳水平，那么2016年城乡人均非文消费应为20068.55元，取上一类最佳比值叠加测算，城乡人均非文消费应为28823.86元，收入与之差即非文消费剩余增至20263.99元；②如果在至此两项最佳比值基础上再实现2014年人均非文消费最小城乡比，那么城乡人均非文消费应为28831.34元，收入与之差即非文消费剩余增至20265.49元；③如果进一步弥合城乡比实现均等，那么城乡人均非文消费应为31136.20元，收入与之差即非文消费剩余增至22163.19元。

（三）文化需求系数检测

1996~2016年天津城乡人均文教消费、非文消费剩余绝对值及其比值、城乡比变动态势见图4。图中将文教消费、非文消费剩余绝对值转换为图形面积比例，二者历年之比形成文化需求系数变动曲线，同时附有文教消费比重、文教消费城乡比变动曲线。

1996~2016年，天津城乡居民人均文教消费年均增长10.29%，人均非文消费剩余年均增长9.98%，低于文教消费0.31个百分点。20年间，天津城乡居民文教消费与非文消费剩余比的最低值为2013年的17.54%，最高（最佳）值为2002年的29.91%。逐年考察，除了1996年、2000年、2003年、2005~2010年、2012~2013年出现回降以外，天津此项比值逐步上升，由1996年的21.96%提高至2016年的23.23%，前后年度分别处于省域间第24位和第15位。

图4中另附天津居民文教消费比重历年变化动态，可见总消费增长带动文教消费增长的相关性态势，前后年度分别处于省域间第12位和第29位。

1996~2016年，天津乡村居民人均文教消费年均增长11.76%，城镇居民人均文教消费年均增长9.44%，低于乡村2.32个百分点。20年间，天津人均文教消费城乡比的最大值为2007年的5.2547，最小（最佳）值为2015年的1.8330。逐年考察，除了1997年、1999年、2001~2002年、2004~2007年、2013年、2016年出现扩增以外，天津此项城乡比逐步缩减，由

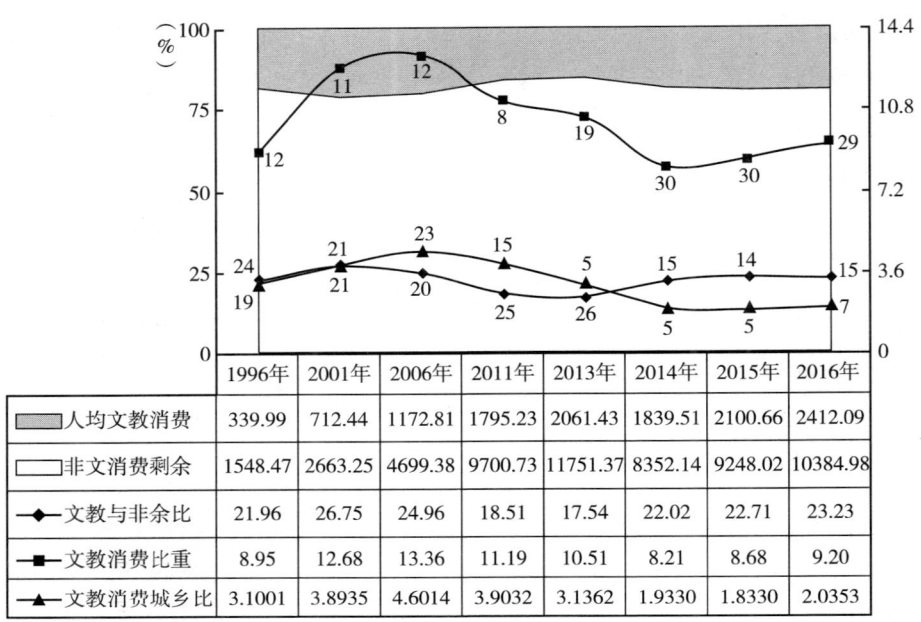

图4　天津城乡人均文教消费、非文消费剩余绝对值及其比值和城乡比变动态势

左轴面积：城乡人均文教消费、非文消费剩余（元转换为%），二者呈直观比例。左轴曲线：二者之比形成文化需求系数（%）。右轴曲线：文教消费比重（%，占总消费比），文教消费城乡比（乡村=1）。

1996年3.1001缩小至2016年的2.0353，前后年度处于省域间第19位和第7位。

由此推演出若干假定测算：①如果天津城乡文教消费与非文消费剩余比保持2002年最佳水平，那么2016年城乡人均文教消费应为3106.31元，总量可达482.87亿元；②如果取至此三类最佳比值叠加测算，那么城乡人均文教消费应为6061.27元，总量可达942.21亿元；③如果在三项最佳比值基础上再实现2015年人均文教消费最小城乡比，那么城乡人均文教消费应为6123.27元，总量可达951.85亿元；④如果进一步弥合城乡比实现均等，那么城乡人均文教消费应为6642.95元，总量可达1032.63亿元；⑤如果至此三类城乡比同时实现无差距理想，按天津城镇三类比值历年最佳值演算，那么城乡人均文教消费应为8181.17元，总量可达1271.74亿元。

三 文化需求增长目标暨文化产业发展空间测算

2016~2021年天津城乡人均文教消费需求增长测算见图5。

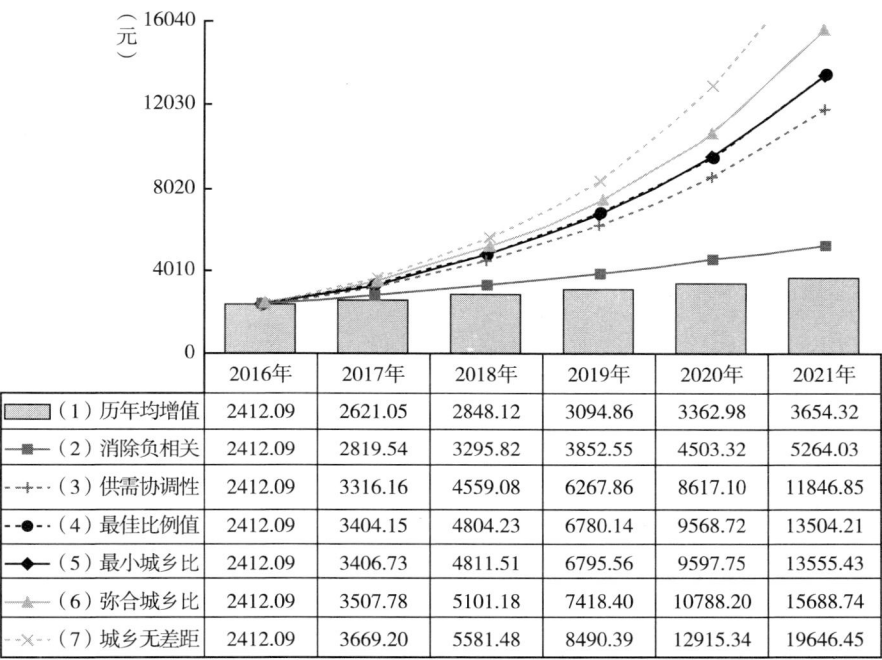

图5 2016~2021年天津城乡人均文教消费需求增长测算

作为背景因素,产值按1996~2016年实际年均增长率推算。2016年文教消费与产值比实际值2.10%,2020年测算值:(1)1.85%,(2)2.48%,(3)4.74%,(4)5.27%,(5)5.28%,(6)5.94%,(7)7.11%。2016~2020年人均文教消费年均增长:(1)8.66%(即1996~2016年实际值,以下为测算值),(2)16.89%,(3)37.48%,(4)41.13%,(5)41.24%,(6)45.42%,(7)52.12%。

若产值按年均增长率7%推算,则2020年文教消费(增量、增幅不变)与产值比:(1)2.23%,(2)2.99%。2020年文教消费人均值(与产值比不变):(3)7154.94元,年增31.24%;(4)7945.09元,年增34.72%;(5)7969.19元,年增34.82%;(6)8957.64元,年增38.82%;(7)10723.85元,年增45.21%。

(1)历年均增值测算:如果2016~2020年天津城乡文教消费增长保持1996~2016年平均增长率8.66%(省域间实际增长第26位),那么到2020

年城乡人均文教消费将达到3362.98元。在相关各方面增长均依此推算的情况下,由于天津城乡文教消费与产值之比在1996~2016年呈现下降态势,至2020年文教消费增长与产值增长测算值之比将继续降低至1.85%。

(2)消除负相关测算:如果到2020年天津城乡此项比值实现1996~2016年最佳状态,那么城乡人均文教消费应达到4503.32元,与产值增长测算值之比将上升至2.48%,年均增长率需达到16.89%,为以往20年实际年均增长率的1.95倍(省域间目标距离第14位)。

(3)供需协调性测算:假设实现文化产业供需协调增长历年最佳关系,并达到"支柱性产业"所需与GDP之比。据此反推,到2020年天津城乡人均文教消费应达到8617.10元,年均增长率需达到37.48%,为以往20年实际年均增长率的4.33倍(省域间目标距离第30位)。

由于《文化及相关产业分类》国家标准2004年版仅具指导性,各地多有变通,2012年版方确定为指令性国家标准,多年缺少全国统一标准的各地文化产值数据,一概按全国数据演算。

(4)最佳比例值测算:如果到2020年天津城乡三项比值同步实现1996~2016年最佳状态,那么城乡人均文教消费应达到9568.72元,与产值增长测算值之比将上升至5.27%,年均增长率需达到41.13%,为以往20年实际年均增长率的4.75倍(省域间目标距离第25位)。

(5)最小城乡比测算:如果到2020年天津城乡同时实现1996~2016年三项最佳比值和文教消费最小城乡比,那么城乡人均文教消费应达到9597.75元,与产值增长测算值之比将上升至5.28%,年均增长率需达到41.24%,为以往20年实际年均增长率的4.76倍(省域间目标距离第24位)。

(6)弥合城乡比测算:如果到2020年天津城乡同时实现1996~2016年三项最佳比值和乡村人均文教消费绝对值与城镇水平持平,那么城乡人均文教消费应达到10788.20元,与产值增长测算值之比将上升至5.94%,年均增长率需达到45.42%,为以往20年实际年均增长率的5.24倍(省域间目标距离第22位)。

（7）城乡无差距测算：如果到2020年天津在此三个层面消除城乡差距，实现按城镇标准衡量的1996~2016年三项最佳比值，那么城乡人均文教消费应达到12915.34元，与产值增长测算值之比将上升至7.11%，年均增长率需达到52.12%，为以往20年实际年均增长率的6.02倍（省域间目标距离第19位）。

Abstract

Based upon the growth from 1996 to 2016, and aiming at the target of extended demotic culture and education consumption demand and advanced sharing between urban and rural areas, and among various regions, measuring to the "due space" of the countrywide total culture and education consumption demand in urban and rural areas in 2016 are as follows: 2923.443 billion yuan in the valued coordinated supply-demand; 3860.441 billion yuan in the valued avoiding negative correlation; 4385.804 billion yuan in the valued optimal proportion; 4388.372 billion yuan in the valued lowest urban-rural ratio; 5903.914 billion yuan in the valued closed urban-rural ratio; 8909.744 billion yuan in the valued without urban-rural gap, 11587.072 billion yuan in the valued without regional gap. But the actual gross is only 2701.359 billion yuan.

It was the low increase of culture and education consumption demand that resulted in the short growth of cultural production and supply. The development space of China's cultural industry must be exploited from boosting "endogenous motivity". The cultural industry becomes a pillar industry, which in itself is not the goal.

Based upon the above analysis, with the ultimate goal of resolving the unbalanced and inadequate development, the total growth space of the countrywide culture and education consumption to 2020 are estimated as follows: 4126.423 billion yuan in the of average added value over the years; 5612.622 billion yuan in the growth target of coordinated supply-demand; 6392.769 billion yuan in the growth target of avoiding negative correlation; 6971.894 billion yuan in the growth target of optimal proportion; 6930.960 billion yuan in the growth target of lowest urban-rural ratio; 9266.036 billion yuan in the growth target of closed urban-rural ratio; 14163.374 billion yuan in the growth target of without urban-rural gap; 18401.689 billion yuan in the growth target of without regional gap.

According to the growth from 1996 to 2016, ranking of the evaluated distance of growth targets among various provinces to 2020 is as follows: Qinghai, Guizhou, Gansu, Ningxia and Henan rank top five in the valued average added value over the years; Guizhou, Hebei, Qinghai, Henan and Liaoning rank top five in the growth target valued avoiding negative correlation; Heilongjiang, Liaoning, Shanxi, Hebei and Henan rank top five in the growth target valued optimal proportion; Heilongjiang, Shanxi, Hebei, Liaoning and Henan rank top five in the growth target valued lowest urban-rural ratio; Heilongjiang, Liaoning, Shanxi, Hebei and Henan rank top five in the growth target valued closed urban-rural ratio; Heilongjiang, Liaoning, Gansu, Shanxi and Jilin rank top five in the growth target valued without urban-rural gap; Gansu, Shanxi, Liaoning, Hunan and Yunnan rank top five in the growth target valued coordinated supply-demand.

Contents

I General Report

B. 1 The Growth Target of Coordinated Supply-demand of China's Cultural Industry

—The Analysis of the Past 20 Years and the Estimation to 2020

      Wang Ya'nan, Liu Ting, Fang Yu and Zhao Juan / 001

 1. The Growth Situation of the Countrywide Culture and Education Consumption Demand in Urban and Rural Areas and Interrelated Background / 006

 2. Testing for the Increase Harmony about the Basal Coefficient of People's Livelihood in the Countrywide Urban and Rural Areas / 013

 3. Testing for the Increase Harmony about the Consumption Coefficient of People's Livelihood in the Countrywide Urban and Rural Areas / 016

 4. Testing for the Increase Harmony about the Coefficient of Culture and Education Demand in the Countrywide Urban and Rural Areas / 020

 5. Measuring to the Growth Target of Culture and Education Consumption and Development Space of Cultural Industry / 025

Abstract: Based upon the growth from 1996 to 2016, and aiming at the target of extended demotic culture and education consumption demand and advanced sharing between urban and rural areas, and among various regions, measuring to the "due space" of the countrywide total culture and education consumption demand in urban and rural areas in 2016 are as follows: 2923.443 billion yuan in the valued coordinated supply-demand; 3860.441 billion yuan in the valued avoiding negative correlation; 4385.804 billion yuan in the valued optimal proportion; 4388.372 billion yuan in the valued lowest urban-rural ratio; 5903.914 billion yuan in the valued closed urban-rural ratio; 8909.744 billion yuan in the valued without urban-rural gap, 11587.072 billion yuan in the valued without regional gap. But the actual gross is only 2701.359 billion yuan. It is clear at a glance which the growth distance with regard to the countrywide culture and education consumption demand in urban and rural areas had two dimensions: on the one hand, that consist in the harmonious difference of economic increase and basic people's livelihood and cultural people's livelihood enhancement; on the other hand, that consist in the statuesque difference of people's livelihood and cultural people's livelihood enhancement between urban and rural areas, and among various regions. Based upon the above analysis, with the ultimate goal of resolving the unbalanced and inadequate development, the total growth space of the countrywide culture and education consumption to 2020 are estimated as follows: 4126.423 billion yuan in the of average added value over the years; 5612.622 billion yuan in the growth target of coordinated supply-demand; 6392.769 billion yuan in the growth target of avoiding negative correlation; 6971.894 billion yuan in the growth target of optimal proportion; 6930.960 billion yuan in the growth target of lowest urban-rural ratio; 9266.036 billion yuan in the growth target of closed urban-rural ratio; 14163.374 billion yuan in the growth target of without urban-rural gap; 18401.689 billion yuan in the growth target of without regional gap.

Keywords: China; Cultural Industry; Coordinated Supply-demand; Growth Measuring

II Technical Report and Comprehensive Analysis

B.2 Technical Report on the Evaluation System of the Coordinated Supply-Demand of China's Cultural Industry
—Concurring the Countrywide and Provincial Growth Gap Measurement to 2016

Wang Ya'nan, Fang Yu, Liu Ting and Wei Haiyan / 032

Abstract: As a part of the complete set of Annual Evaluation Report of China's Cultural Consumption Demand, this evaluation system is an extended development of China's culture and education consumption demand evaluation system. It aims to advance the ultimate target assessments: the "Culture Table" based upon the residents' consumption demand in urban and rural areas; the ought-to-be gap and ideal gap of the psychic culture and education consumption growth; the income of "Culture Ground" by production supply and the ought-to-be space of the cultural industry development. By means of people's livelihood foundation coefficient, the people's livelihood consumption coefficient and the cultural demand coefficient, it is to test the coordinated gap between the culture and education consumption demand growth and the production value, the residents' income, the necessary consumption and the necessary consumption surplus growth. According to the urban-rural gap, regional differences, the coordinated ought-to-be growth and the balanced ideal growth, which are measured by the urban-rural ratio and the regional difference indicators, it is to test the coordinated supply-demand growth target of the cultural industry and culture and education consumption across China.

Keywords: China; Cultural Industry; Supply-demand Coordination; Gap Measurement

B. 3 Ranking on Growth Target of Coordinated Supply-demand of Cultural Industry Across Various Provinces

—The Measure from 1996 to 2016 and Estimation to 2020

Wang Ya'nan, Zhao Juan, Wei Haiyan and Dai Li / 066

Abstract: To aim at extending demand and advancing sharing, the growth of culture and education consumption demand is measured to estimate the development space of cultural industry. According to the growth from 1996 to 2016, ranking of the evaluated distance of growth targets among various provinces to 2020 is as follows: Qinghai, Guizhou, Gansu, Ningxia and Henan rank top five in the valued average added value over the years; Guizhou, Hebei, Qinghai, Henan and Liaoning rank top five in the growth target valued avoiding negative correlation; Heilongjiang, Liaoning, Shanxi, Hebei and Henan rank top five in the growth target valued optimal proportion; Heilongjiang, Shanxi, Hebei, Liaoning and Henan rank top five in the growth target valued lowest urban-rural ratio; Heilongjiang, Liaoning, Shanxi, Hebei and Henan rank top five in the growth target valued closed urban-rural ratio; Heilongjiang, Liaoning, Gansu, Shanxi and Jilin rank top five in the growth target valued without urban-rural gap; Gansu, Shanxi, Liaoning, Hunan and Yunnan rank top five in the growth target valued coordinated supply-demand.

Keywords: Various Provinces; Cultural Industry; Coordinated Supply-demand; Growth Measuring

III Reports on Provinces

B. 4 Heilongjiang: Ranked the 1st in the Growth Target Valued Without Urban-rural Gap *Wang Chengxi* / 103

Abstract: The evaluated growth targets of culture and education consumption and development space of cultural industry in Heilongjiang are as follows: in the ranking of the actual growth among various provinces from 1996 to

2016, Heilongjiang is the 17th in the valued average added value over the years; in the rankings of the targets distance among various provinces from 2016 to 2020, Heilongjiang is the 7th in the growth target valued coordinated supply-demand; the 6th in the growth target valued avoiding negative correlation; the 1st in the growth target valued optimal proportion; the 1st in the growth target valued lowest urban-rural ratio; the 1st in the growth target valued closed urban-rural ratio; and the 1st in the growth target valued without urban-rural gap.

Keywords: Heilongjiang; Cultural Industry; Coordinated Supply-demand; Growth Measuring

B.5 Liaoning: Ranked the 2nd in the Growth Target Valued Without Urban-rural Gap　　　　　　　*Yuan Chunsheng* / 113

Abstract: The evaluated growth targets of culture and education consumption and development space of cultural industry in Liaoning are as follows: in the ranking of the actual growth among various provinces from 1996 to 2016, Liaoning is the 10th in the valued average added value over the years; in the rankings of the targets distance among various provinces from 2016 to 2020, Liaoning is the 3rd in the growth target valued coordinated supply-demand; the 5th in the growth target valued avoiding negative correlation; the 2nd in the growth target valued optimal proportion; the 4th in the growth target valued lowest urban-rural ratio; the 2nd in the growth target valued closed urban-rural ratio; and the 2nd in the growth target valued without urban-rural gap.

Keywords: Liaoning; Cultural Industry; Coordinated Supply-demand; Growth Measuring

Contents

B.6 Gansu: Ranked the 3rd in the Growth Target Valued Without Urban-rural Gap　　　　　　　　　　　　　　　　*Fan Gang* / 122

Abstract: The evaluated growth targets of culture and education consumption and development space of cultural industry in Gansu are as follows: in the ranking of the actual growth among various provinces from 1996 to 2016, Gansu is the 3rd in the valued average added value over the years; in the rankings of the targets distance among various provinces from 2016 to 2020, Gansu is the 1st in the growth target valued coordinated supply-demand; the 7th in the growth target valued avoiding negative correlation; the 6th in the growth target valued optimal proportion; the 6th in the growth target valued lowest urban-rural ratio; the 6th in the growth target valued closed urban-rural ratio; and the 3rd in the growth target valued without urban-rural gap.

Keywords: Gansu; Cultural Industry; Coordinated Supply-demand; Growth Measuring

B.7 Jilin: Ranked the 5th in the Growth Target Valued Without Urban-rural Gap　　　　　　　　　　　　　　　　*Wang Yang* / 131

Abstract: The evaluated growth targets of culture and education consumption and development space of cultural industry in Jilin are as follows: in the ranking of the actual growth among various provinces from 1996 to 2016, Jilin is the 15th in the valued average added value over the years; in the rankings of the targets distance among various provinces from 2016 to 2020, Jilin is the 16th in the growth target valued coordinated supply-demand; the 9th in the growth target valued avoiding negative correlation; the 16th in the growth target valued optimal proportion; the 16th in the growth target valued lowest urban-rural ratio; the 16th in the growth target valued closed urban-rural ratio; and the 5th in the growth target valued without urban-rural gap.

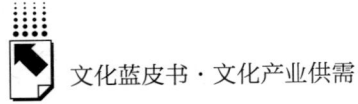

Keywords: Jilin; Cultural Industry; Coordinated Supply-demand; Growth Measuring

B.8 Shanghai: Ranked the 8th in the Growth Target Valued Without Urban-rural Gap   *Zhang Debing / 141*

Abstract: The evaluated growth targets of culture and education consumption and development space of cultural industry in Shanghai are as follows: in the ranking of the actual growth among various provinces from 1996 to 2016, Shanghai is the 30th in the valued average added value over the years; in the rankings of the targets distance among various provinces from 2016 to 2020, Shanghai is the 18th in the growth target valued coordinated supply-demand; the 28th in the growth target valued avoiding negative correlation; the 23rd in the growth target valued optimal proportion; the 25th in the growth target valued lowest urban-rural ratio; the 23rd in the growth target valued closed urban-rural ratio; and the 8th in the growth target valued without urban-rural gap.

Keywords: Shanghai; Cultural Industry; Coordinated Supply-demand; Growth Measuring

B.9 Fujian: Ranked the 9th in the Growth Target Valued Without Urban-rural Gap   *Guo Na / 150*

Abstract: The evaluated growth targets of culture and education consumption and development space of cultural industry in Fujian are as follows: in the ranking of the actual growth among various provinces from 1996 to 2016, Fujian is the 13th in the valued average added value over the years; in the rankings of the targets distance among various provinces from 2016 to 2020, Fujian is the 24th in the growth target valued coordinated supply-demand; the 11th in the growth target valued avoiding negative correlation; the 11th in the growth target valued optimal proportion; the 14th in the growth target valued lowest urban-rural ratio; the 10th in the growth target valued closed urban-rural ratio; and the 9th in the growth target valued without urban-rural gap.

Keywords: Fujian; Cultural Industry; Coordinated Supply-demand; Growth Measuring

B. 10 Jiangsu: Ranked the 12th in the Growth Target Valued Without Urban-rural Gap   *Wang Yu* / 159

Abstract: The evaluated growth targets of culture and education consumption and development space of cultural industry in Jiangsu are as follows: in the ranking of the actual growth among various provinces from 1996 to 2016, Jiangsu is the 11th in the valued average added value over the years; in the rankings of the targets distance among various provinces from 2016 to 2020, Jiangsu is the 25th in the growth target valued coordinated supply-demand; the 12th in the growth target valued avoiding negative correlation; the 15th in the growth target valued optimal proportion; the 15th in the growth target valued lowest urban-rural ratio; the 12th in the growth target valued closed urban-rural ratio; and the 12th in the growth target valued without urban-rural gap.

Keywords: Jiangsu; Cultural Industry; Coordinated Supply-demand; Growth Measuring

B. 11 Inner Mongolia: Ranked the 14th in the Growth Target Valued Without Urban-rural Gap   *Jiang Kunyang* / 168

Abstract: The evaluated growth targets of culture and education consumption and development space of cultural industry in Inner Mongolia are as follows: in the ranking of the actual growth among various provinces from 1996 to 2016, Inner Mongolia is the 7th in the valued average added value over the years; in the rankings of the targets distance among various provinces from 2016 to 2020, Inner Mongolia is the 22nd in the growth target valued coordinated supply-demand; the 15th in the growth target valued avoiding negative correlation; the 19th in the growth target valued optimal proportion; the 18th in the growth target valued lowest urban-rural ratio; the 17th in the growth target valued closed urban-rural ratio; and the 14th in the growth target valued without urban-rural gap.

Keywords: Inner Mongolia; Cultural Industry; Coordinated Supply-demand; Growth Measuring

B.12　Zhejiang: Ranked the 15th in the Growth Target Valued without Urban-rural Gap　　*Ning Fajin* / 177

Abstract: The evaluated growth targets of culture and education consumption and development space of cultural industry in Zhejiang are as follows: in the ranking of the actual growth among various provinces from 1996 to 2016, Zhejiang is the 21st in the valued average added value over the years; in the rankings of the targets distance among various provinces from 2016 to 2020, Zhejiang is the 19th in the growth target valued coordinated supply-demand; the 24th in the growth target valued avoiding negative correlation; the 20th in the growth target valued optimal proportion; the 20th in the growth target valued lowest urban-rural ratio; the 19th in the growth target valued closed urban-rural ratio; and the 15th in the growth target valued without urban-rural gap.

Keywords: Zhejiang; Cultural Industry; Coordinated Supply-demand; Growth Measuring

Contents

B. 13　Jiangxi: Ranked the 17th in the Growth Target Valued
　　　　Without Urban-rural Gap　　　　　　　　*Yang Yuanyuan* / 186

Abstract: The evaluated growth targets of culture and education consumption and development space of cultural industry in Jiangxi are as follows: in the ranking of the actual growth among various provinces from 1996 to 2016, Jiangxi is the 16th in the valued average added value over the years; in the rankings of the targets distance among various provinces from 2016 to 2020, Jiangxi is the 15th in the growth target valued coordinated supply-demand; the 20th in the growth target valued avoiding negative correlation; the 21st in the growth target valued optimal proportion; the 21st in the growth target valued lowest urban-rural ratio; the 21st in the growth target valued closed urban-rural ratio; and the 17th in the growth target valued without urban-rural gap.

Keywords: Jiangxi; Cultural Industry; Coordinated Supply-demand; Growth Measuring

B. 14　Ningxia: Ranked the 8th in the Growth Target Valued
　　　　Closed Urban-rural Ratio　　　　　　　　*Deng Yunfei* / 195

Abstract: The evaluated growth targets of culture and education consumption and development space of cultural industry in Ningxia are as follows: in the ranking of the actual growth among various provinces from 1996 to 2016, Ningxia is the 4th in the valued average added value over the years; in the rankings of the targets distance among various provinces from 2016 to 2020, Ningxia is the 9th in the growth target valued coordinated supply-demand; the 8th in the growth target valued avoiding negative correlation; the 9th in the growth target valued optimal proportion; the 8th in the growth target valued lowest urban-rural ratio; the 8th in the growth target valued closed urban-rural ratio; and the 11th in the growth target valued without urban-rural gap.

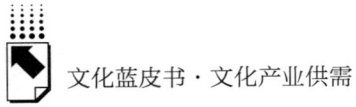

Keywords: Ningxia; Cultural Industry; Coordinated Supply-demand; Growth Measuring

B.15 Hainan: Ranked the 9th in the Growth Target Valued Closed Urban-rural Ratio
Mu Wenjuan / 205

Abstract: The evaluated growth targets of culture and education consumption and development space of cultural industry in Hainan are as follows: in the ranking of the actual growth among various provinces from 1996 to 2016, Hainan is the 25th in the valued average added value over the years; in the rankings of the targets distance among various provinces from 2016 to 2020, Hainan is the 17th in the growth target valued coordinated supply-demand; the 17th in the growth target valued avoiding negative correlation; the 14th in the growth target valued optimal proportion; the 13th in the growth target valued lowest urban-rural ratio; the 9th in the growth target valued closed urban-rural ratio; and the 18th in the growth target valued without urban-rural gap.

Keywords: Hainan; Cultural Industry; Coordinated Supply-demand; Growth Measuring

B.16 Shanxi: Ranked the 2nd in the Growth Target Valued Lowest Urban-rural Ratio
Shen Zongtao / 215

Abstract: The evaluated growth targets of culture and education consumption and development space of cultural industry in Shanxi are as follows: in the ranking of the actual growth among various provinces from 1996 to 2016, Shanxi is the 8th in the valued average added value over the years; in the rankings of the targets distance among various provinces from 2016 to 2020, Shanxi is the 2nd in the growth target valued coordinated supply-demand; the 10th in the growth target valued avoiding negative correlation; the 3rd in the growth target valued optimal proportion; the 2nd in the growth target valued lowest urban-rural ratio; the 3rd in the growth target valued closed urban-rural ratio; and the 4th in the growth target valued without urban-rural gap.

Keywords: Shanxi; Cultural Industry; Coordinated Supply-demand; Growth Measuring

B. 17　Yunnan: Ranked the 10th in the Growth Target Valued Lowest Urban-rural Ratio　　　　　　　　　　*Liu Bing* / 225

Abstract: The evaluated growth targets of culture and education consumption and development space of cultural industry in Yunnan are as follows: in the ranking of the actual growth among various provinces from 1996 to 2016, Yunnan is the 9th in the valued average added value over the years; in the rankings of the targets distance among various provinces from 2016 to 2020, Yunnan is the 5th in the growth target valued coordinated supply-demand; the 23rd in the growth target valued avoiding negative correlation; the 12th in the growth target valued optimal proportion; the 10th in the growth target valued lowest urban-rural ratio; the 14th in the growth target valued closed urban-rural ratio; and the 16th in the growth target valued without urban-rural gap.

Keywords: Yunnan; Cultural Industry; Coordinated Supply-demand; Growth Measuring

B. 18　Shandong: Ranked the 17th in the Growth Target Valued Lowest Urban-rural Ratio　　　　　　　　　*Xu Heshan* / 235

Abstract: The evaluated growth targets of culture and education consumption and development space of cultural industry in Shandong are as follows: in the ranking of the actual growth among various provinces from 1996 to 2016, Shandong is the 20th in the valued average added value over the years; in the rankings of the targets distance among various provinces from 2016 to 2020, Shandong is the 29th in the growth target valued coordinated supply-demand; the 21st in the growth target valued avoiding negative correlation; the 17th in the growth target valued optimal proportion; the 17th in the growth target valued lowest urban-rural ratio; the 18th in the growth target valued closed urban-rural ratio; and the 23rd in the growth target valued without urban-rural gap.

Keywords: Shandong; Cultural Industry; Coordinated Supply-demand; Growth Measuring

B. 19 Xinjiang: Ranked the 7th in the Growth Target Valued Optimal Proportion *Du Juan* / 245

Abstract: The evaluated growth targets of culture and education consumption and development space of cultural industry in Xinjiang are as follows: in the ranking of the actual growth among various provinces from 1996 to 2016, Xinjiang is the 19th in the valued average added value over the years; in the rankings of the targets distance among various provinces from 2016 to 2020, Xinjiang is the 11th in the growth target valued coordinated supply-demand; the 16th in the growth target valued avoiding negative correlation; the 7th in the growth target valued optimal proportion; the 9th in the growth target valued lowest urban-rural ratio; the 13th in the growth target valued closed urban-rural ratio; and the 13th in the growth target valued without urban-rural gap.

Keywords: Xinjiang; Cultural Industry; Coordinated Supply-demand; Growth Measuring

B.20 Anhui: Ranked the 10th in the Growth Target Valued
Optimal Proportion　　　　　　　　　　　　　Li Yue / 254

Abstract: The evaluated growth targets of culture and education consumption and development space of cultural industry in Anhui are as follows: in the ranking of the actual growth among various provinces from 1996 to 2016, Anhui is the 12th in the valued average added value over the years; in the rankings of the targets distance among various provinces from 2016 to 2020, Anhui is the 10th in the growth target valued coordinated supply-demand; the 13th in the growth target valued avoiding negative correlation; the 10th in the growth target valued optimal proportion; the 11th in the growth target valued lowest urban-rural ratio; the 11th in the growth target valued closed urban-rural ratio; and the 22nd in the growth target valued without urban-rural gap.

Keywords: Anhui; Cultural Industry; Coordinated Supply-demand; Growth Measuring

B.21 Guizhou: Ranked the 1st in the Growth Target Valued
Avoiding Negative Correlation　　　　　　　Fan YuJin / 264

Abstract: The evaluated growth targets of culture and education consumption and development space of cultural industry in Guizhou are as follows: in the ranking of the actual growth among various provinces from 1996 to 2016, Guizhou is the 2nd in the valued average added value over the years; in the rankings of the targets distance among various provinces from 2016 to 2020, Guizhou is the 6th in the growth target valued coordinated supply-demand; the 1st in the growth target valued avoiding negative correlation; the 13th in the growth target valued optimal proportion; the 12th in the growth target valued lowest urban-rural ratio; the 15th in the growth target valued closed urban-rural ratio; and the 24th in the growth target valued without urban-rural gap.

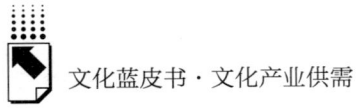

Keywords: Guizhou; Cultural Industry; Coordinated Supply-demand; Growth Measuring

B.22 Hebei: Ranked the 2nd in the Growth Target Valued Avoiding Negative Correlation *Huang Haitao / 274*

Abstract: The evaluated growth targets of culture and education consumption and development space of cultural industry in Hebei are as follows: in the ranking of the actual growth among various provinces from 1996 to 2016, Hebei is the 18th in the valued average added value over the years; in the rankings of the targets distance among various provinces from 2016 to 2020, Hebei is the 13th in the growth target valued coordinated supply-demand; the 2nd in the growth target valued avoiding negative correlation; the 4th in the growth target valued optimal proportion; the 3rd in the growth target valued lowest urban-rural ratio; the 4th in the growth target valued closed urban-rural ratio; and the 10th in the growth target valued without urban-rural gap.

Keywords: Hebei; Cultural Industry; Coordinated Supply-demand; Growth Measuring

B.23 Qinghai: Ranked the 3rd in the Growth Target Valued Avoiding Negative Correlation *Fan Hua / 284*

Abstract: The evaluated growth targets of culture and education consumption and development space of cultural industry in Qinghai are as follows: in the ranking of the actual growth among various provinces from 1996 to 2016, Qinghai is the 1st in the valued average added value over the years; in the rankings of the targets distance among various provinces from 2016 to 2020, Qinghai is the 8th in the growth target valued coordinated supply-demand; the 3rd in the growth target valued avoiding negative correlation; the 8th in the growth target valued optimal proportion; the 7th in the growth target valued lowest urban-rural ratio; the 7th in the growth target valued closed urban-rural ratio; and the 6th in the growth target valued without urban-rural gap.

Keywords: Qinghai; Cultural Industry; Coordinated Supply-demand; Growth Measuring

B. 24 Henan: Ranked the 4th in the Growth Target Valued
       Avoiding Negative Correlation   *Qin Ruijing* / 294

Abstract: The evaluated growth targets of culture and education consumption and development space of cultural industry in Henan are as follows: in the ranking of the actual growth among various provinces from 1996 to 2016, Henan is the 5th in the valued average added value over the years; in the rankings of the targets distance among various provinces from 2016 to 2020, Henan is the 12th in the growth target valued coordinated supply-demand; the 4th in the growth target valued avoiding negative correlation; the 5th in the growth target valued optimal proportion; the 5th in the growth target valued lowest urban-rural ratio; the 5th in the growth target valued closed urban-rural ratio; and the 7th in the growth target valued without urban-rural gap.

Keywords: Henan; Cultural Industry; Coordinated Supply-demand; Growth Measuring

B. 25 Tianjin: Ranked the 14th in the Growth Target Valued
       Avoiding Negative Correlation   *Jiang Angyu* / 304

Abstract: The evaluated growth targets of culture and education consumption and development space of cultural industry in Tianjin are as follows:

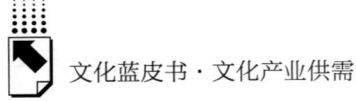

in the ranking of the actual growth among various provinces from 1996 to 2016, Tianjin is the 26th in the valued average added value over the years; in the rankings of the targets distance among various provinces from 2016 to 2020, Tianjin is the 30th in the growth target valued coordinated supply-demand; the 14th in the growth target valued avoiding negative correlation; the 25th in the growth target valued optimal proportion; the 24th in the growth target valued lowest urban-rural ratio; the 22nd in the growth target valued closed urban-rural ratio; and the 19th in the growth target valued without urban-rural gap.

Keywords: Tianjin; Cultural Industry; Coordinated Supply-demand; Growth Measuring

社会科学文献出版社　　**皮书系列**

❖ 皮书起源 ❖

"皮书"起源于十七、十八世纪的英国,主要指官方或社会组织正式发表的重要文件或报告,多以"白皮书"命名。在中国,"皮书"这一概念被社会广泛接受,并被成功运作、发展成为一种全新的出版形态,则源于中国社会科学院社会科学文献出版社。

❖ 皮书定义 ❖

皮书是对中国与世界发展状况和热点问题进行年度监测,以专业的角度、专家的视野和实证研究方法,针对某一领域或区域现状与发展态势展开分析和预测,具备原创性、实证性、专业性、连续性、前沿性、时效性等特点的公开出版物,由一系列权威研究报告组成。

❖ 皮书作者 ❖

皮书系列的作者以中国社会科学院、著名高校、地方社会科学院的研究人员为主,多为国内一流研究机构的权威专家学者,他们的看法和观点代表了学界对中国与世界的现实和未来最高水平的解读与分析。

❖ 皮书荣誉 ❖

皮书系列已成为社会科学文献出版社的著名图书品牌和中国社会科学院的知名学术品牌。2016年,皮书系列正式列入"十三五"国家重点出版规划项目;2013~2018年,重点皮书列入中国社会科学院承担的国家哲学社会科学创新工程项目;2018年,59种院外皮书使用"中国社会科学院创新工程学术出版项目"标识。

权威报告·一手数据·特色资源

皮书数据库
ANNUAL REPORT(YEARBOOK) DATABASE

当代中国经济与社会发展高端智库平台

所获荣誉

- 2016年,入选"'十三五'国家重点电子出版物出版规划骨干工程"
- 2015年,荣获"搜索中国正能量 点赞2015""创新中国科技创新奖"
- 2013年,荣获"中国出版政府奖·网络出版物奖"提名奖
- 连续多年荣获中国数字出版博览会"数字出版·优秀品牌"奖

成为会员

通过网址www.pishu.com.cn访问皮书数据库网站或下载皮书数据库APP,进行手机号码验证或邮箱验证即可成为皮书数据库会员。

会员福利

- 使用手机号码首次注册的会员,账号自动充值100元体验金,可直接购买和查看数据库内容(仅限PC端)。
- 已注册用户购书后可免费获赠100元皮书数据库充值卡。刮开充值卡涂层获取充值密码,登录并进入"会员中心"—"在线充值"—"充值卡充值",充值成功后即可购买和查看数据库内容(仅限PC端)。
- 会员福利最终解释权归社会科学文献出版社所有。

卡号:564825316464
密码:

数据库服务热线:400-008-6695
数据库服务QQ:2475522410
数据库服务邮箱:database@ssap.cn
图书销售热线:010-59367070/7028
图书服务QQ:1265056568
图书服务邮箱:duzhe@ssap.cn

中国社会发展数据库（下设12个子库）

全面整合国内外中国社会发展研究成果，汇聚独家统计数据、深度分析报告，涉及社会、人口、政治、教育、法律等12个领域，为了解中国社会发展动态、跟踪社会核心热点、分析社会发展趋势提供一站式资源搜索和数据分析与挖掘服务。

中国经济发展数据库（下设12个子库）

基于"皮书系列"中涉及中国经济发展的研究资料构建，内容涵盖宏观经济、农业经济、工业经济、产业经济等12个重点经济领域，为实时掌控经济运行态势、把握经济发展规律、洞察经济形势、进行经济决策提供参考和依据。

中国行业发展数据库（下设17个子库）

以中国国民经济行业分类为依据，覆盖金融业、旅游、医疗卫生、交通运输、能源矿产等100多个行业，跟踪分析国民经济相关行业市场运行状况和政策导向，汇集行业发展前沿资讯，为投资、从业及各种经济决策提供理论基础和实践指导。

中国区域发展数据库（下设6个子库）

对中国特定区域内的经济、社会、文化等领域现状与发展情况进行深度分析和预测，研究层级至县及县以下行政区，涉及地区、区域经济体、城市、农村等不同维度。为地方经济社会宏观态势研究、发展经验研究、案例分析提供数据服务。

中国文化传媒数据库（下设18个子库）

汇聚文化传媒领域专家观点、热点资讯，梳理国内外中国文化发展相关学术研究成果、一手统计数据，涵盖文化产业、新闻传播、电影娱乐、文学艺术、群众文化等18个重点研究领域。为文化传媒研究提供相关数据、研究报告和综合分析服务。

世界经济与国际关系数据库（下设6个子库）

立足"皮书系列"世界经济、国际关系相关学术资源，整合世界经济、国际政治、世界文化与科技、全球性问题、国际组织与国际法、区域研究6大领域研究成果，为世界经济与国际关系研究提供全方位数据分析，为决策和形势研判提供参考。

法律声明

"皮书系列"（含蓝皮书、绿皮书、黄皮书）之品牌由社会科学文献出版社最早使用并持续至今，现已被中国图书市场所熟知。"皮书系列"的相关商标已在中华人民共和国国家工商行政管理总局商标局注册，如LOGO（ ）、皮书、Pishu、经济蓝皮书、社会蓝皮书等。"皮书系列"图书的注册商标专用权及封面设计、版式设计的著作权均为社会科学文献出版社所有。未经社会科学文献出版社书面授权许可，任何使用与"皮书系列"图书注册商标、封面设计、版式设计相同或者近似的文字、图形或其组合的行为均系侵权行为。

经作者授权，本书的专有出版权及信息网络传播权等为社会科学文献出版社享有。未经社会科学文献出版社书面授权许可，任何就本书内容的复制、发行或以数字形式进行网络传播的行为均系侵权行为。

社会科学文献出版社将通过法律途径追究上述侵权行为的法律责任，维护自身合法权益。

欢迎社会各界人士对侵犯社会科学文献出版社上述权利的侵权行为进行举报。电话：010-59367121，电子邮箱：fawubu@ssap.cn。

社会科学文献出版社